# Language, Culture and Values in Canada at the Dawn of the 21st Century

# Langues, cultures et valeurs au Canada à l'aube du XXIᵉ siècle

**Canadian Cataloguing in Publication Data**

Main entry under title:

Language, culture and values in Canada at the dawn of the 21st century = Langues, cultures et valeurs au Canada à l'aube du XXIe siècle.

Proceedings of a conference held in Ottawa, Ont. Text in English and French. Co-published by: Carleton University Press. Includes bibliographical references.


ISBN 0-88629-287-5


1. Multiculturalism—Canada—Congresses. 2. Group identity—Canada—Congresses. 3. Citizenship—Canada—Congresses. 4. Linguistic minorities—Canada—Congresses. 5. Canada—Cultural policy—Congresses. 6. Indians of North America—Canada—Race indentity—Congresses. I. Lapierre, André, 1942- II. Smart, Patricia, 1940- III. Savard, Pierre, 1936- IV. International Council for Canadian Studies. V. Title: Langues, cultures et valeurs au Canada à l'aube du XXIe siècle.

FC105.M8L36 1996    306.4'46'0971    C96-900260-2E    F1035.A1L36 1996


**Données de catalogage avant publication (Canada)**

Vedette principale au titre:

Language, culture and values in Canada at the dawn of the 21st century = Langues, cultures et valeurs au Canada à l'aube du XXIe siècle

Actes d'un colloque tenu à Ottawa, Ont. Textes en anglais et en français. Publ. en collab. avec: Carleton University Press. Comprend des références bibliographiques.


ISBN 0-88629-287-5


1. Multiculturalisme—Canada—Congrès. 2. Identité collective—Canada—Congrès. 3. Nationalité—Canada—Congrès. 4. Minorités linguistiques—Canada—Congrès. 5. Canada—Politique culturelle—Congrès. 6. Indiens—Amérique du Nord—Canada—Identité ethnique—Congrès. I. Lapierre, André, 1942- II. Smart, Patricia, 1940- III. Savard, Pierre, 1936- IV. Conseil international d'études canadiennes. V. Titre: Langues, cultures et valeurs au Canada à l'aube du XXIe siècle.

FC105.M8L36 1996    306.4'46'0971    C96-900260-2F    F1035.A1L36 1996

# Language, Culture and Values in Canada at the Dawn of the 21st Century

# Langues, cultures et valeurs au Canada à l'aube du XXIe siècle

**Under the Directorship of / Sous la direction de**

André Lapierre
Patricia Smart
Pierre Savard

**Published by / Publié par**

International Council for Canadian Studies
Conseil international d'études canadiennes

Carleton University Press

Managing Editor / Secrétaire de rédaction : Alain Guimont
Copyediting / Révision : Jean G. Lengellé
Layout and production / Mise en page et production : Guy Leclair
Cover design / Conception de la couverture : John Flood
Photo: Courtesy of / courtoisie de : Jean G. Lengellé


ISBN : 0-88629-287-5

                 **Carleton University Press**
                 Carleton Technical Training Centre, Suite 1400
                 1125 Colonel By Drive, Ottawa, CANADA    K1S 5B6


Carleton University Press gratefully acknowledges the support extended to its publishing program by the Canada Council and the financial assistance of the Ontario Arts Council. The Press would also like to thank the Department of Canadian Heritage, Government of Canada, and the Government of Ontario through the Ministry of Culture, Tourism and Recreation, for their assistance.

# Language, Culture and Values in Canada at the Dawn of the 21st Century

## Langues, cultures et valeurs au Canada à l'aube du XXIe siècle

| | |
|---|---|
| Foreword | 7 |
| Avant-propos | 9 |
| | |
| Preface | 11 |
| Préface | 12 |

**Introduction / Présentation**

**Leslie Armour**
Language, Culture and Values in Canada at the Dawn of the 21st
Century: A Retrospection — 15

**Leslie Armour**
Rétrospective du colloque Langues, cultures et valeurs au Canada,
à l'aube du XXIe siècle — 31

**Chapter I**
**Chapitre I**
Language(s) and National Identity
Langue(s) et identité nationale
**Kenneth McRoberts** (Moderator) — 51

**Stéphane Dion**
À la source de l'appui à l'indépendance : l'insécurité linguistique — 53

**Jean A. Laponce**
Minority Languages in Canada: Their Fate and Survival Strategies — 75

**Hans-Josef Niederehe**
Langues du Canada et identité nationale : perspectives européennes — 89

**Robert M. Gill**
Language Policy, Culture and Identity: The Case of Québec — 99

**Chapter II**
**Chapitre II**
Citizenship and Culture
Citoyenneté et culture
**Jean-Michel Lacroix** (Animateur) — 117

**Sherry Simon**
National Membership and Forms of Contemporary Belonging in
Québec — 121

**Pierre Anctil**
La trajectoire interculturelle du Québec : la société distincte vue à
travers le prisme de l'immigration — 133

**Colin H. Williams**
Citizenship and Minority Cultures: Virile Participants or Dependent
Supplicants? — 155

*Chapter III*
*Chapitre III*
National Identity and Globalization
Identité nationale et mondialisation
**Maria Teresa Gutiérrez** (Animatrice)                                      185

  **Florian Sauvageau**
  Identité nationale et mondialisation : le cas de la télévision
  canadienne                                                                 189

  **Duncan Cameron**
  Canada in the Global Casino                                                201

  **Francis Delpérée**
  Identité nationale et mondialisation                                       213

  **Peter Karl Kresl**
  The Political Economy of Canada's Cultural Policy: The 1990s               223

*Chapter IV*
*Chapitre IV*
Cultural Change and The Emergence of New Values
Mutations culturelles et émergence de valeurs nouvelles
**Gillian Whitlock** (Moderator)                                             249

  **Patricia Armstrong**
  From Caring and Sharing to Greedy and Mean?                                251

  **Jeremy Webber**
  Multiculturalism and the Limits to Toleration                             269

  **Valeria Gennaro Lerda**
  Canadian Western Regionalism: Tradition and Change at the End
  of the 20th Century                                                        281

  **Ged Martin**
  Time Past and Time Future: Periodization and Prediction in the
  Canadian Experience                                                        293

*Chapter V*
*Chapitre V*
Canada and the First Nations
Le Canada et les Premières nations
**Cornelius H.W. Remie** (Moderator)                                         319

  **Georges E. Sioui**
  Canadian Amerindian Nations of the 21st Century                            323

  **Lilianne E. Krosenbrink-Gelissen**
  First Nations, Canadians and their Quest for Identity: An
  Anthropological Perspective on the Compatibility of Nationhood
  Concepts                                                                   329

  **Tom G. Svensson**
  First Nations Discourse: Strategic and Analytical Implications of a
  New Conceptualization                                                      347

# Foreword

In addition to its liaison work with national Canadian Studies associations throughout the world, the central mandate of the International Council for Canadian Studies is to promote studies, research, teaching and university publications on Canada. With this in mind, the ICCS founded the *International Journal of Canadian Studies* five years ago.

Similarly, the Executive Council decided in January 1994 to organize an international colloquium to coincide with its annual meeting. Accordingly, it assigned a scientific committee consisting of Patricia Smart of Carleton University, representing the Association for Canadian Studies, and André Lapierre and Pierre Savard of the Canadian Studies Program, University of Ottawa/Université d'Ottawa, to organize the program. The ICCS Executive Director, Alain Guimont, coordinated the committee with his usual effectiveness. The meeting took place in Ottawa, at the Government Conference Centre, on June 1 and 2, 1995.

Focusing on the theme language, culture and values in Canada, the scientific committee aimed to generate the most productive discussion possible on three major areas of central importance to the Canadian identity question. Another of the committee's aims in mounting this colloquium was to explore the major issues currently facing Canadian society at the dawn of the new millennium.

The chosen discussion format endeavoured to create a forum where, to coin a phrase from Montaigne, people could match wits. Half of the participants came from Canada, half from abroad, and all were acknowledged experts in their field. This mix gave the gathering its international scope. A comparison of domestic views with foreign vision nurtured the discussions which were organized around five themes: language and national identity, citizenship and culture, national identity and internationalization, cultural change and the rise of new values and, lastly, Canada and the First Nations.

This issue contains presentations by the various participants and attests to the richness of discussions. The colloquium chairpersons, after having steered the course of discussions at the colloquium, have each written an introduction to the five chapters in this issue. These chapters correspond to the five areas covered during the colloquium. Professor Leslie Armour of the University of Ottawa, assigned the difficult task of summarizing the meeting, prepared the introduction to the issue.

We hope that this collection of papers, the outcome of a unique and extremely enriching interdisciplinary experience, will fuel a productive process of thought while providing Canadianists the world over with new avenues of research.

The Scientific Committee,

André Lapierre   (University of Ottawa/Université d'Ottawa)
Pierre Savard   (University of Ottawa/Université d'Ottawa)
Patricia Smart   (Carleton University)

# Avant-propos

Outre le travail de liaison des associations nationales d'études canadiennes de par le monde, le Conseil international d'études canadiennes a pour mandat premier de promouvoir les études, la recherche, l'enseignement et les publications universitaires sur le Canada. C'est ainsi qu'il y a cinq ans le CIEC fondait la *Revue internationale d'études canadiennes.*

Poursuivant dans la même veine, le CIEC décidait en janvier 1994 d'organiser un colloque international dans le cadre de sa réunion annuelle. Pour ce faire, il confia l'organisation du programme à un comité scientifique formé de Patricia Smart de la Carleton University représentant l'Association d'études canadiennes et d'André Lapierre et de Pierre Savard, du Programme d'études canadiennes de l'Université d'Ottawa/University of Ottawa. Le directeur général du CIEC, Alain Guimont, a agi avec son efficacité habituelle en tant que coordonnateur du comité. La rencontre a eu lieu à Ottawa au Centre des conférences du gouvernement, les 1er et 2 juin 1995.

En retenant la thématique des langues, des cultures et des valeurs au Canada, le comité scientifique a voulu susciter une discussion aussi féconde que possible autour de trois axes majeurs qui sont au cœur du discours identitaire canadien. En même temps, par le truchement de ce colloque, il a cherché à faire le point sur les enjeux majeurs auxquels doit faire face la société canadienne à l'aube du nouveau millénaire.

La formule choisie pour les échanges visait à créer un forum où, selon le mot de Montaigne, on chercherait à se limer la cervelle contre celle d'autrui. Les intervenants, tous spécialistes reconnus dans leur domaine, provenaient pour moitié du Canada et pour moitié de l'étranger. Était ainsi assuré le caractère international de la rencontre. La confrontation des points de vue de l'intérieur avec la vision externe pouvait de ce fait nourrir la dynamique des échanges qui ont été organisés autour de cinq thèmes : langues et identité nationale, citoyenneté et culture, identité nationale et mondialisation, mutations culturelles et émergence de valeurs nouvelles et enfin le Canada et les Premières nations.

Le présent volume reprend les textes des divers intervenants et témoigne de la richesse des échanges. Les président(e)s de séance, après avoir orienté la discussion lors du colloque, ont chacun(e) signé un texte qui sert d'introduction aux cinq chapitres du volume. Ceux-ci correspondent aux cinq sections du colloque. Le professeur Leslie Armour de l'Université d'Ottawa, à qui revenait la délicate tâche de faire la synthèse de la rencontre, a pour sa part préparé un texte d'introduction au volume.

Nous osons croire que ce recueil de textes, fruit d'une expérience interdisciplinaire unique et particulièrement riche, alimentera de fécondes réflexions tout en fournissant aux canadianistes de par le monde de nouvelles pistes de recherche.

Le comité scientifique,

André Lapierre   (Université d'Ottawa / University of Ottawa)
Pierre Savard   (Université d'Ottawa / University of Ottawa)
Patricia Smart   (Carleton University)

# Preface

As President of the International Council for Canadian Studies, I am happy to introduce this volume whose contents were first disseminated as papers at our conference "Language, Culture and Values in Canada at the Dawn of the 21st Century / Langues, cultures et valeurs au Canada à l'aube du XXI<sup>e</sup> siècle". Organized by the International Council for Canadian Studies, the conference took place on June 1-2, 1995 at the Government Conference Centre in Ottawa.

In taking this initiative, the Council had as its primary objective the bringing together of Canadian and foreign Canadianists so that they could listen to, speak with, and learn from one another about issues that are fundamental to an understanding of Canadian society.

The event was the product of the hard work and fruitful ideas of many people. While the ICCS initiated and co-ordinated the project, the conference itself was made possible through valued collaboration. Above all, I would like to recognize the outstanding and instrumental role of three people — Professor Patricia Smart, of Carleton University, and Professors André Lapierre and Pierre Savard of the University of Ottawa/Université d'Ottawa. They devised the structure and chose the topics and the speakers. To them attaches all the credit for the scholarly quality of the conference.

None of this could have happened without the generous financial support of the Department of Foreign Affairs and International Trade, the Department of Canadian Heritage through the Association of Canadian Studies, and the University of Ottawa. We are very grateful.

I also want to thank the members of the ICCS Secretariat — the Executive Director Alain Guimont, — for their part in making the publication of this collection possible

This volume is, in part, an embodiment of our mandate to support and promote knowledge about Canada. The twenty member societies of the International Council for Canadian Studies encompass some three hundred centres and programmes of Canadian Studies around the world. This aggregate makes of the ICCS a "virtual university" whose presence is felt in more than thirty countries. It is a connection which makes the work we do a challenge and a privilege.

With best wishes for interesting reading.

John Lennox
President

# Préface

À titre de président du Conseil international d'études canadiennes (CIEC), il me fait plaisir de vous livrer ce recueil d'articles présentés lors du colloque international organisé par le CIEC et intitulé : «Langues, cultures et valeurs au Canada à l'aube du XXI$^e$ siècle / Language, Culture and Values at the Dawn of the 21st Century». Ce colloque s'est tenu au Centre des conférences du gouvernement à Ottawa, les 1$^{er}$ et 2 juin 1995.

En lançant ce projet, le CIEC avait comme objectif premier de montrer que les canadianistes du Canada et de l'étranger pouvaient mettre en commun leurs expériences et ainsi faire avancer la connaissance que nous avons de la société canadienne.

Les colloques sont généralement une alliance des efforts et des idées de plusieurs. Celui-ci n'échapppe pas à la règle. Bien que le CIEC ait été l'initiateur et le maître d'œuvre du projet, ce colloque a été rendu possible grâce à de nombreuses collaborations. Au premier chef, soulignons celle de Patricia Smart (Carleton University), de André Lapierre (Université d'Ottawa/ University of Ottawa) et de Pierre Savard (Université d'Ottawa/University of Ottawa) à qui revient tout le crédit de la haute tenue scientifique du congrès. Ce sont eux en effet qui en ont élaboré la structure, choisi les thèmes et les conférenciers.

Les meilleures idées du monde ont besoin de fonds pour se réaliser. Le CIEC tient à remercier ceux qui par leur contribution financière ont rendu possible ce colloque, le ministère des Affaires étrangères et du Commerce international, le ministère du Patrimoine canadien par l'intermédiaire de l'Association d'études canadiennes et l'Université d'Ottawa/University of Ottawa.

Je désire également remercier l'équipe du secrétariat et son directeur général Alain Guimont qui ont fait en sorte que cette conférence soit un succès d'organisation.

Avec vingt associations nationales qui chapeautent près de trois cents centres et programmes d'études canadiennes, le CIEC est une université virtuelle dont les ramifications s'étendent à plus de trente pays. Son mandat : le développement et la promotion du savoir sur le Canada.

Bonne lecture,


John Lennox
Président

# Language, Culture and Values in Canada at the Dawn of the 21st Century

# Langues, cultures et valeurs au Canada à l'aube du XXIᵉ siècle

*Introduction*

*Présentation*

# Language, Culture and Values in Canada at the Dawn of the 21st Century: A Retrospection

*Leslie Armour*

"Language" and "multiculturalism" are two words any scholar in Canadian Studies would write beside "Canada" in a word association test. "Values", the third word we were confronted with in the title of the conference, had, admittedly, an odder ring about it. Does it mean "good and evil"? Or does it mean, less exaltedly, value in the handy economic senses of "utility" or "suitability for exchange and trading in the market place"? We did not get to say much about good and evil, except at the very end when the moral challenge of the indigenous peoples surfaced (and then it was the most dramatic moment of the conference), but we did at least skirmish with economic values.

"Canada" also conjures up words which have become even more problematic. "Federalism" is one and we were told straight off by Stéphane Dion that "Québec harbours the most powerful secessionist movement in the West." Even the Flamands in Belgium, he said, come second to us. We were to see when October came that he was right, but we were also to see that the whole notion of federalism and the whole concept of state and society were really in flux in Canada. Moreover, until recently, anyone in Canadian Studies would have thought of "community", "responsibility", and "tolerance" — our real or imaginary virtues — when values were mentioned. All of them did turn out to be on the agenda. But we learned from Patricia Armstrong and Duncan Cameron just how seriously they are threatened.

No one expects students of Canada to associate the country with the usual words — "big", "rich" and "cold" — but one might have thought that people attracted to the study of Canada and who, in all probability, have read the various United Nations surveys about good places to live would have "comfortable" high on their list of expressions.

But "comfortable" was far from anyone's mind. The participants painted a complicated and uncertain future with a lot of social change and a good deal of continuing conflict for us.

The conference had a sub-title: "Canada at the Dawn of the 21st Century". That was a hint that the organizers expected things to change (one looks to the future when one suspects it may be unlike the past) and dramatic changes were indeed suggested — especially changes in the outlook for our comfortable social system. The impression we were left with — especially perhaps by Patricia Armstrong, Duncan Cameron, and Peter Karl Kresl, was that we are in the grip of a global economic process over which governments either really believe they have little or no control or find it convenient to bring us to believe that they have little or no control. In this situation it is difficult to maintain our own cultural industries, and politicians seem to think it impossible to maintain our existing methods of tying the community together through public services. This world is dominated by the world trade in currencies — a trillion dollars a day in currency trades and only six trillion a year in commodities trading.[1] Duncan Cameron spoke of "the global Casino" (a variant of the "casino capitalism" made popular by Deborah Coyne.) Traders can force currencies up and down, wrecking domestic economies by creating fluctuations in the costs of imports and value of exports. In a world where one takes one's chances on this daily gamble, interest rates fluctuate with equal rapidity so that maintaining a large public debt can become virtually impossible. Cameron told us that there are things we can do to take control of our own future (imposing withholding-taxes on off-shore purchasers of domestic securities, for instance) which would give us more control, but "globalization" (the French "mondialisation" has a crasser, more worldly feel, but means the same thing) was the word of the hour.

This kind of instability brings about loss of faith in politicians (who admit that they can do little about it) and must also cause us to look at Stéphane Dion's account of Québec nationalism with new concern. For, as Quebeckers lose confidence in federal politicians, they tend to turn their hopes inward.

This, though, is only the beginning of the problems the conference brought to our attention. One looks to the future with the concepts one has in the present. The speakers kept calling our attention to concepts which were in need of revision and when the basic concepts with which one looks at politics (and life?) are up for revision, more uncertainty sets in.

This conference revealed, I think, two lines of thought — two lines which, superficially at least, are in conflict.

One is a rather post-modernist, indeed deconstructionist, analysis of a closely-knit cluster of concepts: state, nation, citizen, ethnicity, even culture itself. The other is a rather traditionalist analysis of language and of conflicts about language.

What I mean is this: When philosophers and political theorists sought an idea of the Greek *polis,* the Renaissance state or the modern Commonwealth, they most often sought an idea which was clear in the Cartesian sense, eternal like the ideas of Plato, and universally applicable to any civilized society, like the moral rules of Kant. Citizenship tended to be an idea derived by logical analysis from such eternal and universal ideas. The culture defined by Matthew Arnold or T. S. Eliot was meant, at the least, for a whole civilization, perhaps for the whole world. They had in mind the Christian West and whatever parts of the world the Christian West managed to organize. They expected this to be most of the world.

"Nation" in English has tended to be assimilated to "state". In French the word has retained more of its sense of historical process — a nation is a group of people with a common experience and a common culture but it has still most often seemed something fixed: once a nation always a nation. Even ethnicity has usually been thought of as something one is born with and cannot get rid of and something that has always been the same. To be a Serb in Sarajevo or a Ukrainian in Winnipeg is to be something known and fixed.

If one dares to generalize — and I must dare to generalize — it seems that this conference was dominated by the thought that none of these notions is really fixed. And what is intellectually interesting in what we know about Canada is that, as Colin Williams said, Canada has choices. Our cultural lines and linguistic policies are not fixed. The speakers from abroad — the people who, on this occasion, we came, above all, to hear and to talk to — as well as those from within Canada, agreed that we cannot simply take for granted any existing notions about the nation and the state — for there are no ready made notions which are guaranteed to hold the country together. Luckily, most people thought, we are not locked into traditional notions, though those who have sat through the last decade's rounds of constitutional talks may well have some doubts.

Culture, nation, state are all under review and all seem to be open. Those who reject this view and insist on clinging to traditional notions of culture and political order are by and large the same people who oppose multiculturalism as something quite inimical to a nationalism based on a shared past, a state based on common values, and a culture whose main business it is to articulate those values. Thus, there was not much support to be drawn from this conference for the rather noisy attempts to strangle multiculturalism. Some speakers certainly thought that the notion of multiculturalism as an attempt to take ready-formed cultures and reconcile them as one might take mix-and-match clothing from a department store and try to make it look as if it were planned, will hardly do. For cultures come mixed in many ways in an age when planetary communications plant the same artifacts in almost every culture. Florian Sauvageau reminded us of the "globalization of television" with its accompanying "triumph of commercial logic".

Discussions at the conference raised questions about the extent to which essentially "national" television systems can remain viable. Thus cultures overlap. They also mix at points of shared values and are shaped in Canada by the common languages, English or French, in which they quickly come to be expressed. Until recently, at least, Canadian educational and welfare institutions represented a unified set of expectations and a willingness — as Patricia Armstrong emphasized — to share risks. In terms of this unity the richness of other values represented by a variety of cultures could be accepted without undue stress. Against this background, Armstrong's concerns about the upsurge of individualistic values and about the (consequent?) decline of willingness to share risks becomes doubly important. If there is not a national pooling of risks, the natural place to look for help if one's own and one's immediate family's resources are inadequate is likely to be an ethnic or cultural group. But these become harder to define as cultures mix and individuals become involved with institutions and activities which extend beyond the confines of any one group.

So it is not surprising that multiculturalism has become a debated issue. Sherry Simon spoke of "gleeful orgies of multiculturalism bashing". Canadians with a nose for the intellectual trends had been either outraged or soothed by Neil Bissoondath's itch to stir us up (or melt us down, no one was quite sure which) into a single culture.[2] The conference participants were mostly concerned to find new ways to save pluralism. Simon expressed some discomfort with efforts in Québec to find a common public culture. Yet she insisted that neither the model of "multiculturalism" nor the model of "cultural convergence" is acceptable now because both assume that the idea of "cultural belonging" is unproblematic. This she thought was a good thing, for the fact that people do not simply belong or not-belong provides "in-between spaces" in which people can find strategies for expressing their selfhood — "singular or communal".

This is not to say that there were no other worries. Pierre Anctil, whose views certainly reflected concerns within the Québec government and its professional bureaucracy, pointed out that the problems in Québec are different. If, indeed, Québec is a distinct society and wants to stay that way — two assumptions that no one challenged — then the problem of the integration of immigrants is a difficult one. Indeed, at one point he spoke of the "shock of plurality". Must one assimilate the "allophones" to the French culture or only to the French language? So far neither has been wholly successful and the referendum later showed that the Island of Montréal with its large allophone and anglophone populations would be a decisive factor. In theory, cultural pluralism is compatible with a trend toward linguistic uniformity, and, of course, linguistic uniformity in the sense of conformity to either French or English by allophones is virtually inevitable. So if one is a cultural pluralist but one also thinks that Québec must be essentially French (while maintaining the rights of English speakers) — and most people do — then one must try to get immigrants to learn French while keeping some of their cultural interests and traits. If it doesn't work it is not, Anctil said, really because the allophones have contact with people of British origin. Those constitute only 5.1% of the Québec population. It is rather because of the economic circumstances of Montréal, especially its relation to the rest of Canada. Pierre Anctil's serious — and gentle — appraisal of the problem impressed everyone, but filled us with doubts about how the problem was to be solved — doubts which enabled us, I think, to predict the irritation which many separatists were to feel at the outcome of the October referendum.

There was also some worry expressed about the state and its role as intervenor in the competition between cultures. But overall, if not literal multiculturalism (does that implies the mix-and-match thesis?), at least some kind of social pluralism was taken as inevitable in Canada. At any rate, no one tried to imagine a unitary Canadian culture of the future.

Peter Karl Kresl, though, in analyzing the economics of culture, brought home to us an obvious way in which we might unwittingly get a unitary culture which was not Canadian. "If Canadians choose to give [their institutions] up in favour of American institutions... so be it." But, what, he asked "if the cultural goods that elaborate and express those distinct Canadian national values are "crowded out" by imports of cultural goods expressing foreign national values, because foreign market conditions allow those goods to be sold in Canada at prices Canadian creators and producers are incapable of meeting without subsidies, or because foreign firms are able to capture revenues from the sale of their products world-wide so that they can establish monopoly control of distribution...."

The assertion of Canadian cultural values has always been problematic. At the back of all this is something obvious which, though unstated, was often just below the surface of the discussion. Canada, as I have often said, is, in modern terms, a kind of anti-nation. Few sane people ever imagined that we might have one culture or one national personality. Since modern nationalism and a kind of individualism went hand in hand in western Europe and the United States, the notion of the state as a kind of super-person, something one could love or hate, something with which one enters into personal emotional relationships of all kinds, perhaps grew up by default. Older ideas of the organic society and of the "public person", the person in the capacity of bearer and sharer of social roles which implied burdens and duties and collectively exemplified the community, provided a rich variety of images through which to envisage the corporate as well as the individual life. Within the communities so imaged one could grasp opportunities and understand limitations. But such ideas faded as industrial society and political democracy presented the community as composed of interchangeable units (what Ernest Gellner has called the "modular society").[3] In such a society, each unit is a person who could perform any role and the whole is merely the momentary arrangement of them. If the whole community was composed solely of individuals, then the state itself would have been a kind of super-person with a character which became the "national character" imagined (by those who were not quite taken in by it) as John Bull, Uncle Sam and Marianne. By those who were taken in by this line of thought, the state was seen as almost a god — a being who could and did command the sacrifice of one's life and whose élites somehow drew their power from association with it. If everyone was supposed to share national character it was imagined that they should also exhibit a national culture. If one takes certain pairs of groups — Flemish and Walloon, Serb and Croat, Czech and Slovak — one finds that each very often supposed the other to lack the national character. So they lived together uneasily and sometimes violently. Attachments to the "national character" led to the writing of a kind of history in which the state was seen as engaged in a continuous adventure.

Reasonably, out of his own and his countrymen's experience in Belgium, Francis Delpérée reminded us that there can be a state without a nation and a nation without a state. But such obvious reasoning has not always cut effectively into the emotional ties of those who found, after Nietzsche's death of God, that they could still hitch their lives to a cosmic adventure by merging into the collectivity of the state. Lives sometimes rendered monotonous by industry and dreary by the downturns in capitalist life might be enriched by merging into the great German folk soul or whatever happened to be handy.

It is an intriguing and important fact, one which perhaps helps to make the study of Canada worthwhile, that this image of the state as super-person never got a hold on the Canadian imagination. Perhaps the English and French cultures in Canada were not like enough to one another and not different enough from the American, British and French to feel that we could have a national character. Plurality was built into our affairs through entrenched language rights, peculiar rules about religious education, and patterns of settlement which kept groups of certain cultures together and prevented easy mixing. Thus, outside Québec, there was never a large enough mass of people with a single culture to feel the identity needed for the God-state or even to have our own Marianne.

But fate has curious twists. This conference saw a good deal of questioning about traditional notions of culture, nation, and state at the very time when here in Canada there has been a considerable questioning of multiculturalism itself. At a time of uncertainty, people come to look for something which could pull them together. Our uncertainties are not primarily, despite appearances, about the problem of Québec and English Canada, for these issues about French and English, language and culture have always been with us. Opinion in Québec on confederation has always run in the 60-40 range one way or the other, most often 60-40 in favour of staying together but now and then leaning the other way.

Our uncertainty has to do more with the replacement of traditional external sources of unity with internal ones for which it is difficult to find a base. And so Ged Martin reminded us that we traditionally wanted to distinguish ourselves from the Americans and associate our culture with Britain (and sometimes France). Our present problems have much to do with the fact that the sources of unity are now largely internal. At one time we defined ourselves positively by looking across the Atlantic and negatively by looking south. Once we looked to the British Empire and then the Commonwealth or even the Crown[4]. The Crown was for English Canadians a source of their identity, but for people in Québec it was the source of the original promise that their language and religion would be protected from incursions by English Canada. Once, too, people defined themselves negatively as non-Americans, a calmer more orderly, more tolerant, less thrustful people with a stronger sense of community. (Indeed our historians have reminded us often enough that the idea of the organic society was once powerful among us and this was even more obvious in Québec than it ever was in English Canada.) This leaves us open if somewhat confused. How far do we want to go in revising our traditional outlooks and creating internal sources of unity?

Sherry Simon called attention to the fact that citizenship has changed. She might have said that it has always been changing. The Roman citizen was the creation of Roman law, someone whose privileges extended across the whole of the empire and who might be of any origin while being welcome everywhere. Citizenship was thus partly divorced from ideas of culture. And this has been an ideal with a continuous history in our own affairs. The British subject within the Commonwealth represented the same ideal, an ideal which ended when Canadians could no longer settle freely in Britain and the British became only a special kind of foreigner in Canada. A different notion arose in post-revolutionary France when the notion of a citizen became the notion of someone who participates actively in the society — indeed someone who is constitutive of the society in which he or she lives. The citizens are the people who give it shape and legitimacy. (As Emmanuel Mounier once put it, legality in France is ultimately made in the street). As citizens change, society changes and legitimacy changes. Legitimacy is always the question. People of different cultures tend to regard different actions and life styles as legitimate — and illegitimate. If this is what a citizen does, can a single society have rival views about what is not acceptable? We can easily imagine tolerating different positive views about what is acceptable. But what of negative views? Can people of two different cultures then be citizens in this sense? Is there any necessary connection between culture and citizenship? Or do we need to go back to an older more abstract and legalistic notion of citizenship?

Citizenship as a matter of continuous negotiation, for instance, seemed to at least one delegate to go too far. But the idea that people might share in more than one culture, and that many nations — in the more common French sense of a group of people with a common historical experience — might exist in one state, seemed generally to be regarded as both a representation of the existing reality and as a happy circumstance.

Below the surface at the conference, too, was a common sense that the immediacies of political structures are not the most important thing. There was a little desultory discussion about whether we should adopt proportional representation, but Jean Laponce's shrewd observation that to do so is to shift away from our adversarial political system to the politics of consensus gave many participants — including those of us who rather favour proportional representation — pause for thought. Jean Laponce said that such a shift would replace the attempt to create large coalitions with the political balancing acts which go with making governments out of small fragments. But no one denied that proportional representation does seem more just. No genius in political theory appeared at the meeting to tell us how to balance justice in representation against the evident injustices which arise when governments depend on the support of tiny groups who may well have obscure aims and fanatical dedication.

Though we cannot settle such conundrums in any obvious way, it was clear that almost everyone believes that almost every aspect of the state and of sovereignty are open to change and are, in fact likely to change. Many delegates to the conference came to the meetings with first hand experiences of the changes which are going on in European political experience. Indeed no one suggested anything very strange in the newest passion for many forms of sovereignty association.[5]

But when it came to language, things seemed a little different. Much more traditional views seemed to settle in. Nothing seemed so open. The discussion took place against an accepted spectre: English is on the march. Left to itself it might well take over the world as it has already conquered Chemical Abstracts.[6]

No one mentioned the fact — though almost everyone would surely recognize it — that within the scholarly world English marches unevenly. Science tends to be written in English. Philosophy does not. The translation of recent French philosophy into English is problematic and this is part of the reason that philosophers like Richard Rorty have claimed that French deconstructionism is not at all the same thing as its American counterpart. Even when we write in more traditional modes, those of us who write in English receive expressions of sympathy from our colleagues in Paris. Nor is it easy for a philosopher to switch languages. My own occasional forays into French prose elicit sympathy as well. It seems obvious that history gets written in the national languages which historians use to chronicle and analyze their own pasts and that literary studies are most often carried on in the languages of the literature they analyse, though the "post-modernist" trend may have changed this. Literary theory more clearly than ever transcends boundaries, and it may well be carried on in a kind of international jargon which though based in English is not always English as we have known it. The point of this (perhaps) is that the English of sciences is a cluster of technical languages which perhaps are no more like the English of Pope and Dryden than they are like the French of Molière or that of the Parnassian poets.

In short languages are in flux as they always have been, and when one speaks of the advance of English one should perhaps ask: What English? The French distinguish translations from "English" from translations from "American". In Canada the talk is nearly always of English versus French. This seemed a dominant problem at our conference. The problem of how Canadian variants of the language are to be dealt with is real too, and it did get mentioned with respect to French in Québec. But Canadian English is under pressure, too. One of my graduate students not long ago had marks deducted from her essay (by an American Professor who lives in Canada) for using too many Canadian spellings. It not clear what values he thought he was protecting.

For political purposes, though, English is mostly regarded as a single language. So too with French. Tangled though they be in real life, in political rhetoric they are solitudes. No one asked what Jacques Derrida's claim that all texts are really one text means for language at a time of the mixing and merging of cultures. No one questioned the concept of "language" in the way that the concepts of state and culture were questioned.

Stéphane Dion remarked: "The fear of English is at the heart of support for the independence of Québec." Few people would want to dispute the claim, though many would wonder about the significance of the facts as they were reported to us: in the last twenty years there has been a slight fall in the proportion of Canadians who speak French at home (25.7% in 1971; 23.3% in 1991) and in the proportion of people outside Québec who speak French at home (4.3% in 1971, 3.2% in 1991). But with population increases the absolute numbers of such people who spoke French with those with whom they associate most closely cannot have fallen. The proportion of people who *can* speak French and who live outside Québec has risen a little — (9.4% in 1971, 10.5% in 1991.)[7]

Jean Laponce put some of the issues in perspective. Languages are born and die, but more are dying now than are being born — a major change in history, for over a thousand years at least two languages were born for every one which died.

So languages can disappear. The issues, indeed, at the conference seemed to be chiefly about English and French with some occasional mentions of the indigenous languages. But Laponce reminded us that though 200 languages are spoken in Canada, English and French dominate. He describes French as "a *former* lingua franca" and English as a current one. All but three of the 50-odd aboriginal languages are endangered. Inuktitut, Cree and Ojibwa each have between 50 and 65 thousand speakers. Dakota has 20 thousand. No others have more than 5 thousand. As for the "heritage" languages — the languages immigrants bring with them and pass on with difficulty to the next generation —, they are all probably doomed, largely because there are not substantial population concentrations and ultimately no significant areas within which any one of them is the dominant language. Immigration replaces losses, but such obvious things as inter-marriage wear such languages away. And so Jean Laponce concludes "no matter what is done, the assimilation pressure of English will remain so considerable that all other languages will continue to live under threat." Hans-Josef Niederehe noticed a tendency in Canada to reduce the official bilingualism to what is "in fact a monolingualism."

Ukrainian will probably not survive. French will fight. But this returns us to the basic questions: First of all is this an omen? Is it a sign of things to come elsewhere? Will the European union maintain all its languages? Secondly, within our own context: What English? What French? Niederehe wanted us to think about the fact that the problem in Europe is not just about the languages associated with sovereign states. There are other territorial languages as well. Catalonia is a distinct place with a distinct language. Beyond the regional languages are languages — the languages of the south of France, for example — which though they are used by people concentrated in a region, do not have anything like sole linguistic possession of their territory. There is no movement for linguistic unity in Europe though language must lurk just below the surface of many current political debates. Hans-Josef Niederehe also pointed out that the question of what sort of union is developing in Europe is a very live one.

We might notice the differences, though: Canada has only two "territorial languages" of European origin, and its native languages which have tended to be displaced from their original territories by English and French. And in much of Québec, most importantly Montréal, French shares a territory with English, a fact which was to lead to some post-referendum bitterness.

Still, it was not only those involved in the long fight for Ukrainian schools and those who battle now for indigenous languages who could draw little comfort from our discussions. Neither could those who see Canadian English as gradually being displaced by American English, or those who wonder if the constant pressure to render Québec French into "français international" is not itself a force which acts against the culture, transforming Montréal into an imitation Paris with snow and Molson's ale.

At any rate, all languages are undergoing change, not just year by year but minute by minute. Every use of a word shifts its meaning a little, and grammars do not stand still, either.

One reason for being interested in this is that the language issue does not just divide Québec nationalists and federalists, it tends to divide the élites from ordinary people. The élites as Laponce noticed have new weapons at their disposal in their efforts to keep languages standardized. Computers and television help to stabilize language if they are used effectively by those who want to do so. Such devices, however, are Janus-faced: They can also be used to facilitate linguistic change. And they are. Every advertiser wants to change the language,[8] and the medium itself gives shape to the message. (Marshall McLuhan was not on our agenda, but perhaps he should have been.)

There is probably a serious tension between the élites in Québec for whom the preservation locally of français international is a matter of continuing and pressing, usually professional, importance, and ordinary people. For most people the needs of language are more immediate, more closely tied to the day to day structure of their inner lives and their meetings with other people. Their concerns are not with abstract questions of the preservation of "a language" in the various senses in which grammarians and linguistic theorists are concerned with this idea. They want to get on with their lives and to go on living in the world which is shaped by that language. Between the two one finds the artistic community which wants an audience which extends beyond its immediate neighbourhood but also wants to capture the realities of daily life. One must suppose, though, that Quebeckers are becoming more and more comfortable with their own ordinary language. Much literature is written in the way people speak.

Much of the talk at these meetings was about the insecurity of language users — mostly Quebeckers. But few people actually stay awake at nights worrying about the fact that Québec films are often dubbed with new sound tracks when they get to France. For the same reasons that Descartes decided to stop writing in Latin and began writing in French — ultimately that language and experience are so closely tied that we cannot expect to capture the reality of our lives in a language other than the one we use all day every day — the proponents of the vernacular take it for granted that they must let the language grow. The tensions which this produces are fascinating.

There has in fact been a substantial increase in the use of French in the workplace and in the Francophone members of boards of corporations. Robert Gill's study suggested that the increase has been sufficient for there now to be a large class of French-speaking business men and women who have never experienced the problems with their careers which earlier generations felt, and who do not see things the same way. He suggests that while the current political leaders tend to want to go on with the kinds of language policies which have developed over the last two decades, things may change. He even speaks of a divergence of interests between the nationalists and the "business élite" — though this will lead to policy changes only in the long run.

One might expand Robert Gill's ideas. He did not pursue the point, but the intellectual and artistic élites who have fuelled the separatist movement are the people most likely to be interested in keeping the language and culture close together. The business élites are more likely to be more concerned to keep the language international, but they are also, of course, likely to react against any kind of linguistic restriction which gets in the way of business. I think Gill's suggestion is that the growing feeling of comfort of French speaking business men and women with their linguistic environment means that they may well feel secure enough to let down some barriers.

But he also may be right that language and economics can pull in opposite directions. Interestingly the nationalist forces in Québec have become a pro-business force because the culture has been organized around consumerism. But it could well be the case — this was one of the few issues about which there was real difference of opinion which probably cannot be resolved — that language and business will collide. If some multinational corporation offers to build the biggest brassière factory in the world in St. Hyacinthe if only it can run it in English, would not the government of an independent Québec, if it were hard pressed to create jobs and balance its books, be inclined to say yes? If it didn't, might it not be in political trouble?

Just what is being argued about is not always clear. Does the survival of French simply mean having lots of people who speak French. Sherry Simon said — more than once I think — that allophones do not master the language with the same emotions as Francophones.

And Jean Laponce insisted that the improvement Robert Gill noticed in the situation of at least some of the Francophone élites is not really enough to relieve French in Québec from its position of peril. Falling birth-rates have played a part. The discussion also suggested that allophones are still not really attracted to French.

Will all the forces at work to save French in Canada finally make a difference? The conference was devoted to the outlook for the new century. What then? In this century the politics and ideology of language — associated as they always are with dominant political powers —favoured English. Will the dominance of English continue?

The British empire was not only powerful, it was locked into the processes of technological innovation, and the labyrinths of industrial capitalism. It was succeeded by the American empire. But things are changing. Many of the delegates to this conference came from the European Union. Hans-Josef Niederehe who spoke at most length about linguistic complexity in Europe, did not, as I said, suggest that there was the faintest likelihood of a movement for linguistic unity in Europe. If one does emerge it seems unlikely in any case that it would focus on English. The European Community will grow economically and politically. The Russians have disappeared (momentarily at least) from the company of world power brokers. Russian is no longer a contender in the language race. But the Americans are beginning to look inward and may be headed for a new isolationist period. Attitudes to languages change and might they not change in a way which will enable us to capitalize on the children in French immersion schools in Vancouver?

Interestingly, none of the speakers seemed to think that changes in Europe or the United States would influence the way we look at linguistic policy in

Canada. Despite a powerful reaction, the United States is becoming *de facto* a bilingual country. Will extension of free trade policies into Latin America increase pressure to make bilingualism an official reality and make the rash of recent state resolutions making English the sole official language look merely silly? If so, American business will become adept at bilingualism, and the huge resources which will be poured into such an activity will have an effect on Canada. Perhaps if that were to happen, we would become much less timid about our bilingualism. Equally, the reaction against bilingualism in the United States might give anti-bilingualism a new respectability here.

The discussions, whatever form they take, are likely to keep language policy at the forefront of public attention here — and the use of French may well continue to grow as immersion school programmes become a normal part of life in much of the country. No one even dares to suggest that the Québec problem would look very different, if say, half the population were bilingual. Including Québec, 30% of Canadians can now speak French, though they don't always do so as often as they could. If the proportion outside Québec increased from the present 10.5% to, say, 20% things would look very different. Is that really impossible? No one who has been to school in Ottawa would say so. But a dramatic downturn in the fortunes of the Liberal party (always the party associated with bilingualism) in the next federal election might alter the odds in a negative way and do so considerably. Anyhow, Niederehe did say that Canada was surely not locked into monolithic language policies and that our policies might change.

The conference left a lingering thought. Just why are linguistic policies so important that they continue to interest everyone from linguistic theorists in Québec to supposed red-necks in Alabama?

Linguistic orthodoxy has it that all languages are in some sense equal, though my personal experience suggests otherwise. Basically, indeed, as someone remarked, language figures as a formative influence on thinking and being. But what can this mean?

In a sense one is what one says — one learns about others by talking to them and about oneself by seeing oneself reflected in what they say and so language is both a personal and a social matter. Robert Gill suggests a difference between the personal and the territorial principle in language policy. Language policies may be concerned with individuals and their opportunities to use a given language or with the question of whether or not a given area should be one in which a certain language remains or becomes dominant. Languages pose territorial issues because they provide a way of organizing people into working groups for all sorts of political purposes. Where would the Acadians be without their language?[9] Does the fact that a language survives mean that language makes a difference to culture? Do Cree speakers really have a different culture, perhaps even a different citizenship in a sense in which peoples whose languages have vanished do not have a claim to these distinctions? Interpenetration of realms has made it difficult to understand the relation between culture and citizenship.

This talk about linguistic division raised another question: very little was said about the values that people across Canada hold in common, though the Atlantic fishing dispute suggested to some speakers that there was perhaps more by way of common values in Canada than one might sometimes think. But it was noticed that there is very broad support for our international policies and indeed for the present government whose prime minister holds a national record for popularity of prime ministers. The conference was held in June before the referendum campaign began and long before the round of quasi-constitutional proposals which followed it got under way. But it intrigued people that Canada was led by a Quebecker, most of whose support came from the rest of the country.

Valeria Gennaro Lerda read the only paper directed specifically to regionalism outside Québec — perhaps the second oldest topic in Canadian political studies. Her concern was with the West. She noted that a distinction between the western provinces and central Canada has always been the rejection of English-French dualism. Patterns of settlement in the west eventually left the French a scattered remnant, destined to be a small minority. Still it is a minority which has always remained politically important at least in national terms, for it is a constant reference point for Quebeckers. (This enabled Francophones outside Québec to have dreams which were fed by the constitution. She did not mention it, but their dreams were also fed by the prospects opened by one of railways across the north from Québec City to Prince Rupert, along which French settlements were scattered.) But Valeria Gennaro Lerda's paper also reminded us of our economic history in which the west was threatened by centralization, sometimes by private corporations with great power, and sometimes, many Westerners thought, by the federal government itself. These threats spawned the co-operative movements and a grass-roots socialism. This has never made the West a monolithic block although they have some common problems, chief of which, the paper suggested, was perhaps the failure to match the economic success of Ontario. In 1990 the four western provinces all lagged behind Ontario in per capita income. Even B. C. was 12% behind and Saskatchewan was 33% behind. Lerda did not quite prophesy B.C.'s recent determination not to be lumped with the rest of the west, but she did wonder if there might not be a realignment demanded.

It is as well to remember (though I think no one actually mentioned it) that the very expression "post-modern" comes from Jean-François Lyotard's *La condition postmoderne*, a work commissioned originally by the Québec government. Lyotard speaks there of the loss of the great over-arching narratives which tie people's lives together.[10]

These concerns also took us back to the country's troubles and tensions and still left us wondering what values there might be at a national level. Ged Martin then supplied us with some truly dark thoughts. He said "the greatest challenges surely lie in the survival of democracy and the liberal society which it is supposed to represent." He said it was "true of all western countries" that "we have too great and naive a faith in the all-embracing efficacy of the first, too little confidence in the values of the second." Many Quebeckers who voted "yes" in the referendum might have challenged his assumption. It is surely because they did not believe that democracy works across cultural boundaries that they favoured independence.

The referendum, though, did show us that the questioning which was central to the conference — the questioning of all the basic assumptions about the way forms of government fit together and about the established manners of doing things — were justified. Ged Martin agreed that democracy worked as efficiently — and humanely — in Canada as anywhere. But he also reminded us that "most of the institutions which Canada has inherited from the Late Modern Century [by which he actually meant a little more than a century, the period from 1840 to 1960] were constructed and operated by people (mostly male) who took national boundaries for granted, conformed to religious exercises, deferred in a democratic way to those in authority above them, and regarded the physical supremacy of the Western world as evidence of the superiority of Western values." None of that now holds and the future is open. The future, he thought, cannot resemble the past — perhaps one might conclude that it cannot have enough resemblance to the past to justify the techniques of our much-vaunted social sciences.

The dramatic moment of the conference came, though, at the end in a discussion of indigenous peoples. They went by different names in the different papers[11] — "Aboriginal peoples", "First Nations", "Canadian Amerindian nations" — but it was always clear who was meant.

We had talked a lot about values in an abstract and distant way, and a lot about our welfare state and the threats which might now be facing it. But in the end we were asked to look a moral problem in the face. The lives of most indigenous people in Canada have been troubled. It cannot now be said that most of them live the kinds of lives our society too easily prides itself on making available to everyone. One need only look at some prisons, visit some reserves, or stand for a while at night in downtown Vancouver on the corner of Hastings and Carol. True, there are negotiations going on about land claims and about self-government. There are native studies programmes and experiments in applying a different kind of criminal law. But we are a long way from meeting minimal and legitimate aspirations. Many of those present at this conference were Europeans, but they were aware of the heritage of European colonialism. One at least came from Mexico where a different story is to be told — but it is not always more edifying. And so we came awake.

Lilianne Krosenbrink-Gelissen began by taking us through a little of our gloomy history — much of it, as she said, racist and sexist. She insisted that indigenous peoples have a right to nationhood, but she carefully defined nationhood in terms which fell short of the state (relying on some substantial dictionaries for her purpose). Nationhood in the Dutch dictionary she cited is cultural and historical, concerned with language. In the Oxford version, territory and political aspirations are added. Lilianne Krosenbrink-Gelissen drew, too, on an anthropologist, Benedict Anderson, who added that nations have to do with imagination and that they are imagined as both limited and sovereign. But she insisted that "the first nations" concept of nationhood is unique since it does not extend to statehood."

No doubt one can have a self-governing entity within a state, and Krosenbrink-Gelissen thinks that the way is open in Canada, and that there is political and legal room for development. The questions are, of course, about how to achieve self-government without eroding the surrounding state. As the summer went on the federal government's efforts to define indigenous self-government were not meeting a warm welcome from the people to whom they were addressed.

The theme was carried on in Tom Svensson's paper in which he called attention to the Sámi, who figure in the border treaty between Norway and Sweden and are actually referred to in that treaty as the Sámi Nation. He associated the idea of a nation with notions of equality, respect, dignity and sharing in negotiations — above all, no doubt, with equality. It is *equality* which is so hard to come by between a little band and a large state.

But the dramatic moment came with George Sioui's paper. George Sioui is a distinguished academic. He is also a Huron, and the Huron were the first people the French met in Québec. Most likely the word Canada comes from "kanatha", a big town or village such as Stadacona was.

He also had reminders for us — reminders about Jacques Cartier who supposed that European political concepts must apply in the new world and named Donnacona, the local head man, Lord of Canada. Cartier also supposed "kanatha" must be the name of a country.

"Amerindian" is a term George Sioui continues to like, and the trouble between indigenous peoples and Europeans in Canada chiefly results, he thinks, from two different and basic outlooks on life. The most central concept in the Amerindian view of life is the distinction between the "circle" and the "line". There is a circle of relations which ties all things together and means that there is only one human family. It is a conviction of the indigenous peoples that we cannot progress by tearing ourselves from nature. The European sees relations in terms of lines — progress in a linear time, discrete lines which join some points and exclude others.

But the indigenous way of life is not only old and substantial. It tends to make its point and must surely win out as time goes on because the alternatives end in disaster. And so George Sioui said he believes that the Amerindian languages will be revived and that the "Circle of Life" will prevail.

At any rate *we* had come full circle. Surely we have not learned enough yet to deal easily with indigenous self-government. Jacques Cartier took Donnacona to be a king and all of Canada to be a kingdom because his sense of superiority was so great that he could take it for granted that all *his* own concepts must apply.

Europeans and people of European origin dominated the conference, but they had at least come to listen to a Huron whom no one doubted was their equal. As George Sioui and Pierre Anctil, who represented the Québec Ministry of International Affairs, Immigration and Cultural Communities, chatted amiably in the recess there did seem to be hope.

## Notes

1. Estimates vary and the figures continue to grow. Coyne in *Seven Fateful Challenges for Canada,* Montréal: Robert Davies, 1993 puts the figure for currency trading more modestly at 35 trillion a year against 3 trillion for trade goods and services. (p. 58).
2. Neil Bissoondath, 1994. *Selling Illusions: The Cult of Multiculturalism in Canada,* Toronto: Penguin.
3. Ernest Gellner, 1994. *Conditions of Liberty: Civil Society and its Rivals,* London: Hamish Hamilton.
4. It seems hardly worth mentioning — so natural did it seem — that in none of the discussions at this conference was it noticed that Canada is a monarchy.
5. The referendum in Québec a few months later seemed to suggest that many, perhaps most, Quebeckers share the view of conference participants. Very many of those who voted "yes" for separation clearly believed that some new form of association with the rest of Canada could be and would be negotiated, and at least a quarter of them saw no contradiction between voting for separation and favouring still having some kind of representation in Ottawa.
6. Jean Laponce's example.
7. It is hard to know just what this means. The statisticians usually define it in terms of being able to carry on a conversation for a determinate period of time. But contexts vary. At a philosophy journal editorial board meeting I do not do so badly. In the give and take of a Montréal bar I may get lost.
8. At the very least, they hope that "Hoover" will become the word for vacuum cleaner and "Blue" the word for beer.
9. The word "where" may have a literal meaning. Without their language, dispersal and inter-mixture would probably have been quite rapid.
10. Jean-François Lyotard, 1979. *La Condition postmoderne,* Paris: Éditions de Minuit, (tr. by Geoff Bennington and Brian Massumi as *The Postmodern Condition,* University of Minnesota Press, 1984.)
11. Of the various names, I have chosen "indigenous" since it implies what is at issue. We are talking here about people all of whose roots are nearby, generally in parts of Canada not too far from where they now live. "Aboriginal" has a faintly patronizing sound, "native" is puzzling since lots of other people have been born here. Even "first nations" suggests a form of organization which may not be appropriate for everyone and which may carry too much baggage for effective negotiation.

# Rétrospective du colloque Langues, cultures et valeurs au Canada, à l'aube du XXI<sup>e</sup> siècle

*Leslie Armour*

Si dans un test d'association d'idées l'on demandait à n'importe quel spécialiste des études canadiennes de donner deux mots auxquels accoler le mot «Canada», il est évident que langues et multiculturalisme lui viendraient immédiatement à l'esprit. En ce qui a trait au troisième thème, les valeurs, il y aurait un certain malaise, car qu'est-ce que cela peut bien vouloir dire? Le bien et le mal? S'agit-il plutôt de quelque chose à saveur économique, de biens qui aient quelque valeur? De fait nous n'aurons pas traité du bien ou du mal sauf lorsque les problèmes moraux associés aux Autochtones ont surgi et ce fut bien là le moment le plus tendu de notre colloque, mis à part quelques escarmouches sur le plan économique.

Le mot «Canada» englobe aussi des synonymes de «problème» comme fédéralisme qui a amené Stéphane Dion à nous dire d'entrée de jeu que le Québec abritait le plus fort courant sécessionniste de l'occident, même devant celui des Flamands de Belgique. Les résultats d'octobre en ont fait la démonstration, en même temps du reste que du changement aux visions classiques des concepts de fédéralisme, d'État ou de société. Jusqu'à tout récemment, dans le monde des études canadiennes, la notion de valeurs évoquait nos vertus (réelles ou supposées) et parmi elles, la tolérance, la responsabilité et le civisme. Certes, on en a parlé mais Patricia Armstrong et Duncan Cameron nous ont rapidement montré à quel point elles étaient menacées.

Personne ne s'attendrait plus à ce que les spécialistes du Canada lui associent des lieux communs tels «grand, riche, et froid», mais plutôt, suite aux publications des Nations Unies sur les endroits où il fait bon vivre, aient en bonne place sur leur liste quelque chose comme «confortable».

Et pourtant ce n'est surtout pas ce qui est ressorti des descriptions des participants qui brossaient un tableau torturé de l'avenir incertain généré par des changements sociaux et une suite de conflits internes.

En sous-titre, à l'aube du XXI<sup>e</sup> siècle suggérait des changements car on ne regarde l'avenir que lorsqu'on le suppose différent du passé, et il faut admettre que des bouleversements majeurs ont été évoqués quant à notre confort social actuel. D'après Patricia Armstrong, Duncan Cameron et Peter Karl Kresl nous serions sous l'emprise d'un processus économique global sur lequel nos gouvernements n'ont, ou feignent de n'avoir, aucun contrôle. Il leur devient donc difficile de maintenir nos industries culturelles et donc de préserver les méthodes existantes d'union de la communauté par le biais des services publics. Le monde est dominé par des transactions monétaires, soit 3 billions de dollars par jour, alors que le commerce des produits de base n'est que de 6 billions de dollars par an.[1]

Pas surprenant que Duncan Cameron parle de Casino mondial, car les contrepartistes peuvent à leur guise faire fluctuer les taux de change à la hausse ou à la baisse, et massacrer les économies intérieures en faisant varier le coût des importations et la valeur des exportations. Dans un monde où chacun joue quotidiennement, les taux d'intérêt dansent à la même vitesse, ce qui rend pratiquement ingérable une dette publique de quelque envergure. Certes, il est possible de tenter quelque chose, et Duncan Cameron suggère entre autres d'imposer des redevances aux étrangers qui achètent nos actions, ce qui nous permettrait un contrôle sur notre propre avenir, même si la mondialisation (la globalisation, comme l'on dit en anglais étant à peine un peu plus pudique) était à l'ordre du jour de nos délibérations.

Ce genre d'instabilité provoque le manque de confiance envers les politiciens qui sont les premiers à admettre qu'ils ne peuvent pas grand-chose, et cela devrait nous faire envisager avec une attention renouvelée la description du nationalisme québécois de Stéphane Dion, car plus les Québécoises et Québécois perdent confiance en leurs chefs politiques fédéraux, plus ils ont tendance à prendre leur propre sort en main.

Il ne faut voir là que le début des problèmes soulevés par le colloque. En effet, on tend à envisager l'avenir à partir des concepts que l'on a dans le présent. Or les intervenants n'ont cessé d'attirer notre attention sur le besoin de réviser nombre de ces concepts, et il est bien évident que lorsque l'on remet en question des concepts de base concernant la politique (et, qui sait, notre propre existence) c'est une sorte de désarroi qui s'installe.

Le colloque a mis à jour deux écoles de pensée qui superficiellement au moins sont en conflit.

L'une est une analyse post-moderne qui déconstruit un ensemble de concepts très voisins : l'État, la nation, la citoyenneté, l'ethnicité et même la culture. L'autre est une analyse à saveur traditionnelle des langues et des conflits que les langues engendrent.

Je veux dire par là que lorsque les philosophes ou les politologues tentaient de définir la «polis» des Grecs, l'État de la renaissance ou le Commonwealth moderne, ils cherchaient une notion qui soit claire et cartésienne, aussi éternelle que les idées de Platon, et applicable de façon aussi universelle que les règles morales de Kant à toute société civilisée. Par exemple la notion de citoyenneté devait découler de ces idées éternelles et universelles à partir de la logique de l'analyse. La culture telle que définie par Matthew Arnold ou T.S. Eliot était conçue pour toute une civilisation, et peut-être pour l'univers. Ce qu'ils avaient en tête comme étant la majeure partie du monde comprenait l'occident chrétien, et ce que cet occident chrétien avait pu régenter.

En anglais, le terme «nation» est souvent réduit à celui d'«État». En français le mot a gardé une saveur de processus historique, au sens où la nation regroupe des personnes ayant en commun culture et expérience, mais elle renvoie plus souvent qu'autrement à un noyau fixe : nation un jour, nation toujours. Il en va de même pour l'ethnicité avec laquelle on naît, qui est impérissable, et dont on ne peut se défaire. Que l'on soit serbe à Sarajevo ou ukrainien à Winnipeg voilà qui est connu et fixé pour toujours.

Si j'ose généraliser, et je n'ai pas le choix, il semble que le colloque ait été dominé par le sentiment qu'aucune de ces notions n'est figée, avec comme stimulant intellectuel, mentionné par Colin Williams, à l'effet que le Canada peut se permettre des choix, nos paramètres culturels et nos politiques linguistiques n'étant pas fixes. Les participants de l'étranger dont le point de vue nous intéressait au plus haut point, partageaient avec les Canadiens qu'il ne faut pas prendre pour acquises les notions actuelles de nation et d'État, car aucune ne nous garantit qu'elle cimentera le pays. Comptons-nous chanceux de ne pas être prisonniers de notions traditionnelles, quoique ceux qui ont assisté aux rondes de négociations de la dernière décennie puissent nourrir quelques doutes là-dessus.

La culture, la nation et l'État sont tous à l'étude. Ceux qui rejettent cette vision en s'accrochant aux traditions culturelles et politiques, sont en général les mêmes qui rejettent le multiculturalisme en autant qu'il s'oppose à un nationalisme fondé sur un passé commun, à un État reposant sur des valeurs communes et à une culture dont la mission principale est de définir ces valeurs. Par conséquent, il ne fallait pas s'attendre à ce que les participants appuient les tentatives plutôt tapageuses d'étouffer le multiculturalisme. Certains sont visiblement d'avis que le multiculturalisme, conçu comme un essai de ramasser des cultures existantes et de les harmoniser un peu comme l'on tente de réunir au hasard des boutiques, différents vêtements pour faire croire que ce sont des coordonnés, n'a aucune chance de fonctionner. En effet, les cultures se mélangent à l'âge des communications planétaires qui y introduisent des objets identiques. Florian Sauvageau nous rappelle que la mondialisation de la télévision s'accompagne du triomphe de la logique commerciale.

Pendant les discussions, on s'est questionné sur la viabilité des réseaux de télévision nationaux, étant donné que les cultures se recoupent, et se mélangent à l'intersection des valeurs communes. Au Canada les cultures sont modelées par les interfaces des langues communes, français et anglais au travers desquelles elles s'expriment. Au moins jusqu'à tout récemment, comme le souligne Patricia Armstrong, les institutions canadiennes touchant à l'éducation et au bien-être social reposaient sur des attentes concertées bien définies accompagnées d'une volonté de prendre des risques ensemble. Face à cette concertation, on pouvait accepter sans tension des valeurs riches provenant d'autres cultures. Selon ce contexte, les préoccupations de Patricia Armstrong face à la montée des valeurs individuelles et au déclin (corollaire?) du sens de la prise de risques partagés deviennent doublement importantes. À défaut de recours commun, et en l'absence de ressources personnelles ou familiales adéquates, la planche de secours est vraisemblablement une communauté ethnique ou culturelle qui devient de plus en plus difficiles à cerner, dans la mesure où les cultures se mêlent, et dans la mesure où les individus sont aux prises avec des institutions ou des activités dépassant largement l'aire d'influence d'une communauté, ou d'un groupe.

Il n'est donc pas surprenant que le multiculturalisme fasse l'objet de débats, ou pire, comme le note Sherry Simon, de joyeuses orgies de démolissage. Les Canadiens avec un peu de flair pour les tendances intellectuelles ont été soit outragés soit réconfortés par l'insistance de Neil Bissoondath à nous propulser ou à nous renfoncer, (personne n'est plus très sûr) dans une culture unique.[2] Les participants se sont plutôt préoccupés de trouver des nouvelles façons de sauver le pluralisme.

Sherry Simon a exprimé un certain malaise face à des efforts pour identifier une culture publique commune au Québec. En effet ni le modèle du multiculturalisme, ni celui de la convergence culturelle ne sont acceptables en ce que chacun postule que la notion d'appartenance culturelle ne pose pas de problème. Or ce qu'il y a de positif, c'est de trouver des espaces intersticiels où l'on puisse affirmer sa propre identité, tant personnelle que collective, en dehors des culturés et des acculturés.

Il existe d'autres préoccupations. Pierre Anctil, en reflétant les inquiétudes du gouvernement du Québec et de ses fonctionnaires, a démontré que les problèmes étaient particuliers au Québec. Si comme personne ne l'a contesté le Québec est une société distincte et entend le rester, l'intégration des immigrants est tout un problème.

Effectivement, il a même parlé du choc de la pluralité. Devrait-on assimiler les allophones à la «culture» française, ou seulement à la «langue» française? Jusqu'à présent, aucune des deux approches n'a fonctionné, ainsi que l'ont montré les résultats du référendum sur l'Île de Montréal, dont le vote des communautés anglophone et allophone a été décisif. En théorie, le pluralisme culturel est compatible avec une tendance vers l'uniformité linguistique et bien sûr cette uniformité linguistique, au sens de la conformité des allophones vers le français ou l'anglais, est inévitable. De ce fait, si l'on admet le pluralisme culturel, tout en reconnaissant que le Québec doive être francophone (avec le maintien des droits des anglophones), ce que la plupart des gens admettent, il faudra essayer d'amener les immigrants à parler français, tout en maintenant certaines de leurs caractéristiques culturelles. Si cela ne fonctionne pas a reconnu Pierre Anctil, ce n'est pas tant à cause du contact avec les personnes d'origine britannique, qui ne représentent guère que 5,1 p. 100 de la population du Québec, qu'à cause de la situation économique de Montréal par rapport au reste du Canada. L'évaluation sérieuse tout autant que courtoise de Pierre Anctil a impressionné tout le monde, mais en même temps a semé le doute sur la façon dont le problème pourrait être réglé, et c'est ce doute qui nous a permis de pressentir la frustration des séparatistes à l'issue du référendum du mois d'octobre.

On a également exprimé des réserves sur le rôle interventionniste de l'État au sujet de la rivalité entre les deux cultures, mais en gros, à défaut du multiculturalisme des coordonnés évoqué plus haut, on a admis qu'une certaine forme de pluralisme culturel était inévitable au Canada, sans pour autant rêver d'une future culture canadienne unificatrice.

Dans son analyse économique de la culture, Peter Karl Kresl nous a fait la preuve qu'une autre culture unifiée était possible, sans qu'elle soit canadienne pour autant. Que les Canadiens décident de s'en remettre aux institutions américaines, soit. Mais qu'arriverait-il si les biens culturels élaborés par les Canadiens se faisaient tasser par des importations à connotations culturelles étrangères, parce que les conditions des marchés feraient en sorte que ces biens seraient vendus à des taux que les producteurs canadiens seraient incapables de rencontrer sans subventions, ou parce que les firmes étrangères généreraient tant de revenus de leurs ventes à l'étranger qu'elles en retireraient un monopole de distribution?

L'affirmation des valeurs culturelles canadiennes a toujours fait problème. Derrière tout cela, il y a quelque chose d'évident mais qui n'est jamais venu au cœur de la discussion. Le Canada, comme je l'ai dit souvent, — en termes modernes — est une sorte d'anti-nation. Peu de gens raisonnables pourraient nous imaginer avec une seule culture ou une seule personnalité nationale. Depuis que le nationalisme moderne et qu'un certain individualisme vont de pair en Europe occidentale et aux États-Unis, la notion de l'État en tant que super-personne qui ne laisse nul indifférent et avec qui on peut avoir des relations personnelles émotives, s'est peut-être mise en place par défaut. Les concepts anciens de la société organique et de la personne publique, qui porte et partage les rôles sociaux des peines et des devoirs, et qui collectivement sert d'exemple, a transmis une imagerie populaire extrêmement riche tant de la vie corporative que de celle de l'individu. C'est ceci qui permettait d'envisager des possibilités tout en en comprenant les limites. Mais de telles idées se sont estompées lorsque la démocratie et la société industrielle ont projeté de la communauté une image d'unités interchangeables, la société modulaire d'Ernest Gellner.[3] Dans ce genre de société, la personne est un élément pouvant remplir n'importe quel rôle, et l'ensemble n'est que la répartition momentanée des personnes. Si la communauté ne se composait que des personnes, l'État serait une super-personne dont les caractéristiques formeraient un archétype national tel que ceux imaginés (mais sans y croire...) sous les traits de John Bull, de l'Oncle Sam ou de Marianne. Pour ceux qui ont épousé cette façon de voir, l'État est perçu comme une déité, un être capable d'exiger le sacrifice de leur vie, et dont les élites détenaient leur pouvoir en lui étant associées. Si chacun était censé partager des caractéristiques nationales, on pensait que tous devraient faire preuve de la même culture nationale. En étudiant des groupes pairés, tels que les Flamands et les Wallons, les Serbes et les Croates, ou les Tchèques et les Slovaques, on constate que chacun trouve que l'autre ne reflète pas le caractère «national». Par conséquent la cohabitation aura été pénible, voire violente. L'adhésion à un caractère national a conduit à rédiger une Histoire où l'État est le héros d'une épopée imaginaire sans fin.

S'appuyant sur son expérience et sur celle de ses compatriotes, Francis Delpérée nous a adroitement rappelé qu'il peut y avoir une nation sans État, tout comme un État sans nation. Cette logique n'a cependant pas altéré les ardeurs de ceux qui sur le modèle nietzschéen de la mort de Dieu pensaient rattacher leur vie à l'aventure cosmique en se fondant dans la collectivité de l'État. Rien de tel pour exalter des existences rendues monotones par l'industrie et mornes par les échecs du capitalisme, que de les imbriquer dans l'héritage grandiose de l'âme allemande ou dans ce que l'on pouvait avoir sous la main.

Que cette image de l'État en tant que super-personne n'ait jamais pris au Canada est à la fois curieux et important, et c'est peut-être l'une des raisons qui rendent l'étude du Canada si intéressante. Peut-être que les cultures française et anglaise n'étaient pas assez semblable l'une à l'autre, et pas assez différentes de l'américaine, de la britannique et de la française, pour susciter en nous l'idée d'une identité nationale. Le pluralisme s'est intégré dans nos mœurs par l'entremise des droits linguistiques garantis, d'étranges normes religieuses en matière d'éducation et des modes de colonisation qui maintiennent certains groupes ensemble et qui empêchent des brassages faciles. Par conséquent, à l'exception du Québec, il n'y a jamais eu une masse monoculturelle suffisamment importante pour ressentir la conjointitude nécessaire à l'État-Dieu ou le bien-fondé d'une Marianne.

Mais les voies du destin sont entortillées... On s'est largement interrogé pendant ce colloque sur des notions traditionnelles de culture, de nation et d'État, alors qu'au même moment, ce même pays assiste à une remise en question du multiculturalisme. Dans les moments d'incertitude, ce que les gens recherchent c'est ce qui les solidarisera. Malgré les apparences, nos incertitudes ne sont pas reliées prioritairement au problème du Québec et du Canada anglais, dans la mesure où nous avons toujours vécu ces questions de langue et de culture. Au Québec, l'appui à la confédération tourne autour de 60-40 (pour ou contre) et la plupart du temps en faveur, mais il peut pencher également de l'autre côté.

Nos incertitudes ont bien plus à voir avec le remplacement de la justification de l'unité canadienne traditionnellement d'origine extérieure par une justification d'origine intérieure mais pour laquelle les fondements sont difficiles à trouver. C'est ce que nous rappelle Ged Martin au sujet de notre volonté de nous distinguer des Américains et d'associer notre culture à l'Angleterre et quelquefois à la France.

Nos problèmes actuels sont très reliés au fait que les sources d'harmonie sont largement internes. Il fut un temps où nous nous définissions de façon positive en nous tournant de l'autre côté de l'Atlantique, et de façon négative en regardant au sud. Nous nous sommes même tournés vers l'Empire britannique, vers le Commonwealth ou même vers la couronne[4]. Pour les Canadiens anglais, la couronne était un identitaire, alors que pour les Québécois, c'était le fondement de la promesse originale de la protection de leur foi et de leur langue, contre les incursions du Canada anglais. De même, on s'est défini par la négative, comme non-Américains, comme peuple plus calme, plus ordonné, plus tolérant, plus mesuré et doté d'un sens communautaire plus aigu. (Il est vrai que nos historiens nous ont rappelé bien souvent que la notion de société organique a déjà eu beaucoup de poids parmi nous et que ceci était encore plus évident au Québec que ce ne l'avait été au Canada anglais.) Il y a dans tout cela beaucoup d'ouverture, mais aussi quelque confusion. Jusqu'où voulons-nous aller dans la remise en question de nos conceptions traditionnelles, ainsi que dans la création de sources internes d'unité?

Sherry Simon nous a alertés à la modification de la notion de citoyenneté. Elle aurait tout aussi bien pu dire qu'il s'agissait d'un changement perpétuel. Le citoyen romain avait été créé par la loi de Rome. C'était une personne dont les privilèges s'étendaient sur tout le territoire de l'empire et qui, peu importe son origine, y était partout la bienvenue. La citoyenneté était donc en partie étrangère à la culture. Voilà l'idéal historiquement constant de notre passé. À l'intérieur du Commonwealth, le sujet britannique correspondait au même idéal, qui s'est terminé lorsque les Canadiens ont cessé de pouvoir s'installer librement en Grande-Bretagne et que les Britanniques sont devenus seulement des étrangers spéciaux au Canada. Une différente notion a surgi de la France post-révolutionnaire, où le citoyen est celui qui participe activement à la société et dont il est partie intégrante. Les citoyens constituent ce peuple qui confère à la société son allure et sa légitimité. (Pour paraphraser Emmanuel Mounier : en France, c'est dans la rue que se fait la légalité.) Avec les citoyens, tant la société que la légitimité changent. On en revient toujours à la légitimité! Les personnes de cultures différentes peuvent envisager des actes ou des styles de vie comme légitimes... ou illégitimes. Si c'est cela le fait du citoyen, une société peut-elle assumer des positions antagonistes de ce qui est ou non acceptable? Certes on peut tolérer des visions différentes en autant qu'elles soient positives; mais si elles étaient négatives? Est-il dès lors possible à des personnes de cultures différentes d'être des citoyens à part entière? Existe-t-il un lien entre la culture et la citoyenneté? Devrions-nous plutôt chercher une définition plus ancienne de la citoyenneté qui soit plus abstraite et plus légaliste?

Pour l'un d'entre nous, la négociation continuelle de la citoyenneté est exagérée. Cependant, le fait que des personnes puissent partager plusieurs cultures et que de nombreuses nations (au sens commun français du terme, c'est-à-dire d'un groupe ayant une histoire commune) puissent exister au sein d'un seul État est apparu comme reflétant la réalité et comme une circonstance heureuse pour la majorité des participants.

Au colloque on percevait en filigrane le sentiment commun que l'attention à accorder aux structures politiques n'était pas la chose la plus importante malgré son urgence. Il y a bien eu une discussion un peu décousue sur le scrutin proportionnel arrêtée par la subtile remarque de Jean Laponce, à l'effet que ceci entraînerait le transfert de notre système d'opposition structurée vers une politique de consensus. De quoi faire réfléchir même les tenants de la représentation proportionnelle. Car ce virage remplacerait la recherche de larges coalitions par des mesures d'équilibre politique qui sont le lot des gouvernements formés à partir de groupuscules. Cependant personne n'a nié que la représentation proportionnelle paraisse effectivement plus juste. Aucun petit génie de la théorie politique n'est apparu pour nous expliquer comment réagir avec équité devant les injustices générées par des gouvernements dont la survie dépend de groupuscules susceptibles d'ambitions obscures et de fanatisme.

À défaut de pouvoir résoudre clairement de telles énigmes, il était clair pour tous que chaque aspect de l'État et de la souveraineté est susceptible de changer, et qu'il changera vraisemblablement. De nombreux participants ont partagé leur expérience de première main des changements politiques en Europe, et de fait, aucun n'a passé de remarques sur la dernière passion : les nombreuses formes de souveraineté-association.[5]

En matière de langues, ce fut sensiblement différent. Les vues traditionnelles semblaient prendre position, avec nettement moins d'ouverture. En arrière plan le spectre bien connu «l'anglais s'en vient» a hanté nos débats. Livré à lui même il pourrait conquérir le monde tout comme il a envahi les «Chemical Abstracts».[6]

Personne n'a mentionné, alors que chacun ou presque en est conscient, que cette progression de l'anglais est inégale dans le domaine de l'érudition. Langue des sciences naturelles soit, mais non langue de la philosophie. La traduction en anglais de la philosophie moderne française pose bien des problèmes, ce qui fait dire à Richard Rorty que le déconstructivisme n'a rien à voir avec le *deconstructionism* américain. Même sur un mode plus classique, ceux d'entre nous qui écrivent en anglais suscitent la compassion de nos collègues parisiens. Changer de langue n'est pas aisé pour un philosophe. Mes propres incursions en prose française m'attirent tout autant de commisération. Il semble évident que l'histoire doive être écrite dans la langue nationale des chroniqueurs et des historiens, et que les études littéraires soient effectuées le plus souvent dans la langue de la littérature analysée, bien que les tendances post-modernes tendent à modifier cet état de choses. Il est de plus en plus clair que la théorie littéraire transcende les frontières linguistiques, et il se pourrait qu'on la fasse dans un langage qui malgré qu'il soit dérivé de l'anglais n'est pas toujours l'anglais que nous avons connu. L'important, peut-être, c'est de concevoir l'anglais scientifique comme un assemblage de plusieurs langages techniques, qui ne ressemble pas plus à l'anglais de Pope et de Dryden, qu'à la langue de Molière ou à celle des parnassiens.

Bref, les langues fluctuent et lorsque l'on parle des avancées de l'anglais, peut-être devrait-on se demander de quel anglais il s'agit. Les Français ne distinguent-ils pas le «traduit de l'américain» du «traduit de l'anglais»? Au Canada, cependant, on ne parle que de l'anglais ou du français. Cependant il existe des variantes canadiennes des langues, et on en a parlé au sujet du français québécois. Il ne faudrait pas oublier pour autant que l'anglais canadien est tout aussi menacé. Il n'y a pas très longtemps, une de mes étudiantes a perdu des points parce que sa dissertation contenait trop de canadianismes orthographiques. Je me demande bien quelles étaient les valeurs que son professeur, un Américain vivant au Canada, tentait de protéger...

À des fins politiques, néanmoins, on englobe généralement l'anglais comme étant une langue unique, et il en va de même pour le français. Qu'importe si ces deux langues s'entremêlent au quotidien, la rhétorique politique en fait deux solitudes. À l'époque du mélange et de la fusion des cultures, personne ne s'est préoccupé de décoder pour le langage l'affirmation de Jacques Derrida voulant que tous les textes soient un seul texte. Personne n'a non plus remis en question le concept de langue, alors que l'on s'était étendu sur les concepts de culture et d'État.

La crainte de l'anglais est au cœur même de l'appui à l'indépendance du Québec, faisait remarquer Stéphane Dion. Peu le contrediraient. Mais plusieurs s'interrogeraient sur le sens qu'il faut attribuer aux faits qui nous ont été rapportés. Au cours des vingt dernières années il y a eu un léger déclin de la proportion de Canadiens dont la langue d'usage est le français (de 25,7 p. 100 en 1971 à 23,3 p. 100 en 1991), ainsi que de la proportion de ceux qui vivent à l'extérieur du Québec (de 4,3 p. 100 en 1971 à 3,2 p. 100 en 1991). En tenant compte de l'augmentation de la population, et en valeur absolue, le nombre de personnes qui parlent français entre elles, ne peut pas avoir diminué. La proportion de ceux qui peuvent parler français et qui résident hors Québec a augmenté légèrement, de 9,4 p. 100 en 1971 à 10,5 p. 100 en 1991.[7]

Jean Laponce a mis ces choses en perspective : les langues naissent et meurent, mais il en meurt plus qu'il n'en naît, contrairement à ce qui s'est passé historiquement, alors qu'au cours du dernier millénaire, il en naissait deux pour une disparition.

Donc les langues disparaissent. Au colloque, les problèmes semblaient axés sur le français et l'anglais, avec des références occasionnelles aux langues autochtones. Or, Jean Laponce nous a rappelé qu'en plus de l'anglais et du français largement dominants, il se parlait quelque deux cents langues au Canada. Il a décrit le français comme l'une des anciennes *lingua franca* et l'anglais comme l'actuelle. À l'exception de trois d'entre elles la cinquantaine de langues autochtones sont menacées. L'inuktituk, le cri et l'ojibwai comptent environ de cinquante à soixante cinq mille locuteurs chacune. Le dakota en compte vingt mille, et aucune des autres n'en compte plus de cinq mille. En ce qui a trait aux langues d'héritage, les langues des immigrants transmises difficilement aux générations subséquentes, elles sont toutes vraisemblablement condamnées, du fait du manque de concentration des populations et du fait qu'elles ne soient nulle part des langues dominantes. Certes, l'immigration compense les pertes, mais des phénomènes évidents comme les unions inter-ethniques accélèrent leur déperdition. Et, de conclure Jean Laponce, peu importe ce qui sera tenté, la pression assimilatrice de l'anglais sera telle, que toutes les autres langues seront menacées. Hans-Josef Niederehe a noté une tendance au Canada à réduire le bilinguisme à un monolinguisme (distinct d'unilinguisme). L'ukrainien ne survivra probablement pas. Le français va se battre. Voilà qui nous ramène aux questions fondamentales : faut-il y voir un présage? Cela se produira-t-il ailleurs? L'Union européenne conservera-t-elle toutes ses langues? Et dans notre propre contexte, quel anglais et quel français? Hans-Josef Niederehe voulait nous faire réfléchir au fait qu'en Europe, le problème linguistique ne concerne pas seulement les langues des États souverains. Il existe également des langues territoriales. La Catalogne est un lieu distinct à la langue distincte. Au-delà des langues régionales, il y a des parlers comme ceux du sud de la France qui quand bien même utilisés par des personnes d'une même région, n'ont pas l'exclusivité du territoire. Il n'y a pas de mouvements d'unification linguistique en Europe même si la question des langues ne peut pas ne pas être sous-jacente à bien des débats politiques. Enfin, Hans-Josef Niederehe a signalé que le débat sur la forme de l'Union européenne était extrêmement vigoureux.

Au Canada, la différence repose sur le fait qu'il n'y ait que deux langues territoriales d'origine européenne, et que les langues autochtones aient été progressivement déplacées par l'anglais et le français. Dans une bonne partie du Québec, Montréal, les deux langues cohabitent, ce qui devait susciter l'amertume post-référendaire.

Nos discussions n'auront pas amené grand réconfort à ceux qui se battent pour des écoles ukrainiennes ou pour la survie des langues autochtones. Pas plus du reste à ceux qui voient l'anglais canadien remplacé par l'américain, ou encore à ceux qui se demandent si les pressions pour internationaliser le français québécois ne vont pas aller à contre courant de la culture québécoise en tentant de transformer Montréal en une imitation de Paris, avec en prime la slush et la 50[8].

En tout cas, toutes les langues évoluent, et pas seulement une fois par année, mais à chaque minute. Utiliser un terme, c'est déjà le modifier; sans compter que les grammaires (même si elles ne sont pas «transformationnelles») sont loin d'être inertes.

Le débat sur les langues ne fait pas que diviser les nationalistes et les fédéralistes du Québec, il tend aussi à séparer le peuple des ses élites. Les élites, nous rappelait Jean Laponce, disposent de bien des armes nouvelles pour les aider à standardiser la langue, telles que l'informatique et la télévision, en autant qu'elles soient utilisées de façon adéquate. Elles sont cependant à double tranchant, car elles peuvent non seulement faciliter le changement de langue mais en plus elles le font. Chaque commanditaire veut changer la langue[9], et c'est bien le médium qui forme le message. Nous aurions dû consacrer du temps à Marshall McLuhan... mais ce n'était pas prévu...

Il y a probablement une tension assez vive au Québec entre le monde ordinaire et les élites pour qui la préservation d'un «français international» est de la toute première importance pour des raisons professionnelles. Pour la plupart des gens, les besoins linguistiques sont beaucoup plus immédiats, liés qu'ils sont au quotidien, à l'épanouissement personnel et au commerce avec autrui. Ils n'ont que faire des problèmes abstraits des grammairiens et des théoriciens de la linguistique. Ils veulent continuer à vivre dans le monde qui a été modelé par cette même langue qui est la leur. Entre les deux, on trouve la communauté artistique qui veut tout à la fois explorer le réalisme quotidien populaire, mais en même temps rayonner hors de ses frontières. On doit comprendre que les Québécois sont de plus en plus à l'aise avec leur «parlure», une partie importante de la littérature étant écrite en langue populaire.

Une bonne partie de nos discussions avait trait à l'insécurité devant la langue, et en particulier pour les Québécois. Mais je doute que le doublage des pistes sonores des films québécois projetés en France empêche qui que ce soit de dormir. Pour les mêmes raisons que Descartes a abandonné le latin au profit du français, les tenants du vernaculaire souhaitent le développement de la langue, et de fait, la langue et le quotidien sont tellement imbriqués qu'il est impossible de se raconter dans une langue que l'on n'utilise pas au jour le jour. Ces tensions sont fascinantes.

Le Québec a connu une augmentation substantielle de l'usage du français, au travail, comme dans les conseils d'administration. L'étude de Robert Gill suggère que cette augmentation a été suffisante pour permettre le développement d'une importante cohorte de gens d'affaires qui n'ont jamais connu des problèmes similaires à ceux des générations antérieures et qui ne partagent pas leurs points de vue. À son avis, alors que les chefs politiques veulent continuer sur la lancée des politiques linguistiques des dernières décennies, les choses pourraient changer, car il y aurait une divergence d'intérêts entre les nationalistes et l'élite des affaires conduisant à des modifications des politiques à long terme.

Développons davantage. Robert Gill n'est pas allé jusque-là, mais il est certain que les élites intellectuelles et artistiques qui ont animé le mouvement séparatiste sont certainement les personnes ayant le plus à cœur de maintenir ensemble la langue et la culture. L'élite des affaires aura plus tendance à souhaiter une langue internationale, tout en étant susceptible de réagir contre toute barrière imposée par des restrictions linguistiques. Ce que Robert Gill suggère, c'est un assouplissement de certaines barrières souhaité par les gens d'affaires qui se sentent suffisamment maîtres de leur environnement linguistique.

Il se pourrait aussi que la langue et l'économie deviennent des forces antagonistes. Les forces nationalistes du Québec appuient le monde des affaires parce que la culture est organisée autour du consumérisme. Cependant, il pourrait arriver (et ce fut là un des rares exemples au cours du colloque où la différence de points de vue était irréconciliable) que la langue et les affaires soient en conflit. Supposons qu'une multinationale veuille implanter la plus importante manufacture mondiale de soutiens-gorge à St-Hyacinthe à la condition expresse qu'elle ne fonctionne qu'en anglais. Le gouvernement d'un Québec indépendant ne serait-il pas enclin à accepter si cela lui permettait de créer des emplois et d'équilibrer son budget? Et s'il refusait, ne se mettrait-il pas dans l'eau bouillante politiquement?

Ce pour ou contre, quoi qu'on argumente, n'est pas nécessairement clair. La survivance du français est-elle une simple question du nombre de parlant français? Il me semble bien qu'à plusieurs reprises Sherry Simon a suggéré que les allophones ne maîtrisent pas la langue avec les mêmes sentiments que les francophones. Et Jean Laponce a souligné que les améliorations constatées par Robert Gill en ce qui avait trait à certaines élites francophones n'était pas une garantie que le français au Québec n'était plus en péril. Le déclin du taux de natalité est important, et il est ressorti des discussions communes que les allophones n'étaient toujours pas vraiment attirés par le français.

Est-ce que tout ce qui est mis en œuvre pour sauver le français au Canada réussira? Le colloque devait s'attacher aux perspectives du siècle à venir. Alors? Au cours de ce siècle qui s'achève, les politiques et l'idéologie linguistiques associées au pouvoirs politiques dominants ont toujours favorisé l'anglais. La domination de l'anglais va-t-elle perdurer?

L'empire britannique n'était pas seulement puissant, il était au cœur de l'innovation technologique, et dans les arcanes du capitalisme industriel. C'est l'empire américain qui lui a succédé. Les choses changent cependant. De nombreux participants au colloque venaient d'Europe. Hans-Josef Niederehe qui a le plus parlé de la complexité linguistique européenne, n'a pas, ainsi que j'en ai déjà fait état, dit qu'il n'y avait pas la moindre possibilité de l'émergence d'un mouvement d'unité linguistique en Europe. S'il devait y en avoir un, il est fort improbable que ce soit pour l'anglais. La communauté européenne va se développer économiquement et politiquement. Les Russes ont disparu, au moins momentanément, du cercle des courtiers des grandes puissances. Linguistiquement, la Russie n'est plus dans la course. Quant aux Américains, ils sont en pleine introspection et pourraient bien se diriger vers une période isolationniste. L'attitude envers les langues change, et pourquoi ne changerait-elle pas pour valoriser les enfants des classes d'immersion française de Vancouver?

Il est intéressant de voir qu'aucun de nos conférenciers ne pense que les changements tant en Europe qu'aux États-Unis puissent avoir une influence sur la politique linguistique canadienne. Malgré des réactions extrêmement vives, les États-Unis deviennent *de facto* un pays bilingue. L'extension du libre échange vers les pays d'Amérique latine ne va-t-elle pas accroître les pressions pour que le bilinguisme devienne une réalité reconnue, ridiculisant ainsi cette rage de résolutions faisant de l'anglais la seule langue officielle? Logiquement le commerce américain épousera le bilinguisme, et les ressources gigantesques qui y seront investies ne manqueront pas d'avoir un effet sur le Canada. Peut-être que si cela se produisait, nous serions moins timides face à notre propre bilinguisme, avec comme corollaire cependant que le ressac américain face au bilinguisme donnerait une nouvelle respectabilité à notre anti-bilinguisme.

Il ne fait pas de doute quelle que soit la forme qu'elles prennent, les discussions linguistiques au Canada continueront d'occuper l'avant-scène de notre vie politique et que l'usage du français continuera de croître avec l'intégration des écoles d'immersion. Personne n'ose même suggérer que si la moitié de la population canadienne était bilingue, le problème du Québec serait différent. Québec inclus, 30 p. 100 des Canadiens connaissent le français, même s'ils ne le pratiquent pas aussi souvent qu'ils le pourraient. Si la proportion passait de ce qu'elle est en ce moment, soit 10,5 p. 100 à disons 20 p. 100, tout serait différent. Impossible? Sûrement pas si l'on en croit quiconque est allé à l'école à Ottawa. Il est certain qu'un revers dramatique dans les fortunes du parti libéral (celui qui a toujours été associé au bilinguisme) aux prochaines élections fédérales pourrait altérer la situation de façon négative et ce considérablement. Tout cela fait dire à Hans-Josef Niederehe que le Canada n'est pas prisonnier de politiques linguistiques monolithiques et que ces politiques peuvent se modifier.

Quelque chose perdure : qu'y a t-il de si important dans les politiques linguistiques, pour qu'elles continuent d'intéresser tout le monde, depuis les théoriciens en linguistique du Québec, jusqu'aux prétendus «habitants» du fin fond de l'Alabama?

La linguistique orthodoxe prétend que toutes les langues sont égales, ce dont je doute personnellement par expérience. Au fond, comme le faisait remarquer quelqu'un, le langage présente une influence formative sur la façon de penser et d'exister. Mais qu'est-ce que cela peut bien vouloir dire?

Dans un sens, on est ce que l'on dit, on connait les autres en leur parlant, et on se connait soi-même en se voyant refléter dans ce que les autres disent, et de ce fait, le langage est à la fois un phénomène personnel et un phénomène social. Robert Gill a suggéré qu'il y avait une différence entre les principes personnels ou spatiaux des politiques linguistiques. Les politiques linguistiques se préoccupent des individus et des occasions qu'ils ont d'utiliser une langue donnée, ou encore de savoir si une zone donnée devrait conserver une certaine langue ou si cette langue y deviendrait dominante. Les langues soulèvent des problèmes spatiaux, en ce sens qu'elles permettent d'organiser les gens en groupes de travail à toutes sortes de fins politiques. Où seraient les Acadiens sans leur langue?[10] Est-ce que la survie d'une langue apporte quelque chose à la culture? Ceux qui parlent cri ont-ils réellement une culture différente, voire une citoyenneté différente au sens où les peuples dont les langues ont disparu n'ont pas droit à ces prérogatives? L'interpénétration de tous ces concepts rend difficile la compréhension des relations entre la culture et la citoyenneté.

Cette discussion sur la division linguistique a soulevé une autre interrogation : on a peu parlé des valeurs communes à tous les Canadiens, cependant, l'appui à la guerre du flétan de l'Atlantique a suggéré à plusieurs qu'il existait peut-être bien plus de valeurs communes à tous les Canadiens que l'on ne pourrait le penser. Il existe un appui général à nos politiques internationales, ainsi du reste qu'à l'actuel gouvernement fédéral, dont le premier ministre détient un record de popularité par rapport à ses prédécesseurs. Notons que le colloque s'est tenu en juin, soit avant le début de la campagne référendaire et bien avant que ne démarre la ronde de propositions quasi-constitutionnelles qui lui a fait suite. Que le Canada soit dirigé par un Québécois dont l'essentiel des appuis provient d'ailleurs, en a laissé plus d'un perplexe.

Valeria Gennaro Lerda a été la seule à s'intéresser au régionalisme hors Québec, qui doit arriver bon deuxième des domaines d'étude des sciences politiques canadiennes. Son champ d'étude : l'Ouest. Elle a remarqué que l'une des différences entre les provinces de l'Ouest et le Canada central a toujours été le rejet de la dualité anglais-français. La structure de la colonisation dans l'Ouest n'a laissé aux francophones que des restes éparpillés promus à n'abriter qu'une faible minorité. Cette minorité est cependant toujours restée importante politiquement au moins en termes nationaux, car c'est une référence constante pour les Québécois. (C'est ce qui a permis aux francophones hors Québec d'avoir des rêves alimentés par la constitution. Elle ne l'a pas dit, mais leurs rêves étaient aussi alimentés par les perspectives qu'ouvrait la voie ferrée de Québec à Prince Rupert par le Nord, le long de laquelle se sont établis des villages francophones.) Son exposé nous a rappelé notre histoire économique, qui a vu l'Ouest menacé par la centralisation quelquefois sous l'emprise de grandes corporations privées, et quelquefois aux dires des gens de l'Ouest par le gouvernement fédéral lui-même, engendrant ainsi les mouvements coopératifs et le socialisme populaire. Ceci n'a pas généré un bloc de l'Ouest monolithique, malgré des problèmes communs dont le plus marquant d'après Valeria Gennaro Lerda a été d'échouer à rattraper les succès économiques de l'Ontario. En 1990, en termes de revenu per capita, les quatre provinces de l'Ouest traînaient derrière l'Ontario. Même la Colombie-Britannique était 12 p. 100 en arrière et la Saskatchewan 33 p. 100.

Sans avoir tout à fait prévu la détermination de la Colombie-Britannique à ne pas être confondue avec l'ensemble de l'Ouest pour obtenir un droit de veto constitutionnel régional, Valeria Gennaro Lerda s'était néanmoins prononcée sur une demande possible de rajustement.

En passant, souvenons-nous que c'est à Jean-François Lyotard que l'on doit l'expression «post-moderne», du titre de son ouvrage[11] *La Condition postmoderne* qui lui avait été originellement commandé par le gouvernement du Québec et où il est question de la perte des grands récits assurant une cohésion structurelle à la vie des gens.

Ces préoccupations nous ont ramenés aux tensions et aux difficultés de notre pays, nous laissant toujours à la recherche de valeurs nationales. Ged Martin y est allé de quelques idées noires. Le plus grand défi, d'après lui, est la survie de la démocratie et de la société libérale qu'elle est supposée représenter, ajoutant que cela était vrai de toutes les sociétés occidentales dans la mesure où nous avons une foi aveugle, et naïve, en l'efficacité de la première et trop peu de confiance dans la seconde. De nombreux partisans du Oui au référendum auraient contesté son hypothèse : en effet, c'est précisément parce qu'ils ne croient pas que la démocratie transcende les barrières culturelles, qu'ils croient à l'indépendance.

Notons que le référendum a pleinement rendu justice au thème central du colloque, soit le questionnement de la structuration des divers paliers de gouvernement, ainsi que de la façon classique d'aborder les problèmes. Certes, Ged Martin pense que la démocratie est tout aussi efficace et humanitaire au Canada qu'elle l'est ailleurs. Il a cependant recadré la situation. Les institutions canadiennes remontent pour la plupart au siècle «moderne» dernier, qu'il situe dans la période de 1840 à 1960. Elles ont été conçues et opérationalisées par des personnes (des hommes, pour la plupart) qui prenaient pour acquises les frontières nationales, se conformaient aux pratiques religieuses, respectaient démocratiquement la hiérarchie et considéraient la suprématie matérielle de l'Occident comme preuve de la supériorité des valeurs occidentales. Plus rien de cela ne tient, et l'avenir est accessible à tous. Cet avenir, pour lui, ne peut ressembler au passé, et on pourrait en conclure que ceci puisse justifier les techniques de nos sciences sociales tant vantées...

La note dramatique a eu lieu à la fin du colloque au cours de l'échange sur les peuples indigènes[12], dont peu importe le vocable choisi par les conférenciers, que ce soit Aborigènes, Amérindiens du Canada, Premières nations, l'identité était parfaitement claire.

Jusque-là, on avait abondamment parlé de valeurs, mais de façon abstraite et détachée, ainsi que de l'État providence et des menaces qui nous guettaient. Mais là, nous devions regarder un problème moral droit dans les yeux. L'existence des Autochtones du Canada a été incontestablement bouleversée. Nul n'oserait prétendre qu'ils ont tous accès au genre de vie dont notre société vante l'universalité. On n'a qu'à visiter quelques prisons, parcourir des réserves ou faire un tour la nuit au coin de Hastings et Carol à Vancouver... Il est cependant vrai qu'il y a des négociations en cours sur les revendications territoriales et les gouvernements autonomes. Il est tout aussi vrai qu'il existe des programmes d'études autochtones, et des essais d'utilisation d'un code criminel différent. Mais nous sommes loin de satisfaire à des aspirations légitimes minimales. Nombre des participants étaient, nous l'avons dit, européens, mais ils étaient conscients de l'héritage colonial européen. L'une au moins venait du Mexique, où l'on voit les choses de façon différente, mais pas toujours plus édifiante pour autant.

Du coup, nous avons été réveillés...

Lilianne Krosenbrink-Gelissen nous a fait revisiter un peu de notre sombre histoire qu'elle décrit comme essentiellement raciste et sexiste. Les Autochtones ont droit à l'appartenance à une nation, terme qu'elle a prudemment défini à l'aide de dictionnaires connus, pour que le concept d'État n'y soit pas implicite. Pour son dictionnaire des Pays-Bas le concept de nation est culturel et historique, et il est relié à la langue. Pour son dictionnaire de Grande-Bretagne, le concept de nation implique des aspirations territoriales et politiques. Elle a eu recours également à l'anthropologue Benedict Anderson pour qui la nation se situe dans l'imaginaire et représentée comme circonscrite et souveraine. Elle a cependant bien insisté sur l'unicité du concept de nation pour les premières nations, en ce qu'il ne recouvre pas la notion d'État.

Certes, il est possible de concevoir une entité qui s'auto-gouverne à l'intérieur d'un État, et, pour Lilianne Krosenbrink-Gelissen, la voie semble tracée au Canada, avec une marge de manœuvre tant politique que légale, pour des développements ultérieurs. Le problème bien sûr consiste à ce que le gouvernement autonome ne vienne pas éroder les pouvoirs de l'État qui l'entoure. Au cours de l'été les efforts du gouvernement fédéral pour cerner une définition d'un gouvernement autochtone autonome n'ont certainement pas reçu un accueil chaleureux de la part de ceux à qui elle était destinée.

Tom Svensson a poursuivi en s'appuyant sur l'exemple des Lapons qui sont inclus dans le traité délimitant les frontières entre la Suède et la Norvège, et ce, en tant que nation sámie. Il a associé la notion de nation avec des concepts d'égalité, de respect, de dignité, de négociations d'égal à égal. Et quoi de plus difficile que l'égalité entre une petite bande indigène et un grand État?

Le choc est venu lors de la présentation de George Sioui. George Sioui est un universitaire reconnu et respecté, qui nous a servi quelques aides-mémoire. C'est aussi un Huron, descendant de ces hurons qui ont été les premières personnes que les Français ont rencontrées à Stadacona, Québec comme on dit maintenant, et c'est alors que très probablement Jacques Cartier a dérivé Canada du mot «kanatha» signifiant ville ou village. En outre, appliquant ses concepts politiques européens, Jacques Cartier a nommé le chef local Donnacona, Seigneur du Canada.

George Sioui est toujours attaché au terme amérindien. D'après lui, si les Amérindiens et les Européens du Canada ont du mal à s'entendre, c'est qu'ils ne partagent pas le même point de vue sur l'existence. Le concept central de l'existence pour les Amérindiens est circulaire et non linéaire. Il existe une relation circulaire unissant toutes choses et, de ce fait, il n'existe qu'une seule famille humaine. Les Amérindiens sont convaincus que tout progrès est impossible si on se coupe de la nature. Par contre, les Européens voient les relations comme linéaires ont un sens du temps qui est linéaire et toutes ces lignes rejoignent des points et donc en écartent d'autres.

Les traditions amérindiennes sont anciennes et substantielles, elles marquent aussi des points et sont susceptibles de gagner car les alternatives non circulaires ne peuvent que mener au désastre. Partant, George Sioui croit que les langues amérindiennes vont revivre et que le Cercle de Vie finira par prévaloir.

Quant à nous, nous avons bouclé la boucle. Bien sur nous n'en avons pas appris assez pour concevoir aisément un gouvernement autochtone autonome. Jacques Cartier se sentait tellement supérieur, et ses concepts tellement universels qu'ils devaient s'appliquer partout et à tous, et cela l'avait amené à faire de Donnacona un roi et du Canada un royaume.

Les participants de souche européenne, actuelle ou ancienne ont incontestablement dominé le colloque. Cependant, ils sont aussi venu écouter un Huron dont personne n'a douté qu'il était leur égal.

À voir, lors de la pause, George Sioui causer amicalement avec Pierre Anctil, le représentant du ministère québécois des Affaires internationales, de l'Immigration et des Communautés culturelles, je me suis dit qu'il y avait de l'espoir...

## Notes

1. Les approximations varient, mais les chiffres ne cessent d'augmenter. D'après Coyne (*Seven Fateful Challenges for Canada*, Robert Davies, 1993, Montréal, p. 58) la valeur annuelle du commerce des devises serait plus modeste, soit environ 35 billions de dollars et celle du commerce des biens et service de 3 billions de dollars.
2. Neil Bissoondath, 1994, *Selling Illusions: The Cult of Multiculturalism in Canada*, Toronto : Penguin.
3. Ernest Gellner, 1994, *Conditions of Liberty: Civil Society and its Rivals*, Londres : Hamish Hamilton.
4. Même si cela peut sembler sans intérêt, peut-être parce que cela va de soi, il n'y a pas eu la moindre allusion au fait que le Canada est une monarchie.
5. Les résultats du référendum quelques mois plus tard ont montré que beaucoup de Québécois, voire même la majorité, partageaient le point de vue des participants du colloque. Nombre de ceux qui ont voté Oui à la séparation croyaient visiblement qu'une nouvelle forme d'un partenariat possible avec le Canada serait négociée, et au moins le quart d'entre eux ne voyaient pas de contradiction entre leur vote pour la séparation et leur souhait d'être toujours représentés à Ottawa.
6. C'est l'exemple de Jean Laponce.
7. Difficile à interpréter. Les statisticiens ont comme définition l'aptitude à poursuivre une conversation d'une durée donnée, mais le contexte est déterminant. Dans mon propre cas, si je ne me débrouille pas trop mal en français comme membre du comité éditorial d'une revue de philosophie, par contre je risque de me sentir un peu perdu dans une taverne montréalaise.
8. Marque de bière populaire dans la province de Québec.
9. À tout le moins ils espèrent que «Hoover» sera synonyme d'aspirateur et qu'on commandera une «Bleue» au lieu d'une bière.
10. «Où» doit être compris au sens littéral, car sans leur langue, la dispersion et la dilution auraient été très rapides.
11. Jean François Lyotard, 1979, *La Condition postmoderne* Paris : Éditions de Minuit.

12. Pour ma part je préfère «indigène» dépourvu de connotation péjorative car étymologiquement cela signifie né dans un lieu donné. Or nous parlons de personnes dont les racines sont proches de l'endroit où ils vivent au Canada. Il me semble qu'aborigène fait un peu prétentieux, et que «Premières nations» suggère une forme de structure organisationnelle qui ne s'applique pas à tous et est trop chargée de sens pour mener à bien des négociations fructueuses.

## Chapter I

*Language(s) and National Identity*

*Langue(s) et identité nationale*

# Kenneth McRoberts

Moderator

As with any statement of a good theme, the very terms of this one are open to different interpretations. Indeed, the papers clearly bring this out. The formulation "language(s)" recognizes that the precise number of languages is an open question. By the same token, the concept of "nation", evoked by "national identity," certainly lends itself to multiple interpretations.

Moreover, the theme raises a host of related questions. For example, what is the nature of linguistic rights? What sets of public policies are appropriate to reinforce the national language(s)? Finally, what is the relationship between these questions and federalism?

The organizers of the colloquium have provided three questions to guide our reflection. The formulation of these questions tends to evoke one form of response to the matters before us. The first two questions focus upon bilingualism, asking how it relates to Canadian identity and to what extent it is a reality in Canada. In effect, the questions presume that there are essentially two languages in question, English and French. The final question does ask whether other languages might also be accommodated in the national identity. In all three questions the nation is clearly understood to be Canada.

These presumptions have, in fact, been the basis of the federal government's approach to language questions, as Robert Gill's paper clearly establishes. Rights have been understood to be the same throughout Canada, to the greatest extent possible. In effect, they are to be based upon the personality principle rather than the alternative territorial principle. In terms of public policy, a major emphasis has been on enhancing capacity in both languages, or individual bilingualism. As for federalism, it has been assumed that the same language regime should exist at both federal and provincial levels.

However, to varying degrees the papers also evoke a different way of understanding our theme. The focus might be on a single language: French. Jean Laponce's paper explores the conditions for survival not of bilingualism but of French. And the nation might be understood to be Québec rather than Canada: Stéphane Dion's paper explores the relationship between linguistic insecurity and Québec separatism. Within this framework, rights might be conceived on a territorial basis. The focus of policy would be maintaining a language within distinct institutions — as Robert Gill's paper shows. As for federalism, there might be variation between federal and provincial levels, and among provincial governments.

The contradiction between these two sets of responses has animated much of Canadian politics over recent decades. At the same time, Hans-Josef Niederehe's paper demonstrates that debate over language and its relationship to identity is not a peculiarly Canadian affliction. Indeed, the same issues, and the same arguments, characterize Europe as well.

# À la source de l'appui à l'indépendance : l'insécurité linguistique

*Stéphane Dion*

*«Le lien du langage est peut-être le plus fort et le plus durable qui puisse unir les hommes.»*

Alexis de Tocqueville, 1835

L'appui à l'indépendance du Québec a plusieurs causes, mais, comme nous le verrons, la principale d'entre elles est sans doute l'insécurité linguistique des francophones du Québec. Pourtant, les leaders indépendantistes des années 1990 hésitent à faire de la question linguistique un thème majeur. Notamment, depuis l'élection du Parti québécois jusqu'au début de la campagne référendaire, soit entre octobre 1994 et septembre 1995, ils se sont montrés particulièrement discrets sur le thème de la langue et ont plutôt centré leur discours sur l'impasse constitutionnelle, la faisabilité économique de leur projet et l'offre de partenariat avec le Canada. La fragilité de la langue française est la principale carte dont ils disposent, mais ils ont montré des réticences évidentes à s'en servir. Il y a là un paradoxe à expliquer.

Ce paradoxe tient au dilemme fondamental de toute démarche sécessionniste. D'une part, le leader sécessionniste doit créer ou renforcer la *peur* du pays existant. D'autre part, le leader sécessionniste doit aussi renforcer la *confiance* dans une sécession paisible et profitable. La peur du pays existant, la confiance dans la sécession, ces deux sentiments doivent être ressentis par la population visée pour que celle-ci accorde un appui majoritaire à la sécession. Toute la difficulté est de concilier ces deux sentiments de façon à ce qu'ils soient fortement éprouvés en même temps. Or, ils sont largement antinomiques. Les raisons qui font que j'ai peur du pays existant sont associées à d'autres raisons qui m'empêcheront d'avoir confiance dans une sécession douce et profitable. Inversement, si j'ai confiance dans une sécession paisible et profitable, alors je suis tout aussi susceptible d'envisager avec confiance, et non avec peur, mon avenir dans le pays existant.

La question de la langue française au Québec illustre ce dilemme sécessionniste. Une campagne référendaire centrée sur la question linguistique pourrait raviver le sentiment d'insécurité que les Québécois francophones ressentent à propos de leur avenir dans le Canada. En même temps, cependant, le clivage entre les Québécois francophones et les autres Québécois et Canadiens deviendrait plus tranché, et donc plus inquiétant, et diminuerait la confiance en une sécession sans acrimonie, rationnelle et bénéfique pour tous.

Telle est la problématique de la sécession que je vais exposer et appliquer à la dimension linguistique du débat référendaire. Auparavant, il me faut souligner l'importance de la fragilité de la langue française comme cause de l'appui à l'indépendance du Québec.

## La langue comme source de l'appui à l'indépendance

Le mouvement souverainiste québécois doit être expliqué. Quoi que l'avenir lui réserve, même s'il échouera probablement à faire du Québec un État indépendant, il représente un phénomène exceptionnel par son ampleur. Le Québec abrite le mouvement sécessionniste le plus puissant d'Occident, la deuxième place revenant sans doute aux nationalistes flamands de Belgique. Parmi les partis nationalistes à l'œuvre dans les démocraties bien établies, le Parti québécois est celui qui a les meilleures chances de réussir à créer un nouvel État d'ici la fin du siècle.

L'explication la plus en vogue actuellement attribue la poussée souverainiste au fait que les Québécois s'identifient de plus en plus au Québec et de moins en moins au Canada. «Ils sont souverainistes québécois parce qu'ils sont Québécois. Comme les Turcs sont turcs parce qu'ils sont Turcs», résume Jean-François Lisée (1994, 122). De fait, les études montrent que le sentiment d'identité au Québec, de préférence au Canada, a progressé depuis les années soixante-dix (Pinard 1992) et est fortement corrélé avec l'appui à la souveraineté du Québec (Blais et Nadeau 1992; Nadeau 1992). À mon avis, cette explication est à peine plus qu'une tautologie. Elle ne fait guère progresser la compréhension du phénomène. Que les Québécois qui s'identifient le plus au Québec, aient davantage tendance que les autres à appuyer l'indépendance du Québec ne surprend personne. Le contraire serait renversant! Tout comme la montée du sentiment souverainiste, la progression du sentiment d'identité au Québec est un phénomène à expliquer, et non la clé de l'explication.

Trois facteurs expliquent à mon avis la force du sécessionnisme québécois (Dion 1992) : l'insécurité linguistique, une nouvelle confiance en soi, principalement économique, et un sentiment de rejet, legs de la mort de Meech.*

La langue, d'abord. Le sentiment que le français est menacé à plus ou moins long terme au Québec, si celui-ci reste une province du Canada, est l'incitation la plus forte qui soit à appuyer l'indépendance. C'est lorsque la langue française a supplanté la religion catholique comme principal pôle d'attraction de l'identité québécoise au début des années soixante que l'idée d'indépendance est sortie de la marginalité politique. Avant les années soixante, le nationalisme québécois était essentiellement communautaire, peu politisé, conservateur et centré sur l'Église catholique (Bélanger 1974; Dion 1975). La défense de la foi exigeait une Église forte qui établissait des liens institutionnels et identitaires entre les Québécois francophones et les autres catholiques canadiens. Ottawa était suffisamment laïque pour ne pas apparaître comme un pouvoir protestant.

---

\*   Accord du Lac Meech

Le principal effet de la «Révolution tranquille» a été la sécularisation rapide des institutions et des mentalités, laissant la langue seule comme facteur d'identité indiscutable. Contrairement à la religion, qui avait besoin d'une Église forte, et non d'un État fort, la défense et la promotion de la langue française supposaient un aménagement politique sur le territoire où les francophones étaient majoritaires. Le nationalisme est devenu territorial et politique, québécois davantage que canadien-français, parce que c'était sur le territoire québécois que le pouvoir politique pouvait le mieux défendre et renforcer une société fonctionnant vraiment en français. Les institutions provinciales sont devenues les instruments privilégiés de cet objectif politique puisqu'elles étaient les seules que les francophones contrôlaient en majorité.

L'insécurité linguistique a été le déclencheur de tous les élans de fièvre nationaliste dans le Québec de l'après révolution-tranquille, depuis les grands rassemblements des années soixante, contre le «Bill 63» notamment, jusqu'à l'avertissement «ne touchez pas à la loi 101» visible partout dans le Montréal de 1986-1987 alors même que le Parti québécois, découragé, cherchait à remiser son option souverainiste.

Reprenons les temps forts de cette évolution. Durant les années soixante et soixante-dix, la création, et la montée au pouvoir, du Parti québécois se sont produites dans un contexte de forte insécurité linguistique. Élu en 1976, le premier geste du gouvernement péquiste a été l'adoption de la loi 101. Cette loi a elle-même généré un sentiment de sécurité qui a nui aux forces du OUI lors du référendum de 1980. Le jugement de la Cour suprême sur la langue de l'affichage commercial a sonné le réveil des troupes nationalistes en 1988 (Cloutier, Guay et Latouche 1992, 64). La décision du gouvernement Bourassa de recourir à la clause dérogatoire pour se soustraire à ce jugement a contribué à dresser le reste du Canada contre l'Accord du Lac Meech (Cohen 1990, 273; Monahan 1991, 253; Savoie 1991, 2-3; Russell 1992, 145-47), ce qui, en retour, a créé le sentiment de rejet que l'on sait au Québec.

Le Parti québécois a toujours placé la langue française au cœur de l'identité québécoise. Max Nemni (1993, 4) a comparé les programmes du Parti québécois de 1971 et de 1991. Il note une nette progression de l'esprit libéral et pluraliste en vingt ans : «approche incitative envers les minorités, multiplicité des "valeurs communes", importance accordée aux libertés». L'idéologie *politically correct* s'est communiquée au Parti québécois, l'amenant à faire presque disparaître les références ethniques aux «descendants de colons français» fréquentes dans les années soixante-dix. Un thème est repris presque dans les mêmes termes qu'en 1971 cependant : l'idée de la langue comme fondement de l'identité collective. «Notre langue, la langue française, est la base de notre identité et le véhicule de notre culture. [...] Sans la langue française, la nation québécoise n'existerait plus», lit-on dans le programme du Parti québécois de 1991.

L'histoire du mouvement sécessionniste québécois atteste ainsi du caractère crucial de la question linguistique. Cette importance est tout aussi frappante quand on considère les sondages. Le séparatisme ne trouve des appuis que chez les francophones malgré tous les efforts déployés pour le présenter comme un projet rationnel et bénéfique pour tous sur un plan économique et financier. Ce sont 95 p. 100 des électeurs non-francophones qui s'opposent à l'indépendance du Québec (Nadeau et Fleury 1994). Si les francophones peuvent espérer un statut majoritaire par la sécession, les non-francophones n'en attendent rien et n'ont aucune raison particulière de l'appuyer.

Parmi les électeurs francophones eux-mêmes, la préoccupation envers le français est un déterminant important de l'appui à l'indépendance. Une série de sondages administrés pendant et après le référendum constitutionnel de 1992 a montré que le sentiment d'isolement linguistique a été un déterminant important du vote, bien davantage que toutes les questions constitutionnelles discutées lors de la campagne référendaire (Blais et Gidengil 1993). Une autre étude plus récente confirme la corrélation entre l'appui à l'indépendance et le sentiment que le français est menacé et que l'indépendance lui serait bénéfique (Nadeau et Fleury 1994).

Cette corrélation entre la préoccupation pour le français et l'appui à l'indépendance s'explique aisément. Les francophones du Québec ne sont pas dans un environnement multilingue comme en Europe, ils ressentent un fort sentiment d'isolement dans l'Amérique du Nord anglophone. Esseulés sur leur continent, ils voient bien que sur le territoire même du Québec, les nouveaux arrivants sont fortement attirés par la langue anglaise. La crainte de l'anglicisation alimente le sens d'appartenance et de solidarité des francophones au Québec, surtout en cette période de non-renouvellement démographique, où l'intégration à la communauté francophone, de masses immigrantes attirées par l'anglais, devient un enjeu très sensible.

La langue est un puissant principe de solidarité collective (Laponce 1987). Elle est d'abord une composante essentielle de l'intérêt individuel : j'ai intérêt à être compris et à comprendre ceux qui vivent sur le même territoire que moi. Cet intérêt individuel, je sais que je le partage avec tous ceux qui ont ma langue maternelle. La langue est aussi perçue comme étant plus qu'un moyen de communication, comme la porte d'entrée à un univers culturel (Edwards 1984; Fishman 1973). C'est pourquoi la santé de notre langue sur notre territoire devient donc naturellement le baromètre de la vitalité de notre groupe, le signe le plus manifeste que la société est bien notre société (Breton 1984, 126). La langue crée aussi une divergence d'intérêts entre nous, et les autres qui ont intérêt à promouvoir leur propre langue. Un pays peut englober plusieurs ethnies, plusieurs religions, mais il ne peut fonctionner sans limiter le nombre de langues officielles. Pour que notre langue soit ou reste l'une d'elles, nous avons intérêt à rester majoritaires, ou du moins forts, sur notre territoire, et à recourir pour cela à la loi s'il le faut.

Bien sûr, la langue n'explique pas tout. Il fait aussi considérer la façon dont elle interagit avec deux autres composantes du nationalisme : l'ethnie et la culture. On soupçonne périodiquement le nationalisme québécois d'être centré sur l'ethnie (Bercuson et Cooper 1991; Richler 1992). Indéniablement, la référence ethnique et le rappel des «origines» et des «racines» forment une composante du nationalisme québécois, qui n'est pas immunisé contre une dimension présente à des degrés divers dans presque tous les nationalismes

(Smith 1986). Mais les Québécois souverainistes ne se révèlent pas plus xénophobes que les autres Québécois dans les sondages et les Québécois francophones ne montrent pas des attitudes clairement distinctes de celles des autres Canadiens sur ce plan (Dion 1993). Entre la langue et l'ethnie, la première a nettement la priorité dans l'échelle nationaliste des valeurs. La loi 101 en est la preuve, elle qui vise à intégrer les enfants d'immigrants à la communauté francophone. Une insistance trop forte sur l'ethnie serait de toute façon nuisible pour un mouvement sécessionniste qui veut rassurer et qui est en quête de reconnaissance internationale.

Les Québécois francophones ont aussi le sentiment d'être culturellement distincts des autres Canadiens. Dans les faits, leurs traits culturels distincts se sont singulièrement amenuisés au cours des trois dernières décennies, à la suite de la brusque sécularisation du Québec catholique lors des années soixante. Mais comme l'avait observé Alexis de Tocqueville, la convergence des attitudes et des mentalités entre les peuples est elle-même une source de rivalité. Les peuples en viennent à convoiter les mêmes biens à mesure qu'ils se rapprochent au lieu de vivre dans des univers de pensée séparés. C'est ainsi qu'au Québec ou en Écosse, le désir d'être reconnu comme distinct s'impose comme une revendication politique alors pourtant que la distinction culturelle s'aplanit d'un point de vue sociologique (Dion 1991; Keating 1993). Ce qui se maintient dans toute sa solidité cependant, c'est la barrière de la langue. Les francophones et les anglophones ont beau se ressembler de plus en plus, ils continuent à vivre dans des mondes relativement séparés. Les anglophones sont pour ainsi dire absents de la fonction publique québécoise, tandis que la promotion des cadres francophones s'est faite surtout dans des entreprises appartenant à des francophones (Grenon 1988; Champagne 1995). Les anglophones et les francophones ont beau se ressembler de plus en plus, le débat linguistique crée entre eux une opposition d'intérêts et un fort clivage identitaire.

La langue française n'est évidemment pas toute la culture québécoise, mais elle est le signe le plus sûr de son originalité et de sa vitalité. La langue, répétons-le, est une préoccupation fondamentale à la fois parce qu'elle rejoint l'intérêt personnel et parce qu'elle représente un puissant symbole collectif (Laponce 1987). L'intérêt personnel du francophone est d'être compris partout dans son environnement quotidien. Sa langue doit être pour lui un avantage et non un handicap dans sa vie professionnelle. Il faut que ceux qui maîtrisent mal le français aient moins de chances que le francophone de décrocher les postes et les promotions, au lieu que ce soit lui qui en soit écarté parce qu'il maîtrise mal l'anglais. Symbole collectif, l'état de la langue est le baromètre le plus sûr de la santé de la nation. C'est pourquoi tout signe montrant que le français est mal accepté ou menacé au Canada ou à l'intérieur du Québec, nourrit le sentiment indépendantiste.

Le mouvement indépendantiste profite de chaque signe d'affaiblissement ou de rejet de la langue française au Canada. Voilà pourquoi, pour prendre un exemple récent, la fermeture du Collège militaire royal de Saint-Jean a été la seule erreur politique majeure du premier budget Martin. On aurait fermé une base militaire, une grande majorité de Québécois l'aurait accepté. Ils auraient sans doute compris qu'il leur faut faire leur part pour le redressement financier du pays. Mais en fermant une école de formation des officiers, Ottawa a touché à la langue. Le gouvernement Chrétien a donné l'impression que la dualité linguistique n'était pas une priorité et offrait une cible facile aux coupes budgétaires.

Mais l'appui à l'indépendance n'est pas qu'affaire de peur, il se nourrit aussi de confiance en soi. De plus en plus de Québécois en sont venus à la conclusion qu'ils pourraient s'en tirer seuls aussi bien sinon mieux qu'à l'intérieur du Canada. La nouvelle confiance en soi des francophones du Québec est venue principalement de deux changements de leur situation : une avancée économique relative et le développement des institutions politiques dans lesquelles ils sont majoritaires.

L'avancée économique relative se mesure au rétrécissement de l'écart de niveau de vie entre les francophones et les anglophones du Québec et au plus grand contrôle des francophones sur la propriété des entreprises québécoises (Vaillancourt 1989; Shapiro et Stelcner 1987; Peritz 1995). Cette avancée est attribuable à divers facteurs dont la sécularisation du Québec francophone catholique et l'exode d'une partie de la communauté anglophone, la plus riche et la mieux éduquée. Tout comme les nationalistes flamands ont l'impression de prendre une revanche historique face à une Wallonie en déclin, de nombreux Québécois francophones gardent un ressentiment de la supériorité économique passée des anglophones au Québec (Pinard et Hamilton 1986). La confiance dans la capacité d'un Québec indépendant de maintenir son niveau de vie est encore fragile, mais elle s'est nettement accrue parmi la population francophone lors des deux dernières décennies (Pinard 1992, 28) et elle est corrélée avec l'appui à la souveraineté (Blais et Nadeau 1992; Blais et Gidengil 1993). Cette confiance économique est aussi alimentée par le sentiment que les deux paliers de gouvernement, fédéral et provincial, se nuisent davantage qu'ils ne s'aident. Les difficultés financières du Canada le font apparaître comme une mauvaise affaire aux yeux de bien des Québécois.

Le développement des institutions provinciales lors des trois dernières décennies et le degré de décentralisation exceptionnelle atteint par la fédération canadienne ont contribué à renforcer la confiance en soi des Québécois francophones. En raison de cette décentralisation poussée, le gouvernement provincial du Québec est déjà un quasi-État, en prise solide avec tous les secteurs de la société québécoise. La conséquence en est double : d'une part, un véritable État québécois souverain semble à la portée de la main; d'autre part, l'action du gouvernement fédéral canadien apparaît aux yeux de plusieurs comme une intrusion inutile, sinon nuisible, dans les affaires québécoises.

L'insécurité linguistique et la nouvelle confiance en soi ne formaient pas une combinaison suffisante pour propulser l'appui à la souveraineté au-delà du seuil majoritaire. En plus, il a fallu que la perception que bien des Québécois ont de leur place dans le Canada se détériore de façon significative. Autrement dit, il a fallu qu'un troisième facteur entre en jeu : le sentiment de rejet. L'échec de Meech a été interprété par le Québec comme la négation de son caractère distinct. Plusieurs Québécois en ont déduit que leur avenir était sombre en tant que minorité de ce Canada qui venait de leur témoigner si peu de respect et de considération (Breton 1992; Blais et Crête 1991; Pinard 1992). C'est ainsi que la négociation constitutionnelle a porté l'appui à la souveraineté à un seuil record en 1990-1991, elle qui au départ visait à obtenir l'acquiescement du gouvernement du Québec à la Constitution canadienne.

On s'étonnera peut-être de ne pas retrouver parmi les causes de l'appui à la sécession la revendication des «pouvoirs», c'est-à-dire la préférence, partagée par de nombreux Québécois francophones, pour le renforcement des compétences du gouvernement du Québec. C'est que cette revendication m'apparaît être la conséquence du nationalisme, et non sa cause. C'est l'insécurité linguistique qui fait tourner les regards de tant de francophones vers la capitale où ils sont majoritaires. C'est la confiance en soi qui les convainc que cette capitale pourrait gérer les affaires publiques aussi bien — ou, pas plus mal — sans l'aide des autres institutions canadiennes. Cette même confiance leur fait endosser sans autre examen, en l'absence d'études à l'appui (Brown 1994), la fameuse thèse des «milliards» de gaspillage à économiser par la suppression des chevauchements de programmes entre le gouvernement fédéral et celui du Québec. C'est le sentiment de rejet, enfin, qui a attisé leur méfiance envers Ottawa et qui a rendu la capitale canadienne et les autres provinces plus ou moins étrangères, hostiles et comploteuses aux yeux de bien des Québécois francophones.

### Faut-il faire l'indépendance pour vivre en français? Le débat

Le débat entre indépendantistes et fédéralistes à propos de la langue française n'est pas difficile à présenter. Les tableaux qui suivent résument la bataille des chiffres dans ses principaux aspects. Le principal argument à la disposition des indépendantistes apparaît à la première colonne du tableau 1 : la population de langue maternelle française est en déclin, sa proportion dans la population canadienne ayant baissé, de 29,0 p. 100 en 1951 à 24,3 p. 100 en 1991. Tout indique que la baisse va se maintenir, poussée par ces tendances lourdes que sont l'attrait de l'anglais chez les immigrants, et la moindre fécondité des francophones. Statistique Canada l'annonce : «Si l'immigration continue de favoriser la croissance du groupe anglophone et que la fécondité des deux groupes de langue officielle se maintient au niveau actuel, il est probable que tant le nombre d'anglophones que leur proportion au sein de la population augmenteront dans l'avenir» (Harrison et Marmen 1994, 70). Ce déclin du fait français au Canada a de quoi inquiéter les francophones, surtout si on le conjugue au déclin tout aussi marqué du poids démographique du Québec dans le Canada, qui a maintenant glissé sous les 25 p. 100, alors qu'il était de 29 p. 100 en 1951.

Les indépendantistes font aussi valoir que la cause du français hors Québec paraît encore plus désespérée si l'on prend comme indicateur la langue d'usage, celle véritablement parlée à la maison (tableau 1). Plusieurs francophones de naissance sont passés à l'anglais, ou vont le faire. Le rapport de la Commission nationale sur l'avenir du Québec le souligne : «Hors du Québec, en effet, 35 p. 100 des Canadiens dont le français est la langue maternelle n'en font plus usage maintenant dans leurs foyers. Ils ont été assimilés en moins d'une génération» (p. 53).

**Tableau 1.**  La population de langue française, Canada moins le Québec, 1951 à 1991

|      | Canada | Québec | Canada moins le Québec |
|------|--------|--------|------------------------|
| 1951 | 29,0 % | 82,5 % | 7,3%                   |
| 1961 | 28,1%  | 81,2%  | 6,6%                   |
| 1971 | 26,9%  | 80,7%  | 6,0%                   |
| 1981 | 25,7%  | 82,5%  | 5,2%                   |
| 1991 | 24,3%  | 82,0%  | 4,8%                   |

Sources :  Brian Harrison et Louise Marmen, *Le Canada à l'étude. Les langues au Canada*, Scarborough : Statistique Canada et Prentice Hall Canada inc., 1994, p. 15.

Quant à la situation au Québec même, les indépendantistes soulignent que la baisse en proportion des francophones de naissance est commencée (tableau 2) et qu'elle est sans doute inévitable compte tenu de la proportion croissante des allophones. Ils insistent sur les projections du Conseil de la langue française concernant la proportion déclinante de francophones sur l'Île de Montréal, où se concentrent environ 25 p. 100 de la population québécoise mais plus de 70 p. 100 de la population de langue maternelle autre que le français (Paillé 1989; Paillé 1990; Termotte 1994). Il est évident que l'intégration des immigrants à la communauté francophone sera encore plus difficile si ceux-ci vivent dans un environnement de moins en moins francophone.  On pense notamment aux problèmes d'intégration scolaire. Le rapport de la Commission sur l'avenir du Québec s'en alarme : «L'exode de la classe moyenne francophone et des jeunes familles vers les banlieues et la concentration de l'immigration allophone au centre-ville posent alors des défis de taille aux Montréalais, particulièrement au niveau scolaire. C'est dans les quartiers de Montréal que se précisent les traits du visage francophone de la métropole et que se joue à plus ou moins long terme l'avenir du français au Québec» (p.  70).

**Tableau 2.**  Population parlant le français à la maison, Canada moins le Québec, 1971, 1981 et 1991

|      | Canada | Canada moins le Québec |
|------|--------|------------------------|
| 1971 | 25,7%  | 4,3%                   |
| 1981 | 24,6%  | 3,8%                   |
| 1991 | 23,3%  | 3,2%                   |

Sources : Brian Harrison et Louise Marmen, *Le Canada à l'étude. Les langues au Canada*, Scarborough : Statistique Canada et Prentice Hall Canada inc., 1994, pp.  81 et 84.

Les fédéralistes, cependant, ont aussi un arsenal d'arguments à leur disposition. Tant la population parlant le français à la maison, que celle en mesure de parler le français, augmentent au sein de l'ensemble québécois (tableaux 3 et 4). En fait, la proportion des citoyens du Québec en mesure de parler le français n'a probablement jamais été aussi élevée depuis que cette fédération existe. Pour diverses raisons, dont la loi 101 et la politique d'intégration des immigrants, le français a fait des progrès au Québec.

**Tableau 3.** La population parlant le français à la maison, Québec, 1971, 1981 et 1991

| | |
|---|---|
| 1971 | 80,8% |
| 1981 | 82,5% |
| 1991 | 83,0% |

Sources : Brian Harrison et Louise Marmen, *Le Canada à l'étude. Les langues au Canada*, Scarborough : Statistique Canada et Prentice Hall Canada inc., 1994, p. 82.

Concernant le Canada hors Québec, les fédéralistes font valoir que ce n'est pas en abandonnant les francophones des autres provinces qu'on les aidera. Ils soulignent que la proportion de la population canadienne hors Québec en mesure de parler le français augmente, compensant le déclin des francophones de naissance. Bien que cette progression du nombre de locuteurs francophones hors Québec soit lente (tableau 4), il y a lieu d'espérer qu'elle va s'accélérer dans l'avenir. En effet, les jeunes non-francophones en âge scolaire ont une bien meilleure connaissance du français que leurs aînés (tableau 5). La proportion au sein des effectifs admissibles des élèves du primaire et du secondaire inscrits dans des programmes d'immersion en français dans le Canada hors Québec est passée de 2,1 p. 100 en 1981 à 6,8 p. 100 en 1991 (Harrison et Marmen 1994, 44).

**Tableau 4.** La population pouvant parler le français, Canada, Québec, et le Canada moins le Québec, 1951 à 1991.

| | Canada | Québec | Canada moins Québec |
|---|---|---|---|
| 1951 | 31,9% | 88,1% | 9.0% |
| 1961 | 31,3% | 87,4% | 8.7% |
| 1971 | 31,4% | 88,5% | 9,4% |
| 1981 | 31,9% | 92,5% | 10,0% |
| 1991 | 31,5% | 93,5% | 10,5% |

Sources : Brian Harrison et Louise Marmen, *Le Canada à l'étude. Les langues au Canada*, Scarborough : Statistique Canada et Prentice Hall Canada inc., 1994, pp. 85, 86, 89.

**Tableau 5.** La population pouvant parler le français selon le groupe d'âge, par langue maternelle, Canada, 1991.

| Groupe d'âge | Anglais | Langues non officielles | Groupe d'âge | Anglais | Langues non officielles |
|---|---|---|---|---|---|
| 10 à 14 | 14,8% | 17,5% | 35 à 44 | 8.4% | 11,9% |
| 15 à 19 | 16,7% | 22,8% | 45 à 54 | 7,5% | 10,5% |
| 20 à 24 | 11,9% | 18.7% | 55 à 64 | 5,6% | 7.4% |
| 25 à 34 | 8,2% | 14,0% | 65 ans et plus | 4,3% | 5,7% |

Sources : Brian Harrison et Louise Marmen, *Le Canada à l'étude. Les langues au Canada*, Scarborough : Statistique Canada et Prentice Hall Canada inc., 1994, p. 43.

Les fédéralistes mettent aussi de l'avant un argument plus impressionniste et pour cela plus discutable : soit que le Canada, avec sa loi des langues officielles et la visibilité internationale qu'il procure à la langue française, offre aux francophones du Québec un coussin protecteur dont ils seraient privés dans un Québec indépendant.

En somme, les indépendantistes ont en main un argument fort : le déclin du français, comme langue maternelle et langue d'usage au Canada, conjugué au déclin de la population québécoise dans l'ensemble canadien. Ils peuvent aussi faire naître des inquiétudes supplémentaires en attirant l'attention sur la situation démolinguistique de l'Île de Montréal. Les fédéralistes tiennent aussi un argument fort : le français comme langue d'usage et langue connue progresse au Québec. Les fédéralistes peuvent essayer de tempérer les craintes concernant la situation du français hors Québec en faisant valoir que la proportion des locuteurs francophones y est en progression. Ils peuvent aussi éveiller le sentiment de solidarité des Québécois francophones pour les autres Canadiens français et présenter le Canada comme une protection pour tous les francophones dans cette Amérique anglophone.

À ces arguments démolinguistiques s'ajoute aussi la dimension juridique du dossier. Les fédéralistes font valoir que la loi 101 a dans l'ensemble passé avec succès le test des poursuites judiciaires, et que l'article 59 de la loi de 1982 établit que l'article 23(1 *(a)* prescrivant l'admissibilité d'un enfant à l'enseignement en anglais sur la base de sa langue maternelle, ne pourra connaître d'application au Québec sans l'accord du gouvernement du Québec ou de l'Assemblée nationale. Les indépendantistes affirment que rien ne sera sûr tant que le Québec n'aura pas la juridiction exclusive en matière de langue.

À tout prendre, l'argumentation indépendantiste paraît plus solide sur la langue que sur l'économie. La langue est aussi une réalité plus concrète que la Constitution, elle atteint plus directement les gens. Si les partis indépendantistes pouvaient raviver les craintes des Québécois francophones concernant l'avenir de leur langue, ils pourraient gagner des appuis supplémentaires. La peur d'être anglicisé progressivement, si rien ne vient renforcer le statut politique du Québec, est une préoccupation fondamentale qui pourrait amener plus de Québécois à souhaiter l'indépendance politique. Il est facile de se convaincre que l'avenir de la langue française au Québec serait consolidé si la province canadienne devenait une République francophone. Notamment, l'intégration des immigrants à la communauté francophone s'y ferait sans doute plus facilement. Mais encore faut-il mener une campagne efficace sur ce thème au lieu de le jouer en sourdine.

### La langue dans le débat référendaire : un thème joué en sourdine

Insécurité linguistique, sentiment de rejet, nouvelle confiance en soi, telles sont les trois principales sources qui alimentent l'appui à l'indépendance du Québec. Les deux premières expriment une insécurité envers le Canada, la troisième un sentiment de confiance envers le Québec. Si la nouvelle confiance économique des Québécois et le rejet de leur caractère distinct par le reste du Canada sont des thèmes largement exploités par les leaders souverainistes, ces derniers hésitent à mettre l'accent sur celui de l'insécurité linguistique.

Le Premier ministre Parizeau, dans son Message du 6 décembre 1994, par lequel il a lancé le processus de consultation pré-référendaire d'une manière très solennelle, n'a pas mentionné une seule fois l'enjeu du français. Il a insisté sur le nouveau pouvoir économique des Québécois et sur le rejet de l'identité québécoise par le Canada. M. Parizeau en a appelé à une souveraineté qui appartienne à tous les Québécois, «de toutes les origines[...] linguistiques.»

L'avant-projet de loi sur la souveraineté du Québec contient 17 articles dont aucun ne porte sur la langue française. En fait, la langue française n'y est pas mentionnée une seule fois. Par contre, l'article 3 précise que la future Constitution «doit garantir à la communauté anglophone la préservation de son identité et de ses institutions.» Dans le guide de participation aux commissions sur l'avenir du Québec, le Parti québécois et le Bloc québécois ont présenté des plaidoyers à saveur économique et constitutionnelle, jouant le thème de la langue sur un registre très modéré, plat. Tandis que le Bloc consacre à peine deux lignes à la question linguistique, pour énoncer que le «Québec souverain se développera et fonctionnera en français dans le respect de l'apport culturel des nouveaux arrivants», le Parti québécois traite du sujet dans deux sobres paragraphes qui sont bien en retrait des mises en garde du passé contre les risques d'assimilation et les parallèles angoissants avec la Louisiane.

Cette réticence évidente à jouer la corde de l'insécurité linguistique a valu au gouvernement du Québec plusieurs critiques lors de la tenue des commissions régionales sur l'avenir du Québec. Le rapport final des présidents de la Commission nationale sur l'avenir du Québec fait mention de cette préoccupation marquée pour la cause du français. Plusieurs intervenants sont venus faire part aux commissaires de leur inquiétude devant «la diminution constante du poids démographique et politique des Québécois et des francophones au Canada» (p. 14), tandis que la Commission de Montréal «a fait état de la situation fragile de la langue française dans la métropole où se trouve concentrée la très grande majorité des anglophones et des allophones du Québec» (p. 19). Plusieurs organismes de niveau national sont également venus dire «que la langue française "est au cœur de l'identité québécoise" et que, sans elle, "le Québec ne serait qu'une province parmi d'autres", ou encore "c'est la langue française qui, depuis près de quatre siècles, a forgé l'ossature, la chair et l'âme de notre identité nationale"». (p. 14) Dans un passage encore plus explicite, le rapport de la Commission nationale reproche au gouvernement de ne pas avoir inclus la dimension linguistique et culturelle dans son avant-projet de loi sur la souveraineté :

> La langue et la culture étant les deux éléments fondamentaux de l'identité québécoise, commissaires et intervenants se sont dits unanimement étonnés que l'avant-projet de loi ne contienne aucune disposition à ce sujet. La culture constitue l'assise même de l'identité nationale, la langue française, l'histoire et l'art en sont les principaux véhicules. (p. 19)

En septembre 1995, à la veille de l'ouverture officielle de la campagne référendaire, le camp du OUI a fait successivement paraître en grande pompe trois documents : la Déclaration de Souveraineté, le Projet de Loi sur l'Avenir du Québec et un «Projet de société» intitulé *Le cœur à l'ouvrage*. La Déclaration de souveraineté célèbre la langue française — «l'héritage français», «cette terre bat en français», «notre langue scande nos amours», «nous proclamons notre volonté de vivre dans une société de langue française» — mais ne mentionne le risque d'assimilation qu'avec une certaine retenue : «persister à l'intérieur du Canada signifierait s'étioler et dénaturer notre identité même». Le projet de loi annonce une nouvelle constitution qui «précisera que le Québec est un pays de langue française et fera obligation au gouvernement d'assurer la protection et le développement de la culture française.» Le thème de l'inquiétude linguistique apparaît dans le «Projet de société» (Le camp du changement 1995) mais uniquement en fonction de la situation de Montréal : «Aujourd'hui, la survie du français n'est pas menacée dans les régions du Québec. Mais la situation n'est pas si rose à Montréal. Selon les experts québécois et américains, d'ici 25 ans la langue d'usage de la majorité des Montréalais pourrait ne plus être le français.» Ce «projet de société» annonce la mise sur pied d'une Commission nationale sur la question linguistique après la victoire du OUI.

Aussi, au début septembre, la nouvelle ministre responsable de la loi 101, Madame Louise Beaudoin, a annoncé la formation d'un groupe de travail sur la situation du français et a décrit le français comme étant «toujours menacé et en équilibre instable» (O'Neill 1995). Le Vice-premier ministre, M. Bernard Landry, a blâmé l'organisation du Canadien de Montréal pour avoir nommé un anglophone unilingue comme capitaine des joueurs. Mais pour l'essentiel, les ténors du Parti québécois et du Bloc québécois ont laissé à des organisations satellites le soin d'insister sur le risque de déclin du français, en cas de victoire du NON. Ce sont en effet le Conseil de la Souveraineté du Québec et la Société Saint-Jean Baptiste qui ont mené la charge avec des campagnes publicitaires sur le thème du français menacé.

C'est lors de son allocution solennelle du 2 octobre 1995, qui lançait officiellement la campagne référendaire, que le Premier ministre et chef du camp du OUI, M. Parizeau, a joué pour la première fois de façon très nette le thème de l'insécurité linguistique. Il a prévenu les Québécois que s'ils votaient NON ils deviendraient «peut-être des individus comme les autres. [...] Notre seule différence sera de parler anglais, avec un accent. [...] D'ici 25 ans, la majorité des Montréalais ne seront plus des francophones. En tant que province le Québec a déjà épuisé tous les moyens à sa disposition», a-t-il soutenu en ajoutant qu'un NON «nous condamne à assister sans rien pouvoir faire au déclin du français dans notre métropole».

Cette allocution solennelle de M. Parizeau annonce peut-être une montée en crescendo de l'importance accordée à l'insécurité linguistique comme thème du camp du OUI lors de la campagne référendaire. Le OUI traînant de l'arrière dans les sondages, l'incitation à jouer ce registre n'en est que plus forte. La langue et la culture peuvent éveiller des émotions et des ardeurs militantes qu'un débat trop exclusivement centré sur l'économie et la Constitution a été incapable de mobiliser. En 1995, il y a bien une préoccupation linguistique au Québec, une nervosité, un sentiment de fragilité, mais pas un sentiment d'urgence. Une campagne efficace pourrait sans doute raviver cette peur latente. À la question : «À votre avis, la langue française est-elle menacée au Québec?», 55 p. 100 des Québécois francophones ont répondu par l'affirmative en septembre 1995, (sondage SOM, Tableaux synthèses, p. 17).

Le fait que le camp du OUI ait tant tardé à mettre l'accent sur l'enjeu linguistique a affaibli par la suite la crédibilité de son alarmisme subit et sa capacité à générer une insécurité linguistique à quatre semaines du scrutin. Les fédéralistes ne manquent pas de souligner que la force de la langue française au Québec inspirait si peu d'inquiétude à M. Parizeau il y a quelques mois à peine que l'avant-projet de loi sur la souveraineté ne mentionnait même pas cet enjeu (Vastel 1995).

### La langue, la peur et la confiance

Pour expliquer les hésitations des leaders indépendantistes à exploiter l'inquiétude linguistique des Québécois, il faut bien voir la difficulté inhérente à toute démarche sécessionniste. Cette difficulté tient à l'antinomie entre les sentiments de peur et de confiance (Dion, à paraître).

En effet, la stratégie de vente de tout promoteur sécessionniste comporte un volet négatif, la peur, et un volet positif, la confiance. Le volet négatif vise à généraliser auprès de la population cible un sentiment de «peur» envers le pays auquel elle appartient. Le rattachement à ce pays est assimilé à une source de danger et d'inquiétude. Le volet positif vise à généraliser le sentiment de «confiance» envers la sécession : il faut que celle-ci s'impose comme la seule solution aux problèmes de la population cible et il faut aussi que cette solution apparaisse à la portée de la main, aisément réalisable, comportant peu ou pas de risques et de coûts.

Les arguments avancés pouvant générer la peur envers le pays existant peuvent prendre trois formes différentes. D'abord, une tendance : le leader sécessionniste souligne, ou exagère, les tendances économiques, sociales, démographiques, qui semblent affaiblir la position de la population cible dans le pays existant. Deuxièmement, un constat d'impuissance : le sécessionniste affirme qu'il est vain de chercher à enrayer cette tendance dans le cadre politique existant. Troisièmement, une lecture politique : le sécessionniste met en garde contre les intentions présumées du reste du pays qui réussit par ses actions à accroître les effets négatifs de la tendance en question.

Par exemple, on constate une tendance démographique : les francophones sont de plus en plus minoritaires au Canada; on y ajoute un constat d'impuissance face à cette tendance : la loi des langues officielles n'y change rien; et on complète par une lecture politique : Ottawa cherche par sa politique d'immigration à accélérer le déclin des francophones. Et on avive ainsi chez les francophones du Québec le sentiment de peur quant à leur avenir dans le Canada.

Le sentiment de confiance envers la sécession est fait de tout ce qui peut donner l'impression que la rupture peut être profitable, y compris en tenant compte des coûts de transition. Il importe de noter que la peur du pays existant, comme la confiance envers la sécession, se nourrissent d'émotions mais aussi de raisons. Le leader sécessionniste agite des sentiments, des symboles, mais il fait aussi valoir des arguments.

Le discours d'opposition à la sécession, lui, est inverse. Il assimile la confiance au maintien de l'appartenance au pays existant, et la peur à l'aventure de la sécession. A priori, les opposants à la sécession sont en position avantageuse, car il n'ont qu'à défendre le cadre existant, alors que les sécessionnistes doivent générer la confiance envers un changement aussi radical et inusité que la brisure d'un pays existant.

En démocratie, la sécession ne peut se faire sans l'appui de la majorité des électeurs vivant sur le territoire visé par la sécession. C'est là une condition minimale et peut-être pas suffisante d'ailleurs. On peut considérer qu'une sécession exige aussi l'appui des autres électeurs du pays existant et qu'elle requiert une majorité qualifiée (Derriennic 1995). Mais restons-en à l'objectif minimal : 50 p. 100 plus une voix d'appui dans le territoire visé par la sécession. Pour atteindre ce seuil, il faut que la majorité des membres de la population cible craigne le pays existant et considère avec confiance la sécession. Peur et confiance, les deux perceptions doivent être largement partagées.

Le graphique 1 illustre cette idée. La sécession n'est probable que dans la case 1, là où la peur du pays existant et la confiance dans la sécession sont élevées. En théorie, les cases 2 et 3 n'écartent pas toute possibilité de sécession; mais elles la rendent improbable en pratique. Concernant la case 2, il est difficile de concevoir comment une démocratie bien établie, accordant les pleins droits civiques à ses citoyens, pourrait générer un sentiment de peur si fort qu'une majorité opterait pour la sécession alors que celle-ci n'inspire pas confiance.

**Graphique 1.**    Les conditions affectant l'appui à la sécession.

| | | Confiance dans la sécession | |
|---|---|---|---|
| | | *élevée* | *faible* |
| Peur du pays existant | *élevée* | **1** : Sécession probable | **2** : Sécession improbable |
| | *faible* | **3** : Sécession improbable | **4** : Sécession impossible |

Quant à la case 3, pour qu'elle mène à la sécession, il faudrait qu'une majorité de la population cible éprouve une confiance telle dans la sécession qu'elle s'y rallie, bien qu'elle se sente à l'aise dans le pays existant. Or la sécession comporte toujours une part de risque.

Pour devenir sécessionnistes, les citoyens de la population cible doivent avoir le sentiment que leur avenir culturel, économique et politique est voué à se détériorer dans le pays existant. Ils doivent craindre le pays existant et voir la solution dans la sécession. Les sécessionnistes doivent atteindre la case 1 et non rester dans la case 2 ou la case 3.

Voilà bien où réside la difficulté de toute entreprise sécessionniste : il est improbable que la peur du pays existant et la confiance dans la sécession soient simultanément ressenties avec force. Quand l'une de ces perceptions est forte, l'autre tend à être faible. Une dialectique contradictoire oppose ces deux perceptions. Autrement dit, les considérations qui font craindre le pays existant, sont liées à d'autres considérations, qui empêchent d'envisager la sécession avec confiance. Inversement, les considérations qui peuvent inspirer confiance dans la sécession, sont les mêmes que celles qui empêchent de regarder avec crainte l'appartenance au pays existant.

Cette conciliation difficile entre la peur du pays existant et la confiance dans la sécession agit sur les trois dimensions du discours nationaliste identifiées par Ernest Gellner (1983) : la culture, l'économie et le pouvoir politique.

La culture peut inclure la langue, la religion, l'ethnie ou toute autre composante d'une identité collective. Quand un groupe, minoritaire dans un pays, mais majoritaire dans une région de ce pays, se sent menacé d'assimilation culturelle, c'est habituellement parce que d'autres groupes sont en croissance sur son propre territoire. Ces autres groupes — dont l'un est habituellement majoritaire dans l'ensemble du pays — sont le plus souvent opposés à la sécession. Cela rend le seuil majoritaire plus difficile à atteindre pour les sécessionnistes. Surtout, le mélange des populations décroît la confiance en une sécession calme et consensuelle, acceptée par les différents groupes présents dans la région visée, ainsi que par le reste du pays. On peut prévoir en effet que le reste du pays se sentira solidaire des groupes opposés à la tentative de sécession. Or, la collaboration du reste du pays est essentielle, ne serait-ce que pour minimiser les coûts de transition. C'est pourquoi un sécessionnisme défensif sur le plan culturel se retrouve dans la case 2 du graphique 1 : peur du pays existant mais manque de confiance dans une sécession aisée.

La même opposition peur-confiance joue aussi sur le plan économique. Un groupe régional économiquement dominé peut craindre la discrimination et la stagnation s'il reste dans le pays, mais il est peu susceptible d'être confiant dans ses capacités de s'en sortir seul, compte tenu de son faible contrôle sur son économie et de son manque de compétitivité. Il est dans la case 2. Si le groupe est dominant d'un point de vue économique et confiant dans ses capacités, il n'est guère susceptible de vouloir quitter un pays où il performe si bien; la sécession apparaît inutile et nous sommes alors dans la case 3.

L'exercice centralisé ou décentralisé du pouvoir politique fait aussi jouer l'antinomie peur-confiance. La forte centralisation peut être une source d'inquiétude pour un groupe régional. Il pourra craindre que la majorité se montre insensible ou injuste envers lui à travers les puissantes institutions dont elle a le contrôle. Mais en même temps, le transfert de tous les pouvoirs du Centre politique du pays vers le groupe régional apparaît comme une tâche gigantesque, décourageante, voire irréalisable d'un point de vue pratique compte tenu de la taille des états-providence modernes. C'est pourquoi la centralisation du pouvoir politique nous place dans la case 2 : crainte du pays existant mais faible confiance dans la faisabilité de la sécession. Inversement un pouvoir politique décentralisé nous place dans la case 3 : le groupe envisage la faisabilité de la sécession avec confiance puisqu'il a déjà en place un grand nombre d'institutions politiques, mais il est peu susceptible de se sentir menacé par un gouvernement central relativement faible.

Les effets antithétiques entre la peur du pays existant et la confiance dans la sécession jouent aussi entre les dimensions culturelles, économiques et politiques. Ainsi, la peur de l'assimilation culturelle diminue la confiance économique en une sécession profitable. Car dès l'instant où l'on craint que la sécession n'exacerbe les tensions entre les différents groupes culturels, on va en même temps accorder plus de crédibilité aux mises en garde contre les risques d'une instabilité économique au moment de la sécession.

C'est cette contradiction inhérente entre la peur et la confiance qui explique pourquoi il n'y a jamais eu de sécession dans une démocratie bien établie, définie par au moins dix années consécutives de suffrage universel. Il est très difficile de convaincre une majorité d'électeurs à la fois de craindre le pays existant et d'avoir confiance dans la sécession. La sécession en démocratie stable n'est pas impossible, mais les probabilités qu'elle se produise sont affaiblies par la grande difficulté qu'il y a, à combiner la peur du pays existant et la confiance en une sécession facilement réalisable.

Ce modèle peur-confiance s'applique très bien au cas du Parti québécois et du Bloc québécois. Les formations indépendantistes québécoises brandissent des arguments économiques qui nourrissent de vives inquiétudes quand à l'avenir économique des Québécois dans le Canada (peur du pays existant), et d'autres arguments qui présentent l'indépendance comme la solution économique rationnelle (confiance dans la sécession). L'endettement, les dédoublements, le «gouvernement de trop», la paralysie, le déclin, la discrimination contre le Québec, toutes ces représentations inquiétantes sont identifiées au fédéralisme. Inversement, le dynamisme, le «goût de bouger», la solidarité et la compétitivité sont présentées comme des forces manifestes ou potentielles du Québec. Mais cette argumentation est contrée par la réplique fédéraliste, qui inverse les sentiments de peur et de confiance : la fédération apparaît comme un cadre économique plus rassurant qu'un Québec laissé à lui-même.

Sur le plan du partage du pouvoir politique, la stratégie indépendantiste mise sur la peur que, depuis l'échec de Meech, les Québécois francophones éprouvent quant à leur avenir au sein du Canada. Ce puissant mobile d'inquiétude est mis en contraste avec la confiance et la sécurité collective que procurerait aux francophones un statut fermement majoritaire au sein d'un Québec indépendant. Les leaders indépendantistes prophétisent des conséquences très négatives pour le Québec en cas de victoire du NON : «ce sera le rouleau-compresseur fédéral». Une fois la menace de la séparation écartée, annoncent-ils, le Canada anglais s'empressera de réaliser un Canada à sa mesure, plus centralisé que jamais. Ils espèrent ainsi transformer les hésitants en souverainistes convaincus, ou du moins les convaincre de voter de façon à éviter une défaite trop cuisante du OUI. C'est précisément ce discours que cherche à contrer la stratégie fédéraliste qui a consisté à attirer à Ottawa une personnalité connue pour ses positions autonomistes québécoises, Madame Lucienne Robillard, et de lui confier la responsabilité de la campagne référendaire.

Il semble que le partage du pouvoir politique et les questions constitutionnelles n'inspirent pas une peur suffisante aux Québécois pour qu'ils accordent aux partis indépendantistes tout le soutien qu'ils espéraient. Le sentiment de rejet né de la chicane constitutionnelle de 1987-92 s'est amenuisé avec le temps et les Québécois sont moins nombreux qu'en 1990 à percevoir le Canada comme un pays centralisé qui ne les accepte pas. Sans doute aussi, la centralisation paraît-elle moins menaçante du fait du caractère objectivement décentralisé de la fédération canadienne (Dion 1995).

Et nous en revenons à la langue. La réticence des leaders indépendantistes à insister sur elle s'explique par la dialectique peur-confiance. Le sentiment d'isolement linguistique forme la composante majeure de la peur que l'appartenance au Canada inspire à bien des Québécois francophones. C'est là un argument qui a bien servi les indépendantistes. Cela dit, le Parti et le Bloc québécois sont contraints de manier l'argument avec prudence, car en même temps qu'il génère la peur envers le Canada, il décroît la confiance en la possibilité d'une sécession douce et sans histoire qui entraînerait peu ou pas de coûts de transition.

En effet, s'ils devaient insister fortement sur l'insécurité linguistique et l'appartenance culturelle des francophones, les indépendantistes exacerberaient en même temps le clivage linguistique et culturel. Les

Québécois non-francophones se sentiraient plus menacés et plus exclus que jamais. Ceux qui dénoncent la tentative de sécession comme une dynamique d'affrontement à base ethnique n'en seraient que plus nombreux. Plusieurs en viendraient à assimiler la sécession à un nid de chicanes, une instabilité politique susceptible par ailleurs de rendre les marchés nerveux et d'entraîner des coûts économiques élevés à très court terme. La perspective de tels affrontements dissuaderait de nombreux francophones d'accompagner plus longuement les partisans de la sécession.

Certes, les leaders indépendantistes pourraient faire valoir, avec raison, que la langue n'est pas l'ethnie. La langue institue une distinction, même une rivalité, entre les groupes mais cette rivalité, contrairement au clivage ethnique, vise à inclure plutôt qu'à exclure : je veux que l'autre se rapproche de moi, au moins qu'il parle ma langue. C'est pourquoi un nationalisme fondé sur la langue et la culture n'est pas discriminatoire a priori, et est ainsi mieux placé pour faire admettre sa légitimité qu'un nationalisme ethnique. Il reste possible, cependant, que la revendication linguistique soit perçue, à tort ou à raison, comme un simple paravent, un alibi commode, pour défendre l'ethnie dès lors que les deux clivages, ethniques et linguistiques, se recoupent.

La proximité du clivage linguistique et du clivage ethnique au Québec fait craindre qu'ils n'en viennent à être confondus dans l'âpreté du débat, une confusion qui gagnerait tant les indépendantistes que leurs adversaires. Les leaders fédéralistes ne manqueraient pas d'exploiter le moindre dérapage en ce sens pour affaiblir la légitimité et la crédibilité du projet indépendantiste. Le registre ethnique ternirait terriblement l'image du projet indépendantiste chez de nombreux électeurs québécois.

Une tension linguistique ravivée ajouterait de la crédibilité au risque que la séparation provoque l'exode de centaines de milliers de citoyens — des non-francophones principalement. La perspective d'un Québec privé d'une partie de ses citoyens les plus mobiles, riches et éduqués serait propre à dissuader de nombreux électeurs de voter pour l'indépendance.

Il y a aussi la délicate question des territoires et des frontières. Le fait que 15 p. 100 des électeurs québécois ne soient pas francophones, que plusieurs d'entre eux soient majoritaires sur leur portion de territoire, et que certains d'entre eux — les Autochtones — puissent faire valoir des droits territoriaux plus anciens que ceux des francophones, ces considérations font en sorte que le débat sur la langue renvoie immanquablement au débat sur la propriété des territoires et sur le droit à la sécession. Si une minorité du Canada peut faire sécession, pourquoi une minorité du Québec n'aurait-elle pas ce même droit? Si le territoire canadien est partageable, pourquoi pas celui du Québec? Si le gouvernement sécessionniste du Québec devait sortir du cadre constitutionnel canadien, il est bien possible que des groupes de Québécois ne le reconnaissent plus comme légitime et s'en rapportent au seul gouvernement fédéral. Les Autochtones sont les mieux placés pour mener une telle contestation, mais rien ne garantit qu'ils seraient les seuls.

Il paraît plausible qu'en cas de sécession le Québec quitte le Canada avec ses frontières actuelles, car ce serait la solution la plus pratique. Mais le simple fait que la question des territoires soit sur la table va compliquer les négociations et nuire à la sérénité du processus. Or plus la sécession sera justifiée par des raisons linguistiques et culturelles, plus les risques de dérapage du débat vers l'ethnicité sont grands, plus la sécession sera perçue comme menaçante aux yeux des non-francophones, et plus la question du partage du territoire du Québec risque d'être soulevée.

Après une campagne qui aurait dérapé dans l'affrontement ethnique, la perspective d'une sécession aisée, sans acrimonie, acceptée par les Québécois non-francophones, les autres Canadiens et l'opinion internationale perdrait toute crédibilité aux yeux de nombreux électeurs. Plus qu'une défaite sévère, le résultat référendaire pourrait alors être une véritable déroute dont le mouvement souverainiste ne se remettrait pas.

En somme, sur le plan linguistique et culturel, les indépendantistes québécois sont stationnés dans la case 2 du graphique 1 : la langue attire l'attention sur les raisons qui nourrissent la peur du pays existant, mais aussi sur celles qui empêchent de croire en une sécession aisée.

**Conclusion**

La crainte de l'anglicisation est au cœur de l'appui à l'indépendance du Québec. Le déclin démographique des francophones et des Québécois dans l'ensemble canadien est l'argument le plus solide dont les indépendantistes québécois disposent. Pourtant, les leaders indépendantistes hésitent à jouer ce registre, car ils craignent qu'un dérapage dans la confrontation linguistique et ethnique nuise à leur crédibilité quand ils annoncent une sécession réalisée dans le calme et sans coûts de transition élevés. Ils ont pris la dimension culturelle pour acquise et ont cherché à effectuer des gains en renforçant la confiance économique et en entretenant le ressentiment constitutionnel. Les leaders indépendantistes mesuraient combien les questions culturelles comportaient des risques de dérapage dans l'émotivité et espéraient que le débat sur l'économie, lui, se prêterait à une rationalité rassurante.

Nombreux sont les indépendantistes qui ont pressé MM. Parizeau et Bouchard de jouer la carte de la langue. C'est le professeur Robert Vigneault qui a le mieux exprimé cet appel :

> Le discours actuel sur la souveraineté tend à exclure la langue et la culture française. Le sujet est devenu tabou, croirait-on. La souveraineté est réduite à une bataille de chiffres [...]. Allons-nous un jour revenir au cœur de la question : le Québec veut-il oui ou non demeurer une société majoritairement de langue française? [...] Le voilà, notre projet de société fondamental. (Vigneault 1995)

La prise en compte de la dynamique peur-confiance, toutefois, donne en partie raison aux leaders indépendantistes. S'ils avaient fait vibrer toute la passion et l'émotivité que peut charrier la question linguistique, ils auraient pu sans doute raviver la peur qu'inspirent aux Québécois francophones l'avenir de leur langue dans le Canada, mais ce faisant, ils auraient nui à leur capacité de convaincre ces Québécois francophones que l'on peut briser le Canada en douceur.

En raison de la dialectique peur-confiance, la sécession est une entreprise difficile. Il est douteux que le mouvement sécessionniste québécois parvienne à faire du Canada la première démocratie stable à connaître une sécession. Mais il se donnera les meilleures chances d'y parvenir, ou du moins d'obtenir un score encourageant, s'il joue, avec juste l'intensité voulue, le sentiment de peur qu'inspire aux Québécois francophones l'avenir de leur langue. Il lui faut jouer de ce thème, assez pour aviver la peur du Canada, mais pas trop pour ne pas miner la confiance dans une sécession sans acrimonie ni coûts élevés. Il lui faut miser sur la langue, car elle est la principale incitation à quitter le Canada.

La tâche du mouvement indépendantiste serait plus simple si toutes les données confirmaient le déclin du français. Comme celui-ci se maintient et même progresse un peu au Québec, les fédéralistes ne sont pas à court d'arguments. Mais encore ces derniers doivent-ils être conscients du danger qu'il y aurait à aligner des erreurs comme celle de la fermeture du Collège militaire royal de Saint-Jean. Car la dynamique peur-confiance joue dans les deux sens : si les Québécois considéraient avec confiance l'avenir du fait français au Canada, il n'y aurait probablement pas de mouvement indépendantiste sérieux au Québec.

## Bibliographie

Bélanger, André J. 1974. *L'apolitisme des idéologies québécoises*. Québec : Les Presses de l'Université Laval.

Bercuson, David J. et Barry Cooper. 1991. *Deconfederation : Canada Without Québec*. Toronto : Key Porter.

Blais, André et Elisabeth Gidengil. 1993. «The Québec Referendum : Why Did Québeckers Say No», conférence présentée au Congrès annuel de l'Association canadienne de science politique. Ottawa, 6-8 juin.

Blais, André et Jean Crête. 1991. «Pourquoi l'opinion publique au Canada anglais a-t-elle rejeté l'Accord du lac Meech?» dans Raymond Hudon et Réjean Pelletier (dir.), *L'engagement intellectuel : mélanges en l'honneur de Léon Dion*. Québec : les Presses de l'Université Laval, 385-99.

Blais, André et Richard Nadeau. 1992. «To Be or not to Be Sovereignist : Québeckers' Perennial Dilemma». *Canadian Public Policy*. 28 : 89-103.

Breton, Raymond. 1984. «The Production and Allocation of Symbolic Resources : An Analysis of Linguistic and Ethnocultural Fields in Canada». *Canadian Review of Sociology and Anthropology*. 21 : 123-44.

Breton, Raymond. 1992. *Why Meech Lake Failed : Lessons for Canadian Constitutionmaking*. Toronto : C.D. Howe Institute.

Brown, Gordon R. «Canadian Federal-Provincial Overlap and Government Inefficiency». *Publius*. 24, 1994 : pp. 21-38.

Champagne, René. 1995. «Évolution de la présence francophone parmi les hauts dirigeants des grandes entreprises québécoises entre 1976 et 1993», collection *Langues et Sociétés*. n° 35, Montréal : Office de la langue française.

Cloutier, Edouard, Jean H. Gay et Daniel Latouche. 1992. *Le virage : l'évolution de l'opinion publique au Québec depuis 1960 ou comment le Québec est devenu souverainiste*. Montréal : Québec/Amérique.

Cohen, Andrew. 1990. *A Deal Undone : The Making and Breaking of the Meech Lake Accord*. Vancouver and Toronto : Douglas and McIntyre.

Commission nationale sur l'avenir du Québec. 1995. *Rapport*. Québec : Bibliothèque nationale du Québec.

Derriennic, Jean-Pierre. 1995. *Nationalisme et Démocratie : réflexion sur les illusions des indépendantistes québécois*. Montréal : Boréal.

Dion, Léon. 1975. *Nationalismes et politique au Québec*. Montréal : Hurtubise HMH.

Dion, Stéphane. 1991. «Le nationalisme dans la convergence culturelle – Le Québec contemporain et le paradoxe de Tocqueville», in Raymond Hudon et Réjean Pelletier (dir.), *L'engagement intellectuel : mélanges en l'honneur de Léon Dion*. Québec : les Presses de l'Université Laval, 291-338.

Dion, Stéphane. 1992. «Explaining Québec Nationalism», in R. Kent Weaver (dir.), *The Collapse of Canada?*. Washington : Brookings Books, pp. 77-122.

Dion, Stéphane. 1993. «Langue et ethnicité dans le débat national au Québec», conférence donnée au Centre d'études ethniques de l'Université de Montréal, le 3 décembre 1993.

Dion, Stéphane. 1995. «Les avantages du Québec fédéré». Montréal : Institut de recherches en politiques publiques.

Dion, Stéphane. «Why is Secession Difficult in Well-Established Democracies?» *British Journal of Political Science.* À paraître.

Edwards, John. 1984. *Linguistic Minorities, Policies and Pluralism.* London : Academic Press.

Fishman, Joshua A. 1973. *Language and Nationalism : Two Integrative Essays.* Rowley, Mass : Newbury House Publishers.

Gellner, Ernest. 1983. *Nations and Nationalism.* Ithaca : Cornell University Press.

Grenon, Robert. 1988. *Présence francophone dans la haute direction des entreprises employant entre 500 et 999 personnes au Québec en 1988.* Montréal : Office de la langue française.

Harrison, Brian et Louise Marmen. 1994. *Le Canada à l'étude. Les langues au Canada.* Scarborough : Statistique Canada et Prentice Hall Canada inc., 1994.

Keating, Michael. 1993. «Scotland, Nationalism and the UK State». Communication présentée au Congrès annuel 1993 de l'Association américaine de science politique. Washington D.C., 2-5 septembre.

Laponce, Jean. 1987. *Languages and their Territories.* Toronto : University of Toronto Press.

Le camp du changement. 1995. *Le cœur à l'ouvrage.* Québec : Bibliothèque nationale du Québec.

Lisée, Jean-François. *Le tricheur. Robert Bourassa et les Québécois 1990-1991.* Montréal : Boréal.

Monahan, Patrick J. 1991. *Meech Lake : The Inside Story.* Toronto : University of Toronto Press.

Nadeau, Richard. 1992. «Le virage souverainiste des Québécois, 1980-1990». *Recherches sociographiques.* 33 : 9-28.

Nadeau, Richard et Christopher J. Fleury, 1994. «Gains linguistiques anticipés et appui à la souveraineté», manuscrit, Département de science politique, Université de Montréal.

Nemni, Max. 1993. «Au-delà de l'ethnie, où va le nationalisme québécois?», préparé pour le Congrès de l'Association canadienne de science politique, Ottawa, Ontario, June 6-8.

O'Neil, Pierre. «Québec formera un groupe de travail sur la situation du français». *Le Devoir.* 6 septembre.

Paillé, Michel. 1989. *Nouvelles tendances démolinguistiques dans l'Île de Montréal 1981-1996.* Québec : Conseil de la langue française.

Paillé, Michel. 1990. *Accroissement de la population allophone au Québec : horizon 2006.* Québec : Conseil de la langue française.

Peritz, Ingrid. 1995. «Allophones Suffer as English-French Wage Gap Closes». *The Gazette.* 20 septembre, p. A1.

Parti québécois. 1994. *Guide de participation aux commissions sur l'avenir du Québec.* Québec : Ministère du Conseil exécutif.

Pinard, Maurice et Richard Hamilton. 1986. «Motivational Dimensions in the Québec Independence Movement : A Test of a New Model». *Research in Social Movements, Conflicts and Changes.* 9, 225-280.

Pinard, Maurice. 1992. «The Québec Independence Movement : A Dramatic Reemergence». *Working Papers in Social Behaviour.* N° 92-06, Montréal : Département de sociologie, Université McGill.

Richler, Mordecai. 1992. *Oh Canada! Oh Québec! Requiem for a Divided Country.* Toronto : Penguin.

Savoie, Donald J. 1991. *The Politics of Language.* Kingston : Institute of Intergovernmental Relations, Queen's University.

Shapiro, D.M., and M. Stelcner. 1987. «Earnings Disparities Among Linguistic Groups in Québec, 1970-1980». *Canadian Public Policy.* 13 : 97-104.

Smith, Anthony D. 1986. *The Ethnic Origins of Nations.* New York : Basil Blackwell.

Termotte, Marc. 1994. *L'avenir démolinguistique au Québec et ses région.* Québec : Conseil de la langue française.

de Tocqueville, Alexis. 1986. *De la démocratie en Amérique, tome 1.* Paris : Gallimard.

Vaillancourt, François. 1989. «Demolinguistic Trends and Canadian Institutions : An Economic Perspective», in *Demolinguistic Trends and the Evolution of Canadian Institutions.* Ottawa : Commissaire aux langues officielles.

Vastel, Michel. 1995. «Bourassa ne formule plus que trois demandes». *Le Soleil.* 23 septembre, p. A2.

Vigneault, Robert. 1995. «Notre projet de société : vivre en français.» *Le Devoir.* 27 avril 1995, p. A7.

# Minority Languages in Canada: Their Fate and Survival Strategies

*Jean A. Laponce*

Languages are born and languages die. That is to be expected. But something is new, very new, in the very long history of language growth and decline, of language survival and change. Our generation has witnessed — "witnessed" may not be the right word since "it" happened unnoticed except by a few sociolinguists — our generation has, practically unaware, gone through one of the major revolutions of mankind. Until recently languages had a positive birth rate. Cailleux (1953) estimated that over the past two millennia, for every language that had disappeared, two new ones had been born. In fact, the balance must have been far more positive since Cailleux's study was limited to the so-called "great civilization" languages such as Greek and Latin to the exclusion of the small non standardized languages, those most likely to diverge into numerous progenies. Now, the ethnolinguistic reports coming from all continents concur: few new languages are created and many are dying or about to die (Laponce, 1987). The birthrate of languages has become negative, and that — as far as we can tell — for the first time in the recorded history of humankind. Why this sudden reversal?

Although Canada is the object of our attention, let us consider for a moment what happened in Papua New Guinea since, linguistically speaking, Canada mixes the features of England and New Guinea.

Historical anthropology tells us that in one of New Guinea's small island, Japen, there migrated, centuries ago, three or four foreign languages. They spread over the island, became separated, and now they number fourteen. Such multiplication, repeated over the other islands, explains that Papua New Guinea speaks over 700 different tongues. But, as the country enters the age of modernity, as it builds roads, factories, and TV stations; as its people move into cities rather than remain separated by jungles and seas, many of these 700 languages are adding their names to the list of those threatened with extinction (Laponce, 1987).

The world over, Valéry's prophetic observation has come true: *le monde est fini*, the world has become a closed system. A phase of intense competition for survival follows a long period of expansion. Twenty to fifty percent of the world languages are estimated by some ethnolinguists no longer to be used for more than occasional communication, and some researchers predict that 90% of the world languages will disappear in the short or medium term (Moisan, 1992). Interestingly, the reversal of the birthrate of languages coincides, very likely, with an increase in the life expectancy of the more powerful languages, those benefiting from new technologies than help standardize speech as well as writing (notably voice recordings and software spelling programs). The

75

well-established languages are thus in a better position to resist the tendency to diverge and splinter. Such a prospect of longer life for the more powerful should reinforce the tendency toward simplification of the world language system by giving the well standardized languages a great advantage over those that are not yet, or remain poorly standardized.

Such is the world stage. We are returning to Babel. True, we are still far from that point when the Lord of Genesis 11, noticing an ominous evolution, said "Behold...they have all one language, and that is only the beginning of what they will do...Come, let us go down and confuse their languages". We have not yet reached the point that frightened God into action, but the trend is unmistakably in the direction of unilingualism (Laponce, 1992); and this time there is no guarantee that God will intervene again. One cannot rule out that they be right, those who behave as if God had changed his mind. They may well have been totally wrong, those who made fun of the mythical Prairie farmer, who, having heard it explained to him that French was well worth learning, is supposed to have said to express his doubts: "If English was good enough for Jesus Christ, it is good enough for me". It looks as if God were on the side of English.

On the world stage that we have just set as background, Canada is no exception. It is indeed one of the areas of the planet where the pressure to destroy languages is the most intense.

Why this move back to Babel in *le monde fini*? The answer is in one word: communication.

Territorial dispersion and isolation, coupled with low levels of communication, create conditions favorable to the preservation of existing languages and favorable also to their multiplication through local variations. Inversely, an increase in concentration of human activities, by causing an increase in the density of communication, moves a language system in the direction of simplification through the elimination of the weaker languages and through the adoption of *lingua francas*.

## Canada's Language System

How many languages are spoken in Canada? The census lists about a hundred. It does not list them all. It lists only 26 Aboriginal languages when more detailed studies set the number at twice that figure. To be on the safe side, let us estimate that there are approximately 200 different languages spoken at present. That is a sizable proportion of the 5,000 to 7,000 that are used throughout the world. However, nearly all of these 200 odd languages are reduced to near insignificance if not threatened with elimination by more powerful competitors that are better placed in the power hierarchy.

At the top of that hierarchy stands English, the world *lingua franca*; the only *lingua franca* the world ever had since its predecessors — Greek, Latin, Spanish, French — were dominant over some rather than over all continents.

Second in the hierarchy stands French, a former *lingua franca* of world civilization that can still claim, with some justification, second rank among world languages, at least in many if not in all domains of world communication. Having English and French as its two dominant languages makes Canada unique among democratic industrialized states, the very states that are at the core of the world communication system[1].

Much lower in the Canadian language hierarchy, come all other languages, whether Aboriginal or imported. The languages of this third tier are under the crushing assimilating pressure of French and English, mostly English. The pecking order thus calls for French to be eroded by English, and for the other languages to be assimilated by either French or English.

Let us consider, in turn, the problems that are specific to the languages of the three tiers before considering the survival strategies available to those that are dominated.

*English*

The extraordinary power of English has often been demonstrated. Suffice it that we give here a single illustration taken from the field of science. Each year, the *Chemical Abstracts* (CA), one of the more comprehensive indexing services there is, surveys over half a million articles, including those written in languages as rarely used as Esperanto and Gaelic. The *CA* record shows that, between 1977 and 1994, the proportion of articles written in English has increased from 61% to 81%. A challenger, Russian, which had risen to 22%, has been "beaten back" to 5% of the world production; and no other language, not even Japanese, has reached the 5% level (see Table 1). No wonder the *Institut Pasteur* decided to publish in English. And it is no wonder either that the Québec universities increasingly encourage their professors to publish in the language of science (for the dominance of English in scientific domains other than chemistry, see Tsunoda, 1983). This extraordinary power of English (we could have used many other examples ranging from lowbrow to highbrow culture, ranging from popular songs to diplomacy and business) poses to the native speakers of English a psycho-political problem common to the powerful, a kind of incapacity to understand, a lack of care for others, a blindness that comes to species that fear no predators. The English-speaking dominant group is no longer aware of speaking a language. It only speaks. Right-handers are not aware of being right-handed. That makes it difficult for them to understand the ways or feelings of those who are constantly reminded that they have the wrong hand. When it comes to language, all those Canadians who do not speak English as their first language are left-handed. English speakers — the Right-handers — are not aware that when they communicate they dominate; hence their being easily annoyed by, and their impatience with, those who keep worrying about the fate of their minority languages and who — because they fear assimilation — keep agitating a flag the dominant group does not like to see, the flag of group rights. Their very dominance makes English-speaking Canadians mentally ill-equipped to find the administrative and political solutions that would reassure and appease the minority languages over which they keep trespassing without noticing them.

**Table 1.** Language of the Articles Indexed by the Chemical Abstracts from 1977 to 1990

|  | 1977 | 1979 | 1981 | 1983 | 1985 | 1987 | 1989 | 1991 | 1994 |
|---|---|---|---|---|---|---|---|---|---|
| English | 61.0 | 65.0 | 68.1 | 68.6 | 70.6 | 73.0 | 73.2 | 77.4 | 81.9 |
| Russian | 22.1 | 18.0 | 15.5 | 15.8 | 13.8 | 12.0 | 11.7 | 9.6 | 5.2 |
| Japanese | 3.8 | 4.7 | 4.6 | 4.4 | 4.6 | 4.5 | 4.4 | 4.7 | 4.2 |
| German | 4.0 | 4.2 | 3.9 | 3.5 | 3.2 | 2.9 | 3.0 | 2.4 | 1.5 |
| Chinese | 0.2 | 0.4 | 1.4 | 1.9 | 2.3 | 2.7 | 2.5 | 2.8 | 4.6 |
| French | 2.7 | 2.2 | 1.8 | 1.5 | 1.4 | 1.1 | 0.9 | 0.8 | 0.6 |
| Polish | 1.1 | 1.1 | 1.0 | 0.8 | 0.6 | 0.6 | 0.5 | 0.5 | 0.3 |
| Other lang. | 4.2 | 4.4 | 3.7 | 3.5 | 3.5 | 3.2 | 3.8 | 1.8 | 1.7 |

Number of articles per year in the chronological order: (347,962) (370,655) (375,973) (371,399) (380,091) (386,166) (397,152) (453,340) (542,511)

*French*

Wherever French is territorially mixed with English it is seriously threatened; wherever it is territorially concentrated (Québec and New Brunswick) it remains threatened but is in a relatively good defensive position.

Consider first the case of Québec where the North American future of French will be decided. The "modernization" of the *québécois* society following its conversion to capitalism in the 1960s as well as the language laws of the late 1970s (it is not easy to separate the effects of these two factors) have resulted in a marked improvement in the position of French in Québec. The percentage of people speaking French at home has risen from 81% to 83% between 1971 and 1991; the percentage of jobs in companies owned by Francophones has risen from 47% in 1961 to 65% in 1991; the boards of directors of large companies (over 1,000 employees) that have a francophone majority has risen from 13% to 43% between 1961 and 1991; the percentage of the labor force that considers working at least 90% of the time in French has risen from 64% in 1971 to 73% in 1989 (Conseil de la langue française, 1995). The language laws requiring that the children of new immigrants study in French schools has had an impact measured by the following statistics: the percentage of "Allophones" using French rather than English in the public domain (as distinct from the private) stands at 13% for those who were born in Québec, 45% for those who migrated before 1976, and 61% for those who migrated between 1976 and 1981 (Monier, 1993). But, notwithstanding these improvements, the future remains uncertain. The birthrate of the native québécois population being one of the lowest in the world, Québec will increasingly be composed of "Allophones" who, while obligated to go, or send their children, to French schools, are less committed than the old stock, the *pure laine,* to French either as an instrument of communication or as an ethnic definer. Even the commitment of young native Québécois to Québec as a permanent home seems to be relatively weak. Locher's survey of high school students educated in French (1994) shows that 73% of Anglophones expected that in ten years time they would not be working in Québec. For "Allophones" the percentage was 56%. For Francophones it was an equally high 55%. Of course, the question taps a bundle of attitudes ranging from fear of unemployment to sense of adventure, but note that among Franco-Ontarians the corresponding percentage estimating that they would stay in Ontario was a high 81%. The increase in communication density on the North American continent signifies also that English penetrates more frequently the Québec culture. In the Montréal area, the percentage of students educated in French who watch mostly French TV programs stands at only 47% for those who had French as a mother tongue, 16% for Allophones, and 3% for Anglophones (Locher, 1994). In short, the position of French in Québec has improved but it remains and will continue to be, under strong assimilating pressure from English.

In its areas of geographic dispersal, the situation of the minority official language keeps deteriorating. To measure that decline, let us turn to the census. That census, while poor at measuring ethnic identity, is excellent at measuring language survival since it enables one to compare mother tongue to language spoken habitually at home. The simple reading of the published data shows a correlation unfavorable to French. To get confirmation of that impression we need however to go down from aggregate to individual statistics[2]. The machine readable 2% sample census tapes enable us to do so. Let us use them to compare the statistics of home use of French and English in two provinces, Ontario and Québec, for two different age groups, while restricting the sample to the people born in their province of residence (see Table 2).

**Table 2.** Percentage of "Mother Tongue French" and "Mother Tongue English" Who Speak their Native Language at Home, by Province and Age Group, 1991*

| Province | Québec | | Ontario | |
|---|---|---|---|---|
| Mother Tongue | Age 25-34 | Age 35+ | Age 25-34 | Age 35+ |
| English** | 82.7 | 86.6 | 99.3 | 99.5 |
| French** | 98.0 | 98.1 | 52.3 | 53.8 |

\* For people born and residing in the province

\*\* The statistics refers solely to the answer "French only" or "English only". If one adds the percentage of individuals who said "French and English" the row percentages become: for English 85.3, 88.9, 99.4, 99.6, and for French 98.5, 98.6, 56.1, 57.4.

The 1991 census indicates that the rate of retention of French in Québec (98%) is almost as high as that of English in Ontario (99%). The major difference between the two languages occurs when they are numerically in the minority. In Québec, over 80% of "English Mother Tongue" (EMT) individuals speak English habitually at home while in Ontario less than 60% of French Mother

Tongue (FMT) respondents continue to speak at home the language they were "born with". Controlling for age does not affect the correlations. The patterns appear quite stable. That suggests the presence of strong and durable structural effects related to geographical concentration, and to location in the language hierarchy. Let us measure those structural effects by introducing the variable "who marries whom".

Using the 1991 census as data, let us ask what language married women habitually speak at home as a function of their own mother tongue (French or English), the mother tongue of their husband (French, English, or Other), as a function of their age (25 to 34, or over 34) and as a function of the province where they were born and now reside (either Ontario or Québec). Since age produced only minor variations, it will suffice that we give here the statistics for the younger cohort of 25 to 34. In Ontario, the chances of a French-mother-tongue woman, in that age group, to be speaking French at home are as follows, depending upon the mother tongue of her husband: 88% if she marries French, 17% if she marries Allophone, 11% if she marries English. If one counts on the side of French all the answers indicating that both French and English are spoken at home, the percentages become: 91%, 17%, 16%. Note that, even in cases of endogamy, the pressure of the social environment (work, friends, media, etc.) is such as to shift 10 to 20% of French-mother-tongue couples to English. Thus, the original language pool would be reduced by nearly half its original size over four generations even if all French-mother-tongue-women married FMT. The trend is greatly accelerated by exogamy, and it makes little difference whether the "exogame" is English or Other; in both cases, on the average, French practically ceases to be the language of the family in one or two generations. Unless a high social ethnic boundary acts as an obstacle to marriage, the minority language, here French, is quickly displaced by the dominant language. To highlight the relative weakness of French in Ontario compared to English in Québec, consider the situation of a French Ontarian marrying an English Ontarian compared to that of an English Quebeker marrying a French Quebeker. In the first case, that of the Franco-Ontarian, the rate of retention of French as a home language is only 11 to 16% while the retention of her language by the Anglophone Quebeker marrying French is a high 56 to 66%.

### The Aboriginal Languages

All but few of Canada's 50 odd Aboriginal languages are on the endangered list. The major exceptions are Cree, Ojibwa, and Inuktitut which have each around 60,000 speakers (see Table 3). Even if we take into consideration the very positive birth rate (a third world birth rate) of Aboriginal populations, none of their languages has or will obtain in the foreseeable future the demographic base that would be needed to maintain a full educational system ranging from kindergarten to University. However, compared to the dispersed French communities, some of the First Nations have the advantage of geographical isolation, an isolation that should facilitate their survival in a cooperative diglossic relationship with English, a relationship similar to that which relates Luxemburguish to German and French in Luxembourg. We shall consider this type of accommodation in a subsequent section dealing with survival strategies.

**Table 3.** Aboriginal Languages in Canada with over 1000 Speakers

| Inuktitut  | 63,000 | Nass-Gitskan | 3,700 |
|------------|--------|--------------|-------|
| Cree       | 60,000 | Mohawk       | 3,000 |
| Ojibwa     | 50,000 | Shuswap      | 2,000 |
| Dakota     | 20,000 | Tlingit      | 2,000 |
| Micmac     | 5,000  | Notka        | 2,000 |
| Blackfoot  | 5,000  | Slave        | 2,000 |
| Montagnais | 5,000  | Malecite     | 1,500 |
| Carrier    | 5,000  | Kutchin      | 1,200 |
| Chipewyan  | 5,000  | Potawatomi   | 1,100 |

Source: Michael Foster *Indigenous Languages in Canada*. Ottawa: Commissioner of Official Languages, 1982. The figures given here are the upper evaluations of Michael Foster and include speakers outside Canada.

*The "Heritage" Languages*

The census identifies forty odd migrant languages to which the official terminology has recently tagged the patronizing qualifier of "heritage". As suggested, unwittingly, by the exaggerated civility of the term, the "heritage" languages are on their way to the museum if not the cemetery. The speed of their disappearance varies however, once again, as a function of geographical concentration and exogamy. The relation "mother tongue/language spoken at home" among the residents of Québec and Ontario born in their province of residence, shows that few migrant languages have survival rates superior to 50%. They are all crushed, even Chinese, by the powerful Canadian assimilation machine. For these languages, as well as for French, exogamy is a fast accelerator of language loss. The Canadian high level of racial and religious tolerance[3] has perverse effects on language maintenance. For the whole of Canada, among people born in the country, English — measured by mother tongue (EMT) — has an endogamy rate of 92% and French (FMT) an equally high rate of 91%, but Chinese has a rate of only 81%, German 54%, and Italian 40% (see Table 4).

**Table 4.**     Language Endogamy Statistics Among Married People Born in Canada, Census 1981.

| Husband | Wife | | | | | | |
|---|---|---|---|---|---|---|---|
| | English | French | Chinese | German | Italian | Ukranian | Other |
| English | 91.9 | 3.9 | - | 1.2 | - | - | 1.9 |
| French | 7.7 | 91.4 | - | - | - | - | - |
| Chinese | 12.5 | - | 81.3 | - | - | - | 6.3 |
| German | 38.0 | 2.0 | - | 54.2 | - | 2.2 | 3.5 |
| Italian | 42.9 | 10.3 | - | - | 39.7 | - | 6.3 |
| Ukranian | 36.5 | 3.4 | - | 3.8 | - | 48.9 | 6.4 |
| Other | 32.5 | 3.6 | - | 2.5 | - | 4.6 | 56.0 |

Source: 2% census tape 1981. The number of cases in the columns is as follows: 27,084; 13,819; 30,738; 160,595; 1,044. The 1991, 2% census tapes do not offer the breakdown of languages other than French and English, hence my using here the mid-decade census of 1985 rather than the census of 1991.

In the absence of territorial concentration, maintaining a "heritage language" as one's first language (L1) is most unlikely over more than one or two generations. Remains the possibility of retaining it in a diglossic relationship with French or more likely with English. That, however, is more difficult for a migrant language than it is for Cree or Inuktitut because of the lesser need to use the "heritage" language as an ethnic marker of one's collective identity. First Nations, Québécois and French Canadians excepted, relatively few Canadians identify themselves by prime reference to an entity other than Canadian (see Table 5). Admittedly, Table 5 does not tell us directly that those who prefer to identify themselves as simply "Canadian" do not value languages other than the official languages, but it tells us, at the very least, that "heritage" ethnic attachment is much lower than presumed by official discourse.

For emphasis, let us say it once more: in Canada, in the absence of high sociocultural boundaries of the kind separating the Hutterites from the host society, language survival requires concentration in linguistically homogeneous geographical areas. Among "heritage" languages, the German of the Hutterites is a rare exception for its being protected by both high social boundaries and high geographical concentration.

Is that to say that the future is bleak for the "heritage" languages, for French in the Anglophone provinces, and for nearly all Aboriginal languages? The answer is yes: the future is bleak, but not hopeless.

**Table 5.**   Answers to the Question: "People may describe themselves in a number of ways. If you had to make a choice, do you think of yourself as:"

| Province of respondent | Atlantic | Québec | Ontario | Prairies | British Columbia |
|---|---|---|---|---|---|
| Canadian | 68 | 28 | 78 | 76 | 79 |
| British-Canadian | 4 | 1 | 3 | 2 | 4 |
| French-Canadian | 1 | 12 | 1 | 2 | 1 |
| Other hyphenated Canadian | 1 | 5 | 11 | 7 | 3 |
| Province | 22 | 50 | 2 | 11 | 9 |
| Foreign countries | 4 | 4 | 5 | 3 | 3 |

Source: Rudolf Kalin and J.W. Berry "Ethnic, National and Provincial Self-Identity in Canada" paper presented at the Canadian Psychological Association, Québec, 1992. The survey was conducted by Angus Reid in 1991. The question was closed. If offered choices regrouped in the left column of the Table.

Even endangered languages can survive so long as they retain a community of speakers finding some advantage to bearing the cost of retaining and transmitting a mother tongue that becomes increasingly a second language for the élite of the ethnic group concerned. When languages cannot survive by confrontation with the dominant language they may try an alliance with it, in the form of diglossia.

## Diglossic and Non-diglossic Bilingualism L1 and L2

If the two languages of a bilingual person cover all social roles, if the two languages have universal functions that make them available whatever the circumstances, the relation between the two is the common non-diglossic variety. If, on the contrary, it happens that the two languages specialize their functions to the point that they are not able to act as substitutes to one another, or at least not effective or desirable substitutes, then the relation between the two becomes diglossic (Ferguson. 1959). An extreme case of such specialization occurs when a sacred language, Hebrew for example among Canadian Jews, is assigned the expression of religious roles while a vernacular is used in all secular situations. In that case, the secular language is incapable of expressing the religious functions, and the religious language incapable of expressing the secular needs. A less extreme case of diglossia contrasts Swiss German and standard High German in Switzerland where one language is used for family, informal relations, and, in some cases, local politics; the other serving as the language of school and University instruction, as the language of literature and the Media, as the language of national politics and communication with the outside world. In situations of diglossia, one language is typically learned naturally in the home and the other learned in school; one is the language of the local collective identity, the other a language of formal and wider communication. In this type of diglossia, the two languages cannot be properly ranked as L1 and L2 since both are L1 within their specialized domains.

In Canada, the incoming "heritage" languages survive for a while in a diglossic relationship with one of the official languages, but the high rates of exogamy, as well as the control of the higher social functions by the official languages, work against their long-term maintenance, Chinese is an exception as long as endogamy remains at a high 80%.

True, immigration keeps replenishing a "heritage" language pool constantly depleted by assimilation; but a diglossia associated with recent immigration is quite different from a diglossia that would have roots in the country's past; a transitory diglossia retains negative traits associated with immigrant social status and does not have time to become institutionalized into universally known rules of social behavior of the kind regulating the languages spoken by a German Swiss or a Luxemburgese.

Under such circumstances, the last chances of survival of a "heritage" language is to become a foreign language taught in the high schools. The children of migrants are more likely to maintain the language of their parents if that language is given social recognition outside the immigrant community. Ukrainian in Manitoba and Chinese in British Columbia increase their chances of being retained by children, if the latter know that the language can be taken as a foreign language in the schools and be counted as credit for university admission. The survival of some "heritage" languages as foreign languages is now likely to be decided by Canada's trading patterns rather than by literary and religious traditions as in previous decades.

What are the foreign language needs of Canada? I do not know of any systematic evaluation. A proposal to study these needs, made by the Royal Society of Canada in 1993, has fallen the victim of federal budget cuts. One can reasonably expect that, thanks to family diglossia and school teaching, five to ten major world languages can maintain some sort of permanent natural life in Canada over more than one or two generations; but, unavoidably, the exogamy rates being what they are, only constant replenishment through immigration can keep such diglossia alive.

The larger Aboriginal languages are in a better position than the migrant languages to establish over the long term a relatively stable diglossic relationship because of their territorial concentration and because of their role in anchoring a collective identity. English (in rare cases French) will, of necessity, if only for communication among different First Nations, be the L1 of communication of the Aboriginal élite. The major role of the First Nations languages will remain that of an ethnic marker, a means of distinguishing oneself from the "host" community as well as other Native communities. The evolution of these Native communities in terms of social, economic, and political distances from the host community ("host" in the sociological sense) will determine whether the native languages fade as much as Gaelic in Ireland or survive as the indispensable language of family and familiar relationships, as Luxemburgese in Luxembourg. It appears, as indicated earlier, that nearly all Indian languages are on the path of Gaelic, but a few may succeed in achieving the stable diglossic state retained by Luxemburgese in the dense European communication network.

French in the Anglophone provinces presents a special case. On the sole basis of the number of its speakers, and because of its lack of concentration, it should not be better placed, except in New Brunswick, than the "heritage" languages. Being an official language is a considerable help, but that special status is not free of perverse effects when it gives French ambitions that it cannot sustain. Seeing itself on a par with English — it is so constitutionally but not sociologically — French outside Québec and New Brunswick is "psychologically" unwilling to settle for a diglossic status. It is not satisfied with being the language of the home, it does not want to be a "kitchen" language, it wants to be a universal public language, and that leads it, sometimes, to engage in quixotic battles that are wasteful of energy; battles that cause backlashes that could have been avoided. Why should it matter to French in the West that the laws of the province be translated into French or that speeding tickets be served in the language of Chanoine Groulx. An insistence at elevating itself symbolically above "heritage" languages, that can often claim more speakers, may not be good politics.

The rational strategy for French, in its areas of dispersed settlements, consists in focusing on the schools. There, the successes of the Francophone communities have been quite remarkable — notably at institutions such as *Faculté St. Jean* and *Collège St. Boniface* — that have organized themselves on the principle of unilingualism. In its areas of weak concentration, French cannot hope matching the strength of English, it cannot hope matching the dominant language as a language of universal communication. Accepting a diglossic relationship has the advantage of orienting the survival strategy to the areas of activity that can be operated successfully in French alone. That excludes the field of business as envisaged at one time by the *Association des francophones hors Québec*; it excludes politics also; and increasingly religion as well. Remain the schools and the family. For what purpose? Here the Francophones outside Québec have an advantage over the Aboriginal communities since the maintenance of their language does not simply anchor an ethnic identity, it also links them to Québec and to the world-wide *Francophonie*.

In his proposed constitution for Poland, Rousseau says in effect: as long as you control the schools, you have a nation. The *Francophones hors Québec* have rightly sought to create not only separate French streams, but have also pressed for, and obtained, the creation of separate school boards of their own. New Brunswick and Alberta have gone furthest in establishing what are in effect province wide French school systems for Francophones (Aunger,1995). The minority's control over its cultural system could still go further than it has. As a model, to be adapted of course, consider the Estonian autonomy laws of the 1920s, laws that gave dispersed minorities the possibility of creating the equivalent of non territorial local and ethnic governments. During its brief pre-World War II period of democratic rule, Estonia gave its minorities (Germans, Jews, Russians, and Swedes) the possibility of regulating their cultural affairs by means of personal, as distinct from territorial, autonomy schemes (Aun,1940; Laponce,1960, Coakley,1994).

The minorities that were concentrated territorially, the Swedes and the Russians, did not use the possibility offered them by the Law of 1925; they were satisfied by the de facto control they exercised over the regular local authorities. By contrast, the dispersed minorities took advantage of a system that worked as follows: to be recognized as a national minority, a community had to have a membership of a least 3,000 adults who had to register their names on a nation-wide list (the Canadian equivalent might be a provincial list). The number of registrants (3,000 or more) had to be at least half the number of people of the nationality in question, as recorded by the previous census[4]. If these first two conditions were met, the minority could proceed to the third and fourth hurdles. A Cultural Council had to be elected by at least half the people on the nationality roll. That Council, in turn, had to request by a 2/3 majority vote that cultural autonomy be granted to them.

The individuals listed as members of a particular nationality could change their minds and withdraw their membership. They could even change their minds a second time and apply for readmission, but that time the Cultural Council could turn down the application.

The Cultural Councils that were created by Germans and Jews operated like non territorial local governments. They had control over culture and education but were, like their local counterparts, under the authority of the relevant state ministry. The Cultural Councils could tax their members, but the rates had to be approved by the government; they could devise their school curricula, but the latter had to be approved by the minister of education.

The advantage of such a system is that, while respecting the individual's right to decide which community rule to adopt — the general or the ethnic — it gives the minority the control of its cultural affairs by means of what is, in effect, a non territorial regional government. The disadvantage is in separating officially, hence visibly, different ethnic communities that occupy the same territory, and shifting the costs of operating minority cultural affairs from the general budget to the members of the minority concerned. The willingness to bear the costs of administering one's own schools becomes a measure of the language vitality of the communities concerned.

A variation on that model was proposed by Thomas Courchene (1992), at the time of the Charlottetown debates, for the Indians of Canada. The scheme would have carved a non contiguous Indian province out of the existing provinces. The proposal had no chance of being accepted by those for whom it had been formulated, since the Indian tribes and language groups do not form a single pan Canadian community. Interestingly, the proposal might fit better the needs of the Francophones hors Québec.

**Conclusion**

For more than twenty years, Canada has been destabilized by two contradictory tendencies: centralization and integration in English Canada, decentralization and differentiation in Québec. Two different ethnolinguistic groups are in the process of nation-building on different foundations. Canada's two major "ethnolinguistic" plates have shifted and collided and, while reshaping the political landscape, have pushed near the top of the reform agenda what was way below: the Aboriginal's claims to resources, autonomy, equality, status, and, in some cases, language (Laponce, 1993).

It is yet too early to predict the outcome of the present attempts at "solving" these problems. But, from the sole language point of view, the solutions appear close at hand. The major problem, that of Québec, could be resolved by giving that province, and the other provinces if need be, sovereign rights in matters of language[5], culture, communication related to culture and language, and the granting of citizenship as well as the integration of immigrants. By so doing Canada would go no further than Switzerland has gone to insure its language peace. Such sovereign rights would give French the sense of security that Law 101 gives it only in part, subordinate as it is to the federal constitution, hence to unpredictable court rulings. Somewhat similar provisions could regulate the relationship with Aboriginal communities, but that would be unlikely to reverse the trend to disappearance of many Indian languages. French in the Anglophone provinces can best survive in a diglossic relationship with English by giving the communities concerned, either at the provincial or at the federal level, control over separate schools and Universities. As for the "heritage" languages, their survival strategies appear limited to a combination of limited diglossia and school teaching as a foreign language.

But, no matter what is done, the assimilation pressure of English will remain so considerable that all other languages will continue to live under threat.

## Notes

1. The only other states to have French and English as their official languages are Cameroon, Vanuatu, Seychelles and Mauritius.
2. For studies of language shift see, among others, Breton (1990), Cartwright (1988), Cartwright and Williams (1982) Joy (1978), Lachapelle and Henripin (1988), Laponce (1988).
3. For measures of the high level of tolerance of ethnic groups other than of the self, see R. Kalin (forthcoming) and Laczko (forthcoming). These studies indicate also that, for all groups concerned, the people born in Canada are valued more highly that the new immigrants.
4. The one half requirement would be much too high for the Francophones outside Québec. In Alberta, only 9% of eligible Francophone students are registered in French schools (Aunger, 1995).
5. For arguments in favor of territorial, as distinct from personal, solutions to Québec's language problems see Laponce (1975), McRae (1975) and Saint Jacques (1976).

## Bibliography

Aun, K. (1940). *On the Spirit of the Estonian Minorities Laws*. Stockholm: Societies Litteraturum Estonia.

Aunger, E. (1995). "Dispersed Minorities and Segmental Autonomy: French Language School Boards in Canada." Paper presented at the June 3, 1995 conference of the Institute of Interethnic Relations of the University of Ottawa.

Breton, R. et al. (1990). *Ethnic Identity and Equality*. Toronto: Toronto University Press.

Cailleux, A. (1953) "L'évolution quantitative du langage." *Société préhistorique française*. pp. 509-514.

Cartwright, D. (1988). "Language Policy and Internal Geopolitics: The Canadian Situation" in C. Williams, ed. *Language in Geographic Context.* Clevedon: Language Matters, pp. 238-266.

Cartwright D.G. and C.H. Williams (1982). "Bilingual Districts as an Instrument in Canadian Language Policy." *Transactions of the Institute of British Geographers.* pp. 474-493.

Coakley, J. (1994). "Approaches to the Resolution of Ethnic Conflict: the Strategy of Non-territorial Autonomy." *International Political Science Review.* pp. 297-314.

Conseil de la langue française (1995). *Indicateurs de la langue française au Québec.* Québec: Gouvernement du Québec.

Courchene, T. J. and L.M. Powell (1992). *A First Nations Province.* Kingston: School of Public Policy, Queen's University.

Ferguson, C. (1959). "Diglossia." *Word.* pp. 325-340.

Foster, M. (1982). "Canada's Indigenous Languages: Present and Future." *Langue et société.* 7: pp. 7-16.

Joy. R. (1978). *Canada's Official Language Minorities.* Montréal: C.D. Howe Institute.

Kalin, R. (1995, forthcoming). "Ethnicity and Citizenship Attitudes." *Nationalism an Ethnic Politics.*

Kalin, R. and J. Berry (1992). "Ethnic, National and Provincial Self-Identity in Canada." Paper presented at the Canadian Psychology Association. Québec, June, 1992.

Lachapelle, R. et J. Henripin (1980). *La situation démolinguistique au Canada.* Montréal: Institute for Research on Public Policy.

Laczko, L. (1995, forthcoming). "Civic Experience and Feelings of Fraternity in Canada: an Empirical Exploration." *Nationalism and Ethnic Politics.*

Laponce, J.A. (1960). *The Protection of Minorities.* Berkeley, Los Angeles: University of California Press.

Laponce, J.A. (1975). "Relating Linguistic and Political Conflicts" in J.G. Savard and R. Vigneault, ed. *Multilingual Systems: Problems and Solutions* Québec: Presses de l'Université Laval, pp. 185-208.

Laponce, J.A. (1987). *Languages and their Territories.* Toronto: University of Toronto Press.

Laponce, J.A (1988). "Conseil au Prince qui voudrait assurer la survie du français au Canada". *Cahiers québécois de démographie,* pp. 35-47.

Laponce, J.A. (1992). "Canada, Switzerland, and Talcott Parsons." *Queen's Quartely.* pp. 267-299.

Laponce, J.A. (1993). "The government of Dispersed Ethnic Minorities: from Constantinople to Ottawa" in T. Kozma and P. Drahos. *Divided Nations,* Budapest: Hungarian Institute for Educational Research, pp. 61-72.

Locher, Uli (1994). *Les jeunes et la langue.* Québec: Gouvernement du Québec, Conseil de la langue française.

McRae, K. (1975). "The Principle of Territoriality and the Principle of Personality in Multilingual States". *Linguitics,* pp. 33-54.

Monier, D. (1993). *Les choix linguistiques des travailleurs allophones.* Québec: Gouvernement du Québec.

Moran, S. (1992). "Rapport sur le congrès international de linguistique." *Le Devoir,* September, 10.

Saint-Jacques, B. (1976). *Aspects sociolinguistiques du bilinguisme canadien.* Québec: Centre international de recherche sur le bilinguisme.

Tsunoda, M. (1983). "Les langues internationales dans les publications scientifiques et techniques," *Sophia Linguistica,* 140-55

Williams, C., ed. (1991). *Linguistic Minorities, Society and Territory.* Clevedon: Multilingual Matters.

# Langues du Canada et identité nationale : perspectives européennes

*Hans-Josef Niederehe*

## Le modèle français

Au Moyen âge, les langues ne font pas encore l'identité des peuples, mais les seigneurs et, peut-être, les religions. C'est ainsi que, dans la *Chanson de Roland* du 12e siècle, Charlemagne «de douce France» s'en va, au nom de la chrétienté, en guerre contre «le roi Marsilie [...] qui n'aime pas Dieu» parce que «[c]'est Mahomet qu'il sert, Apollin qu'il prie.» (éd. Bédier 1960, 3)

C'est vers 1310 qu'on constate la première tentative de fonder une identité sur le principe de la religion seule. Pierre Dubois, légiste de Philippe le Bel, propose d'instituer une république des chrétiens et l'arbitrage international, donc une Union Européenne avant la lettre. Mais malgré ces tentatives précoces le principe seigneurial prédominera pour bien longtemps sur celui de la religion, car du temps de la Réforme, on promulguera une loi qui stipule que chaque sujet adopte la religion de son seigneur: «*Cujus regio ejus religio*».

Vers la même époque les langues vernaculaires commencent à se libérer du joug du latin, pour tomber aussitôt, en France au moins, sous la tutelle du seigneur du pays. Lorsque, en 1685, la ville de Strasbourg, germanophone à l'époque, devient française, le magistrat essaie de maintenir l'usage linguistique local. Il s'adresse à son nouveau seigneur, Louis XIV, le Roi-Soleil, avec un «Mémoire contre l'introduction et l'usage de la langue française» en avançant, entre autres, l'argument suivant :

> Le Roi a promis par la capitulation à la ville de lui conserver tous ses privilèges, statuts et droits : l'usage de la langue est un droit.

La réponse de Paris est claire :

> Il est vrai que l'usage de la langue est un droit; mais c'est un droit de souveraineté, qui est réservé au Roi.

Et, pour ne laisser subsister aucun doute, les fonctionnaires de Paris précisent : «Les honnêtes gens ne font point de difficulté d'apprendre la langue de leur maître; [...]» (Wolf 1972, 92).

Avec la Révolution française de 1789, le seigneur et son «droit de souveraineté» disparaissent. Il n'y a plus de «voix de son maître». Elle est remplacée par la «voix du peuple».

En matière de langues, «le peuple» est plus intransigeant que ne l'était le Roi-Soleil en son temps. Au nom de l'égalité il exige l'unité linguistique, et ceci dans un pays où l'on parlait, à l'époque, à côté du français, bien d'autres langues, au sud l'occitan, le catalan, le basque, et au nord le breton, le flamand et l'alsacien. Mais cela n'empêche pas que l'unité linguistique du pays est vite acquise, par une simple mesure administrative : on déclare, au nom des principes révolutionnaires, l'occitan, le catalan, le basque, etc. des «non-langues», des «patois», et voilà le français qui reste comme langue unique du pays. Le modèle français de «nation», d'«état national» est né, c'est-à-dire l'idée d'un territoire politiquement uni et linguistiquement homogène, dès le commencement.

Les autres pays d'Europe sont encore loin de voir les choses de la même façon. L'Allemagne, l'Italie n'existent pas encore. L'Espagne se pâme d'admiration pour son voisin du nord et la Grande-Bretagne, bien que politiquement unie, ne chérit pas encore l'idée d'une homogénéisation linguistique du pays, à peine accomplie de nos jours. C'est ainsi que William Penn, futur fondateur de la Pennsylvanie, peut proposer, dans son *Essai pour la paix présente et future de l'Europe* de 1693, un parlement européen dont la langue serait non pas l'anglais, mais le français.

D'autres seigneurs européens iront dans la même voie, le Roi de Prusse par exemple ou Catherine II la Grande, de Russie, qui adopteront le français comme langue de civilisation favorite.

C'est dans ce climat, caractérisé en matière de langue par la rigueur républicaine française qui se dessine à l'horizon, et le libéralisme mitigé des seigneurs européens, que le Canada devient britannique. Quelques tentatives individuelles mises à part — elles sont bien documentées dans le livre de Bouthillier & Meynaud, *Le choc des langues au Québec 1760-1970*, — le «droit de souveraineté», réclamé autrefois par Louis XIV dans le cas de la ville de Strasbourg, n'est pas appliqué par le nouveau «seigneur» du pays, et la future Confédération parlera officiellement deux langues, celle du nouveau souverain, l'anglais, mais aussi celle de l'ancien, le français.

## Le Canada plurilingue

Or ce n'est là qu'une partie de la vérité. Sur le territoire que formera le Canada aujourd'hui, on ne parle pas seulement l'anglais et le français mais bien d'autres langues, notamment celles des Inuit et des «Indiens». Avec l'accroissement du territoire fédéral à partir de 1867, ils seront incorporés au Canada «bilingue» et constitueront une mosaïque linguistique des plus variées, mosaïque qui, par la suite, sera de nouveau diversifiée et enrichie par l'arrivée de masses d'immigrants, dont la langue maternelle est soit une langue européenne autre que l'anglais ou le français, soit une langue asiatique avec, assez souvent, un système d'écriture ne se basant pas sur l'alphabet latin (cf. Lacroix, sous presse).

Dans ce dernier cas, les nouvelles composantes de la mosaïque linguistique canadienne se font visibles, à Toronto et à Vancouver, sur les plaques des rues ou sur les enseignes de magasins «ethniques».

À en juger seulement d'après ces indices, le Canada devrait être considéré comme un État remarquablement plurilingue et radicalement distinct de la France républicaine, linguistiquement unifiée — et «monotone», dans la double acceptation du mot.

## La valeur des langues

Or, rappelons-nous, l'homogénéité linguistique de la France était le résultat de ce que j'avais appelé, par euphémisme, un acte administratif. On pourrait se servir aussi du mot qu'avait utilisé à l'époque le linguiste de la Révolution, l'abbé Grégoire, en parlant sans hésiter d'«anéantissement» des «patois».

Bien sûr, au Canada, avec ses programmes modernes de multiculturalisme, on n'anéantit rien. Mais l'observateur attentif découvre vite que les langues qui composent la mosaïque linguistique de ce pays, ne sont tout de même pas considérées comme ayant toutes la même valeur. Certes, on ne les qualifie pas de «patois». On procède plutôt d'une façon subtile, en se servant d'une terminologie qui distingue, au Canada, les langues nationales ou langues officielles, des langues autochtones, des langues ethniques, des langues d'origine[1], etc.

Il va de soi qu'une langue nationale a plus de valeur que les autres parlers qui n'apparaissent pas dans le passeport, aux guichets de la douane à Mirabel ou sur les panneaux des grandes routes.

C'est là aussi une façon de traiter le problème d'une grande variété de langues existant sur le même territoire. On leur attribue des sanctuaires, des «réserves», pour continuer ensuite à vivre avec les langues «officielles» seulement.

En y regardant d'un peu plus près, on constate, au Canada, une certaine tendance à réduire ce bilinguisme «officiel» à un monolinguisme de fait. De nouveau, on se sert de la stratégie qu'avaient adoptée à l'époque les révolutionnaires en déclarant, cette fois-ci, le français, langue minoritaire par rapport à l'anglais, une «non-langue». Comme on le sait bien, Michèle Lalonde a dénoncé une telle tentative dans son poème «Speak white».[2]

Mais il y a plus. Les francophones du Québec eux-mêmes se font parfois partenaires de la majorité anglaise en appliquant la même stratégie «linguicide» au français hors Québec qu'ils déclarent «du folklore», et il y a des Français de France qui renchérissent encore sur ces Québécois en qualifiant, avec une certaine condescendance, le français du Canada comme «une sorte de français» qu'ils prétendent ne pas comprendre.[3]

L'idée révolutionnaire d'une langue nationale unique a donc su traverser l'Atlantique et se faire virulente au Canada, sans pour autant franchir les barrières de la législation linguistique officielle.

## Langue nationale et histoire

En effet, et malgré ces tendances peu favorables à un multilinguisme véritable, le Canada de nos jours a toujours deux «langues officielles», c'est-à-dire les deux langues «des peuples fondateurs». Or, si l'on compare les caractéristiques de ces «langues officielles» avec les «langues nationales» d'Europe, on constate une différence significative. En Europe, les langues nationales telles que le français, l'anglais, l'allemand ou le grec, pour n'en donner que quelques exemples, sont «nées sur le territoire» (ou une partie du territoire) où elles se parlent. C'est-à-dire qu'elles sont en même temps des langues autochtones dans le sens original du terme.

Au Canada, par contre, les termes «langue officielle» et «langue autochtone» ne sont pas synonymes. Historiquement parlant, il est clair que les «langues officielles» du Canada d'aujourd'hui ont été importées au pays, longtemps après la formation des langues autochtones, l'inuit, l'algonquin, le déné, etc. Elles ressemblent donc, dans un certain sens, aux langues des immigrants venues avec ou après la découverte du pays. De toute façon, ce ne sont pas des langues «nées sur le territoire où on les parle» aujourd'hui, mais venues plus tard, au cours de l'histoire.

Pourtant, en se servant du terme de «peuples fondateurs» pour ceux qui ont apporté les «langues officielles» au pays, on insinue l'idée d'une origine analogue à celle des peuples autochtones, une origine «dès les débuts», dès le commencement du pays. Formulé en d'autres mots, le terme de «peuples fondateurs», si justifié qu'il soit en ce qui concerne les débuts de la confédération canadienne, déploie une fonction secondaire, celle de minimiser l'importance de ceux qui étaient déjà sur le territoire avant l'arrivée des «peuples fondateurs», les peuples autochtones.

On ne s'étonnera donc pas, qu'aujourd'hui, dans un climat intellectuel très enclin à la critique acerbe des prouesses d'un Christophe Colomb, d'un Cabot, d'un Verrazzano, et conditionné en même temps par un retour romantique vers le «bon sauvage», on se prévale de cette origine historique des «langues comme officielles» du Canada pour mettre le doigt sur ce qu'on considère un problème majeur de l'identité canadienne. C'est ainsi que Louis-Edmond Hamelin les stigmatise comme langues colonisatrices, quand il écrit :

> Un jour, il faudra mieux s'adapter aux situations amérindiennes. Le Canada n'a pas la chance des pays colonisateurs d'autrefois qui pouvaient quitter leurs colonies éloignées. Ici, les «colonies» et le pays se superposent. A-t-on suffisamment conscience de cette réalité confuse et de l'interpellation qu'elle ne cesse de lancer aux non-Autochtones? (Louis-Edmond Hamelin, in : *Sociographiques* 35,3, 1994, 432)

Le Canada, une «réalité confuse» à cause de son histoire linguistique? — Si l'analyse était totalement correcte, elle s'appliquerait aussi à d'autres pays, notamment aux pays des deux continents américains, qu'ils soient anglophones, hispanophones ou lusophones. Ces pays partagent avec le Canada ce qu'on pourrait appeler avec Hamelin une histoire coloniale. Mais ils s'en distinguent de lui par le fait qu'il s'agit, des États-Unis jusqu'à l'extrémité méridionale du Chili, de pays officiellement «monolingues», ou, plus précisément de pays à une seule langue colonisatrice. Le Canada en a deux, et ceci contribue peut-être à la perception que l'on en a de «réalité confuse», car le modèle républicain français ne connaissait que le territoire politiquement délimité monolingue.

## Langue et territoire

### États plurilingues

Effectivement, en Europe c'est dans les États plurilingues que l'identité «nationale» pose, parfois du moins, des problèmes. La Suisse, qui d'ailleurs n'est pas membre de l'Union européenne, semble avoir, avec ses quatre langues officielles, l'allemand, le français, l'italien et le romanche, relativement peu de problèmes. Mais à y regarder de près, on en découvre aussi.

Le romanche, parlé par 1 p. 100 de la population seulement est divisé en plusieurs dialectes considérés comme équivalents, mais il n'apparaît ni sur les billets de banque ni sur les wagons des chemins de fer suisses, contrairement à l'allemand, au français et à l'italien[4]. Il est donc «moins égal» que les autres langues. En outre, parmi les trois langues officielles restantes, on peut constater quelques essais de hiérarchisation. L'allemand, parlé par 65 p. 100 de la population et donc majoritaire l'emporte sur le français avec 18 p. 100 et l'italien avec 10 p. 100 de locuteurs. Ces pourcentages se reflètent parfois dans l'appréciation légèrement ironique des Suisses de langue maternelle allemande[5] de leurs concitoyens francophones et italophones. Cependant, bien que ces opinions dépassent parfois les normes de la «political correctness», elles sont encore loin de donner lieu à des conflits véritables.

En Belgique, pays officiellement trilingue, la situation est différente. Il suffit de prendre une autoroute dans la partie germanophone du pays, pour constater aussitôt que les noms français ont été systématiquement barrés sur les panneaux bilingues. Et le contrôleur du chemin de fer[6] auquel vous vous adressez en français, langue officielle du pays, vous répondra à peine s'il est d'origine flamande. Les trois territoires linguistiques belges forment donc, à l'intérieur d'un même pays, des régions nettement séparées.

Si l'on ne constate tout de même pas un séparatisme plus poussé en Belgique, c'est probablement dû au fait que, tout comme en Suisse, les langues «officielles» du pays sont aussi des langues «officielles» dans des pays limitrophes (Allemagne, Pays-Bas, France), auxquels on n'aimerait pas se rattacher, pour bien des raisons que traduisent bien des préjugés à l'égard du «voisin différent»[7].

*Les langues dites «régionales»*

Le problème du plurilinguisme se pose de façon bien différente dans un pays où, de l'autre côté de la frontière, la langue concernée n'a pas de correspondant «officiel». L'Espagne l'illustre bien par plusieurs exemples.

Considérée comme un pays monolingue du temps de Franco, avec le castillan comme unique langue nationale, l'Espagne d'après 1975 est devenue un pays qui fait tous les efforts pour se débarrasser de la dernière trace du Franquisme centralisateur. Pour ce faire, on a réorganisé administrativement le pays en 17 communautés autonomes. On a même fait redescendre des villages isolés des montagnes, les anciennes langues «régionales»[8] dans les villes, le catalan, le basque et le galicien marginalisés des siècles durant. On a même essayé de créer de nouvelles langues, par exemple le «bable», des Asturies, dont on se sert aujourd'hui pour des publications universitaires, voire même officielles du gouvernement de l'«autonomie». Dans la même veine on constate que, en Internet, l'ordinateur de l'université de Valencia (Valence) vous répondra en valencien, variante peu distante du catalan voisin, avec une traduction, pour qu'on comprenne bien, mais en anglais!!!

On a pris l'habitude de parler, dans le cas de ces langues, de langues «régionales». Même la France n'a pas pu échapper aux tentations régionalisantes d'aujourd'hui et elle reconnaît de nos jours officiellement, après la loi Deixonne, quelques «langues régionales», le basque, le breton, l'alsacien, etc., c'est-à-dire celles que la Révolution avait voulu «anéantir».

Mais il est clair que «langue régionale» ne veut pas dire «langue officielle». Au contraire, le terme les repousse de la scène «nationale» et leur confère une valeur secondaire, en effet : «régionale». Le jeu de la domination des langues et de ceux qui les parlent par une terminologie «officielle» bien adaptée se poursuit!

Mais parfois, les locuteurs de ces langues ne se contentent pas du rôle qu'on leur impose. L'autre jour, à mon université, deux étudiantes expliquaient à leurs camarades allemands qu'elles venaient de Barcelone, pour ajouter tout de suite : «Mais nous ne sommes pas des Espagnoles, comme le veut notre passeport, mais des Catalanes!» Et au congrès international récent de la *British Association for Canadian Studies* un des organisateurs me présentait quelques collègues venant eux aussi de Barcelone en disant : «Voici deux collègues espagnols, que dis-je, catalans!» Du temps des jeux olympiques, la même ville faisait de la publicité dans les journaux allemands avec la question : «Où se trouve Barcelone? — En Catalogne. — Où se trouve la Catalogne? — En Europe». Dans la même tendance régionalisante, on est actuellement en train de changer tous les toponymes «castillans» contre leur équivalents régionaux, tout comme au nord du Canada, dans la zone inuit, et c'est ainsi qu'il faut se rendre à Donostia et non plus à San Sebastián, à Gasteiz, et non plus à Vitoria et à Lleida et non plus à Lérida[9].

Ces exemples laissent entrevoir les raisons qui expliquent pourquoi les relations politico-culturelles entre la Catalogne et le Québec sont particulièrement intenses. Le problème des «régions» — en Europe, on vient de forger le terme d'«Eurégions» — se globalise et peut-être en viendra-t-on prochainement à la «regional correctness».

De toute façon, en Catalogne, les tendances vers une autonomisation de la communauté autonome sont fortement accusées et, soulignons-le dans ce contexte, elles s'articulent surtout à travers la langue. Pour un Catalan «pure laine», tout appartient à la Catalogne, aux «països catalans», comme ils disent, c'est-à-dire partout où l'on parle et — soulignons-le bien clairement — où l'on a parlé le catalan, c'est-à-dire non pas seulement le comté de Barcelone, mais aussi l'ancien royaume de Valence, jusqu'à Alicante et Elche («Elx») au sud, et, bien entendu aussi, le Roussillon («Rossell») sur le territoire national français, qu'on appelle sans hésiter «Catalunya del Nord»[10].

J'ignore la réaction des «Catalans du nord», détenteurs d'un passeport français, mais un Valencien serait furieux, furieux des tendances annexionnistes de ces Catalans qu'ils n'ont jamais pu «sentir», et cela déjà, comme ils disent, dès les temps du poète Ausias March, de la première moitié du 15e siècle. C'est pourquoi ils préfèrent — si c'est jamais possible — se faire une langue à eux, le «valencien» que le linguiste distingue à peine du catalan, pour ne pas s'identifier avec les voisins peu aimés du Nord.

*Les langues «sans territoire»*

L'exemple du catalan le montre : il y a des cas où les langues se mettent à la recherche d'un territoire, d'un territoire politiquement reconnu et non limité à la «réserve», à la «région» qu'on leur a «officiellement» concédée. À l'heure actuelle, nous assistons de loin à un cas particulièrement significatif pour cette recherche d'un territoire, le cas de la langue kurde. Appartenant à la famille linguistique indo-iranienne, elle se parle en Iran, en Irak et en Turquie, mais elle n'a pas de territoire officiellement reconnu (Ruhlen 1987 : 38). Or, la conclusion, par inversion du raisonnement de la Révolution française veut que là où il n'y a pas de territoire, il n'y a pas de langue, il n'y a pas de peuple, et surtout, il n'y a pas de droit. Mais, malheureusement, les journaux nous le disent chaque jour, il y a des morts, tout comme en Tchétchénie, en Russie, ce qui prouve que, parfois, les seigneurs ignorent l'importance fondamentale des cultures qui s'articulent à travers des langues de notre globe, même là où ces langues n'ont pas de territoire, mais seulement une aire de répartition sur ce globe.

Le Canada a connu, au cours de son histoire, également des langues sans territoire officiellement reconnu, les langues autochtones. Une carte qui reproduirait à la fois leur distribution géographique ainsi que les frontières politiques actuelles, montrerait à l'évidence qu'il n'y a aucune relation entre l'une et l'autre. Au contraire, dans la plupart des cas, l'aire de chasse des tribus du Canada méridional se poursuit aux États-Unis, ce dont les Mohawks ont profité pour faire la «contrebande des cigarettes», crime qui existe à cause du fait que les «peuples fondateurs» ont coupé en deux leur territoire de chasse jamais délimité «officiellement».

Au nord de la zone plus intensément colonisée par les «peuples fondateurs» et, plus tard, par les immigrants, il y avait et il y a toujours des langues — en voie d'érosion, certes — «sans territoire». Or, comme on le sait, la politique canadienne de la deuxième moitié de ce siècle essaie d'attribuer aux peuples qui les parlent (ou qui les ont parlées) des territoires reconnus et autogouvernés. C'est dans ces territoires que réapparaissent non pas seulement des noms de lieux autochtones sur les cartes, mais aussi des panneaux signalétiques dans les deux langues officielles du Canada et la langue «régionale». Si mon information est correcte, les Mohawks, par contre, n'ont toujours pas le droit de rajouter leur langue sur les panneaux signalétiques le long des routes dans leur «aire de chasse».

Quoi qu'il en soit, on doit constater qu'au Canada, il y a une certaine tendance à reconnaître officiellement les territoires des langues «d'origine» qui s'y parlent, ce qui évite décidément quelques conflits qui surgissent dans d'autres régions de ce globe[11].

## Perspectives linguistiques du Canada et de l'Union européenne

Il faut cependant le reconnaître, malgré l'ouverture du Canada officiel envers les «langues d'origine», le nombre de voix qui demandent un Québec autonome, détaché[12] du reste du Canada, ne diminue pas. Je me garde bien, en tant qu'Européen et aussi en tant que linguiste, de tirer de ce qui précède des conclusions pour ce qu'on devrait faire au Canada, dans une «situation confuse».

J'aimerais souligner tout de même mon profond intérêt, toujours en tant qu'Européen, à la solution que vous trouverez. En effet, alors que le Canada risque de se défaire, l'Europe s'unifie, mais comment? Est-ce qu'elle va devenir une Europe «des patries» telle que l'avait préconisé de Gaulle? Est-ce qu'elle va devenir une confédération plus ou moins étroite, mais d'une douzaine de langues ou même un nouvel état plurilingue, avec maintes langues nationales d'aujourd'hui reléguées au plan «régional», donc avec tous les problèmes que présente le multilinguisme à l'intérieur d'un même territoire?

Et si un «peuple fondateur» de l'Union européenne se proposait, dans un siècle ou deux, de quitter le «Fédéral européen», est-ce qu'on le laisserait partir ou est-ce qu'on aurait recours aux armes, comme en Thétchénie?

De nos jours, il semble que nous disposions de stratégies pour construire de nouvelles unités étatiques plus grandes. Mais ce qui nous manque, c'est une solution viable et pacifique à la fois qui respecte les groupes linguistiques de ce monde et la culture qu'ils véhiculent.

Le Canada a la grande chance de dépasser le modèle monolithique français soit en allant vers un véritable pays bilingue ou multilingue, sans discrimination des langues impliquées, soit en montrant au monde comment peut se faire une séparation en de nouvelles unités étatiques, qui n'en restent pas moins d'excellents voisins. C'est à vous de faire le bon choix et à nous, de vous souhaiter bonne chance, «good luck».

## Notes

1. Notons qu'il y a un «Conseil des Langues régionales endogènes» à Bruxelles (Bvd. Léopold II, 44, B-1080 Bruxelles).
2. Marco Micone avec son poème intitulé «Speak what?» reprend le sujet, mais avec une visée bien différente.
3. Les tentatives des années 1960 de créer un «québécois» (sans le qualificatif «français») critiquées sévèrement par «Jean-Marcel [Paquette]» dans son livre *Le joual de Troie* (1973) peuvent être conçues comme une réaction contre le «speak white» des Français métropolitains.
4. À l'heure actuelle, il semble y avoir une certaine tendance à «réparer» cette absence.
5. Il faut signaler qu'il y a, en Suisse, une grande différence entre l'allemand parlé, le «Schwyzerdütsch» et l'allemand écrit, le «Schriftdeutsch». Ces derniers temps, on constate une tendance vers la création d'une orthographe pour le «Schwyzerdütsch», donc vers une séparation du «Schwyzerdütsch» et de l'allemand. On peut observer une tendance analogue au Luxembourg, où le «Lëtzebuergesch» est de plus en plus employé comme langue écrite, à côté de l'allemand et du français.
6. L'allemand est absent sur les wagons des chemins de fer belges.
7. Signalons que les Belges sont, pour les Français, les «Newfies» de l'Europe.
8. Du temps de l'autonomie du Comté de Barcelone, le qualificatif de régional n'avait pas de sens.
9. En politique linguistique, on a développé des modèles intéressants d'analyses. Cf., p. ex. Nelde et Labrie 1993 : «Damit aus dem Miteinander ein Gegeneinander wird, sind zwei Voraussetzungen vonnöten. Erstens müssen sich beide miteinander konkurrierenden Sprachen einen gemeinsamen Lebensraum teilen, der geographisch, politisch, sozio-ökonomisch, kulturell oder religiös umschrieben werden kann. Zweitens muss das Verhältnis

zwischen diesen Sprachen zum symbolischen Spielball einer Auseinandersetzung werden, die sich auf der Ebene des geteilten oder zu teilenden Raumes abspielt.» (Nelde & Labrie 1993, 713. Note : «Laponce (1984, 27) betont die besonderen Beziehungen zwischen Sprache und anderen Konfliktaspekten : "Il nous apparaît ... que les conflits de la langue sont, au niveau mondial où se situe notre analyse, très souvent aussi, des conflits de race, de religion et de système politique."») «Während die erste Voraussetzung die sprachliche Kommunikationsfunktion fördert, hebt die zweite diese Kommunikationsfunktion auf und entfremdet die Sprecher voneinander.» (Nelde & Labrie 1993, 714).

10. L'hebdomadaire *El Temps* du 14 novembre 1994 écrit, par exemple : «Com cada any la Catalunya del Nord celebra el 7 de novembre la seva diada. La jornada serveix per a commemorar el tractat dels Pirineus, signat el 1659 entre els regnes d'Espanya i França. És en virtut d'aquest tractat que el Rosselló, el Vallespir, el Conflent, el Capcir i mitja Cerdanya van passar a ser d'administració francesa. [...]»

11. Je n'aborde pas ici le problème de la «territorialisation» des langues des immigrants, tel qu'il s'est articulé, p. ex. dans la «crise de Saint-Léonard», ou le problème que pose le nombre élevé de sinophones à Vancouver [«Honkouver»].

12. J'évite consciemment les termes «séparation» et «sécession» parce que, dans le monde des politiciens et des politologues, on y attache des «valeurs» avec lesquelles on veut déjà régler l'affaire avant «le match».

## Bibliographie

Bédier, Joseph, éd. (1960). *La chanson de Rolan,* publiée d'après le manuscrit d'Oxford et traduite par J. Bédier, Paris : H. Piazza.

Blanchet, Philippe, éd. (1992). *Nos langues et l'unité de l'Europe. Actes des colloques de Fleury (Normandie) et Maiano (Provènço).* Préface d'André Martinet. Louvain-la-Neuve : Peeters.

Bouthillier, Guy & Meynaud, Jean (1972). *Le choc des langues au Québec. 1760-1970.* Montréal : P.U.Q.

Illich, Ivan (1994). «La represión del ámbito vernáculo.» *Archipiélago.* 17 : pp. 115-129.

Kloss, Heinz (1969). *Grundfragen der Ethnopolitik im 20. Jahrhundert. Die Sprachgemeinschaften zwischen Recht und Gewalt.* Wien D. Stuttgart : Wilhelm Brandmüller Universitäts-Verlagsbuchhandlung & Bad Godesberg : Verlag Wissenschaftliches Archiv.

Lacroix, Jean-Michel. À paraître. «Réalités démographiques et politiques de l'immigration au Québec : l'état des lieux au début des années 1990.» Niederehe, Hans-J. *Études québécoises. Bilan et perspectives.* (= Canadiana Romanica.) Tübingen : Niemeyer.

Laforest, Guy (1994). «Nationalisme, pluralisme et reconnaissance : les paradoxes canado-québécois.» *Zeitschrift für Kanadastudien* 14,1 : pp. 7-20.

Laponce, Jean A. (1984). *Langue et territoire.* Québec : Les Presses de l'Université Laval.

Laponce, Jean A. (1987). *Languages and Their Territories.* Transl. by Anthony Martin-Sperry. Toronto : University of Toronto Press.

López García, Angel (1991). *El rumor de los desarraigados. Conflicto de lenguas en la península ibérica.* Barcelona : Anagrama.

Nelde, Peter H. & Labrie, Normand (1993). «Territorialität und Individualität als Konzepte der Konfliktneutralisierung.» *Festschrift Werner Besch,* hrsg. von Klaus J. Mattheier, etc. pp. 713D722. Frankfurt a. M. etc. : Lang

Neu-Altenheimer, Irmela (1992). *Sprach- und Nationalbewußtsein in Katalonien während der Renaixença (1833-1891)* (= Estudis Romànics; 20.) Barcelona : Institut d'Estudis Catalans.

Ruhlen, Merritt (1987). *A Guide to the World's Languages.* T. 1 : Classification. London, etc. : Edward Arnold.

Schneider, Steffen & Schultze, Rainer-Olaf (1994). «Quebec : Nation — Provinz — Staat in Kanada und Nordamerika.» *Zeitschrift für Kanadastudien.* 14,1 : pp. 31-50.

Wolf, Lothar (1972). *Texte und Dokumente zur französischen Sprachgeschichte. 17. Jahrhundert.* (= Sammlung romanischer Übungstexte; 57.) Tübingen : Niemeyer.

# Language Policy, Culture and Identity:
# The Case of Québec

*Robert M. Gill*

This study attempts to identify the changing assumptions about social and cultural identity and the relation between language, culture, and identity which have influenced the development of the language policies of the Québec and Canadian governments. Against this background, the study considers the extent to which the policies and the assumptions on which they are based accurately reflect current realities and perceptions.

## Language, Culture, and Identity in "Traditional" Québec Society

Given the nature of Québec society prior to the 1960s, there was no widespread perception among French-speaking Quebeckers that a comprehensive language policy was needed to protect their interests. Even after Québec's French-speaking society had ceased to be predominantly rural and agricultural, the relatively high degree of domain separation between French and English, coupled with the different employment patterns and relatively high level of territorial separation between French- and English-speaking Quebeckers, contributed to the maintenance of two generally distinct societies with comparatively few points of sustained contact. To a large extent, even in Montréal each language group had its own institutions, and in general the members of each lived their lives more or less apart from those of the other.

A key feature of the linguistic domain separation of this period was the position of English as the predominant language of work at the upper levels of most sectors of the Québec economy. The predominance of English was reinforced by the dominant ideology and self-identity of "traditional" French-Canadian culture, which retained their influence long after Québec's French-speaking society had ceased to be primarily rural and agricultural. The anti-urban and anti-industrial biases of the "traditional" nationalism, along with its *anti-étatisme* and its preference for the Roman Catholic Church rather than the state as the primary voice of French-Canadian aspirations, were important factors in this regard.

Until the 1960s most French-speaking Quebeckers deferred to the historical dominance of their English-speaking compatriots in the work world. Partly as a result, Montréal and other regions of Québec, like key sectors of the province's economy, assumed an English character beyond what might have been expected in terms of the linguistic composition of their populations. Thus, in the 1950s nationalists focused on the need to guarantee French a place alongside English in the public face of the province and, particularly, of Montréal. Accordingly, such provincial language legislation as existed was aimed not at limiting the use of English, but rather at ensuring the presence of French in certain specified areas, such as commercial packaging.[1]

During this period, few French-speaking Quebeckers looked to the federal government for leadership on language issues. Despite the narrow scope of the protections afforded French by the British North America Act of 1867,[2] many French Canadians perceived in the subsequent course of Canadian history[3] a continuing repudiation by the federal and other provincial governments not only of presumed constitutional or other legal guarantees, but also — and more importantly — of the supposed spirit of accommodation on which Confederation was said to have been based. The actions of the federal and other provincial governments in this regard can be said to have reflected more nearly the "English-Canadian" vision(s) of Canada which prevailed during the period than the frustrated vision then prevalent among French Canadians, of a country built on what Gordon Robertson referred to as the "equal co-existence" of two languages and cultures throughout Canada (Robertson 1977, 4).[4] Moreover, while the rest of Canada placed little emphasis on preserving French outside Québec, Québec continued to provide public education and a complete range of social services in English for its Anglophone minority. As a result of the sociological situation already described and of the autonomy granted the English-speaking community in funding its institutions, in many cases these services were superior to and more extensive than those offered in French.

### The Emergence of a "New Nationalism": The Quiet Revolution and Its Aftermath

By 1960, the economic dominance of English-speaking Quebeckers and the position of English as the linguistic vehicle of upward economic mobility were becoming unacceptable to increasing numbers of French-speaking Quebeckers. Unlike earlier nationalists, these incipient linguistic nationalists[5] were part of an intellectual and cultural renaissance which included the rediscovery of a larger, French-speaking world. They envisioned Québec as a modern, French-speaking society, and looked to the provincial government as the principal agent of its creation.

Accordingly, while the Roman Catholic Church lost much of its influence in the early 1960s, the government of Québec became increasingly visible and influential as the primary agent of the changes of the Quiet Revolution.[6] Collectively, these changes were intended to promote the *rattrapage* of French-speaking Québec by endowing it with the governmental, economic,[7] and educational[8] institutions necessary to its development.

The hope was widespread that as a result of these changes, Francophones would come to have an equality of place in the work world without losing or endangering their cultural identity, of which language is so important an element. The Parent Commission (Province of Québec. Royal Commission of Inquiry on Education 1963) on educational reform, for instance, based its report on the view that language implies a way of thinking and being, as well as a means of expressing ideas. In the view of those responsible for creating the new Québec, language is the essential vehicle of culture.

By the late 1960s, it had become obvious that despite its successes in other areas, the Quiet Revolution had failed to produce the changes it had sought in the linguistic domain separation which characterized the Québec work world, and in the resulting differences in employment patterns for English- and French-speaking Quebeckers. To these concerns was added an increasing realization of the necessity of assimilating large numbers of immigrants to the French language and culture, in light of the declining birth rate of French-speaking Quebeckers.[9]

As the nationalists' number and determination to affect changes in these areas increased, the inadequacy of the limited language laws then in existence and their failure to promote the nationalist vision became increasingly evident. As a result, for the first time demands for a comprehensive language policy became widespread.

As linguistic nationalism increased, élite accommodation became more difficult. Moreover, each failure to resolve the "language issue" to the satisfaction of the linguistic nationalists led to increased popular pressure for more "radical" solutions. Accordingly, the passage in late 1969 of the governing Union Nationale's Bill 63, which guaranteed all parents the right to choose their children's language of instruction following the St. Léonard controversy,[10] was followed by the virtual elimination of the *Union Nationale* from Québec politics in the election of April, 1970. Bill 22, the eventual response of the Liberal government to the provincial Gendron Commission's long-delayed report (Province de Québec. Commission d'enquête sur la langue... 1972)[11] and to rising public frustration, met vehement opposition from many French-speaking Quebeckers, who saw its provisions for the *francisation* of many Québec businesses and for the enrollment of allophone children in French-language schools as insufficient, as well as from English-speaking and allophone Quebeckers, for whom these provisions were anathema.[12] Its perceived failure was a major factor in the 1976 Liberal defeat by the *Parti Québécois*.

### Federal and Provincial Responses to Québec's Linguistic Nationalism

Québec's leaders in the post-Quiet Revolution period, at both the federal and the provincial levels, were members of the "traditional" French-Canadian élite. Virtually all had been educated in the old *collèges classiques*. Partly as a result of their educational training, they tended to perceive Québec's situation primarily in legalistic, constitutional terms. Products of a still-homogeneous culture, they viewed French-speaking Québec as a monolithic society. Their perceptions profoundly influenced both their vision of Québec's future as a modern, French-speaking society, and the language policies which they designed to promote that vision. In the long run, these policies would contribute to the development of a new society far different from any which the linguistic nationalists of the 1970s could have imagined.

*The Federal Response*

Federal language policy for Québec, as it has developed since 1969, has been based in part on the recommendations of the Royal Commission of Bilingualism and Biculturalism. Provincial language policy has also been based in part on this commission's report.

The "B and B" Commission was created in 1963 to deal with the coming crisis, not yet widely perceived, in the relations between French and English in Canada. Its mandate was to report on "the existing state of bilingualism and biculturalism in Canada and to recommend what steps should be taken to develop the Canadian Confederation on the basis of an equal partnership between the two founding races" (Canada. Royal Commission on Bilingualism... 1967, vol. 1, XVI), taking into account the contributions and needs of other cultural and linguistic groups.

In many ways, the Commission's frame of reference was similar to that of Québec's linguistic nationalists, with their vision of Québec as a modern, French-speaking society. Thus, many of its conclusions came as a shock to English-speaking Canadians both inside and outside Québec, for many of whom the appeal of the "melting pot" remained compelling despite its inapplicability to the Canadian situation. In its public hearings, the Commission heard many arguments from Anglophones concerning the supposed inevitability, as well as the desirability, of French-Canadian assimilation to English.

From the beginning, the commission interpreted its mandate in terms of an equal partnership not only between English- and French-speaking Canadians, but also between their languages and cultures. Moreover, the commission accepted the general assumption that language and culture are linked, with language as the "identifiable badge" (Canada. Royal Commission on Bilingualism... 1967, vol. 1, XXIX) of culture. In this sense, the commission argued, a person forced to work in a second language is usually "culturally handicapped."

These conclusions led the commission to assert that "[j]ust as bilingualism should not lead to a *blend* of two languages, so Canada's cultural duality cannot be taken to mean a *mixture* of the two cultures; each has its own existence" (Canada. Royal Commission on Bilingualism... 1967, vol. 1, XXXI). In this vein, the commission outlined its vision of Canada as a "bilingual state," noting that "In bilingual states there are usually two or more unilingual nuclei" (Canada. Royal Commission on Bilingualism... 1967, vol. 1, 12). Thus, the commission argued,

> A bilingual country is not one where all the inhabitants necessarily have to speak two languages; rather it is a country where the principal public and private institutions must provide services in two languages to citizens, the vast majority of whom may very well be unilingual (Canada. Royal Commission on Bilingualism... 1967, vol. 1, XXVIII).

The commission explicitly acknowledged the dangers of universal individual bilingualism for French Canadians:

The bilingual state is not intended as an instrument for the propagation of individual bilingualism. For if everyone in a bilingual state becomes completely bilingual, one of the languages is rendered superfluous... In all such cases, the dominant language usually grows more dominant and the other gradually disappears (Canada. Royal Commission on Bilingualism... 1967, vol. 1, 12).

With this frame of reference, the B and B Commission concluded, on the basis of extensive studies and research, that "... cultural equality, as understood here, hardly exists between Canada's main language groups" (Canada. Royal Commission on Bilingualism... 1967, vol. 1, XLII). Moreover, the commission concluded that inequality in the economy and work world poses a special threat to overall "cultural equality." In sum, the commission asserted, French Canadians should not have to renounce their language and culture in order to achieve economic success. The need implied by this assertion was clearly stated: "We believe the notion of equal partnership connotes a vast enlargement of the opportunities for Francophones in both private and public sectors of the economy" (Canada. Royal Commission on Bilingualism... 1967, vol. 1, XLIV). Specifically, the commission argued, French Canadians must have access to key economic positions without sacrificing their language and culture if "equal partnership" is to exist:

> The presence of a strong representation from each language group in the strategic posts of command — in senior management, senior scientific and technical direction, and on the boards of directors of major business firms — will do much to determine whether a sense of partnership exists (Canada. Royal Commission on Bilingualism... 1967, vol. 1, XLIV).

Overall, then, the B and B Commission concluded that the realization of "equal partnership" in a Canadian "bilingual state" would necessitate a considerable strengthening of the French "unilingual sector." While the commission never defined this sector as being territorially based, it stated that only the fact that most French-speaking Canadians are concentrated in Québec, lends any real hope that the promotion of "equal partnership" has some chance of success. And since the position of French in Canada depends largely on its strength within Québec, the commission explicitly recognized that Québec has special obligations and needs — in short, that it is not a province *comme les autres*: "Since the Francophone population is concentrated in Québec, the government of this province can be regarded as the principal architect of the supporting institutional framework of the Francophone community" (Canada. Royal Commission on Bilingualism..., vol. 3b, 556-7).

In line with this view, the commission recommended that the Québec provincial government take a number of steps aimed at enhancing the position of French within the province. In general, it urged that the Québec government focus its attention on increasing the use of French in government and public affairs, and in industry and commerce. Specifically, the commission recommended that the Québec government take steps to establish French as the primary language of work at all levels within the province. The commission specified that at times the powers of the provincial government would have to be used to force these changes.

The B and B Commission's recommendations were followed only imperfectly by the federal government. In the years following the B and B report, "bilingualism" came to have something of a different meaning from the commission's definition. Moreover, while the government emphasized the development of federal "bilingual institutions" as recommended by the commission, it also developed programs to promote more widespread individual bilingualism. Additionally, the federal government based its policies of "multiculturalism" on the assertion that the culture of French Canada, unlike its language, is but one of several Canadian cultures, all of which have equal legal recognition and protection.[13]

Finally, in its insistence on the "personality principle" to the exclusion of the "territorial principle" as the basis of federal language policy, the federal government implicitly refused to recognize any specific prior status for French in Québec. The promotion of the equality of French and English language rights throughout Canada was reinforced by the addition of the Canadian Charter of Rights and Freedoms and other changes to the constitution in 1982, and by the subsequent failures of proposed constitutional reforms which would have provided Québec's French-speaking society legal recognition as a partial counterweight.

As a result, federal language policy has served as an irritant to Québec's linguistic nationalists more often than a reading of the B and B Commission's recommendations alone might suggest. Moreover, to the extent that Québec's *de jure* status remains that of a province *comme les autres*, some linguistic nationalists have argued that this status effectively limits the provincial government's ability to satisfy their demands.

## The Provincial Response

In general, the framers of the Parti Québécois language policy, as articulated in Bill 101 and the previously released White Paper, viewed the policy not so much as remedial, but rather as constituting a "charter" for a new order which would contribute both to a new self-respect on the part of French-speaking Quebeckers and to a new respect by others both within and outside Québec. While the law was seen by many of its P.Q. supporters as a step in the drive for Québec independence, linguistic nationalists as a whole viewed it as a vehicle for the creation of the modern, French-speaking society they envisioned.

The White Paper asserted that the position of French in Québec is an issue of basic social justice. Like the members of the federal B and B Commission and the provincial Gendron Commission, its authors viewed French not as a simple means of communication but rather as a *milieu de vie* in which the languages and cultures of other groups, while respected, must be clearly subordinate to French.

In all, Bill 101 reflected more nearly the views of Camille Laurin, who was responsible for applying and enforcing the law from 1977 to 1982, than those of Premier Lévesque, who saw the law as a necessary but "humiliating" attempt at redressing the linguistic situation in the absence of the political independence characteristic of "normal" societies. Lévesque's position on language issues was more moderate than the positions of many other *péquistes* in the 1970s, generally favoring a more inclusive "territorial" definition of the Québec *nation* to the narrower linguistic definition.[14]

It is in the portions of Bill 101 not involving the legislature and courts (where federal constitutional law restricts the provincial government's leeway) that the framers' intention is most evident. While Québec's language legislation concerning education (language of instruction and eligibility for enrollment in English-language schools), business (*francisation* requirements), symbolic areas such as public signage, and enforcement agencies and mechanisms has changed somewhat over the years, its general thrust remains. In general, provincial language policy was formulated to promote the development of the modern, French-speaking society envisioned by the linguistic nationalists, albeit one in which Anglophones retain a number of rights concerning the use of their own language in their own institutions in specific circumstances and under specified conditions.[15]

As we have seen, the perceived failures of earlier attempts to resolve the issue of language led to heightened demands on the part of increasingly numerous linguistic nationalists for more "radical" efforts in this area. By contrast, despite the protests of members of Québec's English-speaking and *allophone* minorities, the departure of many non-Francophones, and the accelerated flight of "Anglophone" capital from Québec in the years following the passage of Bill 101, the law led to at least a partial defusion of the language issue among Québec's French-speaking population for a number of years. Many perceived that the law was "working," in the sense of reflecting and promoting the vision of a modern, French-speaking society which a majority had come to accept. Ironically, the Parti Québécois' perceived "success" in this area helped doom its achievement of Québec independence, since the principal demands of most linguistic nationalists were no longer perceived to be at issue.

### A New Era: Beyond Linguistic Nationalism?

In the aftermath of the 1980 referendum, it appeared for a time that the Québec élite might have lost its influence. Almost as if the referendum had never occurred, the old élite continued to focus on constitutional and legal issues even as public attention turned increasingly to economic and other, more mundane concerns. Nevertheless, by the late 1980s it was apparent that the issues which continued to preoccupy the old élite still concerned the masses as well.

As the language issue re-emerged in the second half of the 1980s, it again became part of the larger debate on the future of Québec and Canada. The provincial legislature's passage of Bill 178 in reaction to the December, 1988 Supreme Court decision concerning Bill 101's regulation of commercial signage contributed to an increasing sense of public outrage outside Québec. In turn, this outrage was a decisive factor in the defeat of the Meech Lake Accord and subsequent efforts at constitutional change.

As one result, federal language policy was increasingly called into question by some English-speaking Canadians outside Québec. Despite years of federal promotion of Canada as a bilingual and multicultural society, the continued unpopularity of this vision among many Anglophones was evident.[16]

As a second result, increasing numbers of French-speaking Quebeckers were tempted to conclude that the nature of Canadian federalism, as it had evolved under the constitutional amendments of 1982 and subsequent court decisions,[17] did not allow the provincial government the necessary leeway to assure the survival and development of Québec's distinct society.

The mobilization of much of French-speaking Québec to the cause of linguistic nationalism in the late 1980s and early 1990s may have been due primarily not to the underlying social realities of contemporary Québec society but rather to a temporary convergence of factors. The first of these factors was the lack of leadership by Premier Bourassa on the signage and other important symbolic issues involving language following his return to power in December of 1985, despite signs that more moderate legislation in these areas, though divisive, would have the support of a majority of Francophones.[18] The other factor was the defensive reaction of French-speaking Quebeckers, first to the anger and hostility outside Québec engendered by the provincial government's reaction to the Supreme Court decision on the signage law and, second, to the defeat of the Meech Lake Accord.

Long-term changes in French-speaking Québec may make a resurgence of linguistic nationalism per se unlikely. As a result of the successes of Québec's language policy, Québec society has evolved in ways the policy's framers could not have envisioned. Because of the changes which have occurred in Québec education and business, French-speaking Québec is no longer a closed, homogeneous society. In many ways, contemporary Francophone Québec is a new society. At present, there are several competing visions of its future.

*A New Society*

On balance, Bill 101 would seem to have achieved its goal of forcing immigrants, and especially allophones, to enroll their children in French-language schools.[19] As a result, Québec's English schools *per se* no longer promote the linguistic assimilation of immigrants to English.

While the long-term assimilation of allophones to French remains problematic,[20] French-speaking Québec is becoming increasingly pluralistic as the result of Quebeckers' low birth-rate[21] and the necessity of continuing to encourage large-scale immigration to Québec.[22] As Québec's French-speaking society has become more open, it has begun the process of cultural and racial diversification. Since 1978, roughly half of all the immigrants to Québec have come from Africa, Asia, and the Caribbean.

The diversification of Québec's French-speaking society is already producing major cultural changes which are as yet only partially clear. As a result, in the Québec of the future there will be multiple definitions of *la nation* and visions of its future, even if most continue to be expressed in French.

## A New Élite, A Different Vision?

Even as the educational provisions of Québec's language policy have resulted in a more open and pluralistic society, the policy's provisions concerning business have contributed to major changes in the private sector.[23] While scholars and others continue to debate the extent to which these changes are irreversible and the extent to which French has become the dominant language, and Francophones the dominant players, in the Montréal economy,[24] it is evident that the original economic objectives of the linguistic nationalists of the 1970s have been largely achieved. Specifically, access to many higher positions in the Québec economy is no longer systematically blocked for members of Québec's new business class.

Increasingly it is the business class, rather than government bureaucrats and other members of the old élite, which constitutes the province's new élite and, as such, is a major determinant of the public-policy agenda of the Québec government. Its influence has been reflected in the increasingly pro-business and *anti-étatistes* policies of successive provincial governments, both P.Q. and Liberal, in the 1980s and into the 1990s.

As the primary and most direct beneficiary of Québec's language policy, to date the first generation of the business élite has generally supported the policy and its objectives. Indeed, through their business pursuits the members of this group have both benefited from the policy and contributed to its overall success. At present, a new generation of French-speaking business leaders has appeared on the scene. Having never experienced the sorts of career blockage well known to the previous generation and with a more restricted educational background and training than those of their predecessors, the members of the new generation have a considerably narrower vision.

It is possible that as the needs of a new age become clearer and the new generation's influence increases, its concerns may no longer coincide so neatly with those of linguistic nationalism. The business élite's continued identification with the cause of linguistic nationalism would be very much in doubt if Québec's language policy were seen as detrimental to business interests. The élite's support for the policy could evaporate if it were shown to hurt Montréal on (economic) balance or to violate the free trade agreements to which Canada is a party.

## Language Policy and Montréal

We have already noted the significance of Montréal's gradual eclipse as the economic center of Canada, combined with the increasing importance of its role as a regional economic center, as factors facilitating both the adoption and the success of provincial language policy. Without these developments, the rise of Québec's now ascendant French-speaking business class would have been much more problematic.

At present, members of the business class correctly perceive that their continued economic success is dependent on the increased integration of Montréal into the North American and global economies. The city's ongoing development strategy aims at making Montréal an international business center. By implication, of course, this strategy entails a continued strong presence of English in the Montréal economy and, thereby, in other areas of the city's life as well.[25] At times, city officials have recognized publicly that certain aspects of Québec's language policy have worked against their strategy for Montréal's economic development.[26]

Long-term economic forces and developments may limit the extent of Montréal's transformation into the sort of global economic center envisioned by the city fathers and the new business élite. Nevertheless, both economic and sociological trends point to Montréal's future as a multi-ethnic community in which French will serve at best as a (but only perhaps as the) *lingua franca*. New divisions are bound to arise between Montréal and the remainder of Québec as the latter becomes increasingly "French." The signage controversy of the late 1980s was indicative, among other things, of the continuing uneasiness of Francophones, both inside Montréal and elsewhere in Québec, with the city's linguistic visage. In the future, such controversies will have the potential of dividing not only linguistic nationalists from the business élite, but also Montrealers from other Quebeckers, the Montréal government from the provincial government, and, within Montréal, the city's French-speaking business élite from its other French-speaking citizens.

## Language Policy and Free Trade

The North American Free Trade Agreement and its predecessors have been overwhelmingly popular in Québec, not only with members of the business class but also with ordinary Quebeckers, including the linguistic nationalists in both groups. A challenge to the language policy as a restriction of free trade could threaten the alliance of perceived interests which has existed to date between linguistic nationalism and the business élite. The potential for such a challenge may be greater than many in Québec currently care to acknowledge.

Prior to the adoption of the free-trade agreements, the Québec government urged the Canadian federal government to insist on the inclusion of a provision safeguarding its language policy. At the time, provincial and federal government studies were sanguine in their assessment of the prospects for a successful challenge of the policy in the absence of such a provision (See, for instance, Sparer 1986 and Canada. Commission royale sur l'union... .1985, vol. 1). The North American Free Trade Agreement does not include a clause concerning language rights. Since Québec's laws regulate language use in various situations of economic exchange, they could be considered to constitute a prohibited non-tariff trade barrier.

A challenge might well be less likely so long as Québec remains a part of Canada. Should Québec's language laws be challenged, the Canadian federal government would be called upon to defend them. Since whatever action the government might take would anger a significant segment of Canadian public opinion, presumably it is in its best interest that such a situation not arise.

If Québec became an independent country, its government might experience some difficulty in negotiating a new free-trade agreement with the United States and the state or states which would emerge in the remainder of Canada following its secession.[27] It is doubtful that any agreement eventually reached would contain the sort of exemption for language policy which the Canadian government failed to achieve. While the European Union explicitly exempted certain types of language laws from its provisions for economic integration, these exemptions cannot be expected to be determinant in the North American context.[28] Of course, *de facto* the government of an independent Québec would be a less significant player in the hearings and deliberations which would follow any challenge than is the Canadian federal government at present.

Regardless of the political status of Québec at the time, any challenge to Québec's language policy under NAFTA could quickly undermine the alliance which has existed to date between the French-speaking business élite and the cause of linguistic nationalism. The divergence of interests which already exists would thus be made evident.

### Summary and Conclusion

Prior to the 1960s, a comprehensive language policy was not generally viewed as necessary or desirable by policy-makers on the federal or provincial level. So long as French Canada constituted a still largely distinct (albeit increasingly urban and industrial) society owing to relatively high levels of territorial and linguistic-domain separation between English and French, even nationalists saw the limited language legislation, then in existence, as sufficient.

Since the 1960s, language policy at both levels of government has been based on the assumption that in modern societies, language itself is the essential badge of culture. At the same time, policy-makers at both levels have assumed that language policy serves to shape society as well as to reflect social realities. Both the federal B and B Commission and the provincial Gendron Commission based their recommendations largely on the vision of a modern, French-speaking society promoted by Québec's linguistic nationalists. While the federal government's language policy and other policies regarding Québec reflect this vision imperfectly — and have been seen by some linguistic nationalists in Québec as blocking its realization — the policy eventually adopted by the Québec government was aimed at its attainment. At the time of Bill 101's adoption, clearly linguistic nationalism was a dominant motivation of politically aware French-speaking Quebeckers.

As a result of irreversible long-term changes in Québec society resulting in part from provincial language policy, it is possible that in the future, French-speaking Québec could be split on language issues, with linguistic nationalists only one of the groups competing for influence. Francophone Québec is becoming an increasingly open, heterogeneous, and pluralistic society. Moreover, the old élite is finding itself increasingly in competition with a business élite whose vision of Québec is expressed in different terms from those of linguistic nationalism.

To date, most French-speaking opinion leaders have favored the continuation of Québec's language policy in essentially its current form.[29] In light of the deep divisions in Québec public opinion and the volatile political situation in both Québec and Canada as a whole, it would appear that in the short run, significant changes in Québec's language policy are unlikely.

In the long run, the diversification of French-speaking Québec and the potential divergence of interests between the business élite and linguistic nationalism could lead to significant changes in the thrust and content of language policy in Québec. Ironically, whatever changes may occur will be due in part to the policy's success in enabling Québec's French-speaking majority to assume (at least for a time) the sort of *confiance en soi* which Lévesque and other framers of the policy considered more "natural" than the expressions of *blocage* which have characterized so much of the political discourse of Francophone Québec since the 1960s.

## Notes

1. For a discussion of the limited linguistic nationalism which existed in Montréal prior to the 1960s in the context of the development of provincial language policy, see Levine 1990, Ch. 2.
2. The B.N.A. Act of 1867 contained no general declaration of Canada's linguistic identity. Section 92 placed education under the exclusive jurisdiction of the provinces. This provision was qualified by Section 93, which guaranteed the educational rights not of linguistic minorities *per se* but of religious minorities, whose denominational schools were specifically protected. Section 133 required that all acts, records and journals of the Canadian Parliament and the Québec legislature be printed and published in both English and French, and specified that either language can be used in courts established under the authority of the B.N.A. Act and in "all or any" of the courts of Québec.
3. The hanging of Louis Riel (1885), the Manitoba Schools Crisis of the 1890s, and the abolition or curtailment of the protections afforded the French language in the courts and schools of the Northwest Territories (1891), Alberta and Saskatchewan (1905), and Ontario (1913) were frequently cited.
4. Robertson was Secretary to the (federal) Cabinet for Federal-Provincial Relations.
5. For purposes of this study, a "linguistic nationalist" is one whose primary concern is with the position of the French language and those who speak it in Québec. While linguistic nationalists look primarily to the government of Québec for the promotion of their language, only a minority have been separatists. The majority have not been convinced that political independence for Québec is a prerequisite for the attainment of their goals.
6. Accompanying the dramatic growth in provincial government activity was a considerable increase in the size of the provincial bureaucracy. Many of the new civil servants had been trained in the social sciences, business, and economics in the new or expanded educational facilities of the Quiet Revolution. Many had sought government employment because of their perception that business and industry remained unreceptive to otherwise qualified French-speakers unwilling to work in English.
7. During this period, the provincial government attempted to increase the number of Francophones in upper-level business positions primarily by strengthening and expanding Francophone-owned enterprises through programs of financial assistance and by establishing several public enterprises. Little was done to change business practices or employment patterns in Anglophone-owned firms.
8. In education, the scope and variety of training available in French were greatly increased as part of the development of a "modern" educational system.
9. Historically, due to their high birth rate French Canadians had maintained their relative proportion of the populations of Québec and Canada without the assimilation of large numbers of immigrants. As the Gendron Commission noted, in the short run the new situation could be addressed by requiring immigrant children to attend French-language schools. In the long run, the economic utility of French had to be increased if immigrants were to be expected willingly to adopt French as their primary language of usage.

10. In November, 1967 the local Roman Catholic school board in the Montréal suburb of St. Léonard had declared French the sole language of instruction for immigrant children whose native tongue was neither English nor French. The ensuing controversy became a *cause célèbre*, and Bill 63 was passed in the face of massive protests by French-speaking Quebeckers. The bill did contain requirements of a "working knowledge" of French for all graduates of Québec schools and measures to encourage immigrants to learn French. It also provided for the creation of the Office de la langue française to monitor the position of French and advise the government on possible measures for its protection.

11. The commission was charged in December of 1968 with proposing a provincial language policy in light of its findings concerning the position of French in Québec. Its mandate specified that the policy should contain measures guaranteeing the linguistic rights of Québec's French-speaking majority as well as of the English-speaking minority. The commission was specifically charged with recommending measures to ensure the full and unhindered expansion of French into all areas of activity.

12. In framing Bill 22, the government had attempted to balance popular demands for an effective language policy against its affinity for private economic initiative and its concern with promoting Québec's image as a favorable locale for outside investment. While the law's defenders argued that its impact could only be measured in a generation's time, most linguistic nationalists agreed that it failed to achieve its stated goals. In view of the limited penalties for non-compliance and of the lack of well-defined standards and enforcement procedures, *francisation* remained a distant goal at best for most of the limited number of businesses addressed by the law. Moreover, despite the implementation of an elaborate system of testing to determine children's native languages following its adoption, the law failed effectively to curb the enrollment of *allophone* children in English-language schools. After two years only 3,657 children had been denied admission to English schools.

13. In time, the policies of the Québec government came to incorporate "multiculturalism" as well. Nevertheless, the concept remained peripheral to provincial language policy, given Québec policy-makers' different understanding of it and their lower level of commitment to it.

14. In its preliminary report, the B and B Commission noted that in its public hearings, many French-speaking Canadians referred to French Canada alternatively as a "blocked" society, a "crushed" nation, and as a "dynamic" society prevented only by outside forces from achieving control of its destiny. The continuing relevance of this observation to an understanding of contemporary Québec can be seen in the different views of Quebeckers concerning the role of language policy and the nature, composition, and inclusiveness of Québec society.

15. Even in 1987, when the original provisions of the law concerning the public and commercial use of French remained in full force, the annual report of the federal Commissioner of Official Languages asserted that in terms of the legal protections of English, even with French as the province's sole official language, "... Québec remains, in general but very real terms, Canada's most bilingual province." (Canada. Commissioner... 1987, 1988, 8).

16. In its 1991 hearings, the Spicer Commission on constitutional reform discovered a continuing widespread resentment of official bilingualism and policies promoting multiculturalism. Many expressed support for abolishing such programs, preferring either to leave the issue of language completely to the provinces or to declare French the official language in Québec and English the official language in the other provinces.

17. In cases involving Québec's language laws, the Supreme Court of Canada has tended to uphold individual rights at the expense of the notion of group or community rights. This emphasis became more pronounced in the 1980s as a result of the increased power of the judiciary at the expense of both the federal and (more relevant here) provincial legislatures implicit in the 1982 Canadian Charter of Rights and Freedoms and the increasing involvement of the courts in political questions. Whatever the intention of the Charter's supporters at the time of its adoption, in language policy its effect has been to allow the courts to intervene against unilingual policies adopted by provincial legislatures in areas otherwise beyond the constitutional competence of the federal government. See Mandel 1989, 75.

Despite this trend, while the Supreme Court struck down the requirement of the exclusive use of French in the pivotal case involving Bill 101's provisions concerning signage, it acknowledged the legitimacy of the provincial government's interest in the need to protect French in Québec and to preserve the province's "French face." In this light, it declared that requiring the use of French in signage, and even its marked predominance, would pass constitutional muster.

18.    The 1985 Liberal platform advocated enforcing the priority of French on all signs without forbidding the use of other languages. In 1985, Bourassa promised that his government would change Bill 101's provisions in this area. In 1985 and 1986, the possibility of creating bilingual districts, within which bilingual signs would be allowed, was publicly discussed on several occasions. In June of 1986, the general council of the Liberal Party declared its support for bilingual signs with French predominant.

The Bourassa government initiated efforts to change several aspects of provincial language policy, ultimately leading to the passage of Bills 58 and 142 and the withdrawal of the controversial Bill 140. While the government temporized on the signage issue, during much of the period prior to the Supreme Court ruling it did not prosecute violators.

The opposition to Bill 140 revealed that increasing numbers of French-speaking Quebeckers opposed any significant change in Bill 101. Nevertheless, despite the symbolic importance of the language of signage, it appeared to many that ultimately, the Liberal Party's more "flexible" approach to this and other language issues would prove more popular than the position of the Parti Québécois, which for a time caused dissension even within the party. As late as 1988, one survey showed that over sixty percent of both English-and French-speaking Montrealers favored bilingual signs, while thirty-two percent of the Francophones interviewed favored restricting signs to French only. Thirty-four percent of the Anglophones favored abolishing all restrictions on language use in signage (Lesage 1988; Proulx 1988). Polls taken in the 1990s have revealed similar results.

19.    Whereas in 1970-71 only 7.9% of all allophone students were enrolled in French-language schools on Montréal Island, a figure which had increased to 11.4% in 1973-74 and to 22.3% in 1976-77 (Levine 1990, 139), by 1989 approximately seventy-three percent were enrolled in French schools (Racine 1991, 22).

20.    In light of the fact that many allophones have learned English as well as French while some have learned only English and considering the high percentage still using their mother tongues for much of their daily existence, the emerging pattern of linguistic transfers is tentative at best. While sixty-nine percent of all allophone Quebeckers could communicate in French in 1990, the linguistic attraction of English remains great for Québec allophones, both as a means of economic advancement and mobility and as a vehicle of contemporary mass culture. Moreover, most of the province's immigrant population lived in Montréal, where Québec's remaining Anglophone population is concentrated and where the use of English is most widespread, the English media and other instruments of English-language mass culture are most accessible, and the attractive power of French is weakest.

21.    In 1992, the fertility rate stood at 1.7, up from 1.4 in 1988. Perhaps coincidentally, in 1988 the provincial government instituted its birth-grant program in an attempt to increase the birth rate.

22.    If the fecundity and immigration patterns of the 1980s remained unchanged, by the year 2000 the Québec population would be declining in numbers and growing older. By some estimates, by 2050 its number would have dropped below five million.

Left unchecked, such a precipitous demographic decline would have several serious consequences. Economically, it would result in serious labor shortages and, more generally, a significant drop in the volume of production and other activities. Politically, it would cause funding shortages for social programs and lessen Québec's demographic, political, and economic weight in the Canadian federation and its share of federal funding.

In light of these considerations, every recent Québec government has been concerned both with attempting to stimulate a rise in the Québec birth rate and with the recruitment, selection, and integration of immigrants. As a result of a series of federal-provincial agreements, the Québec government has gained considerable control over immigration to Québec. In view of the stakes involved and the lack of alternatives, it is doubtful that any future Québec government could significantly reduce immigration quotas. The periodic appearance of demolinguistic studies purporting to show that increasing the number of immigrants could result in measurable increases in *allophone* anglicization rates has led to revised policies and programs concerning immigration. It has not led to a decline or even a stabilization in the number of immigrants sought by the provincial government.

23. The improvement in the position of Francophones and their language since 1977 is evident in terms of the *francisation* of Québec businesses, the changing employment patterns for French-speaking Quebeckers, the changes in income distribution and control of capital, and the enhanced French façade of Québec and, in particular, of Montréal. In addition to language policy, a number of long-term economic developments underway prior to 1977 have also contributed to the improvement. These include the growth of French-speaking consumer markets, the declining importance of Montréal in the Canadian economy and its growing role as a regional economic center, the increase in the level of education and skills of the Québec labor force, and the rising proportion of service industries in the Québec economy. Another factor is the departure of English-speaking Canadians and Anglophone capital from Québec which began with the passage of Bill 22 and has continued to a greater or lesser extent ever since.

24. Despite the assertions of some English-speaking journalists and others that the position of French in the economy is secure, most serious researchers agree that despite the extent to which language policy has changed life in Québec, the marginal — even tentative — nature of the overall demolinguistic gains of French is striking. Without the net interprovincial departure from Québec of 198,294 Anglophones and 31,578 allophones between 1971 and 1986, some of the improvements in the demolinguistic situation of French would have been even more marginal, and others would not have occurred at all. From this perspective, the effects of Québec's language policy have been modest.

25. In this regard, it is significant that the proportion of allophones capable of communicating in both French and English continues to increase. This trend is paralleled by the increasing proportion of both French- and English-speaking Quebeckers capable of communicating in both languages.

    The Québec government has long viewed bilingualism as desirable. The White Paper on Language of 1976 insisted that by making Francophone Quebeckers more secure in their linguistic and cultural identity, provincial language policy would contribute to their openness to other languages. Premier Parizeau was insistent that there is "no future for a unilingual Francophone."

    Nevertheless, the B and B Commission's warning concerning the fate of the weaker language in a society in which all individuals are bilingual should be recalled in this regard. Significantly, Montréal contains by far the highest proportion of bilingual Francophones and the lowest proportion of bilingual Anglophones in Québec.

26. Perhaps the most dramatic example was a 1983 brief prepared for legislative hearings concerning possible revisions to Bill 101. In it, then-Mayor Jean Drapeau argued that the law had damaged the city's economy and its international image. He urged that Montréal be given special status exempting it from certain sections of the law, allowing for bilingual signs and easing the requirement that professionals pass proficiency tests in French.

27. In view of the widespread perception that in its business policy the Québec government has exhibited a degree of *dirigisme* unparalleled in those of other North American governments, an agreement would be less than certain regardless of whether Québec's language policy *per se* were an issue. It should be noted that under the current agreement, some permissible provincial restrictions of free trade would be in violation of the agreement if they were adopted by sovereign signators.

28. The European exemptions result from concrete political pressures derived from the existence of a number of large, territorially and politically based cultural communities within the Union.

29. By contrast, most Anglophone Quebeckers continue to view the policy as illegitimate and oppressive, and continue to support the re-establishment of official bilingualism in Québec.

## References

Canada. Commissioner of Official Languages (1988), *Report 1987*.
Canada. Royal Commission on Bilingualism and Biculturalism (1967). *Report*. Ottawa: Queen's Printer.
Lesage, G. (1988). "L'Affichage en français est consideré peu important." *Le Devoir*, le 21 juin 1988.

Levine, M.V. (1990). *The Reconquest of Montréal: Language Policy and Social Change in a Bilingual City*. Philadelphia: Temple Univ. Press.

Mandel, M. (1989). *The Charter of Rights and the Legalization of Politics in Canada*. Toronto: Wall and Thompson.

Proulx, J.-P. (1988). "Une nette majorité pour l'affichage bilingue," in *Le Devoir, le 22 juin 1988*.

Québec (Province de). Commission d'enquête sur la langue française et sur les droits linguistiques au Québec (1972). *Rapport*. Québec.

Québec (Province de). Royal Commission of Inquiry on Education in the Province of Québec (1963). *Report*. Québec: Pierre des Marais.

Racine, G.-L. (1991). "The Language Question in Québec." Presentation to the 1991 Québec Summer Seminar, Montréal (sponsored by the State Univ. of New York-Plattsburgh), June 7, 1991.

Robertson, G. (1977). "A Challenge to the Spirit of Canadians." Notes for an address to the Convocation, Dalhousie University, May 12, 1977.

## Chapter II

*Citizenship and Culture*

*Citoyenneté et culture*

# Jean-Michel Lacroix

Animateur

Les vieux États-nations d'Europe occidentale ne sont pas à l'abri de la tentation nationaliste si l'on entend par là la recherche d'une identité, l'accentuation des différences afin d'échapper à l'effet réducteur de la globalisation économique voire culturelle, et à la mondialisation pour ne pas dire à l'uniformisation des modes de vie.

On doit toujours se méfier du concept si vague de culture d'autant que la notion d'ethnicité reparaît toujours plus ou moins sous le vocable si usité de «communautés culturelles». Il semble acquis depuis une cinquantaine d'années que la définition de la culture soit purgée de ses connotations biologiques, raciales et anthropologiques. L'ethnicité nouvelle relève plus d'un construit que d'un donné. La réflexion sur la culture est indissociable de la quête de l'identitaire inscrite au cœur de la démarche canadienne/québécoise.

Dans le monde contemporain caractérisé par la faillite des idéologies et par une crise du politique, on s'interroge sur le concept de nation et on tente de redéfinir les formes d'appartenance. Le discours sur le racisme est redevenu inconvenant mais il faut prendre garde à ce que la nouvelle ethnicité ne soit pas le support d'un discours anti-universaliste. Le discours racial des années 1930 peut dériver vers l'ethnicité des années 1980/1990 et l'affirmation exacerbée du droit à la différence masque parfois un discours sur l'inégalité. L'ouverture théorique à la différence risque de conduire à la fermeture des frontières et des esprits.

La construction de l'identité est marquée aussi au signe de l'hétérogène puisque l'évolution même des sociétés — canadienne et québécoise — repose sur l'immigration qui constitue l'élément essentiel du tissu social. Vis-à-vis des personnes venues d'ailleurs les comportements ne peuvent se déterminer qu'en fonction de deux modèles : celui des sociétés différentialistes reposant sur une vision segmentée de l'humanité et non fondée sur l'égalité des peuples, et celui des sociétés universalistes se référant au postulat d'une abstraction, d'une essence unique qui transcende la diversité des mœurs et des apparences. L'humanisme abstrait et «insaisissable» du modèle assimilateur s'oppose, en théorie du moins, au culturalisme de la conception communautaire car les pratiques vont souvent bien au delà des discours.

Ces deux formes de légitimité politique conduisent à deux représentations opposées de la nation. La nation-contrat qui privilégie le contrat social, la citoyenneté universelle de type juridique, et la nation-culture qui définit la nation comme une communauté réelle et comme une humanité concrète unie par les liens du sang, de la tradition et de la culture. Même si les diverses nations en Europe définissent différemment leurs spécificités dans leur manière de traiter la question de l'intégration face à l'augmentation d'une immigration permanente et structurelle, elles font face à des réalités sociales et culturelles de plus en plus proches. Grand est l'écart entre la définition normative de l'intégration et sa construction socio-culturelle par les acteurs de la vie sociale, d'autant plus que la capacité d'intervention de l'État sur les problèmes sociaux s'avère de moins en moins forte.

Le danger guettant les sociétés valorisant les particularismes est soit la balkanisation, l'éclatement, l'effritement ou la ghettoïsation. Le culturalisme doit être confronté à une idée de l'universel pour éviter la clôture. Par ailleurs, l'État-nation à dominante contractualiste peut s'inscrire, comme dans le projet québécois, dans les limites concrètes d'un territoire historique, d'une langue, d'une tradition, d'une culture. Le pari stimulant de la société canadienne est de réussir à négocier des différences partagées et à parvenir à une définition plurielle d'un identitaire qui se situe dans un entre-deux fécond, entre les deux extrêmes du creuset ethnique habituel, d'une part, et de l'indifférentiation, d'autre part. La marge est étroite entre la fusion et la confusion. La citoyenneté nouvelle à ériger doit se définir entre le métissage culturel généralisé et le communautarisme. Le nouvel identitaire à construire peut-il être à la fois structurant et accueillant, clôture et ouverture sans être taxé d'utopie?

Les quatre textes qui suivent offrent des regards croisés sur les concepts de citoyenneté et de culture tels qu'ils s'inscrivent au Canada et plus particulièrement au Québec. Il était intéressant a priori de vouloir confronter dans ce colloque les perspectives de deux Européens et de deux Nord-Américains nourris de cultures et de langues différentes mais proposant de surcroît des perceptions nécessairement riches puisque dictées par des horizons disciplinaires variés incluant la géographie, la science politique, l'anthropologie, la sociologie, et toujours tributaires de rappels féconds aux réalités historiques et linguistiques.

Sur fond de crise du politique et de l'idée même de nation, la résurgence des nationalismes contemporains interpelle sur ce qui peut valablement fonder le sentiment d'appartenance à ces aires culturelles nommées Canada et Québec. Si la citoyenneté est conçue comme liée à une nation culturellement homogène on ne peut se dispenser d'une forte interrogation face à la diversité croissante des populations qui composent le même espace national. L'ensemble des valeurs, des croyances et des représentations qui caractérisent une collectivité est par ailleurs soumis à des mutations considérables, si l'on en croît l'évolution de la culture politique du Québec des années 1960 aux années 1990. Rien de surprenant puisque la culture politique n'est pas un donné construit une fois pour toutes mais le produit d'un développement historique. Le Québec actuel donne bien de son identité une définition non plus ethno-religieuse mais territoriale et le nationalisme y est résolument arrimé au paramètre linguistique, le français étant perçu comme la langue de tous les Québécois.

Mais la diversité culturelle du Canada et du Québec n'en pose pas moins la difficile question de l'unité. La gestion de l'hétérogène doit permettre d'éviter l'éclatement et la dispersion. Au delà du discours volontariste et valorisant, le pluralisme ethno-culturel ne doit pas entraîner un manque à gagner pour la démocratie ni masquer les inégalités socio-économiques. Le contrat entre le citoyen et l'État doit être redéfini pour répondre aux attentes contemporaines mais en évitant la confusion qu'engendrent les chevauchements entre le concept de citoyenneté et celui de culture.

# National Membership and Forms of
# Contemporary Belonging in Québec

*Sherry Simon*

Over the last several years, both "citizenship" and "culture" have become increasingly controversial and disputed terms in contemporary political and social thought. While each has generated long traditions of debate within its separate disciplinary areas (political theory on the one hand, the humanities and social sciences on the other), it is only recently that they have been addressed together in an attempt to answer the question: what does is mean to be a "member" of a political unit? Is it sufficient to think of this membership exclusively in terms of political rights and civic and economic protection, or should this membership necessarily involve a more active sense of responsibility on the part of the citizen in the form of participation in the political process and/or participation in the symbolic dimensions of the State through a sentiment of allegiance? In other words, does citizenship have something to do with cultural identity, and if so, exactly what?

These questions have become crucial at a time of crisis for the idea of the nation in our contemporary world. National membership has surfaced as the major question of this end of the century, for reasons which have now become familiar elements of our end of century landscape: the fall of the Berlin wall, the resurgence of forms of nationalism which were contained by 40 years of Communism, the reshifting of economic borders in Europe, in North America and across the Pacific rim, the growing internationalization of communications and trade, and in general the decline of the political realm as the decisive area of intervention.[1] The room to manoeuvre of the political unit of the nation shrinks visibly, as political leaders rule increasingly through market surveys and media performances.

But national membership has also become problematic for another reason: the increasing cultural diversity of populations which inhabit within national borders. This is the case in countries which traditionally receive immigrants, like Canada, the US and Australia, but also of countries like France, Great Britain and Germany, who have become host to enormous populations of guest workers, sometimes referred to as "denizens", that is, residents who enjoy certain rights of protection without being full citizens. The complex reality of these groups, which enjoy certain kinds of rights in their host countries, rights which are a kind of "partial citizenship", suggest the emergence of new forms of "postnational membership".[2] The rights of these groups are negotiated not only through a relationship to principles of national sovereignty, but also through the new post-war apparatus of international human rights. Their situation is symptomatic of some of the realignments of national membership in contemporary Europe, provoked most importantly of course by economic union, and the challenges to citizenship which they suggest.

In particular, the diversity of populations calls into question the link between group affiliation and national belonging, between a minimalist understanding of citizenship as protection and basic rights to participate in civil society and a fuller, more inclusive understanding of citizenship as authentic participation in the life of the polis,[3] between the mobile uncertainties of culture as experienced in the daily life of cosmopolitan cities and the old stories of the nation.[4] Much of the history of thought on citizenship, from Plato on, has been predicated on the idea of the culturally homogeneous nation. And so we may ask, given the current context of demographic pluralism, whether there is still a necessary link to be established between culture and the nation; between emotion, memory, belonging, on the one hand, and civic duty on the other? How are we to go about reframing the symbolic contract between the citizen and the state, in an attempt to unravel and confound the historical associations between culture and the nation?

It would seem most desirable to hope for the maximum distance between citizenship and cultural affiliation. After all, as Stuart Hall reminds us,

> "the capacity to *live with difference* is... the coming question of the twenty-first century" and consequently "Far from collapsing the complex questions of cultural identity and issues of social and political rights, what we need now is *greater distance between them.* We need to be able to insist that rights of citizenship and the incommensurabilities of cultural difference are respected and that *the one is not made a condition of the other.*" (360-361)[5]

In such a situation, rights would have nothing at all to do with cultural affiliation. But the history of nations shows that the symbolic and affiliative dimensions of citizenship are very difficult to separate from questions of rights, that common history and institutions bring with them bonds of loyalty, that citizenship has always involved exclusions, and that these exclusions are often made on the basis of cultural criteria. Even more complex however is the imbrication of culture into the very rationality of the political and economic spheres of contemporary life. This collusion between State and culture is characterized by increasing confusion between the citizen, the consumer and the cultural subject. It operates in all national situations, but is particularly visible in Québec. Nationalist themes are used in corporate advertising, artists are touted as an economic resource and as entrepreneurs, corporations sponsor cultural events, ministries dictate the grant in aid logic which allows cultural products to be created and marketed. This increasing interpenetration of realms makes it difficult to clearly draw a line separating issues of citizenship from those of culture.[6]

The difficulty of reframing the relation between culture and nation has also become especially apparent in Québec, where the attempts to create a new sense of symbolic unity within the framework of a French-speaking political community offer some revealing contradictions. I would like to try to sort out some of these contradictions, crucial not only to the debate around sovereignty but to the very idea of the modern nation today. These reflections are grounded in an acute sense of the tensions which traverse any discourse on culture and cultural identity today. There is an increasing distance between the political discourses of identity, which treat cultural belonging as an unproblematic fact which emerges out of the necessities of the past, and the mobilities and uncertainties of contemporary identities, created through contacts which disturb path of linear, historical filiation, travelling instead along surface networks of desire. Both the models of Canadian multiculturalism and Québec cultural convergence are based on partial and limited notions of cultural identity. There is a need to reframe the discourse of citizenship in order to take account of the proliferation of cultural differences within national borders.

## Discursive Contradictions: The French Language

Any observations of the cultural landscape of Québec today are bound to deliver up an abundant yield of contradictions. Two discourses find themselves in constant confrontation, one linking cultural identity to a lost or imperilled ethnic consensus grounded in a harmonious relationship to history, and one expressing a more problematized awareness of membership in the post-modern, post-colonial world. The lines of tension which traverse discourses on culture can be read in analysis and positions adopted on any number of objects. Language, for instance. During the 1960s and 1970s perceived as a beleaguered combatant against the omnipresent English language in a divided, bilingual society, French has, as a result of what most perceive as a very successful language legislation, become a confident mechanism of integration, a foundational element in the *culture publique commune* which is being constructed in a diverse and pluriethnic Québec. The image of a bilingual Québec, in which French competes with English, are giving way to perceptions of Québec as a territory where French is the common vehicular (rather than vernacular) language of one particular community. It is given an official double role: that of an instrument which permits communication in the public sphere and that of a symbol of identification of/with Québec.[7] This double function leads to yet other kinds of contradictions. Simon Harel has discussed the challenge of redefining the symbolic dimensions of this *nouvelle langue véhiculaire*, of opening the language symbolically to a plurality of speakers, of peopling it with their imaginative worlds.[8] We can see the realization of this work of resymbolization in the creative writing of authors like Italian-born playwright Marco Micone and Fulvio Caccia, and of Haitian-born authors like Dany Laferrière, Stanley Péan and Émile Ollivier. On the other hand, the divorce between the instrumental and symbolic functions of French becomes patent in the experience of a large number of allophone children of the post-Law101 generation, who, having attended French-speaking schools, are now competent French-speakers but who remain anchored within the circle of cultural references of the anglophone world.[9] These young adults speak French quite well, but do not live within its cultural horizon. It would seem then that the symbolic and affiliatory dimensions of French are by no means an automatic component of language-use. This should not be surprising in the era which has seen the spectacular growth of an idiom called "International English", that is, a variety of English used around the world, generally as a second language, and which carries little or no cultural affiliations. This variety of English also inhabits Québec, in addition to a more identity-focused and historically rooted

English language. And so we see that there is an increasing diversity of sites from which these languages are spoken, both English and French, and sometimes conflicting perceptions of the identities they carry.

## More Discursive Contradictions: Representations of Ethnic Minorities

There are contradictions too in the representations given to ethnic, or allophone, minorities. During the months of February and March of this year, it was possible to read in the newspapers of Montréal that the sovereignist camp had publicly given up on trying to attract Anglos or "immigrants" to their side. There was implicit agreement that the attempt had been made, yet failed. We have repeatedly asked them to join us and they have said no, was the message. In *Le Devoir* of March 23, 1995 a large photograph on the front page showed a group of some 80 individuals who had been invited to City Hall for an inter-faith celebration where prayers had been said for racial harmony. At this same encounter, the *Sécurité publique* Minister had politely asked the immigrants to stay out of the referendum debate, seeing that their opposition to independence was a foregone conclusion. A double process of symbolic exclusion was here engaged: on the one hand there is an association between immigrants and religion (which clearly marginalizes immigrants from mainstream *Québécois* life, where religion is of peripheral importance) and, on the other hand, they are excluded from the debate to which all citizens should be invited. This example seemed to suggest failure in attempts to construct common forms of representation and to develop a renewed sense of citizenship.[10]

Many more examples could be added to document the contradictions between stated governmental policy and what gets reported in the newspapers, between the discourse of politicians and the creative realizations of cultural contact. In a text she wrote in 1991,[11] Lise Bissonnette addresses an important element of this paradox. The text was aptly titled *La transculture, entre art et politique*, Transculture, between art and politics. In it she describes the tremendous enthusiasm of the Québec artistic community during the 1980s for the concept and practices of "transculture". Whether in dance, theatre, painting or literature, the creative community was totally enthralled with themes of cultural exchange, fusion and internationalism. As for the politicians, she remarks, they seemed to be at a loss. Programs to promote intercultural relations have been slow in coming. She remarks on the impotence of politicians and bureaucrats to respond to changes in cultural reality.[12]

It is obviously difficult to change the terms of long-standing national narratives. These scenarios receive their legitimacy from history; it is the power to interpret the past which determines the capacity to interpret the present. There has emerged, however, a clear need to define and find terms for what has come to be called the "common public culture" of Québec. The most explicit attempt to do this since the major policy document *Autant de façons d'être Québécois* (1981) comes from documents published by the *Conseil des communautés culturelles et de l'immigration* in 1993 and 1994. It involves a definition of a "common public culture" which will circumscribe the fundamental principles which can unite a population increasingly diverse in origins and values. Québec: The notion of a "common public culture" was developed to respond to the challenge of 1) clarifying the conditions of integration of immigrants which were broad enough to apply to all groups and 2) ensure that this project was perceived by the members of the host culture as ensuring the preservation and development of Québec society as a French-speaking culture. The three founding principles: 1) French as the public language; 2) a democratic society and 3) a pluralist and open society.[13] According to Dominique Leydet, it is important to distinguish between a common public culture as the condition of entry of individuals into a political society, and as the basis of their allegiance to a particular political order. It is neither up to the State nor to a theory of citizenship to prescribe a sentiment of allegiance, solidarity or commonality. These can emerge only from the experience which people have of their institutions.

Two other concepts have emerged in an attempt to negotiate the new terms of the political community in Québec: *accommodement raisonnable* and *contrat moral*. While the *contrat moral* seeks to establish a mode of understanding among immigrants and Québec society from the time of arrival (setting out the expectations for immigrants, especially the hope that they will learn French) as well as the obligations of the society towards them (offering them the possibility of learning French, for instance), the idea of "reasonable accommodation" involves day-to-day negotiations of cultural difference in institutional settings.

These terms, still largely confined to bureaucratic circles, and directed mainly to the integration of newly-arrived immigrants,[14] are part of a focused effort to define — within the context of Québec — the notions of integration. These attempts to fashion a somewhat abstract version of "constitutional patriotism" might be an appropriate logic to build, but they hardly address the more difficult question of how cultural identities work today, and how they are sustained by the desire to belong.

### New Symbolic Contracts: Between Cultural Convergence and Multiculturalism

Much has been made of the contrast between the models of "multiculturalism", which is widely accepted as a definition of English Canada, and the "cultural convergence" model more readily adopted in Québec. The meaning of both terms depends a lot on the political colours of those using it. But the intensity of the backlash against multiculturalism must be interpreted with suspicion. For those opposing it, multiculturalism is the expression of a double failure. On the one hand, it defines Canadian identity as intrinsically weak and unable to establish itself as a transcending and integrative force; on the other it aims to confine individuals in the strait jacket of their national origins, whether they wish to or not. For those promoting it, multiculturalism is a policy, with modest means, aimed at correcting the image of Canada as a white, culturally unified country, specifically through affirmative action programs at the level of institutions. It recognizes the new demographics of Canada as a country where the populations of British and French origins are losing their predominance. The backlash against multiculturalism has been only too useful for those furthering racist agendas or for those who do not wish to address questions of historical inequalities. Québec has always opposed multiculturalism because it threatened to reduce the reality of French Canadians to that of just another ethnic group. Indeed, there is a specific reality to Québec which cannot and must not be subsumed within the multicultural frame. But the principles of minority rights and affirmative action which are a part of multiculturalism must not also be jettisoned in the gleeful orgies of multiculturalism-bashing which are so popular right now.

Neither the models of "multiculturalism" nor "cultural convergence" are able to describe the modes of sociality, the forms of cultural coexistence which are to prevail in the long-term among majority and minority groups. This is because both conceptions tend to use the idea of "cultural belonging" as if it were an unproblematic given. As if the contours of that identity were easily recognizable, as if the strategic discourse of identity politics accurately described the lived realities of cultural belonging. In fact, what does it mean to "belong" to a cultural group, to have a cultural identity?

 Too often cultural identity is defined as a kind of bubble which encircles and entraps an individual in a total coherence of meaning. That is, each culture is understood as a total universe of references and behaviours, when in fact the reality of culture in the world today has a lot more to do with dialogue, interaction, and movement. It would be preposterous to imagine the cultural worlds of Canadians or Quebeckers of different origins as qualitatively different one from the other on the basis of their origins. Differences do exist, but they are not to be construed as totalities but as fragments, which result in configurations of memory and cultural practices which can differ as much from one individual to another as from one group to another. We must do away with the idea of "cultural diversity" as the "separation of totalized cultures, pre-given cultural contents and customs held in a time-frame of relativism" that gives rise to liberal notions of multiculturalism, cultural tolerance and exchange, "that live unsullied by the intertextuality of their historical locations, safe in the utopianism of a mythic memory of a unique collective identity". Homi Bhabha, defines cultural identity as "translational", that is constructed through a process of split enunciation, the product of displacement and negotiation.[15] Cultural identity today, for Elspeth Probyn, is to be found in "the surfaces of sensuous singularities", as a product not of destiny but of desire.[16]

## Translational Identities?

I would like to use this term, "translational identity" to account for the complexity of contemporary identity. What does translation mean here? It means that a person with feet in two cultural worlds stands between two languages, always rephrasing in one or the other language the realities of a separate geographical or historical space, and necessarily changing the terms of the first discourse if he or she does this. Translation we know is not a mechanical transfer of information from one context to another. There is always, in the case of culturally significant material, movement or slippage between separate language systems. And so the migrant, who lives between and among different sites, by translating continually enacts new versions of the past, changes the terms of the narrative which has been inherited and also contributes to the changing of the story of his or her new reality. The migrant lives in a hybridized space of negotiation, where cultural identity is not an immobile thing but rather a transaction, in constant movement.

But this translational identity is not exclusive to the immigrant or to the migrant. The dilemmas of translation remind us that meaning is never immediate, that every act of language carries the possibility of different interpretations, that we are always in some ways outside of ourselves. Local cultures today are in constant interaction with the vectors of global culture.

"These 'in-between' spaces provide the terrain for elaborating strategies of selfhood — singular or communal — that initiate new signs of identity, and innovative sites of collaboration, and contestation, in the act of defining society itself." (Bhabha: 215) Forms of in-betweenness are not, then, to be relegated to the marginal realm of "ethnicity", in order to maintain the comforting distinction between "us" and "the others". In the most conservative version of multiculturalism, ethnicity serves as a way of endowing identities with solidity and permanence. But in fact these interstitial existences are to be explored for what they can tell us about the dynamics of culture itself. All identity can be understood as translational, as engaged in negotiation between a plurality of worlds.

## Québec: A Border Culture

How does this notion of translational culture and in-betweenness inform the dynamics of culture in Québec? Québec culture exhibits all the paradoxes of a border culture, a contact zone, where influences from its English-speaking neighbours are constant and numerous. Border cultures have to erect strong fences in order to maintain their specificity; in Québec that fence has been the French language. On one level, the desire to protect the language from invasive outside influences has resulted in an ideology of linguistic protectionism, which has included a distrust of translation as a means of nourishing cultural creativity. On other levels, however, contact with English and other languages has been a vital source of creative engagement.

These interstitial identities inform the texture of much of the daily life in the post-Law 101 reality of cosmopolitan Montréal, (Montréal as a place of "constant inbetweenness, one that is driven by a multitude of 'beings-called': a place of incessant attempts to linguistically name, a culture spun within the slippages of translation" (Probyn: 716) but they emerge most fully in the area of cultural creation. The most vibrant and impressive achievements in the area of theatre have been by Robert Lepage and Gilles Maheu. Both, in quite different ways, provoke and abuse the French language in their work — by integrating foreign languages, by creating deliberately transnational modes of esthetics. Lepage's theatre, in particular *The Dragon Trilogy* (1986), uses the cultural memories of the Chinese in Québec and Canada to construct a vast epic which challenges at every moment the possibility of giving fixed and self-enclosed meaning to "cultural communities". Gilles Maheu's brutally modern interrelation of dance, video and text draws upon charged elements of Québec's cultural past, only to propel them into a vertiginous confrontation with a transnational modernity.

If Québec literature was once construed as the expression of a single and homogenous cultural identity, the writers and critics of the 80s have completely revised this perspective, arguing instead in favour of a *post-québécois* literature, traversed by a fascination for otherness, for the Stranger, for cosmopolitanism, according to Simon Harel, by a breakdown in the sense of self-identity according to Pierre Nepveu, and for Pierre L'Hérault by the omnipresence of *l'hétérogène*.

> Au cours de la décennie 80 l'hétérogène s'implante et se ramifie dans le champ discursif québécois. On ne saurait le réduire à un effet de mode, tellement il se dit partout. Il est le lieu de croisements de différents discours: ethnicité et féminisme, postmodernité et questionnement identitaire, etc. Il s'énonce de différents lieux intellectuels, idéologiques, de diverses appartenances à la réalité québécoise. Il est le fait de "groupes ethniques" comme des "Québécois de vieille souche." Il s'articule à l'intérieur de divers courants de pensée. (L'Hérault,104-108)

During the 80s, the concept of *l'hétérogène* takes root and flourishes in the Québec cultural field. It cannot be dismissed as an effect of cultural fashion because it is so pervasive — in different fields of discourse, ethnicity and feminism, postmodernity, and in different intellectual *milieux*. It must be made very clear, argues Pierre L'Hérault, that these new articulations of transcultural identities are not simply imports dictated by cultural fashion but in some sense the logical outgrowth of the history of Québec society itself, of a borderland whose culture was produced in interaction among various peoples, but also and especially of the Québec created by Law 101 which transformed the French language from the vehicle of an ethnic French-Canadian identity into a common language, a culturally integrative and symbolically diverse idiom.

A flourishing production of experimental film and video also questions cultural identity in Québec. (Simon, forthcoming) One persistent theme of this production, although expressed in many different ways, is the power of the Stranger, the outsider, to activate the feelings of insufficiency, loneliness, moral vacuity, felt by the Québécois. There are fascinating crisscrossings of cultural memory: Sylvain L'Espérance rediscovering the Irish past of Griffintown and Goose Village, before the bulldozers of a missionary mayor Jean Drapeau razed them to the ground in the name of "universal man". (*Les printemps incertains*) Marie Potvin reconstituting the black culture of Rockhead's Paradise, also done in by Drapeau and Pax Plante. (1991) "Bonjour Shalom" and "Shabbat Shalom", respectively by Gary Beitel and Michel Brault, produce an unexpected dialogue between the Hassidic community of Montreal and their French-Canadian neighbours; Paul Tana's films, "Caffé Italia" and especially the remarkable "La Sarrasine" are also stories of dialogue, weaving fragments of the cultural past of the Italian community in Montréal with that of the Québécois. One particularly remarkable dialogue takes place in a 30-minute film called "La manière des Blancs" by Bernard

Emond, in which Juliette Huot, abandoned by her family in a hospital emergency ward, befriends a solitary Inuit. Never mind that she thinks that he's Chinese, true complicity springs up between them.

This interweave is also present in the theatre of Marco Micone, author of three very successful plays and certainly the best-known of the Italo-québécois creators, and in the existence and notoriety of the journal "Vice versa" which became the most explicit proponent of "transculturalism" in Québec. "Vice versa" has enjoyed a remarkable persistence. It has been publishing since 1983, and remains today an essential site for cultural production in Québec. Over the years it has allowed the expression of viewpoints on cultural difference which are not reductive but which allow us to explore the complexities of our cultural hybridities today.

The cultural boundary-crossings enacted in these cultural productions tell a story quite different from those promoted in the confrontational discourse of politics and the media. They speak the mixed languages of many of Montréal's neighbourhoods, they express the curiosity provoked by encounters with a variety of cultural traditions, newly translated into personalized idioms. They speak of the contradictory and transitional identities of contemporary Montréal, cultural capital of Québec. And in that sense provide a dynamic sense of what Québec culture is today. It is on the basis of these mobile frontiers of culture that we should envisage the possibility of citizenship in the political community of Québec.

## Notes

1. Dominique Schnapper, p.190: "le dépérissement du caractère politique de la vie commune au profit de sa dimension économique et sociale"; "l'épuisement de la valeur d'évocation des symboles nationaux auprès des nationaux eux-mêmes et singulièrement auprès des jeunes".
2. See Yasemin Nuhoglu Soysal, *Limits of Citizenship. Migrants and Postnational Membership in Europe*. Chicago and London: The University of Chicago Press, 1994. Whether or not the category of "denizens" or "partial citizens" is considered a positive element of the contemporary scene, it must be recognized as a reality of the postwar era. "It is essential to recognize that national citizenship is no longer an adequate concept upon which to base a perceptive narrative of membership in the postwar era. Postnational formations of membership challenge us to refurbish our definitions and theoretical vistas of and about citizenship and the nation-state" (p.67). Consider for instance the fact that voting rights for local elections have been extended to *non citizens* in Ireland, Sweden, Denmark, Norway, and the Netherlands. (p.127)
3. See the important review article by Will Kymlika and Wayne Norman, "Return of the Citizen: A Survey of Recent Work on Citizenship Theory", *Ethics* 104 (January 1994).
4. "On s'entiche des villes depuis que les nations n'enthousiasment plus personne. Une nation rêvait, tandis qu'une ville brasse des affaires. Une ville n'a pas vraiment de chef ni de drapeau. Montréal a un sigle pour ses en-têtes, comme les compagnies et les collèges; Paris est un bateau, New York une pomme; mais cette symbolique n'est pas faite pour claquer au vent et fouetter des ardeurs, elle vise seulement à identifier des lieux et des institutions...Une nation se définissait par une plénitude, par sa spécificité; une ville, au contraire, est neutre et poreuse, et elle aura d'autant plus de chances de prospérer qu'elle aura su s'ouvrir au neuf. L'histoire d'une nation constituait une épopée, celle d'une ville se réduit à une monographie. La nation était une foi, la ville est une peur: on se hâte, on s'agglutine, on se méfie." François Hébert, *Montréal*. Collection «des villes», Aux Éditions Champ Vallon, Seyssel, 1989, pp. 62-63. "Si je tolère difficilement l'affirmation grandiloquente du sentiment national, y percevant toujours la régression à une identité intérieure au groupe, je suis par contre résolument

Montréalais. L'identité urbaine m'apparaît beaucoup plus radicale... Peut-être faudrait-il parler d'une esthétique où le bric-à-brac, l'insolite sont toujours au rendez-vous, et qui laisse percevoir une ville étrange — sinon étrangère — dans la ville réellement habitée." Simon Harel, "Les lieux de la citoyenneté", *Développement et rayonnement de la littérature québécoise*. UNEQ, Nuit blanche éditeur, 1994, p. 79.

5. Appadurai: "No idiom has yet emerged to capture the collective interest of many groups in translocal solidarities, cross-border mobilizations, and postnational identities... The vicious circle of counternationalism can only be escaped with a language found to capture complex, nonterritorial, postnational forms of allegiance" (p.418).

On the other hand, there remains the obvious but difficult problem of distinguishing political from cultural rights. The two examples most often used in Canadian political theory debates concern Québec and the Native Peoples: is it not rather a question of political rather than cultural rights which are at stake here?

Those who argue for a strong collusion between identity and citizenship usually do so from a very partial understanding of contemporary identities. See J. Spinner, *The Boundaries of Citizenship*, whose main examples for cultural rights are the Amish and the Hassidic Jews.

6. Martin Allor, *L'État de culture*. Publications du GRECC (Groupe de recherche sur la citoyenneté culturelle), Concordia University, 1994.

7. "La langue est non seulement l'instrument essentiel qui permet la participation, la communication et l'interaction avec les autres Québécois, mais elle est également un symbole d'identification", *Énoncé de politique en matière d'immigration et d'intégration*, ministère des Communautés culturelles et de l'Immigration du Québec, 1990, p. 16.

8. "Il serait naïf cependant d'en rester à cette proposition et de postuler que le français, nouvelle langue véhiculaire, proposée généreusement, suffira à définir un nouveau pacte communicatif. C'est dans la mesure où ce 'parler commun' sera investi socialement — et symboliquement — d'une étrangeté de la langue, contribuant à rompre définitivement l'illusion linguistique d'une autochtonie fondatrice, qu'il y aura changement significatif. À cette condition, le français comme langue d'échange peut échapper à la fiction idéologique d'un 'neutre' linguistique, langue tutélaire et traductrice de la parole immigrante qui échapperait à la menace symbolique dont les nouveaux venus sont porteurs. En somme, c'est dans les brèches de la langue véhiculaire que pourrait loger cette étrangeté. Ce qui ne signifie pas pour autant la disparition du support référentiel et communicatif, langue véhiculaire permettant la formulation d'un lien social. Il ne suffit pas d'opposer à l'unité de ce support véhiculaire la fragmentation des identités locales, chacune authentifiée par son particularisme linguistique. Une telle perception du plurilinguisme, associée à un modèle utopique où chaque citoyen parlerait sa langue maternelle, soucieux de la préservation de son espace restreint, me semble tout aussi discutable que la valorisation rigide du français comme langue véhiculaire". Simon Harel, *Le voleur de parcours. Identité et cosmopolitisme dans la littérature québécoise contemporaine*. Collection l'Univers du discours, Le Préambule, 1989. (p.83)

9. I have noticed this separation among the allophone students I teach at Concordia University. These students are now quite competent in French, but they will immediately fall back into English, and especially into the cultural universe of the English-speaking world. The documentary "Xénopholies" explores to some extent this hybrid dimension of the allophone world, although it highlights the conflictual dimensions of this hybridity.

10. In May 1995 the ministère de l'Immigration et des Communautés culturelles began a major advertising campaign with the slogan: "Le teint basané/Les cheveux bouclés/Les yeux en amande... le cœur québécois". The English press suspected the Ministry of shamelessly seeking out ethnic approval for the referendum. In my mind, this effort is welcome!

11. *Métamorphoses d'une utopie*, dir. Jean-Michel Lacroix et Fulvio Caccia, Presses de la Sorbonne Nouvelle/Éditions Triptyque, 1992.

12. Nor have advertising agencies or TV programming been particularly sensitive to the needs of their ethnic audiences. Studies (CRARR) have shown that the media in Quebec have not been particularly forthcoming in seeking out images of racial and ethnic diversity — in advertising or in television programming. Centre d'études sur les médias: "Les médias francophones au Québec: un outil d'intégration des communautés culturelles?" Réflexions issues de la séance de travail sur les enjeux culturels et économiques du 17 novembre 1994.

13. See Dominique Leydet, "Intégration et pluralisme: le concept de culture publique", Cahiers de recherche n° 7, Chaire Concordia-UQAM en études ethniques, 1995, p. 9.
14. This point is made by Julien Bauer in *Les Minorités au Québec*, collection Boréal Express, 1994, p.91. Here is how Julien Bauer describes "convergence culturelle" in relation to "multiculturalisme":
    "Le multiculturalisme admet la valeur de toutes les minorités, la convergence culturelle reconnaît celle des minorités qui s'expriment en français; le multiculturalisme s'adresse à tous les citoyens, la convergence privilégie les nouveaux citoyens; administrativement et donc politiquement, le multiculturalisme est lié à la citoyenneté, la convergence à l'immigration; le multiculturalisme défend la stabilité d'un système où la supériorité des peuples fondateurs, via le bilinguisme, est compensée par une vague reconnaissance des minorités: les minorités souhaitent que le multiculturalisme les sorte de leur statut inférieur; la convergence préconise un nouveau système centré sur la manifestation linguistique d'un peuple fondateur et a du mal à établir une distinction entre minorités et immigrants; les minorités ne conçoivent pas comment la convergence culturelle peut les sortir de leur statut inférieur." (p. 92) But also: "Multiculturalisme et convergence culturelle se manifestent par des déclarations d'intentions et par quelques programmes concrets; [ils] habituent dirigeants et professionnels des minorités à traiter avec l'État, à accepter le système bureaucratique pour obtenir des avantages, à négocier avec le niveau politique; bref, à jouer le jeu politique canadien et québécois." (p. 92-93)
15. Homi Bhabha, 1994. *The Location of Culture*. London and New York, Routledge.
16. Elspeth Probyn, 1994. *Queer Identity in Québec*. Publications du GRECC (Groupe de recherche sur la citoyenneté culturelle), Concordia University.

## Bibliography

Allor, Martin (1994). *L'État de culture*. Montréal, Publications du GRECC (Groupe de recherche sur la citoyenneté culturelle), Concordia University.

Appaduria, Arjun (1993). "Patriotism and its Futures", *Public Culture*. 5, pp. 411-429.

Bauer, Julien (1994). *Les minorités au Québec*. Montréal, Éditions du Boréal.

Bhabha, Homi (1994). *The Location of Culture*. London and New York, Routledge.

*Énoncé de politique en matière d'immigration et d'intégration* (1990). Ministère des Communautés culturelles et de l'Immigration du Québec.

Harel, Simon (1994). "Les lieux de la citoyenneté." *Développement et rayonnement de la littérature québécoise*. UNEQ, Nuit blanche.

Harel, Simon (1989). *Le voleur de parcours. Identité et cosmopolitisme dans la littérature québécoise contemporaine*. Longueuil, Le Préambule.

Hébert, François (1989). *Montréal*. Collection "des villes", aux Éditions Champ Vallon, Seyssel.

Kymlika, Will and Wayne Norman (1994). "Return of the Citizen: A Survey of Recent Work on Citizenship Theory." *Ethics*. 104, January.

Lacroix, Jean-Michel et Fulvio Caccia (1992). *Métamorphoses d'une utopie*. Paris, Presses de la Sorbonne Nouvelle, Triptyque.

Leydet, Dominique. "Intégration et pluralisme: le concept de culture publique." (1995). *Cahiers de recherche* n° 7. Chaire Concordia-UQAM en études ethniques.

L'Hérault, Pierre (1989). "Cartographie de l'hétérogène" in *Fictions de l'identitaire au Québec*. dir. Simon, et al. Montréal, XYZ éditeurs.

Probyn, Elspeth, (1994). *Queer Belongings in Québec*. Montréal, Publications du GRECC (Groupe de recherche sur la citoyenneté culturelle), Concordia University.

Schnapper, Dominique (1994). *La communauté des citoyens. Sur l'idée moderne de la nation*. Paris, Gallimard.

Simon, Sherry (1994). *Le Trafic des langues. Traduction et culture dans la littérature québécoise*. Montréal, Éditions du Boréal.

Simon, Sherry (forthcoming), *Représentations de la diversité culturelle dans le cinéma et la vidéo québécois* (filmographie commentée), Montréal, Publications du GRECC, Concordia University.

Soysal, Yasemin Nuhoglu (1994). *Limits of Citizenship. Migrants and Postnational Membership in Europe*. London and Chicago: The University of Chicago Press.

Spinner, J. (1994). *The Boundaries of Citizenship. Race, Ethnicity, and Nationality in the Liberal State*. Baltimore and London, The Johns Hopkins University Press.

# La trajectoire interculturelle du Québec : la société distincte vue à travers le prisme de l'immigration

*Pierre Anctil*

Le lien entre immigration et politique d'intégration se perçoit mieux dans le contexte du Québec contemporain, si le regard se porte au-delà de la période actuelle, soit à l'époque où dans l'esprit des francophones ces deux réalités n'étaient pas associées. En fait, avant la Révolution tranquille, autant il est difficile de pointer du doigt l'existence au sein de l'État québécois d'une volonté manifeste d'influer le cours de la vie culturelle, même entendue au sens large, autant la gestion de l'immigration ne faisait que très épisodiquement partie des préoccupations de la fonction publique provinciale. Cette indifférence relative face au flux migratoire se manifesta même au moment où le gouvernement fédéral orchestrait et accueillait au début du siècle la plus importante vague migratoire de l'histoire canadienne, soit 2,5 millions d'immigrants entre 1905 et 1913 (Pelletier, 1913). Un point de vue à peine différent prévalut entre 1951 et 1960 quand Montréal vit l'établissement du contingent de l'après-guerre (Gouvernement du Canada, 1994 : 2), lequel allait avoir une influence déterminante sur la composition démographique de la métropole du Québec, sur son avenir linguistique et sur son visage culturel.

## Avant la Révolution tranquille

Dans la première moitié du XXe siècle, le point de vue le plus répandu au Québec francophone, concernant l'immigration, a été que les nouveaux venus gravitaient inexorablement autour du noyau anglo-saxon, plus dynamique sur le plan socio-économique et installé au faîte du pouvoir au sein du régime fédéral (Anctil, 1988). Même au Québec, tel que le leur avait enseigné une longue expérience historique, les francophones majoritaires constataient aisément que les immigrants prenaient la mesure de l'ascendant social de la langue anglaise et des institutions où elle dominait. Jugée juridiction de compétence pan-canadienne, la gestion de l'immigration était le plus souvent à l'époque menée en fonction de critères où ne figuraient pas prioritairement les intérêts spécifiques du Québec. Plus encore, le palier de gouvernement provincial négligea de réclamer après 1867 toute responsabilité en ce domaine, sous prétexte que la majorité des immigrants avaient officiellement été recrutés ou sélectionnés en vertu de programmes devant desservir le peuplement de l'Ouest canadien ou des objectifs identifiables au Canada central. Il en résulta pendant des décennies au Québec un désintérêt qu'entretenait le refus des différents gouvernements provinciaux d'investir des ressources importantes dans le secteur de l'éducation publique et de la culture :

Si l'idée de l'intégration de l'immigrant a été lente à se développer au Canada, elle a été encore plus tardive à s'inscrire dans les préoccupations de la province de Québec, où la création d'un ministère de l'Immigration est de date récente.

Au Québec, comme dans le reste du Canada, les facteurs démographie et économie mis à part, on s'est peu soucié du facteur éducation ou enseignement comme moyen d'intégration de l'immigrant.

Les premières velléités d'attention à l'école comme moyen d'intégrer les immigrants au groupe francophone remontent à peine à 1947-48, et encore plusieurs initiatives furent-elles sans lendemain (Gouvernement du Québec, 1972 : Vol. 3, p. 201).

À Montréal tout particulièrement, le cloisonnement ethnolinguistique entre francophones et anglophones dressait des obstacles considérables sur la voie d'un contact favorable entre la majorité démographique et les nouveaux venus. Les institutions principales de la ville avaient ainsi été conçues et développées, du moins dans l'esprit du Québec de langue française, pour perpétuer et enraciner la survivance du fait français, tant sur le plan culturel que religieux. Aux yeux de l'intelligentsia francophone, l'identité canadienne-française était le plus souvent un héritage que seule une naissance au sein d'une société historiquement et territorialement définie permettait d'acquérir, d'autant plus que sa composante principale, la foi catholique, se transmettait dans le cadre d'une vie familiale et paroissiale stricte. Confrontées au fait que la vaste majorité des immigrants admis à Montréal au cours de ce siècle ne furent pas des francophones, même sur le plan de la langue d'usage, et que pendant de longues périodes ils ne s'avérèrent pas non plus pour la plupart des adhérents de la foi romaine, les institutions de la majorité linguistique resserrèrent les rangs. Cette tendance était déjà visible dès 1903 quand les immigrants juifs étaient invités par une législation provinciale à se joindre, du fait de leur confession, au réseau scolaire protestant anglophone (Anctil, 1990). Ce repli devint si généralisé et ses conséquences structurelles si profondes à Montréal que, jusqu'à l'aube de la Révolution tranquille, le réseau scolaire francophone ne contribua pas à attirer au Québec français les nouveaux venus, ni à les franciser :

> The main policy of the Commission des écoles catholiques de Montréal (CÉCM) before the 1960s was not aimed at integrating the immigrants. This was hardly suprising : after all, the English language sector of the CÉCM had been created in the first place by exponents of *la survivance* to ensure that non-Francophones did not «contaminate» French-Catholic schools as places in which French-Canadian values could be transmitted. [...] Little attention was paid to immigration as a factor shaping French-speaking society, especially since historically almost all of the immigration to Montreal had been Anglophone (Levine, 1990 : 59-60).

Les premiers signes en vue d'une modification sensible du rapport de force entre les communautés linguistiques à Montréal apparurent au milieu des années soixante, quand des intellectuels francophones dénoncèrent à la lumière des tendances démographiques profondes de la métropole, le processus d'anglicisation des générations montantes issues de l'immigration d'après-guerre. Selon les études alors disponibles, la forte progression numérique des allophones sur l'île de Montréal, conjuguée à leur choix de l'anglais comme langue d'usage, laissait présager une disparition dans un avenir prévisible de la majorité linguistique francophone en place dans la région depuis près d'un siècle. En 1967, le rapport de la Commission Gauthier concluait que le réseau scolaire montréalais ne pouvait, à cause de sa nature confessionnelle, s'acquitter de la tâche d'intégrer à la société francophone la vague migratoire des années cinquante. Fait sans précédent, cette commission proposait au gouvernement provincial l'abandon du libre choix de la langue d'enseignement et l'inscription obligatoire des allophones à un système scolaire bilingue (Gouvernement du Québec, 1967). Quelque temps auparavant, le rapport de la Commission Parent avait lui aussi abordé dans le cadre de ses préoccupations plus générales la question de la scolarisation des enfants d'origine immigrante. Les signataires concluaient que la confessionnalisation du réseau scolaire constituait un obstacle de taille en compartimentant le système éducatif québécois, au point que les services offerts en langue française différaient radicalement en qualité et en contenu de ceux offerts en langue anglaise. Les allophones passaient au secteur anglophone catholique ou protestant non seulement parce qu'ils subissaient le poids du contexte socio-économique dominant, mais aussi parce que les commissions scolaires à dominante francophone, dont la CÉCM, n'ouvraient pas des perspectives suffisamment valables au niveau de la formation de base :

> Dans la section précédente du présent chapitre, nous avons indiqué l'urgence d'une réforme à entreprendre, sur tous les fronts, pour que l'enseignement public de langue française atteigne un niveau comparable à celui de l'enseignement public des écoles protestantes anglaises. Il n'est pas étonnant que les Néo-Canadiens, devant ces différences de service et de qualité, aient été enclins à opter pour des écoles mieux pourvues, où les professeurs sont d'ordinaire mieux préparés. Le problème du choix d'une école française ou d'une école anglaise, pour un certain nombre de Néo-Canadiens, se trouvera résolu lorsque l'enseignement public de langue française sera d'une qualité indéniable et donnera accès à toutes les facultés universitaires; alors seulement on pourra penser qu'il existe pour eux une véritable possibilité de choix entre des établissements publics français et anglais de valeur comparable (Gouvernement du Québec, 1963-66 : troisième partie, Chap. III, Sec. IV, par. 190).

En somme, non seulement les institutions francophones ne recrutaient pas activement les clientèles allophones, qu'elles auraient pu franciser et initier aux réalités culturelles de la majorité linguistique, mais en plus elles n'offraient pas aux nouveaux venus un choix équilibré entre deux réseaux de valeur égale. L'indifférence longtemps professée face à la question immigrante et le retard historique des Canadiens français face à l'éducation publique s'étaient ainsi conjugués pour produire une situation désastreuse au point de vue de la francisation. Lors de l'année scolaire 1967-68, par exemple, seulement 10,8 p. 100 des élèves d'origine ethnique autre que française ou britannique inscrits à la CÉCM fréquentaient des écoles où la langue d'enseignement était le français (Gouvernement du Québec, 1972 : tableau A-17, p. 492). Les autres, soit l'écrasante majorité, étaient engagés dans un processus d'apprentissage scolaire dont le terme était une forme achevée d'anglicisation. Ce constat, que le rapport de la Commission Gendron contribua à faire connaître au début des années 1970, s'étendait aussi au milieu du travail et au secteur des services sociaux, de la santé et du développement culturel. D'autres événements plus dramatiques devaient cependant mettre à nu l'état des relations à Montréal entre les différentes communautés linguistiques, et révéler l'inaction du gouvernement du Québec face à ces enjeux. En 1968, une dispute éclatait à Ville St-Léonard, en banlieue de Montréal, concernant la décision de la commission scolaire catholique locale d'abolir les classes bilingues offertes au niveau primaire aux jeunes allophones, dans ce cas surtout des enfants appartenant à des familles immigrantes d'origine italienne. On s'était en effet rendu compte dans les milieux scolaires francophones que cette formule pédagogique servait de tremplin en vue d'un accès élargi au réseau secondaire et collégial anglophone, et par là à une intégration socio-économique dans les milieux montréalais à dominance linguistique anglaise (Cappon, 1974).

La querelle autour des classes bilingues à St-Léonard représentait si bien la situation globale du conflit linguistique à Montréal, et le rôle qu'y jouaient les diverses communautés culturelles, qu'elle en vint au cours de l'année 1968 à symboliser l'enjeu même de l'intégration des allophones. Les passions politiques que l'affaire soulevait soulignèrent le caractère perçu comme fragile de la communauté francophone québécoise, hâtant ainsi d'autant la mobilisation des différents courants d'opinion que la question immigrante commençait à agiter. Un mouvement se dessina au sein de l'intelligentsia francophone pour réclamer, dans ce dossier de la fréquentation scolaire, une intervention législative ferme en faveur de l'instauration de mesures de francisation obligatoires. Pressé par une sensibilisation grandissante du public, le gouvernement Bertrand promulgua à la fin de 1969 la Loi pour promouvoir la langue française au Québec (Loi 63), la première de ce type dans l'histoire québécoise contemporaine. Jugée dérisoire à l'époque et considérée comme inopérante, la Loi 63 introduisit néanmoins un élément radicalement nouveau en confirmant sur une base très large le droit exclusif des parents francophones et anglophones au libre choix de l'école. Cette législation forçait ainsi pour la première fois les commissions scolaires confessionnelles à admettre des élèves d'une autre croyance religieuse, et ouvrait la voie à un repartage des clientèles allophones. Ainsi, espérait-on, l'effet de la Loi 63 serait : «de dédouaner les parents de l'hypothèque confessionnelle qui limitait antérieurement leur choix linguistique» (Gouvernement du Québec, 1972 : 229).

C'est d'ailleurs de la Loi 63 que date l'obligation qui est faite aux commissions scolaires confessionnelles d'offrir aux parents qui le désirent, en plus des cours traditionnels de religion, une formation de type morale, ce qui permettait pour la première fois d'initier un processus de francisation sans heurter le sens des valeurs des clientèles n'adhérant pas à la foi catholique. Le gouvernement Bertrand n'osa pas toutefois en 1969 abolir le libre choix de la langue d'enseignement, comme le lui suggérait une partie de l'opinion publique francophone, jugeant suffisantes les orientations prises en faveur d'un décloisonnement relatif des barrières scolaires confessionnelles. L'année de la crise de St-Léonard vit toutefois l'apparition, à l'époque moins publicisée, de mesures destinées à favoriser une intégration harmonieuse des immigrants à la majorité francophone. En 1968, le gouvernement québécois créa un ministère de l'Immigration dont le mandat allait être précisément, pour la première fois depuis l'entrée du Québec au sein de la Confédération, de gérer les flux migratoires pénétrant dans l'espace québécois et de voir à l'intégration des nouveaux venus. Le volet linguistique de cette tâche était confié la même année, pour ce qui est des adultes, à des Centres d'orientation et de formation des immigrants (Cofi) dont la responsabilité de francisation était jugée incomber au gouvernement québécois. Au même moment et sur une voie administrative parallèle mais séparée, certaines commissions scolaires de l'Île de Montréal, dont la CÉCM, mettaient sur pied des classes d'accueil destinées à faciliter l'immersion en langue française des jeunes allophones récemment arrivés et qui pourraient souhaiter s'acheminer vers le secteur francophone. Présentées dans le rapport Gendron comme : «une formule qui pourrait être qualifiée d'initiative en faveur du choix à l'école française pour les enfants d'immigrants» (Gouvernement du Québec, 1972 : 255) ces classes constituaient, de la part du milieu scolaire francophone, la première tentative d'innover sur le plan pédagogique en vue de faire accepter par les nouveaux venus le français comme langue d'enseignement.

## Le passage du religieux au linguistique

Une réflexion en profondeur sur cette problématique nouvelle dans la société francophone québécoise ne s'entamerait toutefois qu'avec la mise sur pied, à la fin de 1968, de la Commission d'enquête sur la situation de la langue française et sur les droits linguistiques au Québec, mieux connue sous le nom de Commission Gendron. Celle-ci mit plus de quatre ans à déposer les conclusions de ses travaux, lesquels ouvriraient une brèche nouvelle dans l'approche utilisée jusque-là par les grandes institutions de base de la société québécoise dans l'intégration des immigrants. La Commission avança en effet l'idée novatrice qu'un pays, un gouvernement ou une société ont la responsabilité d'attacher à l'immigration des objectifs précis qui cadrent à l'intérieur d'un projet sociétal global, et que ce programme lié à l'accueil et à la valorisation des nouveaux venus se doit d'être connu et accepté autant de la part des principaux intéressés que de la part des citoyens en place. Ceci signifiait que l'État québécois devait mettre en place des mesures adéquates de recrutement des candidats à l'immigration, qu'il devait élaborer des structures pour les soutenir et les orienter au cours des premières étapes de leur établissement et enfin qu'il devait développer un esprit d'ouverture à leur égard. Comme le démontra la Commission, plusieurs pays industrialisés avaient adopté de semblables perspectives.

Selon la Commission Gendron, il incombait d'autre part à la population francophone du Québec de se sensibiliser à l'apport de l'immigration. Une information suffisante devait entre autres lui parvenir sur les motifs et les bienfaits d'un tel mouvement de population. Aucun accueil valable n'était possible si la majorité démographique restait insensible au phénomène, comme cela avait été le cas à Montréal jusqu'à la Révolution tranquille, ou, si elle se sentait placée dans une situation de minorisation, appréhendée suite à la pénétration de personnes de langue et de culture différentes au sein des institutions francophones traditionnelles. Finalement, la Commission proposa que les nouveaux arrivants possèdent une connaissance suffisante préalable des conditions sociales et linguistiques propres au Québec, et ce afin d'être en mesure de comprendre et d'accepter les contraintes imposées à l'arrivée. Concernant la langue française en particulier et le contexte propre à la francisation des jeunes allophones par le biais des institutions scolaires, la Commission avança l'idée que ni l'État du Québec, ni ses principales institutions, ni même la majorité des citoyens n'avaient vraiment voulu ni désiré jusqu'ici associer les immigrants à leur projet de société :

> Par manque d'intérêt, d'information et de structures appropriées, les Canadiens français ont perdu l'occasion d'attirer à eux en très grand nombre les immigrants qui sont arrivés au Québec entre 1951 et 1961. Étant donné que ceux qui sont arrivés après la Deuxième Guerre mondiale représentent la majorité, il semble utile et nécessaire que les francophones se préoccupent d'abord d'intégrer les immigrants présents au pays afin de préparer la voie à ceux qui pourraient venir.

> Des contacts soutenus et une ouverture d'esprit, conjugués avec l'utilité grandissante du français, particulièrement dans le secteur économique, convaincront les autres qui se trouvent déjà au Québec de l'intérêt qu'il y a pour eux d'apprendre le français et de l'utiliser, non seulement au travail, mais dans les situations de loisir et d'autres qui devraient se multiplier de plus en plus avec la communauté canadienne-française (Gouvernement du Québec, 1972 : 190).

La Commission Gendron, tout comme l'ensemble des réflexions dont fut saisie la société québécoise à la fin des années soixante concernant la francisation des immigrants, illustra le lien intime qui se tissait entre les objectifs généraux ainsi que les finalités de la Révolution tranquille, et l'immigration comme partie intégrante d'un grand projet de devenir collectif. Réalisant en l'espace de quelques années la transformation d'une société canadienne-française, dont l'identité profonde se définissait avant tout par l'adhésion à une doctrine religieuse, à une nouvelle définition basée sur l'appartenance linguistique, la Révolution tranquille libérait du même coup de vastes pans de l'édifice social du carcan des idées traditionnelles. La montée d'un nationalisme arrimé à la langue, comme premier vecteur identitaire de la majorité démographique, ébranla les certitudes acquises, à savoir que l'intégration des immigrants et le contrôle des flux migratoires ne jouaient qu'un rôle négligeable ou marginal face au maintien d'un espace culturel et linguistique francophone au Québec. Quand, à Montréal, les démographes et les statisticiens se mirent à dénombrer les individus dans le milieu scolaire et au sein de la société en général, non plus selon l'allégeance confessionnelle, mais selon les variables de langue maternelle et de langue d'usage, et selon le sens prédominant des transferts linguistiques, il apparut rapidement qu'aucune instance publique n'imprimait de ses orientations ou de ses politiques les choix linguistiques des immigrants. À long terme cela risquait de signifier que le français, à tout le moins, ne deviendrait pas la langue commune de tous les citoyens du Québec, mais plutôt qu'il resterait confiné presqu'entièrement aux populations de souche et d'origine canadienne-française. Dans ces conditions, à l'aube des années soixante-dix, le Québec apparaissait une société promise à un état de bilinguisme interne permanent.

Il devint aussi évident à l'époque du rapport Gendron que, si l'obstacle confessionnel pouvait être surmonté dans presque tous les secteurs de la société québécoise, par le biais d'une prise en charge par l'État des institutions à dominance religieuse, les réformistes n'auraient pas par contre la partie aussi facile dans le système scolaire. Le réseau de l'école soit catholique, soit protestante, avait été enchâssé dans la constitution canadienne de 1867 à l'article 93, et l'institution scolaire confessionnelle possédait de facto le privilège du monopole quant à l'instruction publique. Plutôt que de s'acharner à modifier légalement la situation, ce qui fût tout de même tenté sans succès à plusieurs reprises au cours des dernières années, les gouvernements essayèrent de gérer une redistribution des populations scolaires allophones à l'intérieur des structures scolaires existantes, soit vers des institutions où le français était la langue d'enseignement. En termes concrets ceci signifiait que le libre choix serait aboli au niveau de la fréquentation scolaire, et que les parents allophones, tout comme les francophones d'ailleurs, se verraient retirer le droit d'inscrire leurs enfants à l'école d'expression anglaise. Si d'autres mesures coercitives ou incitatives devaient-être éventuellement, promulguées concernant la francisation des milieux de travail, et concernant la qualité et le rayonnement de la langue française au Québec, il reste que c'est au sein des institutions scolaires que l'impact à long terme sera le plus marqué et le plus durable pour ce qui est de l'intégration des immigrants. Il revint à la Loi 22 de déclarer en 1974 le français seule langue officielle du Québec. Cette même législation fut la première également à abolir le libre choix de la langue d'enseignement, ce à quoi la Loi 63 de 1969 n'avait pas consenti. Le gouvernement Bourassa ne sut cependant pas appuyer ces grands principes par une réglementation claire, et un vent de désobéissance civile s'empara de certaines couches de la population immigrante qui désiraient contourner l'interdiction faite désormais d'inscrire à l'école anglophone des élèves de langue maternelle autre qu'anglaise.

L'échec politique de la Loi 22 fut consacré par la défaite du gouvernement Bourassa en novembre 1976 et l'élection du premier gouvernement Lévesque. Quelques mois plus tard, la nouvelle équipe au pouvoir faisait connaître ses intentions en matière de politique linguistique, et proposait du même coup les premiers jalons de son orientation fondamentale vis-à-vis de la question immigrante et de la gestion de la diversité culturelle sur le territoire du Québec. Dans un Livre blanc concernant sa politique de la langue française, le gouvernement péquiste franchissait en mars 1977 un nouveau cap en déclarant le français langue commune de tous les Québécois (Gouvernement du Québec, 1977a). Cette affirmation ne signifiait toutefois pas que les minorités linguistiques ou culturelles du Québec verraient leurs droits fondamentaux limités ou bafoués. Plutôt, une distinction nette serait établie entre les institutions créées par la communauté anglophone native et soutenues par elle, et celles où seraient dirigés les immigrants de toutes origines et où le français serait la langue d'usage. Un nouveau principe de gestion linguistique faisait ainsi son apparition :

L'école anglaise, qui constitue un système d'exception accordé à la minorité actuelle du Québec, doit cesser d'être assimilatrice et doit donc être réservée à ceux pour qui elle a été créée (Gouvernement du Québec, 1977a : 22).

Le Livre blanc sur la langue de 1977 proposait d'ailleurs un certain nombre de sphères où le gouvernement souhaitait voir initiée l'intégration linguistique des personnes de souche non-francophone issues de l'immigration, et leur insertion sociale dans des milieux à dominante française. Les efforts en ce sens devaient se traduire par une politique de classes maternelles et de classes d'accueil, par des programmes d'enseignement des langues d'origine en milieu scolaire (Pelo), par des incitatifs à la participation à la fonction publique et par un appui à l'épanouissement et à la diffusion des cultures minoritaires. Le livre blanc proposait aussi d'intervenir pour briser l'isolement de certaines communautés immigrantes plus vulnérables sur le plan socio-économique, et menacées de ghettoïsation face à la majorité francophone.

La Charte de la langue française, ou Loi 101, promulguée en août 1977, reprenait ces principes en leur donnant une application et une réglementation concrète, notamment dans le secteur névralgique de l'éducation. Le préambule de la loi affirmait la volonté de l'État québécois de faire du français la langue courante de toutes les sphères d'activité publique, autant celles relevant de l'entreprise privée que celles dépendant de l'activité gouvernementale. Il reconnaissait aussi implicitement qu'une nouvelle politique étatique pouvait bousculer un contexte jusque-là nettement moins interventionniste et heurter des citoyens ou des groupes d'intérêts habitués au laisser-faire en matière d'intégration : «l'Assemblée nationale entend poursuivre cet objectif (de francisation) dans un climat de justice et d'ouverture à l'égard des minorités ethniques, dont elle reconnaît l'apport précieux au développement du Québec» (Gouvernement du Québec, 1977b : 8). C'était là reconnaître implicitement que l'État québécois jouait maintenant un rôle d'arbitre dans la construction de l'identité linguistique et culturelle de la population du Québec tout entier, et qu'il souhaitait infléchir dans le sens de la francophonie, sinon la vie quotidienne et les pratiques sociales des nouveaux immigrants, du moins celles de leurs descendants. Malgré que plusieurs amendements et lois subséquentes soient venus au cours des années quatre-vingt et quatre-vingt-dix rééquilibrer sur le plan linguistique les rapports de force entre majorité francophone et minorité anglophone, aucune modification législative ou politique n'est venue depuis infléchir la volonté des différents gouvernements d'orienter les immigrants vers des institutions où le français a statut de langue commune (Dansereau, 1993).

La Loi 101 constituait avant tout une réponse de l'État québécois au contexte linguistique montréalais, seule région du Québec où l'équilibre démographique puisse être remis en cause par l'anglicisation des immigrants. Cette législation pouvait être perçue comme une rupture très nette au niveau des pratiques administratives acceptées en matière de gestion linguistique, tout autant que comme une réponse politique à un débat de société hautement sensible. Peu d'observateurs, cependant, surent prédire dès la fin des années soixante-dix, quelles conséquences sociétales la Charte de la langue française pourrait avoir, notamment au niveau des transferts linguistiques et des brassages culturels découlant de la mise en contact de populations jusque-là restées relativement isolées les unes des autres. En fait, le gouvernement Lévesque avait tout d'abord, sur cette question surtout, affirmé des principes abstraits, et avancé des stratégies d'application dont la gestion paraissait encore peu balisée. Le Livre blanc sur la culture de 1978 reprenait cette question et proposait par exemple d'œuvrer à la rencontre des communautés à Montréal, mais sans suggérer aucune avenue concrète pour y parvenir : «Si on considère que les membres des différents groupes ethniques qui habitent le Québec sont au moins un demi-million, on comprend l'urgence de leur insertion dans la vie québécoise. Notre projet collectif ne peut pas faire abstraction de ces Néo-québécois qu'il faut associer à part entière au mouvement historique du peuple québécois vers son plein épanouissement» (Gouvernement du Québec, 1978a : 84). En moins de 10 ans donc, la Charte de la langue française allait redéfinir, et le nationalisme québécois, et les assises culturelles sur lesquelles reposaient traditionnellement l'identité de la majorité francophone. Ce n'était pas là, à première vue, le but initial de la Loi 101, mais l'entrée des allophones dans les institutions de la majorité fut si soudaine et si massive dans certaines zones de l'Île de Montréal, que le choc des cultures prit le pas sur le simple changement linguistique anticipé, et replaça le débat sous l'angle de la convergence entre traditions culturelles différentes. Ces développements imprévus amenèrent bientôt la majorité de langue française à se définir face aux immigrants, moins comme société de culture française, que comme communauté d'accueil francophone. Cette distinction, en apparence nuancée, introduite au milieu des années 1970 allait s'avérer cruciale quelques années plus tard.

## L'émergence de l'approche interculturelle

Une constante émerge de l'étude des politiques relatives à la culture menées par le gouvernement du Québec, à savoir que depuis les vingt dernières années, l'affirmation du fait français et la rédaction de lois linguistiques ont souvent coïncidé avec l'élargissement des pouvoirs de la sphère provinciale en matière de contrôle de l'immigration. La constitution de 1867 avait en effet reconnu aux provinces, en vertu de l'article 95, des compétences partagées avec l'instance fédérale dans le domaine de la gestion migratoire. Pendant près d'un siècle, le Québec ne s'est pas prévalu de ces pouvoirs de manière systématique, se contentant de céder tout ce champ d'intervention au gouvernement d'Ottawa. Ainsi, c'est le niveau fédéral qui avait mis en place au début du siècle le plan Sifton, destiné à attirer une main d'œuvre rurale et agricole dans les provinces de l'Ouest canadien, et qui devait déclencher une vague migratoire sans précédent (Troper, 1987). De même, le sommet de l'après-guerre, composé essentiellement d'immigrants européens qui allaient s'établir dans les grands centres urbains, dont Montréal, avait été géré sur la base de critères d'admission et d'intégration, pan-canadiens. Après un long débat de société qui coïncide avec la Révolution tranquille, la volonté du gouvernement québécois d'intervenir dans le domaine de l'immigration a finalement trouvé à s'exprimer au moment même où la question linguistique prenait le devant de la scène à Montréal. C'est ainsi que la fondation du ministère de l'Immigration du Québec a suivi de peu en 1968 les troubles de St-Léonard et l'agitation autour de l'opportunité de maintenir ouvert aux allophones l'accès aux écoles de langue anglaise. La Loi 63, qui visait à briser pour les nouveaux venus le verrou de l'école confessionnelle publique, apparut dans la foulée de l'établissement des premiers Cofis et des classes d'accueil destinées aux jeunes immigrants dans le secteur scolaire francophone.

Après l'Entente Cloutier-Lang de 1971 (Gouvernement du Québec, 1976) et l'Entente Bienvenue-Andras de 1975 (Gouvernement du Québec, 1978b), deux documents issus de négociations fédérales-provinciales qui augmentèrent les pouvoirs du Québec en matière de prise en charge du flux migratoire, il devint évident que le ministère de l'Immigration québécois était en passe de devenir un acteur de premier plan dans le dossier de la valorisation de la langue française à Montréal. Ce parallélisme des législations linguistiques et des revendications en matière de contrôle de l'immigration apparut plus clairement encore avec la promulgation en 1977 de la Charte de la langue française, et avec la signature l'année suivante de l'Accord Couture-Cullen sur le partage des pouvoirs dans le domaine de l'administration des flux migratoires. Six mois à peine séparent l'entrée en vigueur des dispositions de la Loi 101 de celles «portant sur la collaboration en matière d'immigration et sur la sélection des ressortissants étrangers» (Gouvernement du Québec, 1978c), et il est difficile rétrospectivement de ne pas percevoir entre ces deux documents une certaine unité de pensée et d'action. Le préambule de l'Entente Couture-Cullen suggère : «que l'établissement de ressortissants étrangers doit contribuer à l'enrichissement socio-culturel du Québec compte tenu de sa spécificité française» (Gouvernement du Québec, 1978c : 2). Il avance également que les nouveaux venus seront sélectionnés en fonction de leur capacité d'intégration rapide et durable à la société québécoise, soit en fonction des besoins et des caractéristiques économiques, démographiques et socio-culturelles des régions d'accueil. Pour parvenir à ses fins, le gouvernement québécois obtenait sur une base conjointe et paritaire avec l'instance fédérale, le droit de procéder à la sélection des ressortissants étrangers qui s'établiraient sur son territoire, ceci à la condition de respecter les responsabilités fédérales déjà reconnues pour ce qui est des critères relatifs à l'admission des étrangers. Dans le cas des immigrants indépendants cependant, l'évaluation québécoise des candidats obtenait préséance sur celle faite par les autorités canadiennes (Brossard, 1985).

L'avancée réalisée à la fin des années soixante-dix sur le plan des institutions de base et des mécanismes administratifs liés à la sélection et à la francisation des immigrants, avait toutefois correspondu dans la sphère des idées, à une prise de conscience réduite, soit limitée aux élites politiques et intellectuelles. À la remorque cette fois des événements et des impératifs concrets, le discours politique qui correspondrait à la nouvelle réalité d'un Québec francophone en voie de se diversifier sur le plan culturel et linguistique, allait commencer à être élaboré seulement au début des années quatre-vingt. Après une consultation pan-québécoise des communautés issues de l'immigration, concernant les programmes et services offerts par les principaux ministères du gouvernement du Québec, un Plan d'action fut préparé en 1981 qui porta le titre *«Autant de façons d'être Québécois»* (Gouvernement du Québec, 1981).

À cette occasion, un néologisme fera pour la première fois son apparition dans le vocabulaire courant des publications gouvernementales québécoises traitant des populations issues de l'immigration : «les communautés culturelles»[1]. Tout comme les francophones de la majorité démographique formaient une communauté au sens politique, libre de disposer de ses propres institutions et capable de s'auto-déterminer sur la base d'un héritage linguistique, culturel et historique reconnu, de même les citoyens québécois appartenant à une autre souche se voyaient reconnaître une certaine autonomie dans la conduite de leurs affaires communautaires, et dans la préservation de leurs propres traditions culturelles ou religieuses. Il restait maintenant à définir où se situerait le point de jonction entre la population dite d'accueil et les communautés culturelles, et comment se négocierait l'usage d'une langue commune, en plus des valeurs consensuelles propres à un projet de société commun : «le mot *convergence* fait d'emblée naître à l'esprit l'idée d'une direction commune vers un même point. C'est sans doute celui qui résume le mieux l'histoire du peuplement du Québec, la cohérence que donne au Québec son caractère de société francophone et l'invitation faite à toutes les communautés culturelles québécoises de s'associer pleinement au projet collectif» (Gouvernement du Québec, 1981 : 3).

Le Plan d'action de 1981 reconnaissait pour la première fois en termes officiels la réalité d'un apport important, de la part des individus et des collectivités non-francophones du Québec, à la construction de la société québécoise et à la mise en place des traits culturels, socio-économiques ou institutionnels qui font son originalité. Plus encore, il énonçait l'idée que cette multiplicité était appelée à croître et à se développer du fait de l'invitation adressée aux nouveaux venus à se joindre à la majorité linguistique et, éventuellement, de s'y fondre sans abandonner ce qui constitue leur identité inaliénable : «Par leur vitalité, les communautés culturelles québécoises peuvent contribuer grandement à une ouverture accrue du Québec aux diverses traditions culturelles du monde. Grâce à elles, le Québec trouve en lui-même un point privilégié de rencontres interculturelles» (Gouvernement du Québec, 1981 : 20). Certes, la dynamique de rapprochement esquissée et souhaitée dans le Plan d'action de 1981 restait à définir en termes concrets, mais le gouvernement du Québec savait à tout le moins, déjà ce à quoi, elle ne ressemblerait pas : elle ne serait ni monoculturalisme forcé ni assimilationnisme à l'américaine. Cette conjoncture de convergence ne serait pas non plus à l'image du multiculturalisme, idéologie officielle du gouvernement canadien en matière d'intégration des immigrants, et qui prônait déjà, dès sa proclamation en 1971, une juxtaposition des cultures au sein d'un ensemble collectif peu défini.

Le contexte propre au début des années quatre-vingt, et le jumelage des notions de convergence culturelle et d'ouverture, face à l'altérité qui fut réalisée dans le Plan d'action de 1981, nous permettent de mieux saisir en fait le sens qu'il faut donner à l'approche interculturelle privilégiée par le Québec. Le terme d'interculturalisme fut sans doute choisi parce qu'il évoquait la rencontre des cultures, leur interpénétration mutuelle et la reconnaissance réciproque de leurs apports respectifs, ce dans les limites d'une rencontre au sein d'une culture civique commune et à l'intérieur d'un cadre linguistique francophone. Le gouvernement du Québec rejetait ainsi l'idée d'une simple superposition des cultures ou d'une cohabitation sans dialogue, d'éléments disparates au sein d'un ensemble vaguement défini. Il se réservait aussi le droit d'intervenir pour orienter et préciser ultérieurement, selon les besoins et les circonstances, à l'intérieur de quelles balises il souhaitait mener l'intégration des nouveaux arrivants et appuyer leur insertion dans le marché du travail. En somme, l'interculturalisme répondait dans la sphère notionnelle, au travail déjà entamé sur le terrain par les commissions scolaires et les institutions de base chargées de la francisation des immigrants. L'originalité du Québec résidait ici en ce que son statut de société nord-américaine de langue française le situait en quelque sorte à l'écart à la fois du multiculturalisme canadien et des politiques d'intégration en vigueur aux États-Unis. La politique multiculturelle notamment ne correspondait pas aux besoins de la société québécoise car elle négligeait de s'intéresser aux choix linguistiques des immigrants, et menaçait ainsi la réalité francophone majoritaire du Québec.

En 1981, le gouvernement du Québec avait ciblé un certain nombre de sphères où méritait d'être appuyée prioritairement une dynamique de rapprochement entre la majorité démographique et les communautés culturelles : l'accès à la fonction publique, l'amélioration de l'accueil aux nouveaux arrivants, l'apprentissage de la langue française et l'information concernant les services publics disponibles. À ce moment là, cependant, tout l'impact de la Loi 101, notamment le transfert des clientèles allophones des écoles de langue anglaise vers celles de langue française, en plus de la hausse des admissions annuelles sur le front de l'immigration, n'avait pas encore été pleinement ressenti par le réseau des institutions publiques. Ce choc de la pluralité coïncida plutôt avec la deuxième moitié de la décennie, période au cours de laquelle fut conçu et rendu public par le gouvernement du Québec un *Énoncé de politique en matière d'immigration et d'intégration* (Gouvernement du Québec, 1990), qui reprit, et élargit, le cadre au sein duquel le gouvernement souhaitait déjà faire porter son action. Pour la première fois aussi, fort d'une expérience de responsabilité fédérale-provinciale partagée de près de 10 ans, le gouvernement du Québec définissait non plus seulement le sens de l'apport des nouveaux venus, mais aussi les attentes que la société d'accueil souhaitait leur faire connaître et les voir reconnaître. Les principes sur lesquels repose le projet collectif du Québec sont au nombre de trois dans l'*Énoncé de politique* : l'usage du français comme langue commune de la vie publique et par là de l'école, l'adhésion aux valeurs de la démocratie et au respect des droits et libertés, et enfin l'ouverture face à une pluralité croissante au sein de la société. Réunies en un *contrat moral* dont les contours sont fermement tracés et balisés par l'État et ses principales institutions, ces trois volets doivent assurer une intégration harmonieuse et mutuellement avantageuse des immigrants à la société d'accueil (Gagnon-Tremblay, 1994).

Surtout, l'*Énoncé de politique* laissait aussi nettement transparaître l'idée que le processus d'intégration ne reposait pas que sur des principes abstraits. Il proposait la mise en place de programmes de francisation des adultes, de la pleine participation à la vie socio-économique et démocratique et enfin l'établissement de relations intercommunautaires harmonieuses. Ceci signifiait que le fardeau de l'intégration ne pouvait reposer sur les seules épaules des nouveaux venus ou des organismes d'accueil spécialisés, mais qu'il incombait aussi aux simples citoyens et aux institutions de la majorité de favoriser activement le cheminement des citoyens d'installation récente :

> Pour agir avec succès dans le domaine de l'intégration, il faut donc la collaboration de tous les intervenants, publics, privés ou communautaires, notamment ceux des communautés culturelles qui jouent souvent un rôle essentiel auprès des immigrants et de leurs descendants, ainsi que le soutien de toute la population. De plus, ces partenaires doivent agir de manière concertée afin d'assurer la convergence des actions menées dans divers milieux. Le Gouvernement attache donc une importance toute particulière aux mesures touchant la coordination de l'action gouvernementale et la concertation avec les partenaires (Gouvernement du Québec, 1990 : 46).

L'*Énoncé de politique* proposait ainsi au gouvernement de s'intéresser à la sensibilisation de la population québécoise toute entière au rôle essentiel joué par l'immigration et à l'apport des nouveaux arrivants, un champ d'intervention laissé jusqu'à ce moment là en friche. Dans le domaine de l'adaptation des services et du soutien aux institutions, le gouvernement et ses partenaires souhaitaient faciliter grandement le processus d'intégration en appuyant la formation interculturelle des intervenants et en procédant à des accommodements en matière de pratique religieuse. De même la lutte au racisme et à la discrimination raciale, le rejet des situations d'isolement et la résolution des tensions intercommunautaires devenaient des priorités bien identifiées dans l'*Énoncé de politique*, lequel fut suivi d'un nouveau Plan d'action s'étendant sur la période 1991-94 (Gouvernement du Québec, 1991a). Surtout, l'*Énoncé de politique* reprenait en la précisant la notion d'interculturalisme avancée dans des documents antérieurs. Le contexte interculturel devenait ainsi un cadre balisant l'ensemble des rapports entre les nouveaux venus et leurs descendants d'une part, les citoyens et les institutions de la société d'accueil d'autre part. Le gouvernement du Québec reconnaissait ainsi, tout en évitant les situations de marginalisation extrêmes, la contribution et l'apport des diverses communautés culturelles présentes au Québec, mais souhaitait du même coup qu'elles participent pleinement à la vie socio-économique et démocratique, et partagent les valeurs civiques communes à l'ensemble des Québécois. L'interculturel se définissait donc comme un mouvement réciproque d'ouverture basé sur un échange constructif, et où, en bout de ligne, l'immigrant était invité à se joindre à part entière à la communauté d'accueil :

> La réussite même du processus d'intégration exige que les nouveaux arrivants et les Québécois de toutes origines s'ouvrent à l'échange intercommunautaire et reconnaissent que toutes les cultures sont susceptibles d'être enrichies par le partage. De plus, il est souhaitable que tous développent graduellement un sentiment d'allégeance à la société québécoise qui transcende les appartenances héritées du passé (Gouvernement du Québec, 1990 : 18).

Les précisions quant à l'action gouvernementale en matière d'immigration et d'intégration apportées par l'*Énoncé de politique* allaient être soutenues par de nouvelles avancées du côté de l'élargissement des pouvoirs du Québec relatifs à l'immigration, qui vinrent renforcer considérablement la capacité d'intervention de l'État québécois et la cohérence de ses actions. Le début des années quatre-vingt-dix s'avéra également une période d'intenses débats sur le front linguistique, déclenchés par l'utilisation en 1988, par le gouvernement québécois, de la clause dérogatoire prévue dans la constitution canadienne. C'est également en 1990 que furent conclus les Accords du Lac Meech, au terme d'une difficile négociation fédérale-provinciale, et qui prévoyaient entre autres la constitutionnalisation, à la demande du Québec, des pouvoirs québécois en matière de sélection des immigrants. En 1991 finalement, après l'échec des accords constitutionnels de Meech, les gouvernements d'Ottawa et de Québec signaient une nouvelle entente administrative : «Pour fournir au Québec de nouveaux moyens de préserver son poids démographique au sein du Canada, et d'assurer dans la province une intégration des immigrants respectueuse du caractère distinct de la société québécoise» (Gouvernement du Québec, 1991b). Dans ce nouveau cadre légal, le Québec devenait seul responsable de la sélection des immigrants indépendants et obtenait de fixer lui-même les niveaux d'immigration à destination du Québec. Dans le secteur de l'accueil et de l'intégration, le Québec se voyait de plus, confier des pouvoirs plus élargis, assortis d'un transfert financier lui permettant d'obtenir une juste compensation pour cette charge administrative supplémentaire.

### L'immigration de langue française

Tout au long de la période pendant laquelle fut débattue ouvertement la question de l'intégration des immigrants à la société québécoise francophone, soit depuis la fin des années soixante jusqu'à aujourd'hui, le mouvement migratoire lui-même ne cessa de s'amplifier et le Québec accueillit en moyenne chaque année, de 16 à 18 p. 100 des personnes nouvellement admises au Canada. En gros, cela signifie que de 20 à 25,000 nouveaux citoyens vinrent s'installer au Québec annuellement, pendant la trentaine d'années qui sépare les événements de St-Léonard, en 1968, de la signature de l'accord McDougall-Gagnon-Tremblay en 1991. Ces chiffres en fait furent largement dépassés au début des années quatre-vingt-dix quand le gouvernement fédéral et celui du Québec initièrent une politique de forte immigration, composée à près de 50 p. 100 de personnes originaires de pays du Moyen-Orient et de l'Asie du Sud-est. Cet apport massif sur le plan démographique se mesure mieux si l'on considère par exemple qu'en valeur absolue, la population immigrée du Québec est passée en 1951 de près de 229,000 personnes à près de 590,000 personnes en 1991, soit de 5,6 p. 100 de la population totale du Québec en 1951, à 8,7 p. 100 quarante ans plus tard (Gouvernement du Québec, 1993a : 13). L'impact des nouveaux citoyens fut d'autant plus considérable qu'ils s'installèrent au Québec après la promulgation des diverses lois linguistiques qui ponctuèrent à intervalles réguliers la vie politique québécoise et durent s'intégrer massivement au réseau scolaire francophone. En 1991, 45 p. 100 des immigrants vivant au Québec avaient été admis après la mise en application de la Loi 101. Ce pourcentage grimpe à 57 p. 100, si l'on considère la proportion établie après 1971, soit après la tenue du débat de fond entourant la passation de la Loi 63 (Gouvernement du Québec, 1993a : 16). Pour caractériser encore plus précisément de quelle façon ce flux migratoire allait marquer les institutions de base de la société québécoise et transformer les perceptions des simples citoyens, il est important de rappeler que la presque totalité de ces nouveaux venus élut résidence dans la région immédiate de Montréal. En 1991, 24 p. 100 de la population de la métropole québécoise était née hors du pays, et plus du tiers n'était ni d'origine française, ni d'origine britannique (Gouvernement du Québec, 1993b). Dans le milieu scolaire, sur l'Île de Montréal, au cours de la même année, la proportion des élèves dont la langue maternelle était autre que française ou anglaise atteignait près de 28 p. 100 (Conseil scolaire de l'Île de Montréal, 1992).

L'effet conjugué des lois linguistiques, de la controverse entourant l'admission des allophones à l'école de langue anglaise et des taux d'immigration relativement élevés, contribua puissamment à faire pencher le nationalisme québécois vers une définition plus strictement territoriale de l'identité dite «québécoise». Après avoir été ethno-religieuse dans son approche et centrée sur la seule appartenance à l'expérience historique et culturelle canadienne-française, le nationalisme des années soixante-dix et quatre-vingt entreprit un virage pour inclure de plus en plus dans son acceptation tous les parlant-français, quelle que soit leur origine, puis finalement tous les résidents de l'espace géographique québécois. Non sans déchirements et non sans soubresauts, l'idée de nation se trouva à inclure tous les citoyens présents dans la «cité», mettant ainsi à contribution, pour la première fois dans l'aire d'influence francophone, des traditions culturelles et des apports qui seraient restés inaccessibles ou inopérants une ou deux générations plus tôt. Pour l'essentiel, les intervenants et les observateurs privilégiés ne surent pas au départ jauger correctement l'importance de ce virage fondamental; beaucoup comprirent que les lois linguistiques n'avaient fait que corriger des injustices historiques commises contre les francophones de la majorité. Le flot massif de l'immigration, la diversité croissante du tissu social montréalais sur le plan ethnique et la pluralisation de l'intérieur des institutions à vocation publique, firent bientôt réaliser au contraire que le Québec tout entier, mais particulièrement sa métropole, cheminaient vers un type de société inconnu jusque-là, ou peu inscrit dans l'expérience de la majorité démographique.

La montée du pluralisme sur le terrain montréalais fit qu'il parut irréaliste d'envisager la population francophone comme devant persister dans son attitude traditionnelle de repli face à la diversité culturelle ou religieuse. En même temps que s'opérait sous l'effet de la Révolution tranquille le passage d'une société à forte consonance confessionnelle vers un nouveau consensus centré sur l'État laïc, la majorité de langue française cessa de se percevoir comme une minorité virtuelle sur le plan socio-politique et choisit de se définir face aux nouveaux venus comme «communauté d'accueil». C'était là, du moins à sa face même, le sens profond du chapitre de la Loi 101 portant sur l'admission des jeunes allophones à l'école de langue française. Plusieurs milieux et institutions francophones mirent toutefois beaucoup de temps à réaliser les conséquences organisationnelles et objectives de cette nouvelle responsabilité qui leur était dévolue. Au premier chef, parmi les obstacles sur le chemin d'une meilleure adaptation institutionnelle face au pluralisme, figurait l'absence criante de critères «communs» permettant de réunir en un même projet de société la majorité démographique et les minorités, les citoyens porteurs de continuité historique et ceux nouvellement installés. Cette assise partagée par tous se trouvait formulée implicitement dans le contrat moral proposé par l'*Énoncé de politique de 1990*. L'idée d'une «culture civique commune» nettement balisée, acceptée de tous les citoyens québécois, et à laquelle seraient invités à se rallier les nouveaux arrivants constitue cependant une percée nouvelle au Québec. Il est clair toutefois qu'une telle réflexion se situe en continuité avec l'intervention gouvernementale québécoise des trois dernières décennies, et peut seule rallier à une nouvelle société pluraliste l'ensemble de la population francophone.

Il est vrai que la Loi 101 et le contexte général de la société francophone ne jouent à plein auprès de nouveaux arrivés que depuis dix ans, et qu'il faudra attendre au moins une autre génération pour en mesurer toutes les conséquences, notamment sur les transferts linguistiques vers le français (Gouvernement du Québec, 1994b; Gouvernement du Québec, 1995). La politique migratoire du Québec, les mesures visant à encourager l'intégration socio-économique des nouveaux venus, les lois linguistiques et les efforts de sensibilisation à l'accueil, à l'interculturel et à la culture civique commune, témoignent toutefois du sérieux de l'orientation gouvernementale québécoise et de son originalité dans l'ensemble canadien. Nul ne peut prédire quel visage exact aura Montréal dans dix ans, mais il semble d'ores et déjà assuré que l'usage du français s'y maintiendra et que cette langue a largement acquis au sein de la société québécoise le statut de véhicule commun des échanges sur la place publique (Levine, 1990 : chap. 9). Une étude récente, menée par Veltman et Paré sur la population immigrée arrivée et admise pendant la décennie 1980, montre par exemple que règle générale le français a plus de force d'attraction que l'anglais au sein de cette cohorte, notamment dans le milieu de travail et auprès des voisins et amis (Veltman et Paré, 1993). Ces auteurs conviennent également que l'évolution linguistique des immigrants au Québec est plus le fruit d'une volonté collective et sociétale, que le résultat des caractéristiques individuelles des nouveaux venus. Certes, l'intégration se réalise à des rythmes différents selon les communautés et la connaissance des langues à l'arrivée, mais d'emblée les unilingues allophones sont ceux qui se francisent le plus vite parmi les non-francophones.

Une autre étude, menée par Daniel Monnier sous la responsabilité du Conseil de la langue française, confirme le même diagnostic général à partir d'un échantillon différent (Monnier, 1993). Cet auteur réaffirme entre autres l'importance du milieu de travail dans la francisation des allophones, et donne raison aux législateurs qui ont accordé une place importante dans la loi à la promotion du français dans la sphère socio-économique. Il n'y a aucun doute que les immigrants soient sensibles au contexte linguistique global qui prévaut au Québec et au rapport de force existant entre l'anglais et le français. La prédominance de cette langue au sein des entreprises où ils trouvent de l'embauche, et son usage répandu dans le réseau des institutions publiques, contribuent par ailleurs pour beaucoup à leur en faciliter l'apprentissage. Les autres variables lourdes identifiées par Monnier dans le processus de francisation sont : la connaissance du français à l'arrivée, l'origine géopolitique des immigrants, et l'âge à l'arrivée.

Concernant les jeunes de langue maternelle autre qu'anglaise ou française, une étude menée en 1990-91 dans une école secondaire de l'Île de Montréal a montré que la tendance à la francisation est encore plus marquée dans ce groupe d'âge (Giroux, 1992). Auprès de cet échantillon, parmi les langues officielles du Canada, le français était la langue la plus facilement parlée chez les jeunes allophones (56 p. 100), tandis que l'anglais se classait loin derrière (21 p. 100). Près du quart des jeunes rejoints déclaraient par contre connaître aussi bien une langue ou l'autre (23 p. 100). Au sein de toutes les communautés culturelles le français dominait, sauf pour ce qui est des jeunes d'origine grecque, ou l'anglais était préféré, et des jeunes d'origine italienne qui manifestaient plutôt une forte tendance au bilinguisme officiel. Dans ces deux derniers cas, il s'agit d'élèves qui appartiennent à des communautés dont l'arrivée au pays date en règle générale d'avant la Loi 101, et qui ont vu leurs parents s'établir au Québec à une époque où peu de mesures incitatives ou coercitives étaient en place en vue de favoriser la francisation.

Le passage au français des immigrants d'âge scolaire admis au Québec depuis une quinzaine d'années et l'immersion souvent francophone de leurs parents et des adultes nouvellement arrivés au sein des différents milieux de travail, ne manquera pas d'avoir un impact majeur sur la dualité linguistique canadienne. Même selon l'hypothèse où ces immigrants auraient plutôt tendance à apprendre et à utiliser les deux langues officielles, tel que semble le révéler l'étude de Uli Locher sur les pratiques linguistiques des jeunes fréquentant les écoles et collèges du Québec (Locher, 1993), il n'en reste pas moins qu'ils acquièrent des compétences en français qui leur ouvrent l'accès à des contextes et à des milieux francophones qui leur seraient restés fermés à la génération précédente. Il est vrai aussi que la force d'attraction de l'anglais reste importante et parfois supérieure à celle du français dans le groupe d'âge en question. Les recherches menées par Locher montrent toutefois également que les adolescents et les jeunes adultes scolarisés en anglais vivent surtout et presqu'exclusivement dans cette langue, et qu'ils sont beaucoup plus susceptibles de se joindre à l'exode des diplômés anglophones de toutes origines qui quittent le Québec, par suite de leur inadaptation aux conditions culturelles majoritaires québécoises.

Les immigrants auraient donc tendance au Québec, depuis la Loi 101, à maintenir sinon à renforcer la dualité linguistique canadienne, notamment en ne joignant plus massivement et directement les rangs de l'anglophonie montréalaise. Cette situation diffère du tout au tout, on l'imagine aisément, de celle qui prévaut au Canada anglais, où les nouveaux venus s'assimilent au contexte linguistique dominant, sans obstacles autres que ceux dus à l'apprentissage d'une langue nouvelle. Les régions hors-Québec où sont concentrés les francophones de souche historique canadienne-française, sont toutes par ailleurs situées dans des zones économiques périphériques, peu susceptibles de drainer une forte immigration, soit les Maritimes, le nord de l'Ontario et les Prairies. Le contact entre les nouveaux arrivants et des noyaux francophones reste donc peu probable dans les neuf provinces à majorité anglophone. Inversement, la même situation se développe au Québec, quoiqu'à une échelle moins marquée. Au recensement de 1961, le pourcentage sur l'Île de Montréal de personnes d'origine ethnique autre que française ou britannique

(19 p. 100) a dépassé celui des personnes d'origine britannique (18 p. 100). Depuis, l'écart ne cesse de se creuser et en 1991, pour ce qui est des origines ethniques uniques, les chiffres se situaient dans la région métropolitaine de recensement à 6,7 p. 100 (origine britannique) contre 23,1 p. 100 (autres origines). Dans l'ensemble du Québec, en 1991, les Britanniques (origine unique) ne comptaient plus que pour 5,1 p. 100 de la population, contre 11,6 p. 100 pour les personnes d'autres origines (origine unique) [Gouvernement du Canada, 1993]. La tendance est la même en 1991 sur le plan des langues maternelles, quoique sous cet angle la progression des allophones (8,5 p. 100) par rapport aux anglophones (8,8 p. 100) soit moins nette (Gouvernement du Québec, 1994a : 29). En fait, l'influence de l'anglais à Montréal est moins le fait d'un contact direct avec des Anglo-britanniques y résidant, que la conséquence du contexte économique pan-canadien et de la culture de masse nord-américaine (Gouvernement du Québec, 1992).

Ces données concernant l'apprentissage linguistique des immigrants dans l'ensemble du Canada sont historiquement compatibles pour la première fois avec les tendances de mobilité géographique des populations de langue officielle à travers toute la fédération. D'après les résultats d'une étude du géographe David H. Kaplan, basée sur les données du recensement de 1981, les populations anglophones et francophones du pays seraient de plus en plus concentrées spatialement, et ce processus les amènerait aussi à former des sphères linguistiques de plus en plus distinctes et séparées, renforçant ainsi les zones d'unilinguisme au détriment des zones de contact bilingue (Kaplan, 1994). La migration interprovinciale des francophones de langue maternelle au Canada se dirige ainsi presqu'entièrement vers Montréal, alors qu'inversement les anglophones qui se déplacent à l'intérieur de la fédération ont comme point de mire le sud de l'Ontario. Il en résulte, d'après l'auteur, que la présence anglophone au Québec ira diminuant, tout comme sera menacée la viabilité des communautés francophones situées trop loin géographiquement du centre de gravité démographique québécois. Si on superpose à cette réalité marquante les données concernant la population immigrante, il est facile de constater que les nouveaux venus ajoutent leur poids au maintien des caractéristiques linguistiques propres à chaque «peuple fondateur» et accentuent les contours d'un Canada bilingue. Le rôle joué par les nouveaux citoyens dans la perpétuation du fait français au Québec a d'ailleurs été souligné récemment par Marc V. Levine lors d'une communication auprès du Conseil de la langue française (Levine, 1993). Ce dernier affirmait que les politiques actuelles de francisation menées par l'État québécois dépendent pour une large part, quant à leur succès global, de la réussite des programmes d'intégration linguistique des nouveaux citoyens à la réalité francophone.

**Conclusion**

Il semble bien, à l'échelle canadienne, que le maintien de l'espace linguistique francophone québécois suffise amplement à permettre dans un avenir prévisible l'affirmation d'une société distincte au Québec. En Amérique du Nord, et surtout dans le contexte de notre voisinage avec la puissance culturelle états-unienne, l'usage généralisé et quotidien d'une langue autre que l'anglais constitue pour une société un facteur de démarcation considérable. À l'intérieur des limites de la société québécoise elle-même toutefois, la question demeure, à savoir quel est le sens véritable de l'intégration linguistique éventuelle, bon an, mal an, de plusieurs dizaines de milliers de nouveaux arrivants. La réflexion menée par le gouvernement québécois et par de nombreux penseurs sur cette question semble cependant beaucoup plus poussée au Québec qu'ailleurs au Canada, comme le réaffirmait récemment Neil Bissoondath dans *Selling Illusions* (Bissoondath, 1994). D'ores et déjà, il apparaît que l'intégration à plus long terme des allophones et des nouveaux citoyens issus de traditions religieuses et d'horizons culturels divergents pourrait, à certaines conditions, contribuer à développer et à élargir le caractère distinct du Québec dans l'ensemble canadien, et donc approfondir la dualité inscrite dans la fédération depuis sa création au milieu du XIXᵉ siècle. L'émergence au Québec de populations francophones, soit de langue maternelle, soit de langue d'usage, et qui ne soient pas liées de manière historique à la tradition canadienne-française est une réalité qui a peu de chances de se reproduire ailleurs au Canada, où la langue d'intégration va continuer d'être l'anglais.

Il apparaît maintenant largement acquis que les immigrants adultes sont en contact fréquent avec la langue française dans au moins une, sinon plusieurs sphères de leur vie sociale, que ce soit au travail, dans leur voisinage immédiat, lors de la prestation de services sociaux ou de santé, ou à travers la fréquentation de certains médias. Les jeunes générations d'âge scolaire, composées pour une certaine part d'immigrants de deuxième génération, fréquentent pour la très grande majorité des milieux scolaires où la langue d'enseignement est le français. Ce cadre de sociabilisation joue pour les jeunes un rôle profond et fondamental puisqu'il les amène dès le plus jeune âge non seulement à se franciser mais aussi, et c'est sans doute tout aussi important, à rencontrer et à se mêler à des personnes d'autres origines dans un contexte fortement balisé par un programme pédagogique commun à l'ensemble du Québec. Cet acquis de premier ordre, qui a été voulu dès les années soixante par l'intelligentsia québécoise, puis entériné démocratiquement par l'ensemble de la population du Québec au cours des années soixante-dix, porte en lui les germes de transformations encore plus radicales à cause précisément de son caractère permanent et irréversible. Il faut voir dans ces réalités nouvelles la promesse de transformations culturelles profondes au sein de la majorité dont on n'entrevoit pas encore toute l'ampleur et la fécondité.

L'État québécois tient maintenant à s'assurer que la connaissance du français comme langue commune devienne un fait acquis dans le processus d'intégration des immigrants. Les pouvoirs publics se sont aussi donnés la responsabilité de communiquer aux nouveaux venus des attentes claires sur le plan de la culture publique commune, en plus de soutenir leur insertion socio-économique. Dans un souci de préserver la paix sociale, les intervenants ont de plus la charge de réprimer toute forme de discrimination ou tout phénomène de différenciation négative qui tendrait à repousser à la marge les personnes issues de l'immigration. Au-delà de ce cadre formel, il reste que le Québec francophone est devenu en très peu de temps et pour la première fois de son histoire moderne, une société ouverte à des courants migratoires d'une diversité mondiale et qui donc reflètent des réalités linguistiques, culturelles et religieuses inédites en ce pays. Montréal s'est transformée dans ce contexte en une ville de forte mouvance interculturelle sinon transculturelle, et sur le terrain de cette métropole la dynamique de fond des échanges entre personnes de différentes origines transcende pour une bonne part les voies déjà éprouvées, en inventant de nouveaux lieux d'interpénétration et de nouvelles combinatoires identitaires.

On doit convenir cependant qu'au Canada globalement, le statut particulier du français comme langue minoritaire a des conséquences sur la façon dont le gouvernement fédéral d'une part, et le gouvernement québécois d'autre part, analysent et gèrent sur leur territoire les flux migratoires. Au Canada anglophone, un courant d'opinion important valorise le maintien chez les immigrants des différences culturelles héritées des pays d'origine, sans que le besoin ne se fasse sentir dans le discours public ou gouvernemental d'insister sur l'établissement de mécanismes de convergence vers une culture commune. Le multiculturalisme prend pour acquis, ce depuis sa formation en 1971, qui ni la langue commune, en l'occurrence l'anglais, ni les valeurs civiques, ne sont menacées par l'arrivée et l'installation des immigrants. À la limite, certains porte-parole de l'idéologie multiculturelle postulent qu'il n'existe tout simplement pas de culture commune canadienne et qu'il ne leur apparaît pas nécessaire d'en susciter l'apparition. En contrepartie, le gouvernement du Québec insiste pour cerner les contours de valeurs civiques partagées par tous les citoyens, quelle que soit leur origine, et pour garantir la pleine participation des nouveaux arrivés aux réseaux publics financés par l'État. Il travaille aussi à ce que se mettent en place des moyens pratiques d'adapter à la diversité culturelle les institutions publiques, mais également à un espace civique partagé par tous les membres des diverses communautés culturelles, ce par des arrangements et des accommodements dits raisonnables.

La distinction fondamentale entre la société canadienne d'expression anglaise et la société québécoise réside toutefois en ce que la langue commune est menacée de minorisation au Québec, ceci indépendamment de la question immigrante et de tout ce qui s'y trouve relié de près ou de loin. Cette réalité charnière de la dualité canadienne rend beaucoup plus sensible au Québec la gestion du processus d'intégration et porte à un haut degré de conscientisation les éléments et la problématique qui y sont rattachés. Ceci ne signifie pas par ailleurs que le phénomène de l'immigration rencontre au sein de la société québécoise une opposition ou un effort de résistance plus grand qu'ailleurs au Canada, mais que l'on y attache une importance particulière à tous les mécanismes et à tous les lieux qui peuvent susciter et encourager le processus de convergence des nouveaux venus vers la société d'accueil. Montréal reflète d'ailleurs cet état particulier de la société québécoise à l'intérieur du tout canadien, en permettant le développement, dans un cadre où le français est la langue commune, de communautés culturelles vibrantes et très diversifiées. Dans ce contexte, l'interculturalisme prend la forme aussi d'un mouvement d'idées qui rejoint la majorité francophone et opère en son sein des transformations de perception et d'expression qui finiront par produire, à leur tour, une spécificité québécoise plus sentie et plus durable dans l'ensemble canadien.

## Notes

1.  Il est intéressant de noter qu'Albert Memmi, dans son ouvrage sur le racisme paru en 1982, utilisait le terme «*communautés culturelles*» dans le sens de communauté élargie de personnes déclarant appartenir à la même souche historique et culturelle. (Memmi, 1982)

## Bibliographie

ANCTIL, Pierre (1988). «*Le Devoir*», *les Juifs et l'immigration*, Québec, Institut québécois de recherche sur la culture. 161 p.

ANCTIL, Pierre (1990). «Ni catholiques, ni protestants : les Juifs de Montréal», (pp. 179-187), dans *Le Fait français et l'histoire du Canada. XIXᵉ et XXᵉ siècle*, Paris, Société française d'histoire d'outre-mer.

BISSOONDATH, Neil (1994). *Selling Illusions. The Cult of Multiculturalism in Canada*. Toronto, Penguin Books, 234 p.

BROSSARD, Jacques et Yves de Montigny (1985). «L'Immigration ; ententes politiques et droit constitutionnel», (pp. 305-323) dans *La revue juridique Thémis*, Montréal, Faculté de droit de l'Université de Montréal, Vol. 19, nᵒ 3.

CAPPON, Paul (1974). *Conflit entre les Néo-Canadiens et les francophones de Montréal*, Québec, les Presses de l'Université Laval, 228 p.

Conseil scolaire de l'Île de Montréal (1992). «Profil ethno-culturel de la population scolaire montréalaise», (pp. 8-10) dans *Unisson*, Montréal.

DANSEREAU, Jean (1993). «Les lois linguistiques au Québec» (p. 8) dans *Passerelle*, Montréal, Office de la langue française, Vol. 1, nᵒ 8, septembre.

GAGNON-TREMBLAY, Monique (1994). «L'intégration implique le respect de la culture publique commune», (pp. 6-7, 18) dans *Au Pluriel*, Montréal, ministère des Communautés culturelles et de l'Immigration, Vol. 2, nᵒ 2, automne.

GIROUX, Luc, Louise Landreville et Magali Dupont (1992). *Les adolescents montréalais et la télévision de langue française. Analyse comparée des comportements, attitudes et attentes des adolescents francophones et allophones*, Montréal, Département de communication, Université de Montréal, 209 p.

Gouvernement du Canada (1993). *Recensement 1991. Origine ethnique : Le pays*, Ottawa, Statistique Canada, nᵒ 93-315.

Gouvernement du Canada (1994). *Faits et chiffres. Aperçu de l'immigration en 1993*, Ottawa, Citoyenneté et Immigration Canada, 56 p.

Gouvernement du Québec (1963-66). *Rapport de la Commission d'enquête sur l'enseignement dans la province de Québec* (Rapport Parent), Québec, 5 Vol.

Gouvernement du Québec (1967). *Rapport du Comité interministériel sur l'enseignement des langues aux Néo-Canadiens* (Rapport Gauthier), Québec, ministères de l'Éducation et des Affaires culturelles, 54 p.

Gouvernement du Québec (1972). *La situation de la langue française au Québec : rapport de la Commission d'enquête sur la situation de la langue française et sur les droits linguistiques au Québec*. (Rapport Gendron), Québec, Éditeur officiel du Québec, 3 Vol.

Gouvernement du Québec (1976). *Entente portant sur la présence d'agents d'orientation du ministère de l'Immigration du Québec dans les bureaux fédéraux d'immigration à l'extérieur du Canada* (Entente Cloutier-Lang), cité dans *Rapport annuel 1974-1975*, ministère de l'Immigration, Québec, Éditeur officiel du Québec, pp. 38-41.

Gouvernement du Québec (1977a). *La politique québécoise de la langue française*, Québec, Éditeur officiel du Québec, 76 p.

Gouvernement du Québec (1977b). *La Charte de la langue française. Projet de Loi nᵒ 101*, Québec, Éditeur officiel du Québec.

Gouvernement du Québec (1978a). *La politique québécoise de développement culturel*, (le livre blanc sur la culture), Québec, Éditeur officiel du Québec, 2 Vol.

Gouvernement du Québec (1978b). *Entente portant sur l'échange de renseignements, de recrutement et la sélection des ressortissants étrangers qui demeurent à l'extérieur du Canada et qui désirent résider de façon permanente dans la Province de Québec ou être admis à titre temporaire pour y exercer un emploi* (Entente Bienvenue-Andras), cité dans *Rapport annuel 1976-1977*, ministère de l'Immigration, Québec, Éditeur officiel du Québec, pp. 110-113.

Gouvernement du Québec (1978c). *Entente entre le gouvernement du Canada et le gouvernement du Québec portant sur la collaboration en matière d'immigration et sur la sélection des ressortissants étrangers qui souhaitent s'établir à titre permanent ou temporaire*. (Entente Couture-Cullen), Québec, ministère de l'Immigration, 19 p.

Gouvernement du Québec (1981). *Autant de façons d'être Québécois. Plan d'action du gouvernement québécois à l'intention des communautés culturelles*, Québec, Gouvernement du Québec, 78 p.

Gouvernement du Québec (1990). *Au Québec pour bâtir ensemble. Énoncé de politique en matière d'immigration et d'intégration*, Montréal, ministère des Communautés culturelles et de l'Immigration, 88 p.

Gouvernement du Québec (1991a). *Plan d'action gouvernemental en matière d'immigration et d'intégration (1991-1994)*, Montréal, ministère des Communautés culturelles et de l'Immigration, 87 p.

Gouvernement du Québec (1991b). *Accord Canada-Québec relatif à l'immigration et à l'admission temporaire des aubains*. (Accord Gagnon-Tremblay-McDougall), Montréal, ministère des Communautés culturelles et de l'Immigration.

Gouvernement du Québec (1992). *Localisation des populations immigrées et ethnoculturelles au Québec*, Québec, ministère des Communications, 165 p.

Gouvernement du Québec (1993a). *Population immigrée recensée au Québec en 1991 : caractéristiques générales. Recensement 1991 : données ethnoculturelles*, Montréal, ministère des Communautés culturelles et de l'Immigration, Collection Statistiques et indicateurs n° 3, 34 p.

Gouvernement du Québec (1993b). *Population immigrée recensée dans les régions du Québec en 1991. Recensement 1991 : données ethnoculturelles*, Montréal, ministère des Communautés culturelles et de l'Immigration, Collection Statistiques et indicateurs n° 4, 101 p.

Gouvernement du Québec (1994a). *Population du Québec selon les langues maternelles, 1991. Recensement 1991 : données ethnoculturelles*, Québec, ministère des Affaires internationales, de l'Immigration et des Communautés culturelles, Collection Statistiques et indicateurs n° 7, 126 p.

Gouvernement du Québec (1994b). *Profils des Communautés culturelles du Québec*, Québec, Les Publications du Québec, 654 p.

Gouvernement du Québec (1995). *Profils des principaux groupes religieux du Québec*, Québec, Les Publications du Québec, 191 p.

KAPLAN, David H. (1994). «Population and Geography in a Plural Society : Relations among Canada's Linguistic Groups» (pp. 46-67) dans *Annals of the Association of American Geographers*, Washington, D.C., Vol. 84, n° 1, March.

LEVINE, Marc V. (1990). *The Reconquest of Montreal. Language, Policy and Social change in a Bilingual City*, Philadelphie, Temple University Press, 285 p.

LEVINE, Marc V. (1993). «Au-delà des lois linguistiques : la politique gouvernementale et le caractère linguistique de Montréal dans les années 1990» (pp. 1-40) dans *Contexte de la politique linguistique québécoise. Analyses juridique, démographique, économique et culturelle présentées au séminaire du Conseil de la langue française, du 12 au 14 novembre 1992*, Québec, Les Publications du Québec, Dossiers du Conseil de la langue française n° 36, 181 p.

LOCHER, Uli (1993). «La force d'attraction du français et les attitudes et les comportements des jeunes» (pp. 157-181) dans *Contexte de la politique linguistique québécoise. Analyses juridique, démographique, économique et culturelle présentées au séminaire du Conseil de la langue française, du 12 au 14 novembre 1992*, Québec, Les Publications du Québec, Dossiers du Conseil de la langue française n° 36, 181 p.

MEMMI, Albert (1982). *Le racisme. Description, définition, traitement*. Paris, Gallimard, Collection idées 461, 220 p.

MONNIER, Daniel (1993). *Les choix linguistiques des travailleurs immigrants et allophones. Rapport d'une enquête réalisée en 1991*, Québec, Les Publications du Québec, Dossiers du Conseil de la langue française n° 37, 293 p.

PELLETIER, Georges (1913). *L'immigration canadienne*, Montréal, Le Devoir, 73 p.

TROPER, Harold (1987) «Immigration» (pp. 956-958) dans *L'Encyclopédie du Canada*, Montréal, les Éditions internationales Alain Stanké, 4 Vol.

VELTMAN, Calvin et Sylvie Paré (1993). *L'adaptation linguistique des immigrants de la décennie 1980*, Montréal, ministère de Communautés culturelles et de l'Immigration, Collection études et documents n° 7, 218 p.

# Citizenship and Minority Cultures: Virile Participants or Dependent Supplicants?

*Colin H. Williams*

## Citizenship and Culture: A Personal Introduction

When will Canada settle down?

In my schoolboy readings on Canadian history I had been suffused with ideas and values which reflected the virility and excitement of the creation of Canada as "an experiment in the new nationality" (Creighton's judgment on the B.N.A.) "a grand design", "a partnership between two founding peoples." This sort of approach was typified in W. Kaye Lamb's popular work *Canada's Five Centuries: From Discovery to Present Day* (1971) which I still find useful as a source, especially given its rich illustrations.

When I came here in 1973 as a young researcher, I found a freedom and vibrancy that was refreshingly different from that obtained in Britain. I was a native Welsh-speaker investigating the question of comparative bilingualism and multiculturalism. Canada was an obvious point of comparison because the issues of language, identity, values and cultural integrity, let alone their political expression in terms of federalism, nationalism, and separatism were part of the daily diet here. By contrast, Britain was still pre-occupied with problems of economic inequality, social class, a post-colonial legacy and a set of hard choices as to whether its foreign policy should be focussed globally, or in Europe. Issues of language maintenance, minority rights and questions concerning cultural identity were the preserve either of the Celtic fringe or the so-called New Commonwealth immigrants. Multiculturalism was a characteristic of other societies. Having matured into a stable liberal democracy, the United Kingdom would brook no official recognition of pluralism as a collective characteristic of its citizens. If individuals wished to preserve their own cultural heritage free from state interference that was a separate matter requiring mutual tolerance and respect under the law.

While in Canada that first time I kept coming back to a question: When will Canada settle down? When will we know the full parameters of Canadian identity and the exact contours of Canadian cultural space?

The explanation I was offered was that compared with European societies, Canada was a new country, still maturing and finding its role in the world. Thus while the U.K., for example, had developed a national identity and a self-regulating political system which only required some fine-tuning every now and again, Canadian society was still evolving, still reaching out to stamp its impress on all its people and regions. The search for what constituted a Canadian identity and a Canadian future was ongoing in 1973. I suspect some here today will see this colloquium as being part of that continuing search for security and stability, even if it does not always generate welcome answers.

I am not so sure that the contrasts offered to me between apparently mature European states and a still evolving Canadian state are as sanguine today as they may have been twenty years ago. It strikes me that what Canada faced up to then, namely the need to develop a political response which would recognize and harness the permanent *value* of cultural pluralism, is now very much part of the British and European Union agenda. However, I am also willing to admit to some confusion both as to the salience and the long-term implications of the federal policy response of bilingualism within a multiculturalism framework. I confess that this confusion results from my experiencing Canada as an onlooker, far-removed from the nuances of daily life. I therefore welcome this chance to discuss the realities of language(s), culture(s) and value(s). For the topic of this colloquium is so germane, not only to Canada, but to all states and societies, that I am grateful to the ICCS for allowing us the opportunity to learn more about the *specific* Canadian dimension to what I take to be a *general* global phenomenon: how to manage cultural diversity without creating structural marginalisation and alienation.

This, of course, presumes that cultural diversity is a positive and growing feature of most societies. It has value, not only at the individual level of recognizing human worth, but also at a societal level as legitimizing access to political power and free participation in the democratic process. It follows that the ways of managing cultural diversity will vary according to why we think it has value.

The purpose of this paper is to discuss selected problems and issues related to the role of culture and citizenship. The discussion is organized around the following questions: (1) What are the implications of the policy of "multiculturalism within a bilingual framework" for state integrity? (2) How does such a policy change the relationship between federal government and constituent ethno-cultural groups? (3) Is Canada moving into a situation of democratic deficit with regard to many of its citizens? (4) What are the medium-term trends of selected macro-social forces and how are they interpreted by various groups in specific regions of the country?

### "The world's best prepared country?"

Several years ago the Australian Advisory Council on Languages and Multicultural Education (Vox 1988, p. 20) praised the Canadian commitment to multiculturalism as an instrument for creating unity out of diversity in the following exuberant manner:

> [T]he term "multiculturalism" is a Canadian creation. Canadians are to enter the 21st century as the world's best prepared country, enjoying an important advantage over her friends and competitors. (Cummins and Danesi, 1990, p. 99, quoted in Fleras and Elliott, 1992, p. 2).

It is often argued that because the policy of multiculturalism grew out of the crisis between the two "founding peoples" it was a hurried response, a short-term palliative because unwittingly it asked more questions than it resolved. Ostensibly it was an instrument by which the differences between the two "charter" groups could be rescued from the structural difficulties inherent in the compact theory of government. However, it not only failed to meet French Canada's needs, it also undermined Québec's position within Confederation and left English Canada perplexed as to its own validity.

The consistent federalist response to the charge that there has been a Federal negation of a French-Canadian nation is to argue that the fundamental rights and opportunities of Francophone citizens are best guaranteed within Confederation. This position was most forcibly articulated under Trudeau and given real purchase in the late sixties and early seventies with the Federally inspired and financed conversion to bilingualism and multiculturalism. However, the policy provoked a severe backlash in Québec where it was emphatically rejected by both the provincial Liberal Party and the *Parti Québécois*. Québec's shift towards territorial unilingualism and a *culture de convergence* was perhaps inevitable given the array of forces ranged against the preservation of a distinctly francophone social order in North America.

A counter-response, especially strong in the Western provinces, argued that having attempted to appease the French-Canadian demands by instituting coast-to-coast bilingualism, the government had in fact re-opened the very question it had sought to solve, namely what is the essential distinctive nature of Canadian national identity? Its answer was to develop multiculturalism in reaction to the Western response at the time of the B and B Commission. In effect multiculturalism was a trade-off against bilingualism for the East.

In a recent focus article for the *International Journal of the Sociology of Language*, John Edwards (1994) provided a far-reaching interpretation of the current difficulties in resolving the collectivist-individualist impasse in Canada. His analysis of the link between ethnicity and language and the implementation of the multicultural and bilingual policies demonstrates that the limitations upon bilingualism "lie in the structure of Canadian society itself rather than with the policy *per se*" (Edwards, 1994b, p. 67; see also McRoberts, 1990).

The search for a lasting, binding state structure to support national identity came to occupy the high ground of constitutional politics. In an attempt to re-establish a more flexible and comprehensive basis for statehood the Federal government constructed a contemporary official culture which celebrated "unity out of ethnic diversity." The formal initiation of this policy stems from October 8, 1971 when Prime Minister Trudeau announced that multiculturalism was to become the official government policy. This top down forging of identity was based upon the institutionalization of multiculturalism through constitutional reform and the creation of state agencies as a result of the Canadian Consultative Council on Multiculturalism (1973), the Constitution Act of 1982, together with the Charter of Rights and Freedoms, and the Canadian Multiculturalism Act of 1988.

Its manifest expression was the support which the Canada Council[1] gave to poets, painters, photographers, dance troupes and cultural high priests who explored the outer edges of the intellectual and populist renaissance of the previously marginal cultures. It was Eastern European in scope and "Express American" in style. Critics spotted a central flaw in this initiative for in the light of its mainly British and French past, and overwhelmingly American present, the new, distinctive face of Canada *was* its government programmes and institutions, its multicultural presses and ethnic interest groups, its forced cultural invention and federalist élite interventionism. If you attacked those you attacked Canada herself.

Recognizing that earlier social paradigms, such as the dual nation theory had not been given a chance and the Anglo-conformist hegemony and the Bilingual and Bicultural initiative, had failed, multiculturalism was proclaimed as having been the "true nature" of Canadian society all along. A revisionist view of settlement history argues that "the social fabric of this country, from the very beginnings of white settlement, has always been composed of a polyethnic weave" (Wilson, 1993, p. 651). In addition to the English-French duopoly Canada has long been an amalgam of disparate groups such as the First Nations, the Acadians/Bretons, the Celts, the Germans, the Ukrainians and Chinese. How else could one describe the admixture of settlers of non-English, non-French origin if not as a multicultural mosaic? Even within the hegemonic British system there were many "minority" settlers such as Catholic/Gaelic monoglots and Nonconformist/Welsh monoglots who were far removed socially, politically and culturally from the establishment values of the colonial English. True in short time, the Anglo-Celtic fusion became the political and economic mainstream, but it was always tempered by the dissenting attitudes generated through its sub-cultures. A second example is the early 20th century preoccupation with the fusion of Ukrainian, Italian and German peoples with the "original British and French stock." However, for these and all subsequent settlers of non-French, non-English origin it was not their existence which was in doubt, but their relative socio-political significance for state-formation. Is it too fanciful to suggest that the same distinction holds true today? No one doubts the accuracy of multiculturalism as a *description* of the main current of Canadian society, what is in doubt is what this means in terms of real power to construct a satisfactory framework for policy and as the basis for statehood and full, participative citizenship.

The ideology of multiculturalism has been used by the federal government and its supporters as a means of uniting the country and giving it a renewed sense of purpose. Multiculturalism, the new national myth and programme, has sought to challenge the compact theory of state-formation as the basis for social unity and inter-group co-operation. Though unlikely to replace the compact theory so long as Québec remains within the federation, multiculturalism continues to be far more than a symbolic gesture to Canadian progress and evolution. It is also a means by which central government can advance specific long term goals and political strategies.

Consider the country's heritage. It has a constitutional history which reflects the dominant interests of the French and the British. It has an economic order founded first on Montréal and more recently on Toronto, a political authority based in Québec and Ontario, which lead the British élite to control the penetration of the country. In a very real sense, power and control still rest within these dual centres of economic dynamism located in Central Canada. However, the historically persistent attempt to mould the rest of the country into this double-core vision has faltered of late. Regionalism, separatism and many other *isms* have grown to resist this historical core hegemony. It is claimed that multiculturalism, by contrast, serves as a popular, inclusive, official ideology whereby ethnic, racial and regional variation can be managed. And yet, unlike earlier ideologies, multiculturalism has no implicit economic mandate, at least not one which is necessarily threatening. At its simplest it is essentially an expression of good will and democratic intent, devoid of particular fiscal or regional development implications. Some might argue that multiculturalism also lacks a political mandate — excepting one which subtly reinforces the status quo division of power. Others might object that the commitment to multiculturalism is not as integrative as it might be, for it seems not to be reflected in adjustments to school curricula policy to accommodate such a policy. The intensity of multiculturalism is felt most acutely in the larger cities, such as Vancouver and Toronto, but even here there seems to be only a perfunctory attempt to complement a national policy with a curriculum that is designed to help children adjust to the resultant society. Of course, there are occasional exceptions, but they have not yet permeated through to the mainstream curriculum development, which is a pity, for the school system is the chief agency for building a mutually-tolerant society through it socialization effects.

If multiculturalism is generally confined to the retention and development of cultural traits within a national political-economic identity, then it is possible to argue that its promotion need not necessarily threaten the hegemony of Québécois and English-Canadian interests.

However, several critics have argued that multiculturalism has little real purchase in explaining Canadian history, let alone in regulating its future. McAll (1990, p. 169), for example, suggests that "while multiculturalism sets out to reinterpret history, therefore, history makes a mockery of multiculturalism." He argues that this is because most non-anglophone, non-British groups have "quietly gone the way of assimilation to the dominant Anglo-Canadian cultural group. Even the most culturally resilient of later immigrant groups, the Ukrainians, has seen proficiency in the Ukrainian language decline from 92 per cent in 1921 to less than 50 per cent in 1971, with a much smaller percentage of the third generation now being able to speak the language" (p. 169). Similarly Wilson (1993) discusses a variety of views which coalesce around the notion that the preservation of "symbolic ethnicity... provides an appearance of democratic pluralism but is in reality a racist policy of assimilation at best and exclusion at worst" (p. 656). Many of the criticisms levelled at multiculturalism, he argues, are exactly those raised against the maintenance of ethnicity as a social category; viz, dual loyalty, the creation of permanent ethnic ghettos, and the handicapping of immigrants in their attempt to learn English or French so as to become economically more useful within the labour market. To artificially perpetuate cultural diversity at the expense of social equality and integration is to deflect attention away from the real centres of decision-making and economic power of capitalism in Canada which are still firmly entrenched within establishment networks. "All of this tends to suggest that the ideology of multiculturalism, whether in Canada or elsewhere, is not so much the incubator of a new world as one of the artificial lungs that keeps the old world going." (McAll, 1990, p. 178)

An excellent critique of multiculturalism which involves an examination of the implementation of government policy may be found in Fleras and Elliott (1992). They address four types of criticism which conceive of multiculturalism as (1) socially divisive, (2) regressive, (3) decorative, and (4) impractical. They conclude that much of this criticism is outdated and mis-interprets what multiculturalism seeks to achieve. Those who mischievously construe it as a policy that pays people to maintain their culture and divide Canada have failed to grasp its role as an instrument to enable immigrants to come to terms with a new environment, to combat racism and to promote civil liberty and social justice. It may even provide the answer to Peter Russell's question "Can Canadians become a single sovereign people?"

Russell warns that Canadians will only unite if citizens accept the country's "deep diversity", adopt a truly "federal spirit" and shun "all insistence upon agreement on fundamentals" and similar forms of doctrinaire rigidity (Russell, 1992, p. 193). But such advice does not square with the consensus in Québec where there are four, possibly, five non-negotiable values agreed upon in contemporary Québec society.

Does this imply that Canada will become the first post-modern, multicultural state of the twenty-first century? For the optimist this emphasis on fluidity, flexibility, accommodation, openness and diversity is an expression of a highly developed pluralist society which demands *mutual respect and tolerance of its constituent cultures as a structural norm.* To the pessimist such openness is a recipe for continued strife, inter-regional dislocation, inefficient federalism and the artificial reproduction of often aggregate cultural identities which deflect attention away from more pertinent social categories. Rather than being a springboard for action, such a conception is seen as an open prison which will hamper the *unfettered development of the individual in a free and burgeoning society.* This is because we are still left with the basic four forces which reflect different sources of political ambition. Russell discusses them in terms of Québec nationalism, Aboriginal self-government, regional alienation and Canadian nationalism. Any attempt to reconcile such disparate challenges requires Herculean let alone constitutional stamina. However, others see hope in a transformed and more thoroughgoing conception of institutional multiculturalism.

"Institutional accommodation to diversity is an idea and practice whose time has come, in light of Canada's multicultural reality. Multiculturalism is no longer about celebrating cultural diversity and intercultural sharing, although many Canadians appear comfortable in limiting it to those roles.... Multiculturalism is about institutional accommodation and removal of discriminatory barriers that interfere with the integration of minorities into the mainstream." (Fleras and Elliott, 1992, p. 143). Clearly the goal is not simply to facilitate integration into the mainstream, but to alter what constitutes the mainstream so that the barriers are removed. According to this construct multiculturalism has a very definite political agenda, namely to reconstitute the basis of Canadian statehood.

Despite the fact that élite accommodation has lost ground to a more participatory form of constitution-making following the Meech Lake experience and the more recent round of Canada-making discussions and votes, citizens still face two dangers inherent in the promotion of the multicultural framework. The one is cultural dependency and the other is the democratic deficit.

## Cultural Dependency

The basic issue relates to the relative autonomy of constituent groups within a policy of multiculturalism. What started as an attempt to celebrate a common Western heritage now has to adjust to the reality of managing divergence in a multiracial society. How vibrant are Canada's constituent cultures? How dependent are they on official patronage? Are they all self-sustaining or are many perpetuating a generation-specific conception of a sub-culture, subsidized by public coffers? Clearly such questions are limiting, but they do draw attention to the dualistic relationship of culture and the modern state. Most minority cultures and languages are increasingly dependent upon the state for legitimizing their access to the media, for granting them permission to establish bilingual or religious-based schools, for upholding in law several of their key fundamental values and principles.

How may we explain the change in this structural transition to a new form of state dependency, whether at the federal, provincial or local level? One set of "explanations" relates to macro-economic forces and to processes such as globalization. This would involve the following range of factors: (1) an increased interdependence at the world level, in which widening circles of domination and dependence are accelerating the effects of uneven development, both internationally and within long-established states; (2) the overcoming of temporal and spatial discontinuities in "real time" communication and economic transactions which are increasingly independent of the limitations of specific locations; (3) the penetration of a globalization process which is not merely the sum of its constituent parts, but has a simultaneity of *both* increased uniformity and increased diversity; (4) the superficial current of homogenization throughout the world and the apparent inexorable development of a uniform global culture; (5) the counter-current of increased religious and/or ethnic identification and confrontation, within and across national frontiers, and often in violent and emotional forms (Mlinar et al, 1992; Williams, 1993).

A second set of "explanations" is actor-oriented and asserts that social change is the result of a conscious set of decisions reflecting the power positions of strategic political actors, with some input from social élites and élite-led social movements. One set of the country's élite has determined that multiculturalism is the best approach to managing diversity. From this perspective the ideology serves the interests of government itself, for it was born at a time when the integrity of that political system was under threat from political challenges to the future of Canada. However, it is equally clear that other powerful interests and indeed new sets of actors will emerge to challenge the salience of multiculturalism. But for the short-term, institutional multiculturalism will deepen the coming generation's experience of social life. From my perspective the critical features determining how vibrant this period will be is a combination of structural reform, demographic sustainability and democratic accountability. These foci structure the conditions of possibility whereby any language or cultural manifestation may be used in extended domains, and determines the issue of who constructs and shapes the rules which govern language choice. For any specific ethnolinguistic group the following questions are worth asking, although I recognize that they are incapable of being answered in any systematic manner. They are worth asking because they point up both the direction of change and the determinants of political power, responsibility and citizenship rights in Canada.

Who shapes the rules of language use and choice?

Are these rules fixed and immutable within a "national" bilingual framework, or are other regionally specific options permissible?

Who determines the level of public support expended upon language maintenance?

Who determines the rights and obligations of local, provincial and federal administrations in establishing relevant multilingual contexts?

Clearly the answers to these questions depend upon a recognition that individuals *per se* exercising private choice or public rights are incapable of sustaining the infrastructure necessary to support contemporary cultures. It may have been true that up until circa 1971, voluntary collective action together with autonomous social institutions, such as the Church or an ethnic press, were the cornerstone of any widespread cultural reproduction. Canada is replete with complex and fascinating cameos of ethnic survival, against the odds. Witness the vicissitudes of the Acadians (Griffiths, 1992; Griffiths and Rawlyk, 1991; Ross and Deveau, 1992), the long-suffering of the Mennonites (Fretz, 1989; Loewen, 1993) or the application of the Ukrainians (Woycenko, 1967; Marunchak, 1970). However, when language and the culture it represents becomes institutionalized in new domains via new agencies, such reforms by their very nature change the relationship between the individual and the state, at both the federal and local level. Thus new answers to old questions must focus on the partnership between citizens and government agencies, at whatever level in the hierarchy. Power for enfranchisement is the key to how successful such a partnership will be in serving the needs and expectations of a multicultural society.

Christopher McAll has drawn attention to a basic issue. Should ethnic diversity rather than social inequality be the focus of interest? A multicultural perspective leads one to search for ethnic/cultural interpretations even when, as many of the scholars he cites testify, there are few determining differences explicable on the basis of ethnicity, but many on the basis of economic position.

When we move from rhetoric to detailed application the multicultural framework is being overworked. It may flatter only to deceive.

> The problem with multiculturalism is not so much at the level of ideas, since what it expresses follows closely the lines of a certain humanism and sense of justice that can be found in the Canadian Charter of Rights and that are generally held to be in accord with core values. The problem occurs rather when the idea of multiculturalism touches down in the reality of contemporary Canadian society, whether that be in the context of social research or the Canadian census (McAll, 1990, pp. 173-4).

McAll underestimates the extent to which reality can be socially constructed. Multiculturalism may come to be embraced for more mundane and instrumental reasons as a result of two structural shifts. The first is an increased commercial and trade orientation while the second is a switch from a collectivist to a private rationale.

Fleras and Elliott comment that initiatives in the nineties have resulted in a shift away from culture retention and towards the political and commercial exploitation of multiculturalism. They cite as evidence the fact that political authorities have "funded ethnically-based commercial ventures at home and abroad rather than simply doling out lump sums of money as in the past to ethnocultural organizations, events, or symbols" (p. 98). Evidence of this shift in commitment was given by Prime Minister Brian Mulroney, in his speech at the "Multiculturalism Means Business" conference in 1986 in Toronto when he stated: "We, as a nation, need to grasp the opportunity afforded to us by our multicultural identity, to cement our prosperity with trade and investment links the world over and with a renewed entrepreneurial spirit at home....In a competitive world, we all know that technology, productivity, quality, marketing and price determine export success. But our multicultural nature gives us an edge in selling to that world....Canadians who have cultural links to other parts of the globe, who have business contacts elsewhere are of the utmost importance to our trade and investment strategy" (Report, Secretary of State, 1987, quoted in Fleras and Elliot, 1992, p. 98).

From this conception, multiculturalism is a renewable resource. In the globalization-localism debate Canada can use its heritage as a bridge to other markets world-wide. Being both an Atlantic and a Pacific country she is increasingly linked with most of the world's leading economic markets and can penetrate them more effectively if she can mobilize her diverse language skills, cultural empathy, familial networks and technological advantages.

> Indeed, the government welcomes the prospect of further diversification. As well as the additional social and cultural benefits which all Canadians can expect to realize in the years ahead, the government is enthusiastic about the economic potential contained in multiculturalism. Canada's various communities already have close links with virtually every country on earth... and the government regards these ties as vital to the development of Canadian trade, jobs, and investments (Report, Secretary of State, 1987, quoted in Fleras and Elliott, 1992, p. 99).

The message is clear, multiculturalism is not only about preserving cultures and improving race relations, it is also about extending trade relations, about employment, about science and technology, global linkage and yes, even the maintenance of peace and security.

"To accomplish this necessitates the use of existing minorities to (a) tap into new foreign markets and to sell Canada's products overseas; (b) open up new markets and recruit new personnel within minority groups at home; (c) start up new ethnic business while cutting back on handouts that merely advance cultural interests; and (d) emphasize the tourist potential of a culturally diverse society, especially to an American market steeped in the values of the melting pot." (Fleras and Elliott, 1992, p. 99). Thus multiculturalism is also about further differentiation from the American mirror held up to Canadian society.

Such sentiments are hard to deny. The difficulty is in determining what proportion of the public purse is to be expended upon satisfying the legitimate demands of this policy. Frequently issues of principle, ideology and policy are thinly disguised disputes over levels of resource expenditure. One arm of government is involved in extending the remit of pluralism while another is reigning in the fiscal obligations to so act. Either way dependent cultures are tied inexorably to the largess of the state. It is the exception rather than the rule for groups to be able to benefit from a large measure of private finance and hence private control so as to further their interests in domains such as education and language training. Hence those groups who are at the bottom of the pile now will be further disadvantaged by this switch to private enterprise. Government programs to aid recent refugees notwithstanding, there are severe difficulties in assuming that the private sector will take up the slack of state largess. For the moment the government is obliged to maintain its support for many multicultural projects while simultaneously signalling its intent to withdraw public finances and welcome private sector funding.

An additional criticism is that the multiculturalism policy is narrowly focussed, largely Occidental in its infra-structural support and constitutes one of the social forces marginalizing minority arts and cultures in Canada. Peter Li's (1994a) analysis of the art world suggests that Canada's art and multicultural policies reflect and support an Occidental cultural hegemony. In a telling criticism he avers that "if primordial culture is at work here, it is only in a most remote sense in providing visible minorities with an ancient past and a museum culture from which minority artefacts can be selectively revived to suit the social needs and the political requirements of the time, under the legitimacy of the dominant culture" (p. 385). Such cultural straitjacketing is a commonly-voiced criticism of hegemonic infrastructures as widely variant as Swedish intervention in Lappland, British Council policy in Africa and French attitudes towards Polynesian cultural reproduction.

### The Democratic Deficit

As a second issue we may ask what conception of Canada we are employing: the official political structure of a sovereign state or the lived reality of multiple and overlapping societies which occupy Canadian space but may have little direct involvement with state agencies? Implicit in the discussion so far, there has been an assumption that cultures can be recognized, mobilized and utilized as an extension of state policy, witness the discussion on multiculturalism as a renewable resource. The conventional manner of treating constituent cultures was to assume that they were comprised of relatively autonomous individuals who subscribed to the collective consciousness and identity of their group. However, citizens will press for an extension of newly acquired cultural rights, and this will inevitably incorporate aspects of their cultures within the machinery of government, of justice, of public service and social control.

Society is being prepared for this structural transformation through a variety of mechanisms. The first is the insistence on re-routing the previously autonomous needs of culture into a more state-influenced design so as to account for and control expenditure and subsidy. The social market philosophy will be brought to bear on the measurement of language reform, immersion programmes, of bilingual public services, etc. Rather than being seen as an absolute right, granted to deserving citizens, it is more probable that language-related programmes will be subjected to the Trinitarian principles of most public agencies, namely the improvement of efficiency, the greater targeting of resources and the reduction of "waste" wherever possible. Thus though at the federal level multicultural principles will be espoused, at the local level attempts to turn principles into action will be stymied by the competing demands of health care, education planning, residential provision and the maintenance of a "normal infrastructure". This also reinforces how the separation of culture from these fundamentals of social structure maintains the status quo and the values of the mainstream.

Exceptionalism rules, in that normal standards of competition are to be applied to services such as broadcasting, the press and entertainment which serve customers who have little free choice to exercise for they are caught between the twin pillars of majoritarian resourcing and minority economies of scale. Dependent upon one's market philosophy many "ethnic presses" or cultural theatre and dance groups either have the worst of a free market situation or the best of a state-subsidized intervention. Either way their language and culture are in danger of being expropriated by external forces and cultural dependency is increased.

However, Canada is also witnessing an increase in mixed marriages, in social and residential mobility and in the opting out of "given" cultures and the creation of "new" social formations; part of what Roseneau (1993) has described as triumphant sub-groups which are "founded on a goal — greater autonomy — that may not be readily met by the accomplishment of a legal status and, thus, need to be continuously serviced. (p. 77) In most instances the drift toward single-issue politics and fragmentation may not be adequately captured through conventional theorizing and systems based around the grand ideas of the nineteenth century.

There are signs that Canada is moving from a collectivist to an individualist (or private American) conception of social order. This is perceived as a dilution of the commitment to the welfare state and suggests greater disparity between "haves" and "have nots". The individualist emphasis favours the erosion of state intervention in many aspects of socio-economic life. The keywords of *this* democratic order are initiative, venture, partnership and flexible accommodation to the global-local nexus. From this perspective identity is not a given, it cannot be taken for granted, it is to be negotiated and reconstructed within each generation. It never *is*, it is always in a state of *becoming*, to paraphrase Heidegger. Similarly culture has become a commodity, to be assessed, priced, served and re-packaged to suit the exigencies of each situation. The competing claims of cultural groups to public recognition and resourcing are increasingly being heard and adjudicated by appointed, non-elected political servants.

Is this a new version of democracy in advanced western states, or is it an absence of democracy? What are its implications for the survival, development and management of Canadian cultural organizations and institutions?

First, we must recognize that for too long we have tended to equate democracy with parliamentary absolutism. Some may argue that within the European Union, for example, parliamentary absolutism is now an obstacle to democracy. In order to harness the strength of fellow Europeans to tackle the problems of constituent regions, there is an increased emphasis on "negotiated sovereignty". This is not the Canadian equivalent of provincial autonomy but a rather more nebulous desire to get over some of the inherent barriers to further integration and problem solving by focusing on holistic paradigms. This would allow for greater flexibility and response within which the global-local forces could be mediated, for as is all too painfully obvious, the nation-state, which currently constitutes the current unit of geo-political organization, is far too small for tackling some problems and far too big to command the loyalty of all its citizens on a daily basis. The functional utility of the modern state has lost some of its credibility in the face of globalization, producing a yawning chasm between expectation and reality. This may be part of the reason why formal politics is held in such low esteem by the general public in most advanced western democracies. Many have come to recognize both the increased necessity of a shared political solution to so many of our problems and the impotence of existing structures and rather sterile party political machines in attracting the confidence of detached citizens.

Secondly, because we have not yet adjusted to the realities of the New World Order, the real centres of power, whether at the North American, Canadian, provincial or local scale, frequently escape democratic scrutiny and control. Non-elected bodies increasingly determine our opportunities and life-styles and we seem helpless to combat this democratic deficit.

### Territorial Considerations

The linchpin of any development in Canada, is of course, the role that the people of Québec choose for themselves. The whole question of language, culture and values must be calibrated against what is happening in francophone-anglophone relations. As society becomes more plural, and social mobility increases, there is an increase in the tension between the functional provision of bilingual public services and the formal organization of territorial-based authorities charged with such provision. This tension is exacerbated by steady immigration into fragile language areas, for it leads to language-related issues being publicly contested as each new domain is penetrated by the intrusive language group. This, not multiculturalism, is the pertinent linguistic reality of Canada. Some would argue that "multiculturalism disguises the fact that Canada is divided into distinct linguistic and cultural zones, the anglophone and the francophone, each of which is separated from the other by a bilingual buffer zone, which to the west of Québec, runs down the Outaouais valley, and to the east cuts across northern New Brunswick. Apart from those zones, Canada is divided into two solidly monolingual areas, with a few marginal exceptions here and there. In a sense Wardaugh's (1983) "real" Canada is the most cogent single refutation of the multicultural model on its own terms, with a variety of other attempts to grasp the multicultural nettle becoming entangled in a web of regionalisms, interest groups, ethnic stereotyping and other factors. Various other non-Marxist analyses go beyond Wardaugh in linking the central dichotomy in Canada to the question of Québec nationhood and traditional social inequalities between anglophone and francophone Canadians.... the real impetus in Québec nationalism is not, surprisingly enough, considered to be primordial ethnic sentiment but rather "class conflict in linguistic disguise." (McAll, 1990, p. 176-7)

An over-concern with linguistic categorization and the charting of demo-linguistic trends can be dysfunctional and lead to a false impression of the abiding strength of ethnic identity as a social reality with meaning and purchase for every-day life. Critical in this obfuscation and myth-perpetuation is that central instrument of Canadian social engineering, the quinquennial census. Far from being a neutral instrument of record the Census interpretations are used by Government to signal key changes in the demo-linguistic balance, and it is to independent scrutineers like Charles Castonguay that we have to look to find out what is really happening in linguistic matters (see Castonguay, 1992, 1994).

In McCall's (1990) view "these various critiques suggest that the Canadian census has created the impression of continuing multiple ethnic distinctiveness in non-francophone Canada when, in reality, the mosaic has long been subject to a process of melting down...." As early as 1955, Ryder pointed out the pitfalls of what was really being asked at each decennial census, tersely captured in the statement that "55% of the children, other than French, born in Canada in 1951, had origins different from those of their mothers," a confusion compounded when such artificial classifications go "against the very notion of the 'mother tongue' that... should be the basis of the ethnic question." (McCall, 1990, p. 174). In fact this is not as unlikely as McCall suggests, in view of the determination of origin being via paternal lineage only. Be that as it may the same instrument can allow us to gauge the huge continental-change in the origin of Canadian immigrants in this past generation. Traditionally 80 per cent of Canada's immigrants used to come from countries of European heritage; by 1991 almost 75 per cent came from Asia, Africa, Latin America and the Caribbean. Currently, Asian-born persons represent half of the immigrants who came to Canada between 1981 and 1991 (Table 1).

**Table 1.**     National Origin of Canadian Immigrants in Selected Years,
1961-1991 (by date of landing)

| World region | 1961 | 1971 | 1981 | 1991 |
|---|---|---|---|---|
| Africa | 1,088 | 2,841 | 4,887 | 16,530 |
| % | 1.5 | 2.3 | 3.8 | 7.2 |
| Asia (including Middle East) | 2,901 | 22,459 | 48,830 | 122,228 |
| % | 4.0 | 18.4 | 38.0 | 53.0 |
| Australia and Oceania | 1,432 | 2,902 | 1,317 | 2,948 |
| % | 2.0 | 2.4 | 1.0 | 1.3 |
| South and Central America (including Carribean) | 2,738 | 16,687 | 15,760 | 36,950 |
| % | 3.8 | 13.6 | 12.3 | 16.0 |
| USA | 11,516 | 24,366 | 10,559 | 5,270 |
| % | 16.1 | 20.1 | 8.2 | 2.3 |
| Other | 77 | 902 | 970 | 204 |
| % | .01 | .07 | .07 | .01 |
| Total | 71,689 | 121,900 | 128,618 | 230,781 |

Source: Canada. Employment and Immigration Canada, Immigration Statistics
(Ottawa: Ministry of Supply and Services), various years

This change was well illustrated in a recent focus issue of *The Canadian
Geographer*. Hiebert (1994) demonstrated the following significant trends:

(1) The regional origin of immigrants reflects a predominance of Asian
migrants (122,228, 53.0 per cent in 1991, see Figure 1). In October 1990,
Barbara McDougall, the then Minister of Employment, announced a
five-year policy that called for 250,000 migrants per year between 1992
and 1995, leading Hiebert to conclude that "if this policy is continued into
the latter half of the decade, some 2.5 million immigrants will enter
Canada during the 1990s. Assuming that selection criteria remain
unchanged, such a movement will contain approximately 1.25 million
persons from Asian countries, 0.5 million from European countries, and
0.75 million from the remainder of the world" (p. 256).

**Figure 1.** Level of Immigration, 1945 - 1995

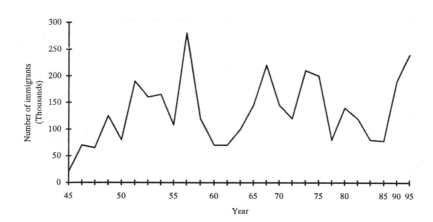

Sources: 1945-1987, EIC *Immigration Statistics* 1987 (Ottawa: Supply and Services); 1988-1989, EIC *Immigration: Quarterly Statistics* (Ottawa: EIC); 1990-1995, EIC *Annual Report to Parliament: Immigration Plan for 1992-1995* (Ottawa: Supply and Services)

(2) That there is a "profound gap between the rhetoric of the Immigration Act (which portrays immigration as an instrument of regional equity) and actual settlement patterns (which exacerbate disparities across the country)" (p. 254). Table 2 demonstrates the continued attraction of Ontario, Québec and British Columbia for immigrants despite the fact that one of the primary goals of immigration policy is to "foster the development of a strong and viable economy and the prosperity of all regions of Canada" (1976 *Immigration Act*, Part 1, Section 3h). This skewed distribution is all the more evident when Hiebert reveals that Toronto, Montréal and Vancouver accounted for 60 per cent of the stated destinations of those arriving in Canada, and that 89.3 per cent of all "business category" immigrants intended to settle in just ten cities — 80.3 % in the top three. (Table 3)

(3) The implications for multiculturalism, particularly in the three leading metropolises, are spelled out in graphic vein. "The demographic and cultural composition of these and a handful of other cities will become increasingly detached from the remainder of the country. Moreover they will reap most of the economic benefits associated with immigration as they attract new capital and entrepreneurship. These dynamic changes will not occur without economic and social stress: provincial and municipal resources — particularly in areas of education and housing — will be severely strained; the entry of a wide spectrum of immigrants, from destitute refugees to the extremely wealthy, will exacerbate the gap between the poor and the rich; and the potential for xenophobic and racist behaviour will surely rise as the population becomes more diverse during a period of economic restructuring" (p. 257).

**Table 2.** Intended Regional Destination of Immigration to Canada and Regional Share of the Canadian Population in Selected Years, 1961 - 1991 (by date of landing)

| Region | 1961 | 1971 | 1981 | 1991 |
|---|---|---|---|---|
| *Atlantic* | % | % | % | % |
| Immigration | 2.8 | 3.2 | 2.4 | 1.3 |
| Population | 10.4 | 9.5 | 9.2 | 8.5 |
| *Québec* | | | | |
| Immigration | 23.6 | 15.8 | 16.4 | 22.4 |
| Population | 28.8 | 27.9 | 26.4 | 25.2 |
| *Ontario* | | | | |
| Immigration | 50.9 | 52.8 | 42.7 | 51.5 |
| Population | 34.2 | 35.7 | 35.4 | 37.0 |
| *Manitoba & Saskatchewan* | | | | |
| Immigration | 5.4 | 5.5 | 6.1 | 3.5 |
| Population | 10.2 | 8.9 | 8.2 | 7.6 |
| *Alberta & Territories* | | | | |
| Immigration | 6.9 | 7.2 | 15.2 | 7.4 |
| Population | 7.5 | 7.7 | 9.5 | 9.6 |
| *British Columbia* | | | | |
| Immigration | 10.2 | 15.5 | 17.1 | 13.9 |
| Population | 8.9 | 10.1 | 11.3 | 12.0 |

Source: Employment and Immigration Canada, *Immigration Statistics* (Ottawa: Ministry of Supply and Services) various years

At the current rate of demographic change the population will start to decline by the 2020s. To avert this contraction — and the accompanying decrease in the size of the economy — it is estimated that Canada needs to increase its population by 1% per annum, hence McDougall's proposed figure of an increase of 250,000 migrants per annum. However, during the first five years of this decade the actual immigration figure is approximately half the required total. The suspicion remains that this slow down is a calculated move on behalf of the federal government to appease a Canadian public that has become increasingly hostile toward certain "foreigners". During the economic recession of the 1990s, to open the doors to immigrants is not viewed favourably by the average — albeit highly mistaken — Canadian. In the current economic and social climate it is argued that to encourage a large influx of predominantly Asian migrants is not a wise political move (Hopkins, 1995).

**Table 3.** Intended Urban Destination of Immigration to Canada, 1991 (by date of landing)

| City | Total Immigrants | Percentage | Business Immigrants | Percentage |
|------|------------------|------------|---------------------|------------|
| Toronto | 63,891 | 27.7 | 582 | 15.7 |
| Montréal | 46,300 | 20.1 | 1,102 | 29.7 |
| Vancouver | 26,361 | 11.4 | 1,294 | 34.9 |
| Top Three | 136,552 | 59.2 | 2,978 | 80.3 |
| Mississauga | 9,082 | 3.9 | 31 | 0.8 |
| Ottawa-Hull | 7,977 | 3.5 | 19 | 0.5 |
| Edmonton | 7,629 | 3.3 | 86 | 2.3 |
| Calgary | 7,307 | 3.2 | 79 | 2.1 |
| Winnipeg | 5,173 | 2.2 | 72 | 1.9 |
| London | 3,752 | 1.6 | 12 | 0.3 |
| Hamilton | 3,745 | 1.6 | 37 | 1.0 |
| Top Ten | 181,217 | 78.5 | 3,314 | 89.3 |
| Remainder | 49,564 | 21.5 | 396 | 10.79 |
| Total | 230,781 | | 3,710 | |

Note: Business immigrants are a combination of Investor and Entrepreneurial categories; numbers here are for principal applicants only and do not include their dependents

Source: Employment and Immigration Canada, *Immigration Statistics 1991* (Ottawa: Ministry of Supply and Services), 1992

Coupled with this caution is a shift in emphasis within the Ministry of Multiculturalism towards combating racism and educating the public in being far more sensitive to the demands of a pluralistic society. The recent mass advertising and consciousness-raising campaign serves two purposes. It combats racism in a society that is already highly diverse, and it is preparing Canadians for the increase in diversity that will most certainly unfold in the next twenty years (Hopkins, 1995).

Conventionally the concerns of "nonvisible minorities" in the past and "visible minorities" today are pragmatic and initially have to do with *freedoms from* such features as racism, exploitation, cultural marginalization, and systematic exclusion from the full benefits of citizenship. The resources of multicultural agencies are utilized as a means of redressing past grievances, and as a buffer between the subordinate and the dominant organizations and value system. This is essentially a social justice view of multiculturalism whereby it offers some means of protection from discrimination.

As they become better organized astute groups will press for a greater recognition of their cultural rights, over and above those already recognized, a drive we may call *freedoms to* such features as mutual respect, equitable employment, comprehensive education, individual choice and empowerment to decide their lifestyle and future prospects as participative citizens. Multiculturalism, from this perspective, is a set of institutional opportunities for individual and group advancement in a competitive environment. In other words it becomes a platform for social progress. Let us look at one of its practical implications. It is likely that certain Asian groups will press for an increased representation of their language(s) lifestyles and culture(s) in the coming century, especially within long established Chinese communities, such as in Vancouver (For an illustrated history of the Chinese in Vancouver see Yee, 1988). This process can be interpreted through a general model of ethno-linguistic mobilization couched in terms of five foci for social pressure (Williams, 1994).

*1) Idealism*: the construction of a vision of a fully rehabilitated "threatened" language, this is the issue of reinforcing language as a central carrier of cultural values and social action.

*2) Protests*: mobilizing sections of the population to agitate for a social reform/revolution in the promotion of the lesser-used language.

*3) Legitimacy*: securing a generalized acceptance of the normalcy of exercising language rights in selected domains.

*4) Institutionalization*: ensuring that the language is represented in key strategic agencies of the (local) state, i.e. the law, education, and public administration.

*5) Parallelism/Normalization*: extending the use of the language into the optimum range of social situations, i.e. the private sector, entertainment, sport and the media.

As one of the aims of the colloquium is to anticipate the shape of Canadian life in the near future let me pass from analysis to speculation. If the current conviction of a fully functional officially bilingual Canada should wane, what is likely to replace it, other than a unilingual Québec and a unilingual Canada? One scenario for change could be a regionally-specific bilingual regime, which I will illustrate by reference to the mobilization of the Chinese language as a public resource for some citizens in western regions.

**The Promotion of Chinese Languages**

Were one to speculate on the increased political and economic salience of Canadian citizens who wished to promote Chinese languages and their associated transnational links, several implications would follow, all of which serve to legitimize and in time institutionalize aspects of Chinese culture in selected locations in accordance with the general model outline above. One could anticipate the development of:

1) Territorially specific claims for bilingual education (Chinese/English) from the nursery to the University level.

2) A reduction in the relevance of French and its replacement by other significant link languages in the educational and commercial domains, e.g. Cantonese and Japanese. This would represent a direct challenge to the coast-to-coast bilingualism and multiculturalism model of language training.

3) Increased penetration of the media which used Cantonese and Mandarin as link languages throughout the Pacific Rim.

4) Increased economic and commercial integration of Canadian businesses with nodal centres in the Pacific Region, especially the USA, Japan, Taiwan, China/Hong Kong, Indonesia and India.

5) Increased structural strain between the demands of a tighter federally-determined social, fiscal and commercial construction of Pan-Canadianism and the pressures for a more localized (yet transnational in orientation) set of regional linkages.

6) Heightened tension between the demands of transnational liberalism, which postulates that within an expanding global market all constituent industries (regardless of "national origin") can compete, and geo-economic discourses, which subscribe to a zero-sum view of economic competition, push for resource supply security and favour state intervention to guide economic development.

7) The probability of domestic pressure in Canada to exercise greater influence in the Pacific Rim especially with regard to issues such as environmental protection and resource-depletion threats, an increased intervention in cases which seek to halt abuses of civil rights, and in constructing a more open and equitable regional trade and cultural system.

One can well imagine a scenario where Atlantic Canada pushes for geo-economic policies, while Pacific Canada practices transnational liberalism within which the élites of certain cultural groups are hailed as economic power brokers. Such wealth and influence will filter down into social, cultural and ideological demands for the promotion of whole of that group. This suggests not only the conventional inter-group tensions so redolent of multicultural societies but a host of other fracture lines which reflect other aspects of cultural life such as religion, aesthetics, landscaping. Jan Penrose (1995) suggests that "this may be particularly true in the case of groups like the Chinese where the survival strategies of long-term immigrants and their descendants are threatened by the demands of newer immigrants from these cultures. Where the former have a direct or relayed experience of Canadian racism in the past (such as immigration restrictions, head taxes and repatriation) the latter may be (temporarily) protected from such experiences by the current climate of "political correctness" and by their wealth. Similarly, if problems arise the new wealthy subordinate immigrants will be able to remove themselves from Canada while those who have learned accommodation will be left to face a "racially-defined" backlash.

Let me illustrate. Between 1980 and 1986 the well-established Chinese community in Vancouver received around 1,400 additional migrants per annum from Hong Kong. These in turn constituted between 10 to 18 percent of the annual total immigrants to the city. From 1986 onwards, this immigration trend quickened from 1,085 in 1986 to 3,281 in 1987 and 4,817 in 1988. In 1990 the figure reached a peak of 7,402 before retreating to 5,989 in 1991. From 1987 to 1991, Hong Kong immigrants accounted for between 23 to 31 per cent of Vancouver's immigrants. Li (1994, p. 24) suggests that changes in Canada's immigration policy to encourage the migration of business immigrants with substantial capital, together with Canadian consideration of the plight of Hong Kong residents prior to their absorption within China after 1997, explain these figures.

What caused a stir was that these economic migrants were wealthy and able to command a fair degree of influence in both the industrial commercial sector and social residential neighbourhoods of their choice. This increased demographic weight, electoral muscle and purchasing power of Canadians of Asian origin was manifest in a number of ways which pertain to values, for example, in the iconography of landscape, the aesthetics of the built environment, and the language of architecture and design. We have already seen greater diversity reflected in the landscape as new commercial and residential styles develop to reflect individual and cultural preferences. The key debate surrounds the construction of so-called "monster houses" by recent migrants from Hong Kong, and the accusation that they are both driving up the price of housing in certain neighbourhoods and challenging the hegemony of Caucasian élites, who are accused of reacting in something akin to a pique of jealousy. Stanbury and Todd (1990), quoted in Li (1994, p. 28), suggest that the antagonistic response to large houses has to do with "latent racism" and "fear of economic displacement", as solid citizens, largely WASPs' were experiencing the effects of rapid changes, as the wealthy Hong Kong "yacht people" proved more threatening than the "boat people."

Majury (1994) provides a telling illustration of locational conflict in Kerrisdale, Vancouver over the question of immigrant-influenced housing styles which some of the city's long-term residents oppose as expressing conspicuous consumption. Underlying the aesthetic conflict over contextualized interpretations of housing, "natural" beauty and order, is a power agenda as wealthy immigrants are seen to challenge the Anglo-Canadian section of society. Her work poses two pertinent questions: whose notion of liveability will prevail and how will this be decided? Hiebert (1994, p. 254) cautions that civic authorities are loath to enter this sort of cultural/aesthetic minefield, "allowing the marketplace and individual property owners to recast the landscape in a new image. Here local and national policies intersect: the same ideology that looks to entrepreneurs to solve the economic problems of our time also welcomes business immigrants and regards with suspicion any action that undermines the market or the right of individual property." Majury is more pointed about the larger issue for "intolerance over new landscape tastes would seem to articulate a struggle over social identity and place which reveals the unstable terrain upon which Canadian multiculturalism rests" (p. 269).

A similar interpretation is provided by Li (1994) who argues that "the recent experience of the Chinese in Vancouver suggests that despite the economic accomplishments of the Chinese and their occupational mobility, a segment of the Canadian public, through a battle to control the housing development in

Vancouver, has successfully depicted an image of Chinese immigrants as socially undesirable without explicitly resorting to the notion of "race". In doing so, the public has implicitly cultivated a new version of the Chinese race that becomes accepted in multicultural Canada." (p. 18)

As multiculturalism is integral to all aspects of society one wonders whether it is specific enough to inform public policy. Does it absorb all other identities into its own? Is it in danger of becoming a hegemonic paradigm thereby loosing its purchase as a guide to action? At present the answer is probably "no" but multiculturalism may push things in this direction, especially when the validity of more flexible and temporary groups (or constituencies) is denied.

Clearly there are other pertinent questions which stand outside the multicultural perspective but have, nevertheless, real influence on inter-group relations. We have concentrated on the ethnic/national basis of culture, but

- What of other bases? e.g. gender, place, new social movements, ecological, religious, special interest, how does policy cope with these identities which are becoming more salient?

For example, Ontario Premier Bill Davis had set a precedent when he authorized provincial funding of Catholic education. Logically this could lead to provincial funding of other religious programmes such as Moslem education in Toronto . It is hard for a liberal state to deny such a move given the combined forces of the Catholic precedent, the Charter of Rights, the Multiculturalism Act and the growing political clout of Moslem Canadians.

- Will regionally-specific or urban-centred "other" official bilingualisms replace federal bilingualism in specific places?

It could be postulated that in selected cities or regions of non-francophone Canada the local student population would be instructed in English plus one other link language, and that in time an English plus "other" bilingualism would replace the English-French bilingual model.

- Regardless of such active displacement we would still need to ask what of the symbolic versus functional utility of French outside Québec and Acadia?

- What of the demand for bilingual education outside Québec? If Québec becomes more detached from Canada will this demand decline for all save the social and economic élite?

- What conclusions can be drawn from the immersion experience as to both the construction of a Pan-Canadian identity and as an appropriate methodology for language policy-making?

Harley investigated graduates of French immersion programmes and found that few of them make substantial use of French. What does this mean in terms of identity formation and cultural empathy? She questioned whether this necessarily implied that they risked losing the second language skills they had acquired in school and offered four conclusions:

1) Self-perceptions of language loss tend to be gloomier than objective tests reveal.

2) The higher one's initial proficiency, the better one's long-term proficiency is likely to remain.

3) Frequency of current use is related to language maintenance, particularly of speaking skills.

4) New exposure to the language can lead to rapid recovery of "attrited" skills. (Harley, 1994, pp. 240).

Rather than argue for more of the same, Harley commends a far greater emphasis on oral French both inside and outside immersion classrooms. This should incorporate what Stern (1992) has called "a general language education component within immersion programmes, one that would focus on developing learning autonomy and a more pro-active approach to the use of French beyond the classroom context" (Harley, 1994, p. 240-1).

More fundamental is the demo-linguistic situation of francophones.

Using 1971 and 1976 census data Réjean Lachapelle and Jacques Henripin (1982, pp. xxxi-xxxvii) summarized the long-term trends as follows:

• There is a strong probability that, in Canada as a whole, the proportion of francophones will decrease during the next few decades, while that of anglophones will increase.

• It is highly probable that the anglophone and francophone populations will become more and more concentrated, the latter in Québec and the former in the rest of Canada.

• In Québec itself, it is probable that the weight of the francophone group will increase in the coming decades, while that of the anglophone group will shrink.

• In the contact regions of Québec (the Eastern Townships, Montréal, the Outaouais), it is probable that the proportion of francophones will increase over the next few decades and that of the anglophones will decrease.

• In Canada less Québec, it is highly probable that the proportion of anglophones will increase during the next few decades, while that of the francophones will decrease.

• In Southeast as well as Northeast Ontario, it is highly probable that the proportion of francophones will decrease over the coming decades, while that of anglophones will grow.

• In North and East New Brunswick, it is unlikely that there will be any sizeable variation in linguistic composition over the next few decades.

• In Canada as a whole, linguistic mobility clearly favours the English group; it is slightly disadvantageous to the French group, moderately disadvantageous to the endogenous-language group (Amerindian) group, and highly disadvantageous to the exogenous-language group.

Three censuses on since these predictions were published, we see that contrary to such predictions the weight of the francophone group decreased between 1986 and 1991 and seems set to continue to do so; that the proportion of francophones in the Montréal region dropped between 1986 and 1991 and that the overall situation of francophones is now more perilous than was anticipated in the early eighties (see Castonguay, 1994). Anticipating future trends is thus a difficult task for Canadian demolinguistics.

## Constitutional Balance

All of the above undergird the central issue of Canada's constitutional future. The dominance of the Bloc Québécois in Québec when allied with the strength of the provincial *Parti Québécois* suggests a formidable platform for the exercise of *indépendantiste* power. Predicting whether together they can mount a successful separatist challenge will depend upon a number of conditional factors, such as how well Her Majesty's Official Opposition continues to perform in Parliament, the timing, phrasing and outcome of the forthcoming referendum on Québec, the public's perception of whatever strategy was formulated to maximize the gains were Québec to secede, the political and populist reaction of the rest of Canada and a host of specialist issues examined so superbly in Robert Young's recent treatise on the secession of Québec (Young, 1995).

Since the mid-sixties the separatist strategy has reasoned that to polarize a polity, the weaker (challenger) side should make large charges/allegations about their opponents, so as to provoke reactionary rhetoric and political action from the incumbent parties; thereby legitimizing the inciter's claim to be truly discriminated against and threatened. By such means, of course, they consolidate their following and extend the penumbra of sympathizers. Whebell (1993) argues that this is just what the separatist-sovereignist side has succeeded in doing vis-à-vis Western Canada with its history of antagonism towards institutionalized French. The Reformers appear to be definitely anti-francophone, and some would doubtless welcome Québec's departure. But much of their backlash has been directed at all forms of government. They espouse fundamentalist rhetoric and insist on far more accountability from politicians at whatever level in the hierarchy. This is a trend common to many western liberal democracies, especially the U.K. and U.S.A. of late. They are also conscious that Canada is shifting its focus from the Atlantic to the Pacific Rim and this has already projected B.C. and Alberta to greater prominence within NAFTA and Pacific Basin agreements, as north-south relations intensify.

However, this relative shift to the west in terms of economic growth does not diminish the over concentration of population in Ontario and Québec. A major fact of the new increment of Canadian growth in the period 1981-1991 is that over half of it was in Ontario. Even within the core of the St Lawrence lowlands the shift in population is toward Ontario, particularly its southern and western parts. Ontario is still the crucial player in Canadian federalism and there were indications that former Premier Bob Rae was willing to demonstrate to Québec and others that those who opt out of confederation will lose heavily. The softly-softly approach of Robarts and Davis, including official bilingualism in Ontario (but only as *policy*, not as *law*, despite the pressure from the francophone population) seems to have had no more calming effect on Québec than the federal policy did (Whebell, 1993). But the Ontario electorate's overwhelming support for Chrétien and for Harris may reflect its greater sensitivity to the issue of Canada's survival, than is normally demonstrated in the west.

Peter Russell, in exacerbated tone, has warned that "no other country in the world today has been engaged so intensively, so passionately, or for so long in searching for the constitutional conditions of its continuing unity. This inward navel-gazing has drained the creative energy of the leaders. It has frustrated, demoralized and, yes, even bored the people. It has undermined Canada's ability to deal with pressing political problems within and to respond to global opportunities without. Canadians simply cannot afford to let the great constitutional debate drag on interminably. It is time to bring it to an end" (Russell, 1992, p. 193). In other words he is asking Canada to settle down and learn to be comfortable with itself. This is not a viewpoint likely to be endorsed by many in Québec or among the First Nations!

## Medium Term Language Trends

Increased interdependence at the North American and global level implies more harmonization and integration for the already advantaged groups. In their attempt to make multiculturalism more accessible and supportive, long quiescent minorities will be rebuffed if they seek to institutionalize their cultures. However, it is not necessarily a tale of decline and rejection, for there exist some opportunities to influence provincial legislatures and metropolitan political systems by appealing to, or constructing developments which parallel those created elsewhere in Europe, South East Asia and Australia, where new patterns of inter-group networking are emerging. However, the developing language trends will have differential impacts upon specific groups and regions, so although they are aggregate trends they will have local consequences.

First we have witnessed the emergence of English as the *lingua franca* of North America, if not of the world. This has caused other international languages such as French and Spanish to jockey for position within the political, educational and commercial domains of selected territories. Fears over the current dominance of English are well placed. Technology reinforces its utility and the development of an international communication system so vital to commercial and financial transactions underpins its pivotal role as the link language.

Secondly, francophones have consolidated their position within Québec and to a lesser extent within New Brunswick and still less within the bilingual belt of the Québec/Ontario border region. Linguistic territorialization is now a fact of Canadian life despite the hopes of the original framers of the B and B reforms. But we should also recognize that there are other aspects to bilingualism which are not territorially manifested but are related to social class. It will be interesting to monitor how both territorial and non-territorial aspects impact upon each other in determining the size, character and location of the bilingual population.

Thirdly, speakers of autochthonous languages in Canada, such as the Inuit, the Naskapi and the Cree, will be further marginalized unless they can significantly influence the patterns of stable bilingualism with a much reduced language switching in new domains than has hitherto been the norm. Some groups, because of their high fertility rates are experiencing linguistic reproduction rates greater than one, and their prospects for survival look promising. There is also some evidence that partial success has been made in constructing the appropriate infra-structure which will support domain extension in education, government and broadcasting. The key factor is the degree of influence exercised on the local state apparatus to institutionalize patterns of language behaviour and service provision in new domains.

However, one of the great ironies of such developments is that while socio-linguistically they are influencing the para-public sector, some autochthonous language speakers are rapidly loosing their control in traditional core areas as a result of out-migration, capital-intensive economic development and the increased mobility requisite of a modern industrial society. The fact that First Nations have become highly politicized in the last twenty years, and look set to be more pivotally involved in determining aspects of Canada's political future, following the fall of Meech Lake and the Oka and Kahnawake episodes, should not divert attention away from their fears of cultural attrition. So much of their collective hopes and aspirations rest on the construction of an appropriate political and socio-economic infra-structure which can interface with the federal and provincial structure to allay their four principal concerns described as:

the status and continuity of existing treaties...
the process and outcome of negotiating land claims...
the recognition of the right to self-government, with its constitutional
    and practical implications...
and the flows of money and programs to Native people, both on and
    off the reserves (Young, 1995, p. 224) .

Fourthly, many of the Canadian-born descendants of European settlers who arrived before World War I, during the settlement of the West and in the 1920s do not have the native language capacities of their forebears. For them other diacritical markers, such as diet, music or the visual arts have replaced language as the link with the wider cultural community. However, fundamental questions surround the symbolic bases of their culture and the degree to which one may characterize residual elements as either authentic or as expressing an integral identity. This is a major feature of Canada's cultural heritage and will prove a testing ground for more sensitive and flexible applications of the multiculturalism policy.

Fifthly, more recent migrants from Pacific Rim countries will provide the fresh challenges to conceptions of Canadian identity, especially as economic arguments will reinforce the need for link languages other than English in this realm. Initially this will be a private and commercial-oriented pressure, but as the total size and significance of the Pacific-related link languages grows then there will be pressure to reform some of the public agencies, the educational system and the local state, particularly in British Columbia in order to take account of the new world order.

## Conclusion

Virile participants or supplicant petitioners? The truth is that many Canadian citizens who seemed to be actively involved in the construction of a multicultural society now perceive themselves as petitioners at the courts of the powerful. But the powerful are themselves rather too preoccupied with the macro-economic issues of international trade and the geo-strategic/ constitutional question of Québec's future to give clear and consistent answers as to how Canada should develop its commitment to constructing a fully functional multicultural society. Having enshrined multiculturalism as a fundamental characteristic of the Canadian heritage through the "official" framework of English/French linguistic and cultural dualism, the operation of the Multiculturalism Act of 1988 is persistently criticized for not following through by concrete guarantees for implementation (Kallen, 1995). As Canada approaches the next century it faces the spectre of fragmentation which is the enemy of mutual trust in any democracy. Of course, there are those who will argue that this is Canada's enduring condition, and if one looks beyond the posturing and the rhetoric, the evidence of continued success is that Canadians enjoy one of the world's highest standards of material well-being. It does not need a U.N. Human Development Report to discover this, no matter how comforting it may be to be told so by an international authority. And yet, if Canada, with all its benefits, cannot resist the drift toward atomization and polarization, it does not bode well for the much vaunted principle of mutual interdependence in any other multicultural society on this fragile earth.

## Acknowledgments

Figure 1 and Tables 1-3 are reproduced from Hiebert (1994) with permission. Information germane to this paper was gathered during my tenure as a Multicultural History Society of Ontario Resident Scholar in 1993. I also wish to acknowledge the research support of a Canadian Studies Faculty Research Award, 1994 and the Centre for Ethnic and Geolinguistic Research, Staffordshire University. I am very grateful for the constructive criticism I received from Charles Castonguay, David Dalby, Will Hamley, Jeff Hopkins, and Jan Penrose.

## Notes

1.  The Canada Council was created in 1957, following the 1951 Massey Commission. Its mandate was: "to foster and promote the study and enjoyment of, and the production of works in, the arts, humanities and social sciences" (*Canada Council Act. 1957, c.3, s.1*). The Social Science & Humanities Research Council was established in June 1977 with the mandate to "...promote and assist research and scholarship in the social sciences and humanities." (Government Organization Scientific Activities Act. 1976) when it split from the Canada Council.

## References

Bissoondath, N., (1994) *The Cult of Multiculturalism in Canada*, Penguin, Toronto.
Breton, R., J.G. Reitz and V. Valentine, (1980) *Cultural Boundaries and the Cohesion of Canada*, The Institute for Research on Public Policy, Montréal.

Burgess, M. and A.-G. Gagnon, (eds.), (1993) *Comparative Federalism and Federation*, Harvester Wheatsheaf, Hemel Hempstead.

Burnet, J.R. and H. Palmer, (1988) *Coming Canadians: An Introduction to a History of Canada's Peoples*, McClelland and Stewart, Toronto.

Cartwright, D., (1994) The expansion of French language rights in Ontario 1968-1993: The uses of territoriality in a policy of gradualism, Department of Geography, The University of Western Ontario, mimeo.

Castonguay, C., (1992) L'orientation linguistique des allophones à Montréal, *Cahiers québécois de démographie*. Vol. 21, No. 2, pp. 95-118.

Castonguay, C., (1994) *L'assimilation linguistique: mesure et évolution 1971-1986*, Les Publications du Québec, Sainte Foy, Québec.

Conlogue, R., (1994) Paying lip service to a linguistic solitude, *Globe and Mail*. August 6.

Cummins, J., (1994) Lies we live by: national identity and social justice, *International Journal of the Sociology of Language*. Vol. 110, pp. 145-54.

Dupont, L., (1994) My nation is not a country; my country has no nation, *Political Geography*, Vol. 13, No. 2, pp. 188-91.

Edwards, J., (1992) Sociopolitical aspects of language maintenance and loss. In W. Fase et al, (eds.), *Maintenance and Loss of Minority Languages*, Benjamins, Amsterdam, pp. 37-54.

Edwards, J., (1994a) *Multilingualism*, Longman, London.

Edwards, J., (1994b) Ethnolinguistic Pluralism and its Discontents: A Canadian Study and Some General Observations, *International Journal of the Sociology of Language*, Vol. 110, pp. 5-85.

Edwards, J., (1994c) Canadian Update, and Rejoinder to the Comments, *International Journal of the Sociology of Language*, Vol. 110, pp. 203-19.

Fleras, A. and J.L. Elliott, (1992) *Multiculturalism in Canada*, Nelson Canada, Scarborough.

Fretz, J.W., (1989) *The Waterloo Mennonites: A Community in Paradox*, Wilfrid Laurier University Press, Waterloo.

Griffiths, N.E.S., (1992) *The Contexts of Acadian History, 1686-1784*, McGill-Queen's University Press, Montréal and Kingston.

Griffiths, N.E.S. and G.A. Rawlyk, (1991) *Mason Wade, Acadia and Québec*, Carleton University Press, Ottawa.

Harley, B., (1994) After Immersion: Maintaining the Momentum, *Journal of Multilingual and Multicultural Development*, Vol. 15, Nos 2 & 3, pp. 229-44.

Huggan, G., (1994) *Territorial Disputes: Maps and Mapping Strategies in Contemporary Canadian and Australian Fiction*, The University of Toronto Press, Toronto.

Joy, R., (1992) *Canada's Official Languages: The Progress of Bilingualism*, The University of Toronto Press, Toronto.

Kallen, E., (1995) *Ethnicity and Human Rights in Canada*, Oxford University Press, Toronto.

Knight, D., (1994) Skating on thin ice: Comments on *'Mon pays ce n'est pas un pays'* Full Stop, *Political Geography*, Vol. 13, No. 2, pp. 182-87.

Lachapelle, R. and J. Henripin, (1982) *The Demolinguistic Situation in Canada*, The Institute for Research on Public Policy, Montréal.

Lamb, W.K., (1971) *Canada's Five Centuries*, McGraw-Hill, Toronto.

Laponce, J., (1984) The French language in Canada: Tensions between geography and politics, *Political Geography Quarterly*, Vol. 3, No. 2, pp. 91-104.

Laponce, J., (1994) On three nationalist options, *Political Geography*, Vol. 13, No. 2, pp. 192-94.

LaSelva, S.V., (1993) Federalism as a Way of Life: Reflections on the Canadian Experiment, *Canadian Journal of Political Science*, Vol. XXVI, No.2, pp. 219-34.

Loewen, R.K., (1993) *Family, Church and Market: A Mennonite Community in the Old and New Worlds, 1850-1930*, The University of Illinois Press, Urbana and Chicago.

Li, P.S., (1993) Chinese Investment and Business in Canada: Ethnic Entrepreneurship Reconsidered, *Pacific Affairs*, Vol. 66, No. 2, pp. 219-43.

Li,P.S., (1994a) A world apart: The multicultural world of visible minorities and the art world of Canada, *Canadian Review of Sociology and Anthropology*, Vol. 31, No. 4, pp. 365-91.

Li, P.S., (1994b) Unneighbourly Houses or Unwelcome Chinese: The Social Construction of Race in the battle over 'Monster Homes' in Vancouver, Canada, *International Journal of Comparative Race and Ethnic Studies*, Vol. 1, No. 1, pp. 14-33.

Louder, D. and E. Waddell, (1983) *Du continent perdu à l'archipel retrouvé: Le Québec et l'Amérique française*, Les Presses de l'Université Laval, Québec.

McAll, C., (1990) *Class, Ethnicity and Social Inequality*, McGill-Queen's University Press, Montréal and Kingston.

Mackey, W.F., (1992) Mother tongues, other languages and link languages, *Prospects*, Vol. XXII, No. 1, pp. 41-52.

McRoberts, K., (1990) Federalism and political community, *Globe & Mail*, 19 March to 2 April.

McRoberts, K. and P. Monahan, (1993) *The Charlottetown Accord, the Referendum and the Future of Canada*, The University of Toronto Press, Toronto.

McRoberts, K., (ed.), (1995) *Beyond Québec: Taking Stock of Canada*, McGill-Queen's University Press, Montréal and Kingston.
Manfredi, C. P., (1994) "Appropriate and Just in the Circumstances": Public Policy and the Enforcement of Rights under the Canadian Charter of Rights and Freedoms, *Canadian Journal of Political Science*, Vol. XXVII, No. 3, pp. 435-63.
Marunchak, M., (1970) *The Ukrainian Canadians: A History*, Ukrainian Free Academy of Sciences, Winnipeg.
Maurais, J., (éd.), (1987) *Politique et Aménagement Linguistiques*, Conseil de la langue française, Québec.
Mlinar, Z., (ed.), (1992) *Globalization and Territorial Identities*, Avebury, Aldershot.
Montgomery, C. and J. Renaud, (1994) Residential patterns of new immigrants and linguistic integration, *The Canadian Geographer*, Vol. 38, No. 4, pp. 331-42.
Nelde, P., N. Labrie and C.H. Williams, (1992) The Principles of Territoriality and Personality in the Solution of Linguistic Conflicts, *Journal of Multilingual and Multicultural Development*, Vol. 13, No. 5, pp. 387-406.
Penrose, J., (1994a) *'Mon pays ce n'est pas un pays.'* The concept of nation as a challenge to the nationalist aspirations of the Parti Québécois, *Political Geography*, Vol. 13, No. 2, pp. 161-81.
Penrose, J., (1994b) The *general* category of nation and *specific* nations, *Political Geography*, Vol. 13, No. 2, pp. 195-203.
Penrose, J., (1995) personal communication.
Reid, S., (1992) *Canada Remapped*, Pulp Press, Vancouver.
Reid, S., (1993) *Lament for a Notion: The Life and Death of Canada's Bilingual Dream*, Arsenal Pulp Press, Vancouver.
Report (1987) *Multiculturalism: Being Canadian*, Report of the Secretary of State of Canada (Multicultural Division). Ottawa, Ministry of Supply and Services.
Rosenau, J.N., (1993) Notes on the servicing of triumphant sub-groupism. *International Sociology*, Vol. 8, No. 1, pp. 77-92.
Ross, S. and A. Deveau, (1992) *The Acadians of Nova Scotia: Past and Present*, Nimbus, Halifax.
Russell, P.H., (1991) Can the Canadians Be a Sovereign People? *Canadian Journal of Political Science*, Vol. XXIV, No. 4, pp. 691-709.
Russell, P.H., (1992) *Constitutional Odyssey: Can Canadians Be A Sovereign People?* The University of Toronto Press, Toronto.
Stanbury, W.T. and J.D. Todd, (1990) *The Housing Crisis: The Effects of Local Government Regulation*, The Laurier Institute, Vancouver.
Stern, H.H., (1992) *Issues and Options in Language Teaching*, Ed. Allen P. and B. Harley, Oxford University Press, Oxford.
Stewart, W., (1993) The right stuff on French, *The Toronto Sun*, March 30.
Taylor, C., (1991) *The Malaise of Modernity*, Anansi, Concord.
Wardaugh, R., (1983) *Language and Nationhood: The Canadian Experience*, New Star Books, Vancouver.
Warkentin, G., (1993) *Canadian Exploration Literature*, Oxford University Press, Toronto and Oxford.
Whebell, C.F.J., (1993) private correspondence, December.
Williams, C.H., (ed.), (1993) *The Political Geography of the New World Order*, Wiley, Chichester.
Williams, C.H., (1994) *Called Unto Liberty: On Language and Nationalism*, Multilingual Matters, Clevedon, Avon.
Williams, C.H., (1995) A Requiem for Canada? in G. Smith, (ed.), *Federalism*, Longman, London.
Wilson, V.S., (1993) The Tapestry Vision of Canadian Multiculturalism, *Canadian Journal of Political Science*, Vol. XXVI, No. 4, pp. 645-69.
Woycenko, O., (1967) *The Ukrainians in Canada*, Trident Press, Ottawa.
Yee, P., (1988) *Saltwater City: An Illustrated History of the Chinese in Vancouver*, Douglas and McIntyre, Vancouver.
Young, R.A., (1995) *The Secession of Québec and the Future of Canada*, McGill-Queen's University Press, Montréal and Kingston.

## Chapter III

*National Identity and Globalization*

*Identité nationale et mondialisation*

# Maria Teresa Gutiérrez

Animatrice

## Échanges culturels et mondialisation au Mexique et au Canada

Un des phénomènes les plus intéressants que provoque le processus croissant de mondialisation économique tient à la façon dont la culture et ce qu'on appelle les industries culturelles et/ou de divertissement se sont transformées en des marchandises d'une grande valeur commerciale.

Cela signifie que de telles marchandises pourraient, dans la majorité des cas, subir le même traitement qu'on accorde à n'importe quelle autre marchandise dans le cadre du processus de production et d'exportation. À ce titre, elles se verront soumises à la réglementation commerciale sur les plans national et international.

L'affirmation précédente nourrissait pour une grande part le débat qui s'est engagé lorsque le gouvernement du Canada a décidé de mener des négociations en vue de la conclusion d'un Traité de libre-échange avec les États-Unis. Un débat du même genre s'est déroulé pendant les négociations sur l'Accord de libre-échange nord-américain (ALÉNA), lorsque la tension a commencé à croître à la suite de pressions exercées par les négociateurs des États-Unis. Ceux-ci auraient voulu modifier **la clause d'exclusion** que les Canadiens avaient obtenue pour le secteur des industries culturelles, de façon à empêcher que le Mexique n'obtienne quelque chose de semblable dans le cadre de ses propres négociations.

Ce débat qu'on vient d'évoquer pose la question des industries culturelles et/ou du divertissement dans un contexte commercial, soulignant la nécessité de leur imprimer **un caractère de déréglementation et de libéralisation** en harmonie avec les principes qui ont prétendument inspiré tout le contenu de l'accord commercial trilatéral.

Lorsqu'on s'interroge sur ces faits, diverses questions se posent : comment, par exemple, pourrait-on concilier une politique culturelle qui a traditionnellement fait la promotion de l'identité nationale avec les priorités découlant de l'objectif de mondialisation qu'on s'était fixé en concluant des accords de libre-échange?

Il est manifeste que le problème commence à se poser à partir du moment où les biens culturels et/ou de divertissement acquièrent une valeur spécifiquement commerciale et lorsque la promotion de la culture et une politique d'appui à la culture commencent fondamentalement à obéir à la loi de l'offre et de la demande.

Quand la culture cesse de s'inscrire dans le cadre d'une politique étatique qui vise à consolider certaines valeurs nationales pour se transformer en l'objet d'un monopole privé multinational, les industries culturelles et/ou de divertissement commencent à servir les intérêts d'une société de consommation. Or ceux-ci, en cours de route, leur feront perdre une grande partie des éléments constitutifs de leur spécificité nationale.

À partir du moment où **les lois du marché mondial** ont une incidence sur le comportement des industries culturelles et/ou de divertissement, le concept d'identité nationale et tout ce qui s'y rapporte subit un changement profond. Cela est dû au fait que la priorité est dorénavant de produire un certain type de produits culturels et de divertissement qui visent de grands marchés lesquels, dans leurs exigences, transcendent le concept même de frontière et d'identité nationale.

Un phénomène parallèle à celui de la **commercialisation multinationale des industries culturelles** en fonction des exigences de la mondialisation s'est manifesté au cours des dernières années : il s'agit d'un **processus d'homogénéisation croissante des formes culturelles et des modes de divertissement**. À l'intérieur de ce processus, et grâce à l'influence des médias de communications, en particulier les médias visuels, on assiste à l'émergence d'une identité nord-américaine à l'intérieur de laquelle les habitants du Mexique et du Canada partagent avec ceux des États-Unis les mêmes drames nationaux, passions sportives, formes et idéaux de vie, débats politiques, modes de consommation, langages informatiques, jeux vidéo, etc.

On sait que quelques-unes des manifestations de ce processus remontent aux années 1940 quand, sous le nom de «l'American Way of Life», on a vu émerger une certaine admiration pour la forme de vie américaine chez certaines couches de la société au Canada et au Mexique. Aucun phénomène du genre ne s'est produit chez les Canadiens envers la forme de vie mexicaine ou vice-versa, en grande partie parce que les habitants des deux pays se connaissent beaucoup moins les uns les autres qu'ils ne connaissent leur voisin commun par l'entremise du cinéma ou de la télévision.

Peut-être que dans l'avenir serait-il intéressant de mener une enquête sur la profonde confusion géographique, historique et culturelle que les Mexicains et les Canadiens entretenaient et, dans une large mesure, continuent à entretenir les uns à l'égard des autres. Il suffirait de passer en revue les nombreux stéréotypes que les médias audiovisuels se sont chargés de reproduire.

Il n'y pas lieu de s'étonner de cette forme d'identification déformante, surtout quand on constate l'existence d'un auditoire captif de la télévision et qui se divertit de la même façon dans les trois pays, en regardant les nouvelles à CNN, en commentant les plus récents témoignages du procès d'O.J. Simpson ou en assistant à une partie de hockey ou de football américain depuis leurs foyers, à Mexico ou à Ottawa. Il s'ensuit évidemment que l'Accord de libre-échange a entraîné, entre autres choses, une **continentalisation** des industries culturelles et/ou du divertissement.

Au cours des trois dernières années, les choses ont commencé à changer, et en particulier au Mexique, où l'on commence à se familiariser avec certaines des productions cinématographiques et télévisuelles canadiennes. Les premières «scènes» de ce qui pourrait être la forme de vie de quelques Canadiens nous sont parvenues par l'entremise des films «Le déclin de l'empire américain»,

«Jésus de Montréal» et «Love and Human Remains» du réalisateur canadien Denys Arcand; plus récemment, les films d'Atom Egoyan ont amené la formation d'un premier groupe d'adeptes de cette école de cinématographie contemporaine.

Ces films sont considérés comme l'expression «haut de gamme» de la production cinématographique canadienne qui diffère de façon marquée de la production canadienne «de masse» à laquelle les téléspectateurs mexicains ont également accès. Ceux-ci, depuis quelques années, ont eu l'occasion de voir, par l'entremise de la télévision par câble, une émission de nouvelles en français qui se présentait comme «made in France», mais qui, en fait, provenait du Québec; on a depuis corrigé cette erreur en retirant cette émission de l'horaire, enlevant ainsi aux Mexicains toute possibilité de voir quoi que soit d'autre que CNN.

Récemment, les miniséries canadiennes ont fait une entrée remarquée en Multivision, Cablovision et sur les chaînes de télévision culturelle, le 22 et le 11. Ceci est dû aux achats massifs d'émissions de télévision canadiennes lors des foires internationales de l'industrie du divertissement.

La traduction espagnole contribue à diluer quelque peu le contenu canadien de ces miniséries. En effet, dans quelques-uns de ces programmes, les thèmes, les costumes et les personnages pourraient passer pour américains. C'est le cas, par exemple, de la série «Mont-Royal» que son public appelle volontiers «le Dallas canadien» et qui, à cause de sa cote d'écoute, est diffusée tant le matin que le soir.

On pourrait dire qu'une partie des problèmes d'identité culturelle que vit le Canada se reflètent dans le type de séries télévisées d'origine canadienne que l'on voit au Mexique. Non seulement les problèmes linguistiques ont-ils une répercussion sur la façon de diffuser ces émissions, mais il en est de même des styles de vie d'une société multiculturelle et polarisée que les Mexicains apprennent à connaître par l'entremise de postes comme HBO et ZAZ. C'est ainsi que ces derniers ont diffusé avec succès l'émission «The Kids in the Hall.» Cette émission qui a agréablement surpris l'auditoire mexicain, peu habitué à l'humour «gay» ou à regarder des comédiens qui s'amusent à se déguiser en femmes et surtout le font à des fins satiriques. Étant donnée l'idiosyncrasie mexicaine, son sexisme et son machisme, la réaction du public face à cette série télévisée paraît des plus intéressantes.

Certaines émissions canadiennes «de pacotille» sont également diffusées sur les ondes de Multivision et de Cablovision, en particulier celles qui s'inspirent de romans «assaisonnés d'une certaine dose de sexe», telles les adaptations des romans publiés par l'éditeur Harlequin. Tout au contraire, les chaînes culturelles mexicaines annoncent leurs émissions canadiennes en se servant du symbole de la feuille d'érable, ce qui permet aux téléspectateurs mexicains de reconnaître qu'ils sont en train de regarder une émission canadienne.

Les traductions en espagnol des séries canadiennes gomment une partie de leur contenu national, surtout lorsque l'action est par trop étrangère aux problématiques mexicaines et qu'elle pourrait se dérouler n'importe où dans le monde.

À l'opposé, il existe, en fait, des émissions de télévision canadiennes qui témoignent véritablement de la réalité canadienne. C'est le cas de la version espagnole de la série «North of 60», une émission très appréciée qui donne aux Mexicains une idée de la façon dont vivent des groupes autochtones au Nord de Vancouver. Il y a d'autres produits de l'industrie canadienne du divertissement qui remportent aussi un très grand succès auprès du public mexicain. Mentionnons, entre autres, les émissions «Ovidio», «Odyssey», «Who is Afraid of the Dark?», «City Law», «Citadelle», «Kids in the Hall», «The Road to Avonlee», etc.

Ceci nous amène à nous poser les questions suivantes : quand une entreprise est-elle culturelle et quand s'agit-il d'une affaire privée? ou, quelle direction le Canada donnera-t-il dans l'avenir à la dimension culturelle de sa politique étrangère? ou encore, la déréglementation de l'industrie du divertissement amènera-t-elle le gouvernement canadien à intervenir pour modifier le contenu de ce que l'entreprise privée canadienne offre aux téléspectateurs mexicains?

Il est bien évident que, en particulier grâce à la télévision, nos sociétés vivent un processus de mondialisation de certaines «valeurs», en particulier celles qui sont les plus étroitement liées à la reproduction du système. En ce sens, nous nous proposons d'entamer une réflexion sur la nécessité d'une politique étatique qui viserait à diffuser les véritables valeurs humaines plutôt que de se plier aux exigences d'un marché de consommateurs soumis à la loi de la libre concurrence.

# Identité nationale et mondialisation : le cas de la télévision canadienne

*Florian Sauvageau*

Au Canada, la télévision est perçue comme un outil essentiel de promotion de l'identité nationale. Véritable ode à la «canadianité», l'article 3 de la *Loi sur la radiodiffusion* de 1991 témoigne de façon éloquente de la volonté du législateur de faire du caractère canadien du système de radio et de télévision l'un des objectifs majeurs de la politique de radiodiffusion (voir annexe). Propriété et programmation canadiennes doivent concourir au «maintien et [à] la valorisation de l'identité nationale et de la souveraineté culturelle» (article 3 (1) b). Le même esprit existe d'ailleurs au Québec. Une éventuelle loi québécoise sur la radiodiffusion rendrait un hommage identique à la «québécitude».

Il n'y a dans la loi de 1991 rien de bien nouveau. L'intervention de l'État canadien en matière culturelle a toujours eu comme objectif de promouvoir la culture nationale, de contrer l'influence américaine, et se justifie par la nécessité de préserver l'identité nationale. En 1929, l'ancêtre des divers groupes d'études et commissions d'enquête qui ont analysé les malheurs de la radiodiffusion canadienne, la Commission Aird, avait proposé la création d'un réseau national de diffusion publique. La Commission retenait, pour réaliser des objectifs culturels et assurer que les émissions de radio soient canadiennes, le modèle européen, plus précisément le modèle britannique de la BBC, de préférence au modèle commercial américain. À l'époque, c'était l'influence de l'*entertainment* radiophonique qui inquiétait. Le rapport Aird rappelait qu'on avait souligné aux commissaires le fait que la réception continue d'émissions américaines *«has a tendency to mould the minds of the young people in the home to ideals and opinions that are not Canadian»*. C'était, je le rappelle, en 1929. La suggestion de la Commission Aird ne fut retenue qu'en partie et l'on créa un système hybride où l'on fit cohabiter les stations publiques et privées.

C'est dans ce souci de promotion de l'identité que nous avons plus tard inventé les règles de contenu canadien pour les télédiffuseurs, de priorité aux canaux canadiens pour les câblodistributeurs, les règles de substitution simultanée (c.-à-d. le remplacement en certaines circonstances d'un signal américain par un signal canadien) et autres bizarreries. En vertu d'un pacte tacite conclu avec le régulateur, qui les protège contre la concurrence en limitant le nombre de licences, les entrepreneurs, auxquels une rente est ainsi garantie, s'engagent à fournir les contenus canadiens essentiels à la réalisation des objectifs culturels définis par la loi. C'est cette entente, ce «grand bargain» pour reprendre l'expression du président du Conseil de la radiodiffusion et des télécommunications canadiennes (CRTC), Keith Spicer, que mettent en péril

189

la révolution technologique, les forces du marché et l'esprit de la mondialisation.

Aujourd'hui, à l'ère des satellites de diffusion directe et de la mondialisation de la télévision, les angoisses restent les mêmes qu'il y a 70 ans. Un scénario répandu, il y a quelques mois encore, chez ceux qui croient connaître l'avenir de la télévision, c'était celui de la catastrophe. Deux cent canaux transmis par des satellites américains (*les death stars* comme les appelle l'industrie de la câblodistribution) allaient bientôt couvrir de culture *made in USA* la quasi-totalité du territoire canadien, réduisant à néant, si l'on ne réagissait pas rapidement, l'identité nationale déjà fragile. Demain, la menace viendra des compagnies de téléphone qui pourront nous fournir, sur demande, à la pièce et à prix fort, le dernier succès de Hollywood, les match de la série mondiale de baseball ou, en direct, la rentrée new-yorkaise de cette grande star du *showbiz* international, Céline Dion.

Rassurons tout de suite les anxieux en rappelant qu'il ne faut pas exagérer l'influence à court terme des «révolutions techniques». En 1983, le ministère des Communications nous avait déjà annoncé que les satellites de diffusion directe qui déferleraient bientôt (d'ici trois ans, disait-on) sur le Canada allaient nous inonder de tous les canaux spécialisés américains : musique, sports, information, etc. (plusieurs de ces canaux sont accessibles au Canada, d'autres y sont interdits selon les règles du CRTC). Il a fallu attendre près de 12 ans pour que la menace se concrétise. Quant à l'inforoute grand public, nous y arriverons bien un jour, mais personne ne sait vraiment quand ni comment. Par contre, il est exact que la multiplication des canaux viendra fragmenter davantage un auditoire qui a déjà l'embarras du choix; cela contribuera à diminuer un peu plus la rente dont jouissaient hier les entrepreneurs canadiens, mettant en péril les contenus canadiens que garantissait l'entente tacite dont je viens d'expliquer la nature.

**La grande méprise**

À mon avis, en exacerbant la menace américaine, nous posons mal les problèmes qui affligent la télévision au Canada. La grande méprise dans le débat sur la télévision, c'est qu'on identifie le plus souvent télévision nationale et télévision de qualité. Il y a 10 ans déjà, dans le rapport du Groupe de travail sur la politique de la radiodiffusion (Caplan-Sauvageau), nous signalions la cocasserie de certaines attitudes, en ironisant, je le reconnais, de façon peut-être un peu élitiste : «Aujourd'hui, (les Canadiens) considèrent comme d'importantes proclamations d'un intérêt national, dès le moment qu'elles sont canadiennes, autant les comédies de situation que la musique rock». Ce n'est pas parce qu'elle est nationale, parce qu'elle est québécoise ou canadienne plutôt qu'américaine, qu'une émission est nécessairement supérieure. L'opposition véritable ne se situe pas entre « télévision nationale et télévision étrangère ou américaine », mais entre «télévision commerciale et télévision de service public».

Hélas, nos gouvernements ont amorcé, il y a maintenant une quinzaine d'années, sans légiférer, presque sans le dire, le processus de privatisation de la télévision publique. En obligeant Radio-Canada à recourir aux producteurs indépendants, comme l'avait suggéré le rapport Applebaum-Hébert de 1982, mais surtout, en lui coupant les vivres, en forçant la télévision publique à accroître ses revenus publicitaires et à recourir aux recettes à succès facile de la télévision commerciale. Nombreux sont ceux qui ont parlé de tournant dans l'histoire de la radiodiffusion canadienne pour qualifier certaines orientations définies au début des années 1980 et qui constituent, dans les faits, des tendances lourdes dont l'application a transformé en profondeur le système de radiodiffusion[1].

Plusieurs facteurs permettent de comprendre la rupture dans l'évolution du système, dont les «architectes» avaient, dans le passé, toujours cherché l'équilibre entre les secteurs public et privé, entre les aspects culturels et industriels de la télévision.

## *L'évolution technologique*

La multiplication des canaux, amorcée avec le développement du câble au début des années 1970, avait entraîné l'extension de la diffusion des grands réseaux américains (ABC, CBS, NBC et PBS) à l'ensemble du Canada; au début des années 1980, avec le développement attendu des satellites de diffusion directe, on craint, comme je l'ai dit, un véritable envahissement de canaux américains spécialisés. Les objectifs nationalistes sont toujours présents. Mais on ne peut espérer développer à l'infini les canaux publics et on doit s'en remettre au secteur privé pour occuper la plus grande partie de l'espace avec des chaînes canadiennes. La propriété canadienne ne garantit toutefois pas le contenu canadien; les nouvelles chaînes acquièrent, à bon marché, des émissions américaines, ou deviennent le clone des réseaux américains qu'elles ont fait exclure du paysage canadien. Au Québec, Musique Plus (un MTV national) parle français, diffuse quelques clips des artistes du cru, mais n'en répand pas moins à plein tube la culture américaine dont ses promoteurs ont brandi la menace pour obtenir leur permis.

## *Les rêves d'exportation*

Depuis le début des années 1960, les activités culturelles, y compris la radiodiffusion, relevaient à Ottawa du Secrétariat d'État; en passant sous la juridiction du ministère des Communications, en 1980, les institutions culturelles vont épouser les orientations de ce nouveau cadre dominé par des intérêts technologiques et commerciaux[2].

Au ministère des Communications, on souhaitait déjà commercialiser et exporter les nouvelles technologies de communication qu'on avait développées; avec la globalisation des marchés, on rêve maintenant d'exporter nos émissions de télévision, de nous tailler une part du marché mondial; on veut, pour le faire, développer une industrie indépendante de la production télévisuelle. En 1983, le Canada devient l'un des rares pays à créer un fonds d'aide aux producteurs d'émission de télévision. La télévision publique sera mise à contribution : elle devra diminuer sa production-maison et recourir aux producteurs indépendants.

## La mondialisation de la télévision

Cette histoire n'est pas unique. En oubliant quelques nuances propres au contexte national, les mêmes causes expliquent l'évolution récente du paysage audiovisuel en Europe de l'Ouest. Un peu partout, la télévision s'est transformée, dans le contexte politico-économique des dernières années, de la gestion élevée au rang de nouvelle divinité, de la productivité et de la rentabilité proposées comme raison de vivre et d'exister. Presque partout, le triomphe de la logique commerciale s'est accompagné du déclin de la télévision publique qui pourtant peut seule (comme l'avait compris le rapport Aird) assurer la mise en œuvre de certains services culturels et d'information essentiels (y compris les contenus nationaux), mais onéreux, et dont la réalisation ne cadre pas avec les objectifs de profit des médias privés.

La multiplication des canaux, que permettent le câble et le satellite, ont rendu partout les émissions américaines, les seules disponibles à prix abordable, omniprésentes. C'est la règle suprême de la télévision internationale qui joue : «Une progression de la distribution sans progression parallèle de la production est synonyme d'américanisation» (voir le texte de Mark Starowicz dans l'ouvrage *Souveraineté et protectionnisme en matière culturelle*). En Europe, on invoque maintenant la culture nationale et la souveraineté nationale pour repousser une invasion culturelle que le Canada dénonce depuis les années 1920. Le monde se «canadianise», c'est-à-dire qu'il apprend à composer avec la culture américaine.

Mais en Europe comme ici, le vent de privatisation soufflant, on s'en remet au secteur privé, le modèle commercial de télévision tend à se généraliser et les rêves d'exportation émergent. La façon de faire devient «hollywoodienne», comme l'explique le *Los Angeles Times* que cite Herbert Schiller (*Mass Communications and American Empire*, Westview Press, deuxième édition, 1992) : *«Euro-TV turns to Hollywood. New commercial networks on the continent recruit U.S. writers, producers and directors to develop and guide shows. A major goal is to sell the program in America».* Est-ce pour cela qu'il fallait une exception culturelle, dont la France se faisait le défenseur lors des négociations du GATT?

La mondialisation de la télévision, ce n'est pas d'abord, comme certains le pensent à tort, l'invasion des émissions américaines, mais plutôt celle du modèle commercial américain. L'internationalisation, c'est d'abord une façon de faire, ce sont les mêmes règles, celles du marché, qui régissent partout l'évolution de la télévision comme l'ensemble du secteur culturel. Ce phénomène s'incarne dans les grands groupes multimédias internationaux qui se développent et qui sont, et c'est aussi important de le souligner, de moins en moins américains. Televisa du Mexique et Globo du Brésil sont à l'Amérique latine ce que News Corporation de Rupert Murdoch ou Time Warner sont aux États-Unis, Bertelsmann et Hachette à l'Europe, ce que Thomson ou Rogers sont au Canada, Vidéotron et Quebecor au Québec.

## Des politiques ambiguës

Au Canada, l'évolution récente de quelques grands groupes constitue une belle illustration des effets pervers de l'obsession nationale. Il n'y a pas si longtemps, la concentration des médias était perçue comme une menace à la diversité des opinions et à la vie démocratique. Les rapports Davey en 1970 et Kent en 1981 s'en étaient inquiétés et en 1982, le gouvernement de Pierre Trudeau avait enjoint le CRTC, de façon à garantir le pluralisme dans une région donnée, de ne pas émettre de licence de radiodiffusion au propriétaire d'un quotidien desservant déjà le même marché (propriété croisée). En 1985, le gouvernement conservateur a cependant abrogé cette directive au CRTC.

Hier encore dénoncée, la concentration a aujourd'hui ses promoteurs. L'État prête l'oreille aux entrepreneurs nationaux qui s'en font les défenseurs et allèguent que seuls des «champions nationaux» peuvent faire face sur le marché international aux immenses conglomérats qui se sont développés ces dernières années. C'est pour être en mesure d'affronter les Time Warner de la terre et pour faire face à la concurrence des «death stars» américains que Ted Rogers réclamait l'an dernier l'autorisation d'acquérir le groupe Maclean Hunter.

Le contexte actuel de mondialisation remet en cause l'équilibre traditionnel que l'État avait auparavant cherché à maintenir entre les objectifs culturels et industriels qui sous-tendent son action, entre l'exigence de sources diverses d'information et d'opinions et la nécessité d'assurer des assises solides à nos entreprises. Depuis quelques années, on assiste, dans la conjonction des logiques nationalistes et industrielles, à l'abandon des «entraves» au développement d'industries nationales fortes, et seules capables de porter l'identité nationale sur le marché international. Inévitablement, la logique industrielle qui anime les «champions nationaux» les conduira à concentrer la production, de façon à réaliser des économies d'échelle, diminuant ainsi la diversité et privant par exemple les citoyens des régions périphériques de services essentiels à la vie démocratique.

Dans une étude récente sur la mondialisation de l'économie et le développement culturel, quelques collègues et moi en arrivions ainsi au constat suivant : «Ayant appris à présenter leurs propres intérêts comme étant ceux de la société en général, les entreprises nationales, mesurant leur capacité à soutenir la compétition, invoquent tantôt leur besoin de protection, tantôt le besoin qu'on les décharge de certaines réglementations nationales contraignantes qui briment leur compétitivité à l'heure de l'ouverture des marchés. La logique industrielle se drape de la logique nationaliste»[3].

Cela n'est pas tout à fait nouveau. Il y a quelques années, au moment des négociations sur l'accord de libre-échange avec les Américains, le journaliste Robert Fulford avait décrit avec une pointe de cynisme les inquiétudes de certains industriels de la culture : *«Private broadcasters who have made millions mainly by importing cop shows and situation comedies from Los Angeles have been transformed... into born-again nationalists, even anti-Americans... The possibility that free trade with the United States will alter or eliminate cultural protectionism and subsidies has brought (them) together».* (*Saturday Night*, March 1986, cité dans le rapport Caplan-Sauvageau). La rencontre des intérêts de l'industrie et de la nation n'est pas non plus un phénomène propre au Canada. L'économiste André Lange, de l'Observatoire européen de l'audiovisuel, explique comment en Europe les industriels de la culture et les professionnels du spectacle ont su s'attirer les sympathies des États en dénonçant «l'impérialisme culturel américain» et en se présentant comme les défenseurs de la culture nationale menacée. Voilà comment en France, dans la seconde moitié des années 1970, «la nécessité d'une action politique des pouvoirs publics pour défendre l'identité culturelle nationale à travers une politique de soutien à l'industrie est devenue officielle» (voir la contribution de M. Lange à notre étude sur le développement culturel et la mondialisation de l'économie).

### Repenser l'intervention de l'État

Mes collègues et moi nous sommes interrogés sur cette ambiguïté des dernières années quant à la finalité des politiques publiques dans le secteur de la culture et des communications : s'agit-il de promouvoir l'essor économique des entreprises œuvrant dans la culture (logique industrielle) ou de favoriser l'accès et la participation des citoyens à la vie culturelle au moyen, entre autres, des industries culturelles (logique démocratique)? Nous en avons plutôt retenu une certaine confusion conceptuelle où l'intervention et le soutien des industries culturelles se justifient sur la base des états d'âme de la nation (logique nationaliste).

C'est ainsi que nous en sommes arrivés à suggérer de repenser, dans ce contexte de mondialisation qui caractérise notre époque, les bases sur lesquelles repose l'intervention de l'État. Dans le cas de la télévision, les effets combinés de la mondialisation et des progrès techniques rendent déjà douteux, au Canada, le maintien du «grand bargain» en vertu duquel les entrepreneurs privés s'engageaient à fournir des émissions canadiennes. Keith Spicer lui-même reconnaît que les règles de contenu canadien qui forment l'armature principale de notre système de radiodiffusion deviendront de plus en plus difficiles à appliquer: *«Broadcasting satellites will beam programs over national boundaries directly into homes. There will be no CRTC with the authority to determine the content of the broadcasts»* (*The Gazette*, December 18, 1993).

Fondées sur la conjonction et la confusion des logiques nationalistes et industrielles, les politiques traditionnelles doivent être réexaminées. L'État doit surtout clarifier les objectifs qui motivent son action. Plutôt que de percevoir la télévision et les médias comme outils de promotion de l'identité nationale, il faudrait d'abord les concevoir comme des instruments essentiels à la participation de tous les citoyens à la vie culturelle, sociale et politique. L'omniprésence des médias, de la télévision en particulier, leur attribue un statut particulier dans ce que nous avons appelé le «développement culturel démocratique». Les objectifs de contenu canadien sont importants, mais subsidiaires. Et comme l'avait bien compris la Commission Aird, dès 1929, en proposant la création d'un réseau national de diffusion publique, l'État doit reconnaître que seule l'entreprise publique, la télé des citoyens, financée par les deniers publics, peut remplir certaines fonctions essentielles et non rentables, assignées aux médias dans nos sociétés démocratiques.

## Notes

1.   J'ai développé ces phénomènes dans deux textes dont je reprends ici des éléments : Le Canada et le village global, in *Le défi des télévisions nationales à l'ère de la mondialisation*, sous la direction de A. Caron et P. Juneau, 1992, Les Presses de l'Université de Montréal, et dans l'ouvrage collectif *Souveraineté et protectionnisme en matière culturelle*, sous la direction de D. Atkinson, I. Bernier et F. Sauvageau, 1991, Presses de l'Université du Québec, C.Q.R.I.

2.   En juin 1993, au moment de sa création, le ministère du Patrimoine canadien est délesté des dossiers technologiques, confiés au ministère de l'Industrie.

3.   *Développement culturel et mondialisation de l'économie. Un enjeu démocratique*, M. Raboy, I. Bernier, F. Sauvageau, D. Atkinson, 1994, Institut québécois de recherche sur la culture.

## Annexe

*Politique canadienne de radiodiffusion*

### Article 3 de la Loi sur la radiodiffusion, 1991 (Chapitre 11 des Statuts du Canada, 38-39 Élizabeth II, sanctionnée le 1<sup>er</sup> février 1991)

3. (1) Il est déclaré que, dans le cadre de la politique canadienne de radiodiffusion :

a) le système canadien de radiodiffusion doit être, effectivement, la propriété des Canadiens et sous leur contrôle;

b) le système canadien de radiodiffusion, composé d'éléments publics, privés et communautaires, utilise des fréquences qui sont du domaine public et offre, par sa programmation essentiellement en français et en anglais, un service public essentiel pour le maintien et la valorisation de l'identité nationale et de la souveraineté culturelle;

c) les radiodiffusions de langues française et anglaise, malgré certains points communs, différent quant à leurs conditions d'exploitation et, éventuellement, quant à leurs besoins;

d) le système canadien de radiodiffusion devrait :

(i) servir à sauvegarder, enrichir et renforcer la structure culturelle, politique, sociale et économique du Canada,

(ii) favoriser l'épanouissement de l'expression canadienne en proposant une très large programmation qui traduise des attitudes, des opinions, des idées, des valeurs et une créativité artistique canadiennes qui mettent en valeur des divertissements faisant appel à des artistes canadiens et qui fournisse de l'information et de l'analyse concernant le Canada et l'étranger considérés d'un point de vue canadien,

(iii) par sa programmation et par les chances que son fonctionnement offre en matière d'emploi, répondre aux besoins et aux intérêts, et refléter la condition et les aspirations des hommes, des femmes et des enfants canadiens, notamment l'égalité sur le plan des droits, la dualité linguistique et le caractère multiculturel et multiracial de la société canadienne ainsi que la place particulière qu'y occupent les peuples autochtones,

(iv) demeurer aisément adaptable aux progrès scientifiques et techniques;

e) tous les éléments du système doivent contribuer, de la manière qui convient, à la création et à la présentation d'une programmation canadienne;

f) toutes les entreprises de radiodiffusion sont tenues de faire appel au maximum, et dans tous les cas au moins de manière prédominante, aux ressources — créatrices et autres — canadiennes pour la création et la présentation de leur programmation à moins qu'une telle pratique ne s'avère difficilement réalisable en raison de la nature du service — notamment son contenu ou format spécialisé ou l'utilisation qui y est faite de langues autres que le français ou l'anglais — qu'elles fournissent, auquel cas elles devront faire appel aux ressources en question dans toute la mesure du possible;

g) la programmation offerte par les entreprises de radiodiffusion devrait être de haute qualité;

h) les titulaires de licences d'exploitation d'entreprises de radiodiffusion assument la responsabilité de leurs émissions;

i) la programmation offerte par le système canadien de radiodiffusion devrait à la fois :

(i) être variée et aussi large que possible en offrant à l'intention des hommes, des femmes et des enfants de tous âges, intérêts et goûts une programmation équilibrée qui renseigne, éclaire et divertit,

(ii) puiser aux sources locales, régionales, nationales et internationales,

(iii) renfermer des émissions éducatives et communautaires,

(iv) dans la mesure du possible, offrir au public l'occasion de prendre connaissance d'opinions divergentes sur des sujets qui l'intéressent,

(v) faire appel de façon notable aux producteurs canadiens indépendants;

j) la programmation éducative, notamment celle qui est fournie au moyen d'installations d'un organisme éducatif indépendant, fait partie intégrante du système canadien de radiodiffusion;

k) une gamme de services de radiodiffusion en français et en anglais doit être progressivement offerte à tous les Canadiens, au fur et à mesure de la disponibilité des moyens;

l) la Société Radio-Canada, à titre de radiodiffuseur public national, devrait offrir des services de radio et de télévision, qui comportent une très large programmation qui renseigne, éclaire et divertit;

m) la programmation de la Société devrait à la fois :

(i) être principalement et typiquement canadienne,

(ii) refléter la globalité canadienne et rendre compte de la diversité régionale du pays, tant au plan national qu'au niveau régional, tout en répondant aux besoins particuliers des régions,

(iii) contribuer activement à l'expression culturelle et à l'échange des diverses formes qu'elle peut prendre,

(iv) être offerte en français et en anglais, de manière à refléter la situation et les besoins particuliers des deux collectivités de langue officielle, y compris ceux des minorités de l'une ou l'autre langue,

(v) chercher à être de qualité équivalente en français et en anglais,

(vi) contribuer au partage d'une conscience et d'une identité nationales,

(vii) être offerte partout au Canada de la manière la plus adéquate et efficace, au fur et à mesure de la disponibilité des moyens,

(viii) refléter le caractère multiculturel et multiracial du Canada;

n) les conflits entre les objectifs de la Société énumérés aux alinéas l) et m) et les intérêts de toute autre entreprise de radiodiffusion du système canadien de radiodiffusion doivent être résolus dans le sens de l'intérêt public ou, si l'intérêt public est également assuré, en faveur des objectifs énumérés aux alinéas l) et m);

o) le système canadien de radiodiffusion devrait offrir une programmation qui reflète les cultures autochtones du Canada, au fur et à mesure de la disponibilité des moyens;

p) le système devrait offrir une programmation adaptée aux besoins des personnes atteintes d'une déficience, au fur et à mesure de la disponibilité des moyens;

q) sans qu'il soit porté atteinte à l'obligation qu'ont les entreprises de radiodiffusion de fournir la programmation visée à l'alinéa i), des services de programmation télévisée complémentaires, en anglais et en français, devraient au besoin être offerts afin que le système canadien de radiodiffusion puisse se conformer à cet alinéa;

r) la programmation offerte par ces services devrait à la fois :

(i) être innovatrice et compléter celle qui est offerte au grand public,

(ii) répondre aux intérêts et goûts de ceux que la programmation offerte au grand public laisse insatisfaits et comprendre des émissions consacrées aux arts et à la culture,

(iii) refléter le caractère multiculturel du Canada et rendre compte de sa diversité régionale,

(iv) comporter, autant que possible, des acquisitions plutôt que des productions propres,

(v) être offerte partout au Canada de la manière la plus rentable, compte tenu de la qualité;

s) les réseaux et les entreprises de programmation privés devraient, dans la mesure où leurs ressources financières et autres le leur permettent, contribuer de façon notable à la création et à la présentation d'une programmation canadienne tout en demeurant réceptifs à l'évolution de la demande du public;

t) les entreprises de distribution:

(i) devraient donner priorité à la fourniture des services de programmation canadienne, et ce, en particulier par les stations locales canadiennes,

(ii) devraient assurer efficacement, à l'aide des techniques les plus efficientes, la fourniture de la programmation à des tarifs abordables,

(iii) devraient offrir des conditions acceptables relativement à la fourniture, la combinaison et la vente des services de programmation qui leur sont fournis, aux termes d'un contrat, par les entreprises de radiodiffusion,

(iv) peuvent, si le Conseil le juge opportun, créer une programmation — locale ou autre — de nature à favoriser la réalisation des objectifs de la politique canadienne de radiodiffusion, et en particulier à permettre aux minorités linguistiques et culturelles mal desservies d'avoir accès aux services de radiodiffusion.

(2)   Il est déclaré en outre que le système canadien de radiodiffusion constitue un système unique et que la meilleure façon d'atteindre les objectifs de la politique canadienne de radiodiffusion consiste à confier la réglementation et la surveillance du système canadien de radiodiffusion à un seul organisme public autonome.

# Canada in the Global Casino

*Duncan Cameron*

By now most Canadians must be aware that much of our national debt is in the hands of foreign lenders. How many times have we heard on Prime Time News Magazine that about $350 billion in Canadian debt is held abroad? While not perhaps understanding the workings of the international bond market, people who hear such a figure are likely to be impressed. It might even make them fearful for the future, perhaps more willing to accept cutbacks in government spending on social programmes, or the introduction of user fees for services. And domestic austerity is presented as a necessity by the federal government because of the need to get our deficit under control.

This type of argument is sometimes called "debt terrorism." Not, I might add, on Prime Time News Magazine but in the literature of international relations or development economics. Until recently its use was confined to discussions of Third World economies. Now, it is appropriate to apply the term to discussions of Canada's fiscal situation. Regularly, arguments are heard against government spending of all kinds, spending on recreation, culture, research and development, as well as on social programmes, not because of the nature of the spending; but, it is said, because our international debt does not allow us any course but to reduce all government spending.

In the global casino of international financial relations, national debt and deficits are significant, because lenders look closely at such figures. Bond rating agencies such as Moody's (now familiar to Canadians for recently down-grading our credit rating) follow our financial situation very closely, issuing warnings and advice to governments in regular bulletins. What they have to say is taken seriously by international lenders as they decide where to place their funds. National governments listen closely because of the role of international lenders in financing national deficits.

The purpose of this paper is to present a picture of Canada in the global casino of international finance. My aim is to make this subject comprehensible to the non-specialist, not to scare anyone. I want to deal with two issues: the role of global finance in what is still an international economy, though one facing pressures of globalization; and the space for a Canadian government to act alone and in concert with others to assert public control over the forces of global finance.

I see the global financial system as being dangerously imbalanced. It is not so much that it is largely out of control that constitutes the immediate danger. Rather, the worrisome aspect lies more in the pressure exerted by international forces over national policy-makers. But, I do want to suggest that this system needs to be saved from its excesses; and that national governments can act, both to protect their citizens from the damage caused by killer interest rates, and to institute measures necessary to promote the well-being of others. In short, there are means for dealing with debt terrorism.

The conference programme asks me to address the question of whether the Canadian identity will be capable of surviving in a world in which borders have been wiped off the map. It asks how Canada can manage "given the close proximity of the American giant" in a new world in which capital and ideas are able to flow freely because of great strides in the field of electronics. Let me reassure you. Canadian borders have not been wiped off the map, and our national identity will remain a subject for lively discussion on long winter evenings for some time to come. It is also clear to me that capital and ideas have been flowing very freely, in and out of Canada (in and out for capital, but mostly in for ideas) since the beginning of the European settlement.

What has definitely changed is the way we transfer funds among the major money centres in the world economy. The electronic funds transfer system has accelerated the ability of money market dealers, bond traders, and foreign exchange specialists to engage in speculative transactions. The financial markets are open somewhere at any time of the day or night. Fabulous amounts are traded each day on the foreign exchange market; transactions valued at about one trillion US dollars. This dwarfs the yearly figures for trade in goods which amounts to some $6 trillion US per year.

The global casino then is the foreign exchange (FX) market. Whereas currencies once had fixed exchange rates, meaning par values were established by governments, and currencies were then traded within narrow bands, since 1973 the world has resorted to generalized floating rates. The partial exception is the European Community which has had some success in establishing exchange rate stability within the European Monetary System.

In a world of generalized floating, national currencies are widely traded by private agents, banks and other dealers. They receive small marginal commissions on each transaction, and the fees they earn allow for tremendous profits and astronomical incomes for the participants. Needless to say there is much support for this system from the foreign exchange dealers themselves. Others, Professor James Tobin for instance, see these transactions as a potential source of income for international "good works" through the imposition of a small tax on foreign exchange operations.

Tobin sees the FX market as essentially destabilizing for national governments who must attempt to manage speculative flows of currency with limited means. "Hot money" has perverse effects for domestic economies. For instance, the standard technique for dealing with a speculative outflow of funds is for the central bank to raise domestic interest rates. This may stabilize the currency and stem the outflow, but it also slows the domestic economy, throwing people out of work. A tax on foreign exchange might discourage speculation altogether, and allow national governments and central banks to manage the domestic economy with less apprehension about the foreign exchange market.

Against Tobin, it is usually argued that such taxes are cumbersome, inefficient, and are likely to be thwarted through the centering of foreign exchange transactions in off shore markets that would refuse to apply the tax. To these three objections it can be replied that such a tax would require the support of the major financial powers, and that sanctions could be brought against non-participants in the taxation scheme through the IMF which they control, or the World Trade Organization which they dominate. The tax would be no more cumbersome to administrate than the commissions currently levied by financial institutions. The only serious objection is that the tax would be inefficient, that it would distort the workings of international markets, and prevent the efficient allocation of resources among countries.

This objection is serious because it is widely believed that market solutions to questions of resource allocation are optimal solutions, and that government intervention is a form of distortion of market (i.e. desirable) outcomes. It is this belief, or ideology, that justifies the present international financial system, and indeed is driving the notion of globalization. Current thinking about the global economy reflects a long standing debate within liberalism over the role of government and the international dimensions of democratic states. Critics of liberalism see the global casino as a case in point for generating renewed discussion of alternatives to *le capitalisme sauvage*. Readers should know that I number myself among those critics, but what I have to say is not limited to those who share my views.

### Global Finance and the International Economy

In the language of international political economy, globalization has a specific meaning. It refers to a situation where economic activity is no longer congruent with political authority. Corporations operate simultaneously in many jurisdictions. Trade is not mainly "arms length" trade conducted between countries; at least one-half flows across borders within corporate structures. Production is organized on a global basis by some 500 corporations that are both shedding workers and increasing worldwide investment. But, perhaps the most significant feature of globalization is the aforementioned activity of a small number of major financial corporations, which trade currencies, bonds, and securities around the clock through electronic networks centered in world financial capitals.

In the liberal international order that was designed at Bretton Woods in 1944, and took on a life of its own in the following 30 years, states accepted international responsibilities through their participation in international institutions. The period following the demise of the fixed exchange rate system in 1973 was characterized by slower economic growth, accelerating inflation, a declining expansion of world trade, and increased unemployment. Even more significant for international finance was the rapid development of the "euromarkets" for loans, bank deposits, bonds and other securities, that occurred outside the framework of national supervision, and with only minimal international intervention, through the Basel Accord negotiated under the auspices of the Bank for International Settlements.

The state centered system of international financial relations embodied in the Bretton Woods agreement, though never as far reaching as that envisaged by

Keynes, was overtaken by autonomous developments in international banking. International institutions changed their fundamental character. The new World Trade Organization (which has replaced the GATT) along with the World Bank and the International Monetary Fund, have been forcing globalization, seen as the extension of market forces across the international economy. They have become identified with the rich, industrialized countries. The IMF is seen, kindly, as a credit-worthiness agency of Western banks, and more crudely as the agent of debt terrorism in the Third World, acting on behalf of the financial powers that control its proceedings through the weighted voting mechanism of the Fund.

As originally conceived, the IMF, the World Bank, and the GATT had specific functions within a liberal international economic order. Overall, all three were to be the instruments of liberalization. The GATT would supervise the reduction of mercantilist barriers to trade. The World Bank would promote the transfer of capital from countries with a foreign exchange surplus to deficit countries for economic development. Through its short-term lending the IMF would facilitate the participation of states in a regime of convertible currencies (convertible through FX markets). It would provide the rules for the international payments system, including rules for the declaration of par values by national governments, and for currency devaluation.

In the Canadian conception of liberal internationalism, these institutions had a double significance. As multilateral agencies they allowed for international rules and practices to be established which could be useful as a reference for Canada in bilateral dealings with the US. Particularly on trade issues, Canada could call upon the weight of the international community as represented in the GATT treaty, to redress the unfavorable balance of bilateral power in North American disputes, where Canada's need to reach an accommodation with the US was always greater than its capacity, acting alone, to determine the outcome.

More generally, Canada saw the international institutions as providing for the world community the same protective framework as the national state provided for the domestic community. Many other states, it was imagined by Canadian liberal internationalists, would accept the importance of international law-making for the common good. After all, in liberal democracies, states envisaged domestic legislation to promote this end. In short, the Canadian emphasis was on internationalism, understood as co-operation among sovereign states, to achieve objectives they could not achieve acting alone. In this view, international obligations represented a collective exercise of power. They could even be seen as an extension of sovereignty, rather than a surrender of authority, to the extent that national and international goals were complementary.

This conception of internationalism, while compatible with conceptions of liberalism that provided for an active role for the state was very much at odds with economic liberalism, particularly when it is redefined as globalization. One of the significant features of globalization has been the transformation of public international law from an instrument of states pursuing similar national objectives internationally into an instrument promoting an agenda developed by corporations. This can be seen in the Canada-US free trade agreement and NAFTA where corporations acquired citizenship rights in each country, for instance, investment rights, the right to buy and sell assets under the same conditions as nationals. It can also be seen in the evolution of international monetary relations where the role of the IMF as the promoter of par values has been superseded by its role in imposing structural adjustment programmes on Third World debtors, which open these economies to private investors, and require them to adopt programmes of privatization, and market pricing for basis goods such as foodstuffs.

The international economy now operates in a perverse fashion with funds flowing from the poor nations of the South into the rich economies of the North, particularly, the US. The concerted increase in interest rates orchestrated by the group of ten central banks that meet monthly in Basel, to meet the inflationary crisis of the late 1970s and early 1980s, doubled debt servicing costs. For major borrowers such as Poland, Mexico, Argentina, Brazil, the results were disastrous. For Latin America as a whole the 1980s became known as the lost decade. Rather than negotiating a comprehensive accord to deal with the debt crisis, the rich countries preferred a case-by-case approach which forced individual debtor nations to accept stringent conditions for debt repayment.

The collective resources of the IMF were puny in comparison with the needs of debtor nations. Rather than finance their foreign exchange deficits through the Fund, debtors became clients at the "sovereign loan" window of Eurobanks that were awash in OPEC petro-dollars and eager to sell loans to new clients. An increase in the general resources of the Fund would have allowed deficit nations to draw on the balances of surplus nations with the IMF, but that was not to be. Instead of a system of international finance which operated through state to state transfers within the IMF, balances of international payments were settled through Euromarket loans at market interest rates. For the sovereign borrowers contracting loans in US dollars, this meant taking on a foreign exchange risk in the event of devaluation of national currencies.

The combination of floating currencies and high interest rates proved to be deadly for weak currency countries. Banks which had seen real rates of interest turn negative in the 1970s, as inflation accelerated faster than they could turn over loan portfolios at new higher rates, introduced floating rate loans to protect themselves against having to bid more for deposits, than they were receiving in loan income. This further increased the risk for borrowers. To protect the value of national currencies, countries needed foreign exchange reserves in order to intervene in the FX market. But with the exponential growth in offshore financial transaction of all kinds, speculators were well placed to sniff out a weak currency, sell it short, and overwhelm any efforts by a national government acting alone to stave off speculative attacks through FX market intervention.

Countries in deficit were obliged to keep interest rates high in order to forestall short selling of the national currency both by international and domestic speculators. But a high interest rate policy, if successful in attracting funds, had the perverse effect of pushing up the exchange rate, and widening the current account deficit, as Canadians were to discover in the period 1989-93.

## National Sovereignty and Global Finance

By definition the world cannot have a balance of payments deficit. One country's exports are another country's imports, and the total of world exports is simply the total of world imports seen from the reverse angle. In the world envisaged by Keynes, in his plan for an international clearings union presented (and rejected) at Bretton Woods, deficit countries would have had quasi-automatic access to the surpluses accumulated by other countries, up to agreed limits.

Instead of a clearings union, the Bretton Woods conference adopted proposals that had the effect of putting the foreign exchange market at the centre of the system for settling payments imbalances, with the IMF providing short-term finance to countries experiencing temporary balance of payments problems. This favored an outcome contrary to that desired by Keynes. He wanted to put pressure on the strong, surplus countries to adjust their policies so as to eliminate surpluses.

Recourse to the FX market mechanism had the effect of putting pressure on the weak, deficit countries who had to choose from a series of difficult options to deal with the deficit, while the surplus countries could simply build up national reserves of foreign exchange. A deficit nation was forced either to adjust its deficit away through domestic deflation; finance the deficit through borrowing; or correct the deficit through devaluation of the currency. In practice some combination of the three policies was necessary.

In the immediate postwar period, Canada was faced with a balance of payments crisis. We provided goods to the UK and Europe on credit. They could not pay, and our products needed markets. But, we had to pay for imports from the US. We resorted to comprehensive foreign exchange controls (non-convertibility) and borrowing from the US to deal with the situation. When the time came to restore convertibility, Canada chose to ignore the IMF rules. Instead of declaring a fixed exchange rate, Canada adopted a floating rate for the dollar.

In effect, the resort to floating is often considered a measure of economic nationalism, as opposed to economic liberalism, an assertion of sovereignty in a world where states have agreed to defend a par value (fixed rate) for their currencies. But it can also be argued that Canada did not have the strength to defend a par value, that it was reluctant to commit its sovereignty to the defence of a fixed rate. In this interpretation the Canadian authorities recognized that monetary integration was already far advanced in North America, and that Canadian interest rates could not diverge very far from US interest rates. Therefore, Canada chose a weak alternative: allow the forces of monetary integration a free hand by adopting a *laissez-faire* attitude to movements of direct investment, and short-term capital flows.

Canada did eventually establish a fixed exchange rate. In 1962, pressured by a foreign exchange crisis (which the floating rate was supposed to preclude) Canada announced a par value for the dollar at a level which amounted to a devaluation. In 1970 we returned to a floating rate. Most of the world adopted the same alternative after the US, acting alone, changed the Bretton Woods system in 1971. Efforts to reform the international monetary system failed in the 1970s. Despite two sets of amendments to the IMF articles of agreement, and the introduction of an embryonic world currency, the SDR, an impasse developed in negotiations between the Europeans and the US to patch up the Bretton Wood system. In retrospect, it is clear that the "liberal internationalist" project was set aside. The Europeans opted to deal with international monetary issues within the EC. The German Mark and the Japanese Yen emerged as reserve currencies. Monetary policy seemed to be imposing a regional solution to the impasse between Europe and the US: the formation of regional blocs (though only Europe was actively seeking political integration). By the mid-1970s the Group of 7, a concert of leading nations, was meeting in annual summits. This was a loose arrangement which did not create international obligations for the summit nations. While the IMF did become the unofficial secretariat for the G7, the summits represented a retreat from the ideal of a fully developed international institution imposing reciprocal obligations on member states occupying centre stage in the world economy.

In the 1960s economic growth, low inflation, and employment could be debated in the context where interest rates and fiscal policy were seen as separate measures that could be targeted to domestic objectives, but for Canada the influence of the US economy was over-whelming. The Gordon report, the Watkins report, Kari Levitt's magnificent *Silent Surrender*, and the Grey report put the Canadian public on notice. The growth of American control over the Canadian economy jeopardized Canadian independence. The floating exchange rate was adopted in 1970 but was no antidote to the increasing domination of the structure of the Canadian economy by American multinational corporations. The recourse to generalizing floating marked a return to wider power politics in a world where the US was still preeminent but no longer predominant.

In effect, Canada was experiencing in the 1970s what analysts would later adopt as a dominant interpretation in the 1990s: Canada was being globalized, i.e. Americanized. Production decisions, transfer-pricing, investment in new technology, the division of authority between head office and branch plant were de-industrializing Canada. American entertainment industries dominated popular culture and flooded the Canadian market with "dumped" products. While investors in Canadian culture had to recoup all their start-up costs in the small Canadian market, returns to scale afforded low marginal cost producers based in the US an advantageous position to compete for the Canadian consumer dollar. As well, it was easier to make money importing US products than by exporting to the world market. Through "international" distribution networks, US producers could both control their domestic market for, say, film or recording, and tie up the Canadian market as well.

As Christina McCall and Stephen Clarkson have shown in Volume 2 of *Trudeau and Our Times*, the Liberal government failed in its attempt to develop an industrial strategy alternative to continental economic integration. In fact, Trudeau harboured an *Heroic Delusion*, to cite the title of Volume 2; he assumed that Canada was already an independent sovereign country that could act freely in its own interest, when it was more like a dependent territory. Canada had the trappings of a sovereign nation, but the structure of a dependent economy, and the independence of a subordinate state. As well there was a strong American party in Canada, a comprador élite well placed in corporations, the media, politics, the Universities, and even the public service. Their crowning achievement was free trade, that "monstrous swindle" as Trudeau styled it, championed by Tom d'Acquino of the Business Council on National Issues, and pushed through the bureaucracy by Derek Burney.

The 1982 recession was provoked by monetarist policies adopted in Canada and abroad. It signalled a structural crisis of international capitalism as Canada's Catholic bishops called it. The Canadian response was a Royal Commission. The lamentable Macdonald report was released in 1985. Its 1911 pages provided a blueprint for neo-conservatism Canadian style. Free trade was the instrument for further opening Canada to international market forces, transforming the role of the state into that of an active agent of globalization, harmonizing Canadian social policies with US social policies, encouraging privatization of crown corporations, and promoting a devolution of powers to the provinces. With such blue ribbon approval, Mulroney wasted little time. The FTA, social spending cuts, the sell-off of public enterprises, Meech Lake and Charlottetown, this was the Tory record.

The 1990-93 recession can be attributed to a combination of tight monetary policy and free trade. Ironically, for an age of supposed globalization, it was made-in-Canada. The recession contributed to the build-up of government debt. Revenue fell while expenditures to meet the needs of the newly unemployed went up. The high interest rate policy of the Bank of Canada attracted foreign purchasers of Canadian debt instruments. For the first time in Canadian history, foreign money flowed into the market for Canadian dollar denominated bonds and treasury bills. Interest on the debt was largely responsible for the spending deficit of the Mulroney government in its second mandate (1988-1993). Indeed, with tax revenues exceeding spending on programmes, the government ran an operating surplus of almost $21 billion in that period while compound interest on the debt amounted to $199 billion causing the national debt to increase from $330 billion in the fiscal year 1988-89 to $508 billion by 1993-94.

With the arrival in power of the Chrétien government in 1993, many expected to see a change in policy priorities. The election campaign featured a clear difference between the Liberals who put direct job creation on the agenda through a modest new spending package, and the ruling Conservatives who continued to call for deficit reduction. As well, the Reform Party advocated deep spending cuts to deal with the deficit. But the second budget of Paul Martin in February 1995, signalled a shift by the Liberals to the deficit cutting through expenditure reduction alternative.

In 1994, the economy had shown good signs of recovery. Over 400,000 jobs were created, inflation was a mere .2 percent, and GDP growth exceeded four percent. Much of the pick-up in economic activity was attributable to lower interest rates, and the subsequent fall in the Canadian dollar. It seemed that the replacement of John Crow as Governor of the Bank of Canada had been accompanied by looser monetary policy. But in the run-up to the 1995 budget a chorus of bankers, business economists, and business funded so-called "think tanks" spoke out strongly for spending cuts, citing the need to restore the confidence of international lenders in the ability of the government to get the deficit under control.

Though observers such as the Investment Dealers Association of Canada, and the Department of Finance itself, now recognized publicly that interest payments on the debt were the sole source of the deficit, the programme spending cuts called for by business groups were served up in the 1995 budget. While Pierre Fortin, President Elect of the Canadian Economics Association, and the CCPA-CHOICES Alternative Federal Budget called for the Bank of Canada to further reduce interest rates as the only policy likely to produce deficit reduction, this alternative was set aside as impractical. One week before budget day, Moody's put Canada on a credit watch, and followed up, after the budget, with the announcement that Canada's credit rating had been downgraded slightly.

For those who took the trouble to read the Moody's own press release, it was evident that what concerned the debt-rating agency was the possibility that another recession would lead to a widening of the deficit. Those who exclaimed repeatedly about the looming financial disaster may have found solace for their views in the treatment accorded Moody's announcement by the media, but the course of action recommended by the deficit hawks — massive spending cuts — would increase the likelihood of the recession feared by Moody's, not obviate it. The consequence of the credit downgrade was anticipated to be a rise in the cost of borrowing for Canada of about 25 basis points or one quarter of one percent, which in itself was not overly significant when the bank rate routinely moved by that amount each week.

The ability to "manufacture" a crisis atmosphere was undoubtedly assisted by the circumstances surrounding Canada's financial position. Foreign holdings of Canadian money market instruments and bonds increased from $59.5 billion in 1980 to $312.3 billion by 1993. Of that total, the percentage of Government of Canada bonds held abroad more than doubled in the same period going from 10.9 per cent to 23.1 per cent. But in 1993 only 44 per cent of all Canadian bonds were payable in US dollars as against 71 per cent in 1980, and as refered to above, the Government of Canada's debt was denominated in Canadian dollars.

Overall, including direct investment flows, the net international indebtedness of Canada increased from 35.5 per cent of GDP in 1980 to 44 per cent in 1993. But foreign ownership in the form of direct investment, actually stabilized at about 21 per cent of GDP over that same period despite a significant rise following the demise of FIRA and the adoption of the FTA. The increase in bond and money market instrument holdings abroad was accompanied by a shortening of the term structure of the debt, making these holdings potentially more volatile.

In fact the significant aspect of direct investment flows was the dramatic rise of Canadian direct investment abroad from $6.2 billion in 1970 to $115.4 in 1993. And an important trend in indebtedness was the diversification of the source of foreign holdings. Overall the US share of Canadian debt fell from over two-thirds of the total (69 per cent) in 1983 to under one-half (44 per cent) by 1993. Interestingly Canadian trade dependence on the US export market went up in the same period.

In a sense, for foreign finance, Canada was relying more on debt financing and less on equity or ownership capital. A portion of the debt held abroad was financing Canadian equity investment abroad. The consequence of the widening spread in interest rate between Canada and the US from 1988 to 1993, which was initiated by the Bank of Canada, was to make Canada a less attractive place to invest for Canadians and foreigners alike. High interest rates were intended to check inflation and the power of the domestic central bank to deflate the national economy was affirmed. The globalization of finance meant that foreigners snapped up Canadian debt at a premium of over five percentage points in interest payments. Foreign purchases of Canadian debt drove up the dollar and accelerated the deflationary process.

It remains to be seen if the power of the central bank to lower domestic rates with the same ease that it raised them can be sustained. The Bank of Canada changed course and began to tighten monetary conditions in mid-1994. Yet the growth in the national debt can not be arrested without interest rates being reduced to below the rate of growth in the economy, otherwise the rise in debt servicing charges will continue to exceed the increase in national revenue.

The current view of the Department of Finance is to reassure foreign bond dealers that there will be no further declines in the dollar. The trick is to convince the bond market participants that the value of debt holdings will be maintained because spending cuts will lead to less borrowing. But, the government cannot have it both ways. When the dollar slides, the Bank of Canada raises short-term interest rates to attract new foreign buyers, and maintain the exchange rate. The interest rate hikes depress longer-term bond prices, discouraging holders of long-term Canadian debt.

To maintain the value of the Canadian dollar the Bank intervenes in the exchange market using borrowed US dollars. It is expensive to borrow US dollars and intervention can not be sustained for anything but short periods. If the dollar rises, the Bank of Canada may still decide to maintain interest rates above the rate of economic growth, because of fears of interest rate hikes in the US, or to keep inflationary pressures from developing in Canada. Indeed, if the strategy of attracting foreign holder of Canadian dollar securities "works", the government becomes even more dependent on maintaining those holdings, through recourse to higher interest rates if necessary. Thus, the strategy is self-defeating.

If, instead of supporting the currency, the Bank of Canada increases its holdings of Canadian debt, by buying bonds for its own account, rather than trying to persuade foreigners to buy bonds, interest rates come down, at the price of a further fall in the value of the exchange rate. But the government wins by having lower interest costs which reduces the need for new borrowing, which was the objective at the outset. Getting there through a bond market intervention is much less expensive than through a currency market intervention. The Bank of Canada can borrow from itself to buy bonds. When its borrows US dollars it must pay them back with interest.

What really worries the Finance Department are domestic holders of Canadian debt, led by financial institutions, dumping Canadian bonds and moving into other currencies. Ironically in the global economy the national state has less to fear from foreigners thwarting its policies than from domestic forces. But the Finance Minister has options. He can regulate domestic money and securities markets more closely. Rather than trying to "reassure" markets, the government could be bringing the domestic debt market under tighter control.

### Conclusion

In the global casino, the debt servicing capacity of Canada comes under close scrutiny. Debt servicing depends on growth in GDP which determines government revenue, and most importantly it depends on the rate of interest on outstanding debt. When the rate of interest is superior to the rate of economic growth, debt payments outstrip revenue growth adding to the outstanding debt. The ability of the government to lower interest rates is the crucial question. A movement downwards in rates could well be stopped in its tracks by a speculative outlaw of funds.

Globalization requires states to co-operate more closely. A "Tobin tax" on foreign exchange transactions would create more space for countries like Canada to lower interest rates. An international agreement for joint FX market intervention might not stop an international run on a major reserve currency, but it would put speculators against the Canadian dollar at dire risk. If, for example, at the signal of the Bank of Canada, every central bank in the world began to buy the Canadian dollar, something they could do at no cost to themselves, the dollar would rise sharply. The market for Canadians dollars abroad is thin enough that such intervention would produce an immediate effect. Speculators, playing with borrowed money, and facing margin calls could soon be wiped out, suffering severe losses that could well put them out of business for a long time to come.

An international agreement to introduce withholding taxes on off-shore purchasers of domestic securities would "chill out" many of the hot money operators currently looking to evade taxation. Since the withdrawal by the US of its withholding tax, billions of dollars have flowed into US securities from abroad. Fortunes have left home countries for tax free interest income in US treasury bills. After taking the profit in a tax haven, the bond holder declares no income at home, and is obliged to pay none at the source by the US. Of course other countries also eliminated withholding taxes to compete with the

US. The benefits of this style of competition go to tax evaders and tax havens. In effect, the absence of withholding taxes uniformally applied internationally, creates the tax havens and encourages the tax evasion.

The Tobin tax, joint FX market intervention, uniform withholding taxes on bonds and money market instruments, plus other measures, would help governments re-assert control over the international economy. But the opposition to the exercise of such sovereign authority internationally is considerable. Some of it is philosophical opposition to the Canadian version of liberal internationalism. But mainly it is the political influence which accrues to the wealthy and powerful economic actors that is the barrier to effective concerted action by states. The exercise of political authority against the weak and poor is easier to organize. Sadly, it is more common. But it does not have to be the norm in international relations. There are splendid examples of international co-operation in other spheres of international relations. It remains that exercising power requires rounding up considerable support. Once Canada might have played a role, in the company of other "like-minded" countries. Now we are more disposed to watch as the world becomes less hospitable for the less fortunate. The global economy is not the reason for our inaction. Recent Canadian governments have simply decided Canada belongs with the rich and powerful.

# Identité nationale et mondialisation

*Francis Delpérée*

À l'instar de la Belgique — mais aussi d'autres sociétés politiques, plus nombreuses qu'on ne le croit ou qu'on ne le dit —[1], le Canada est amené à redéfinir aujourd'hui ses cadres de référence.

Le Canada a forgé, en quelques décennies, une identité nationale, inscrite dans le temps, celui d'une histoire commune, et insérée dans l'espace, celui du deuxième plus grand pays du monde. À l'aube du XXIe siècle, il ne peut s'empêcher, cependant, de s'interroger. Il va parfois jusqu'à mettre en doute ou en cause, de manière fondamentale, ce sentiment de commune appartenance.

Nul ne peut l'ignorer. Depuis un quart de siècle, le cadre étatique est remis en question et les structures mêmes sur lesquelles repose la société politique font l'objet de discussions incessantes dont l'importance n'échappe à personne. Les dogmes étatiques, fondés sur le consensus de deux peuples fondateurs, se trouvent, de leur côté, ébranlés par l'émergence des Premières nations — qui revendiquent, à leur tour, le droit d'être traitées en interlocuteurs privilégiés.

Mieux encore : les équilibres institutionnels traditionnels sont mis en discussion. La province de Québec requiert au minimum d'être considérée comme une société distincte et au maximum d'avoir droit à la souveraineté. D'autres provinces, dans l'Ouest mais aussi dans l'Est, sont tentées d'ignorer ce type de revendications et cherchent à imposer, en toute circonstance les lois de l'uniformité.

Comment l'ignorer encore? L'aménagement d'institutions internationales d'échange, notamment dans le cadre de l'ALENA, contribue, pour sa part, à inscrire la vie culturelle, sociale et économique du Canada dans des ensembles territoriaux dont les limites semblent toujours plus floues et plus lointaines.

L'identité nationale du Canada se trouve ainsi affectée par le bas et par le haut. D'une part, elle est confrontée à d'autres identités qui, au sein même de ses frontières, peuvent, elles aussi, se présenter comme nationales. D'autre part, elle est confrontée, hors frontières, à une identité supplémentaire qui pourrait résulter de l'appartenance à un vaste continent, et — au-delà — à un vaste monde...

Quel avenir est promis à l'État[2] dans ce contexte singulier?

Sur ce sujet, l'on voudrait avancer avec prudence quelques éléments de réponse. Pour ce faire, l'on tiendra compte de l'histoire tumultueuse des États qui, à la fin du XXe siècle, éprouvent la même crise de conscience, s'interrogent de la même manière sur leur existence et cherchent tant bien que mal à redéfinir leur identité.

On le fera avec ce regard venu de l'étranger — et, plus spécialement de Belgique — qui n'ignore pas la difficulté d'une réflexion aussi fondamentale lorsqu'elle ne se développe pas uniquement «coast to coast». Autant l'avouer d'emblée. Il y a toujours l'appréhension de ne pas prendre la juste mesure des faits, des discours et des lois. Il y a la crainte d'être dupe de mots ou d'images qui, pour être semblables, renvoient souvent à des réalités différentes. Il y a encore le danger de regarder le Canada avec l'intelligence du cœur plutôt que celle de la raison et de manifester ainsi par trop sa sympathie à un État qui, comme la Belgique, poursuit indéfiniment ce dialogue avec lui-même pour trouver, ou retrouver, les éléments fonciers de son identité ou ceux d'une identité de substitution.

Sur ce terrain plein d'embûches, il faut peut-être dénoncer quelques «idées fausses». Il faut aussi attirer l'attention sur quelques «idées neuves».

## De quelques idées fausses

Il est de ces idées toutes faites qui sont présentes au plus profond du corps social. Elles déterminent les comportements des citoyens. Elles conduisent l'action des pouvoirs publics. Elles sont répercutées par les médias. Elles envahissent les disciplines scientifiques. Elles deviennent des sortes de postulat de tout discours cohérent. Ne pas les partager relève d'un manque d'orthodoxie et, pourquoi pas, d'un manque de civisme dans la poursuite de la réflexion ou de l'action communes. Ces idées sont-elles vraies, pour autant? Confrontées à la réalité, elles ne résistent pas à l'examen. Elles ne rendent pas compte des expériences nationales. Elles reposent sur des présupposés idéologiques sommaires. Appliquées à la lettre, elles sont néfastes. Elles induisent en erreur. Elles dictent des comportements incohérents. Elles sont sans utilité, que ce soit pour la détermination ou l'explication des choix politiques. Elles gagnent à être dénoncées, mieux : à être extirpées de la mentalité collective. C'est la condition indispensable pour redonner bonne conscience au corps social et pour lui permettre de poursuivre, sans culpabilisation inutile, ses projets collectifs.

Le discours sur l'identité nationale véhicule comme à plaisir de telles incohérences. N'est-il pas urgent, y compris au Canada, d'en prendre la mesure?

1. Première idée, simple, mais fausse. *La Nation*, dit-on, *précède toujours l'État.*

Le discours politique est bien connu. En un endroit de la planète, un ensemble social et culturel se constitue. Il s'édifie le plus souvent à la longue. Il repose sur une même langue, une culture identique, des préoccupations similaires. Il se consolide dans des traditions communes. Il est la Nation en mouvement.[3]

Cette Nation, bientôt sacralisée par la majuscule, va apparaître comme ce terreau fertile, riche de diverses alluvions, labouré par la main des hommes et fortifié par les événements, où va pousser l'idée de l'État moderne. L'État, lui aussi pourvu d'une majuscule, n'est rien d'autre, selon la formule de Pierre

Wigny, que la Nation organisée. Le substrat national s'accommode, dira-t-on pour emprunter le langage marxiste, de superstructures étatiques.

La théorie juridique française accrédite cette idée. La Nation s'identifie à l'État. Ou l'État s'identifie à la Nation ... Pour Raymond Carré de Malberg, par exemple, la nation, c'est «l'ensemble d'hommes et de populations concourant à former un État». C'est «la substance humaine de l'État». Ou encore : «La nation est l'être qui est personnifié (par l'État) et identique à lui».

Comment ne pas ajouter, pourtant, que l'expérience paraît démentir ce genre de postulat? Des États peuvent se créer de manière largement artificielle. Ils ne sont pas uniquement l'œuvre de quelques insurgés qui conquièrent sur un champ de bataille ou dans une guerre d'indépendance le droit de vivre de manière autonome. Ils sont acceptés, voire imposés, par les grandes puissances qui considèrent qu'un État-tampon, comme on l'a dit de la Belgique vis-à-vis de la France et de l'Angleterre, peut servir leurs intérêts et les équilibres du monde.

Une fois créé, cet État va peut-être engendrer une Nation. C'est le fait de vivre ensemble, de partager de mêmes préoccupations, de participer à un destin commun qui permet à la longue de développer des réflexes nationaux[4].

2.   Deuxième idée fausse. *Un État ne peut vivre sans Nation.*

À la limite, l'État crée la Nation. Mais s'il ne réussit pas dans cette entreprise, c'est lui qui est voué à disparaître. Lorsque la Nation fait défaut ou lorsqu'elle n'existe plus, l'État est promis à sa perte. C'est comme s'il était désormais privé de ses soubassements.

Cette présentation s'accompagne généralement d'une survalorisation de la Nation. Non seulement celle-ci sert à identifier des valeurs ou des intérêts communs à un groupe social déterminé, mais elle s'appuie sur un passé — d'autant plus indéterminé qu'il remonte le cours des générations — et se projette dans un avenir — d'autant plus ambitieux qu'il entend deviner le futur de l'État.

Il doit être possible de revenir à une notion plus modeste de la Nation — ce sur quoi s'accordent les personnes et les groupes de notre temps —, plus limitée et plus précise — dans la mesure où elle n'entend pas se saisir de tous les aspects de la vie sociale —, plus actuelle aussi — lorsqu'elle repose sur un accord librement négocié et dont les clauses suffisent, ni plus ni moins, à déterminer les engagements des parties contractantes.

Si tel est l'objectif, l'État trouvera dans ses règles organisatrices, dans ses institutions et dans ses procédures, les éléments concrets et objectifs de ce que certains appelleront peut-être un sentiment national et que, pour notre part, nous préférons qualifier de sentiment constitutionnel. L'État n'a pas besoin de Nation. Par contre, il a besoin d'une bonne Constitution — c'est-à-dire d'une Constitution à laquelle tous soient susceptibles d'adhérer...

3.    Troisième préjugé. *Une Nation a besoin d'un État.*

Le jour où la Nation existe, ne reste-t-elle pas, par définition, au stade de l'inachevé? N'appelle-t-elle pas des compléments institutionnels? Des structures étatiques ne sont-elles pas les seules à pouvoir les lui fournir?

La Nation, ce serait l'État au stade de l'embryon...

Les expériences européennes du XIXᵉ siècle s'inscrivent manifestement dans cette perspective. L'émergence du sentiment national prépare des mouvements ou des guerres d'indépendance. Si ceux-ci réussissent, de nouveaux États voient le jour. Ils se donnent une Constitution. La Nation reçoit, dès cet instant, son existence politique. Le dogme de l'État Nation se trouve, une fois de plus, concrétisé.

Somme toute, pour reprendre le schéma de Michael Ignatief[5], tous les peuples du monde ont le droit de se donner le nom de nation, toute nation a droit à l'auto-détermination, la pleine réalisation de l'auto-détermination exige l'érection d'un État...

Comment ne pas ajouter, cependant, que ce schéma simple peut être démenti par les faits. Le fédéralisme, mais aussi d'autres systèmes complexes d'organisation, permettent de créer un État composite où plusieurs nations trouvent dans les techniques du partage des pouvoirs, réponse à la question de l'auto-détermination mais ne recourent pas nécessairement à l'aménagement d'un État particulier.

Sur le continent européen, l'histoire de l'Allemagne, de la Belgique et de l'Espagne semble indiquer que l'émergence de Länder, de nations ou de communautés historiques peut aller de pair avec le maintien d'une seule structure étatique, quitte pour celle-ci à trouver des modalités d'aménagement qui fassent droit aux préoccupations d'autonomie, voire de souveraineté des entités composantes.

L'État Nation est par définition «un et indivisible». L'État sans nation ou l'État plurinational peut être, lui, un État composite, aux structures complexes, aux modes de fonctionnement enchevêtrés. Est-il pour autant hors de portée?

**De quelques idées neuves**

Il ne suffit pas d'éradiquer quelques idées fausses. L'œuvre est salutaire. Mais elle risque, à terme, de conduire à plus de confusions encore, si elle ne s'accompagne pas de propos plus positifs, si elle ne trace pas quelques pistes pour une réflexion plus cohérente et plus ordonnée.

L'on mesure la difficulté de l'entreprise. Non seulement sur le terrain de la formulation de ces propos, mais surtout sur celui de leur mise en œuvre. Dans la vie des sociétés politiques, lorsqu'il est question de nation et de nationalisme, l'aveuglement prend vite le pas sur la découverte de quelques vérités d'évidence.

1. *Plusieurs Nations peuvent appartenir à un État.*

L'État belge, mais il est loin d'être le seul, donne l'exemple d'une société politique où coexistent plusieurs peuples qui, chacun à sa manière, ont contribué à affirmer progressivement une identité, son identité nationale. Cette identité ne repose pas seulement sur la langue ou sur la culture mais aussi sur le partage de valeurs communes. En d'autres termes, l'identité unitaire nationale s'approfondit et se diversifie. L'organisation de structures fédérales — au départ, pour l'essentiel, de deux composantes — conduit notamment celles-ci à s'ériger progressivement en nations et à chercher l'appui populaire qu'une collectivité soudée et arc-boutée sur la défense de ses intérêts peut leur procurer.

Désormais, la question est simple. L'État belge peut-il abriter en son sein plusieurs nations? Peut-il héberger la nation flamande, ou celle-ci ne risque-t-elle pas de ne pas tolérer de concurrents sur son territoire? Peut-il susciter une nation francophone ou wallonne qui serait enfin sortie des limbes, après des arbitrages nécessaires entre communautaristes et régionalistes? Peut-il encore contribuer à préserver la nation belge ou peut-être à la recréer sur de nouvelles bases?

Pourquoi pas un État plurinational? Pour autant que les parties s'accordent sur les règles de vie commune que la Constitution est censée formuler, il n'y a pas d'obstacle à ce que des préoccupations différenciées, voire des projets distincts, voient le jour. Encore faut-il que quelques règles élémentaires de convivialité soient respectées. Si l'une ou l'autre des parties consacre le plus clair de son énergie et de son autonomie à contrecarrer les efforts de ce qu'il est encore permis d'appeler son partenaire, si elle considère que l'affirmation d'une nation se fait nécessairement au détriment de l'autre, elle engage la vie institutionnelle sur la voie des hostilités. À moins que l'une ne cède devant ce type d'exigences, la question de l'existence d'un seul État sera très tôt de mise.

Une nation globale coexistera-t-elle à côté de ces nations alternatives? Nul ne saurait l'affirmer aujourd'hui. Bien des inconnues subsistent. Quelques questions, en particulier, doivent être soulevées.

Y a-t-il suffisamment de valeurs communes? Celles-ci ne s'expriment-elles pas dans les droits et libertés que la Constitution, mais aussi la Convention européenne de sauvegarde et les pactes des Nations Unies reconnaissent aux personnes? Le fédéralisme peut-il être repli sur soi et oubli des libertés consacrées à l'échelle européenne et internationale? La promotion de la liberté passe par le dépassement des particularismes. En ce sens, elle s'inscrit dans la droite ligne de l'aménagement d'un État fédéral.

Y a-t-il une intelligence suffisamment partagée des mécanismes complexes de l'organisation politique et administrative? L'ignorance est mauvaise conseillère. La connaissance de quelques-unes de ces clés qui facilitent la compréhension des institutions publiques est, au contraire, salutaire. Elle peut favoriser une intégration politique au sein de l'État fédéral.

Y a-t-il un intérêt suffisant pour les réalités politiques de l'ensemble fédéral et des entités fédérées? S'il n'est pas combattu, le schisme culturel qui s'inscrit progressivement au cœur de la société belge peut, plus sûrement encore que des réformes institutionnelles abruptes, préparer des changements politiques qui remettraient en question l'existence de l'État fédéral.

## 2. *Plusieurs États peuvent appartenir à une Nation*

La construction européenne et, au-delà d'elle la mondialisation d'une partie des relations politiques, peuvent contribuer à construire une Nation qui dépasse les limites de l'État. L'Union européenne peut apparaître comme un assemblage institutionnel. Elle peut aussi servir de point de référence pour des traditions communes, y compris sur le terrain constitutionnel.

Une identification européenne est aujourd'hui à prendre en compte. Les progrès de la citoyenneté européenne, tout comme l'ouverture des frontières dans un espace comme celui de Schengen peuvent servir cet objectif.

Les développements institutionnels à ces différents niveaux n'impliquent pas nécessairement un dépassement des identités nationales. Ils permettent par contre l'élaboration d'une identité de substitution, notamment là ou l'identification nationale fait particulièrement défaut.

Contrairement à une idée répandue, la citoyenneté européenne n'a pas pour objet de remplacer les citoyennetés nationales. Mais, en application du principe de subsidiarité — dont le traité de Maastricht fournit d'importantes illustrations et dont il fait l'un des principes directeurs de la construction européenne —, il offre au citoyen européen des droits nouveaux tel celui de participer à la désignation des membres du Parlement européen. Il permet l'exercice de droits plus classiques mais en les resituant dans un cadre géographique renouvelé — en offrant, par exemple, l'électorat et l'éligibilité, non pas dans l'État dont le citoyen est le national, mais dans celui où il a sa résidence, pourvu qu'elle se situe au sein de l'Union.

Dira-t-on que l'Union européenne est une nation et — qui plus est — une nation pluriétatique? On ne saurait déjà l'affirmer. Il n'empêche que la perspective n'est pas à perdre de vue.

L'Europe des nations représentait un premier stade de la construction européenne. L'Europe des régions ne paraît pas dans l'ordre du prévisible, dans la mesure où elle postule l'éclatement des États. L'État plurinational, sous la forme, par exemple, d'une fédération plus ou moins achevée qui se serait construite au départ des nations existantes rencontre bien des réticences.

Si, par contre, les États existants sont capables de définir leur mode d'appartenance commune, leurs valeurs, leurs traditions et leurs objectifs, ils contribueront ensemble à l'émergence d'un sentiment européen que l'on qualifiera peut-être de manière paradoxale, de national mais qui contribuera à asseoir le nouvel ensemble institutionnel.

### 3.  *Plusieurs États peuvent se dispenser de Nation.*

Les développements technologiques rendent, en partie, vaine, la recherche du sens profond de la nation.

Certes, il y a des symboles. La radio-télévision en est un. Mais il n'y a plus de radio belge. Il n'y a plus de télévision belge. Il y a un vaste marché de l'audiovisuel où l'ensemble des consommateurs, qui sont aussi les citoyens de l'État, acquièrent des produits multiples et divers. Ils pourront sans doute acheter les produits locaux. Ils pourront manifester une solidarité, sentimentale, avec les produits d'origine nationale. Ils chercheront surtout le produit de meilleure qualité au meilleur prix, et cela dans un réseau d'une cinquantaine de canaux que procure le câble auquel 90 p. 100 des ménages belges sont abonnés — il est vrai que le territoire n'a pas plus de trente mille kilomètres carrés.

La question qu'il faut peut-être se poser si l'on ne veut pas voir disparaître les produits locaux ou régionaux, c'est de savoir comment protéger de manière intelligente une certaine identité culturelle. Deux exemples permettent de mesurer l'importance de la question.

Premier exemple. La télévision a ce mérite indiscutable de rapprocher le citoyen des autorités de son comté, de sa province, de son pays, mais aussi des différents coins du monde. Sur le terrain de l'information, et même de la formation, c'est un gain appréciable. Sur le terrain de la démocratie, c'est un instrument prodigieux qui permet, par exemple, aux différents candidats engagés dans une campagne électorale d'atteindre chaque ménage et de lui exposer ses préoccupations ou ses objectifs. Et l'on comprend que les chaînes nationales ou régionales aient élaboré des règles particulièrement strictes quant à l'utilisation du temps d'antenne, quant à la distribution des minutes ou des secondes, quant à l'éthique des communications ou des messages publicitaires. Mais quel est l'impact de ce type de réglementations si, au même moment, je suis en mesure de zapper sur une autre chaîne et de regarder «Bouillons de Culture».

En d'autres termes, un instrument de culture politique peut s'il n'est pas géré convenablement devenir un instrument d'aliénation politique. Le citoyen du monde, que nous rêvons de devenir, est-il celui qui, par le miracle de la télévision interactive, est prêt à discuter d'égal à égal avec Bill Clinton ou Boris Elstine, mais qui se désintéresse au plus haut point des élections dans son comté? Comme Tocqueville, j'ai tendance à croire que la démocratie s'apprend à la base. Elle s'apprend aussi dans les foyers où l'on sait que les appareils de radio et de télévision occupent une place considérable. Se soucier de la démocratie sans se préoccuper de la gestion du câble et de la diffusion des émissions est un leurre.

Il ne s'agit pas d'ériger de nouvelles frontières. Il ne s'agit pas d'empêcher la circulation des biens, des services, des capitaux, et en même temps des idées, voire des idéologies. Mais le libre marché est-il le marché où tous les coups sont permis, le marché où les plus forts écrasent les plus faibles, le marché de l'uniformisation?

Il faut réclamer l'exception culturelle. Il ne faut pas avoir peur de réclamer en même temps l'exception nationale. Encore une fois, pas pour se réfugier derrière des barrières de papier. Mais pour prescrire, là où c'est nécessaire, des garde-fous.

Le développement d'une économie de marché, y compris dans le domaine des biens culturels, ne peut se ramener à l'essor d'une économie sans foi, ni loi. Sans respect non plus des identités nationales, des identités culturelles et des identités sociales.

Il faut élaborer une police de l'audiovisuel.

Il faut construire une police de l'information, sur les autoroutes du même nom.

Un deuxième exemple illustre le raisonnement. La radio et la télévision ne sont pas seulement le véhicule d'une culture politique. Elles sont aussi porteuses d'information et de culture. Comment ne pas rappeler ici que les progrès de l'informatique peuvent être tout à la fois facteurs d'aliénation et de libération?

Facteur d'aliénation lorsque les grands réseaux d'information se conçoivent dans une seule langue, propagent une même idéologie et diffusent une même culture. On ne saurait trop insister, notamment dans les États qui pratiquent plusieurs langues, sur la nécessité de mettre en place un réseau Internet qui ne privilégie pas une seule pratique linguistique et qui trouve assez de ressources pour assurer des traductions immédiates.

La technologie de l'information peut aussi aider à décrisper certains comportements et à instaurer de nouvelles relations entre les nationalités qui existent au sein d'un même État. Comment? Dans un pays comme la Belgique, mais en va-t-il autrement au Canada, les relations à la base entre personnes privées ne posent guère de problèmes, y compris dans le secteur des droits linguistiques. Les relations au sommet entre collectivités politiques soulèvent plus de difficultés et ne peuvent s'organiser de manière harmonieuse qu'au prix de larges négociations institutionnelles où chaque partenaire devra, comme on dit, mettre de l'eau dans son vin.

Reste le problème souvent le plus épineux, celui des relations quotidiennes entre les personnes et les représentants ou les agents de l'autorité — à quelque niveau que ce soit. C'est l'occasion d'animosités contenues, d'accrochages incessants de querelles d'autant plus agaçantes qu'elles prennent souvent un tour clochemerlesque.

Il faut le souligner. Les entreprises privées n'ont guère hésité à utiliser, dans leurs activités de contact avec la clientèle, les procédés informatiques qui leur permettent de respecter, en toute circonstance, les préférences linguistiques et culturelles de leurs interlocuteurs, par exemple, au départ de lignes de téléphones appropriées ou de consoles d'information. Les autorités publiques ne pourraient-elles mieux s'inspirer de ce type de méthodes?

Au XXIe siècle, la citoyenneté ne prendra-t-elle pas le pas sur la nationalité? Ne tolérera-t-elle pas la multicitoyenneté?

La nation sécrète le nationalisme et ses séquelles. À moins que, comme l'écrit Jean Leca, reprenant un mot d'Ernest Gellner, ce ne soit «le nationalisme qui crée la nation et pas le contraire»[6].

Ce nationalisme-là ne se considère comblé que lorsqu'il permet l'émergence d'un État qui coïncide très exactement avec la Nation qu'il a permis d'enfanter. Il ne tolère guère les minorités. Il n'accepte pas la diversité des identités nationales. Il se méfie des mouvements sociaux et culturels qui s'inscrivent en dehors des limites de l'État-Nation. Consciemment ou inconsciemment, il développe des comportements autarciques ou, pour utiliser l'expression commune, intégristes.

Le XXIe siècle pourrait être le moment de l'émergence de la citoyenneté — dans une perspective tout à la fois objective et multidimensionnelle.

La citoyenneté objective est celle qui résulte de la soumission à la loi. Quels que soient mes origines, mes expériences ou mes projets, j'ai droit à être citoyen d'un État dès l'instant où j'entends me soumettre aux lois qu'il a édictées. Point de sentimentalisme, point de transport d'enthousiasme, point d'exaltation au son des fanfares. Mais une communauté de droit, plus que de culture ou d'histoire[7]. La Constitution, en tant que charte des citoyens, est alors l'instrument juridique qui définit les contours et les limites du pacte fondateur d'une telle communauté.

La citoyenneté pluridimensionnelle est celle qui résulte de l'appartenance des individus, voire des groupes, à plusieurs sociétés politiques. J'ai le droit d'être en même temps citoyen dans ma collectivité locale, dans ma Communauté culturelle, dans l'État auquel j'adhère, dans la Communauté internationale dont je fais, au moins indirectement partie. Ces relations politiques ne sont pas exclusives, mais complémentaires. Elles doivent me permettre de m'insérer, à divers titres et selon diverses procédures, non pas dans le monde, mais dans les communautés qui, chacune à sa manière, trouvent place dans le monde.

Le XXIe siècle est confronté à un défi simple. Il verra la disparition des États-Nations. Qu'il prenne garde de ne pas assister à l'émergence des Individus-Nations ou, ce qui revient au même, à l'apparition d'hommes et de femmes désincarnés, déracinés, déboussolés...

Dans des contextes différents, la Belgique et le Canada s'efforcent de découvrir de nouveaux cadres de référence. S'ils le veulent, ils peuvent réussir dans cette entreprise. S'ils aboutissent, ce ne sera pas pour nous surprendre. En ce domaine, comme en d'autres, ils peuvent faire œuvre de pionniers.

## Notes

1. Le déchirement des nations (sous la direction de J. RUPNIK), Paris, Éd. Seuil, 1995, avec des contributions de F. DELPÉRÉE pour la Belgique et de Michael IGNATIEF pour le Canada.
2. Avec cette question accessoire : quel rôle est assigné à la capitale d'un tel État dans ce nouveau contexte? Sur ce thème, voir, *Capital cities. Les capitales. Perspectives internationales. International perspectives* (Ed. J. Taylor, J.G Lengellé et C. Andrew), Ottawa, Carleton University Press, 1993.

3.  H. DUMONT ("État, Nation et Constitution. De la théorie du droit public aux conditions de viabilité de l'État belge", in *Belgitude et crise de l'État belge*, Bruxelles, 1989, p. 82) considère que "la Nation moderne est un type de communauté historique, fondée sur une représentation de l'être collectif qui tente de réconcilier un mythe de nature conservatrice mettant en avant des critères d'identification réputés objectifs comme la langue, l'ethnie et l'histoire, et une idéologie démocratique mettant en avant la volonté de citoyens formellement égaux de s'associer". Cette définition ne s'accorde pas, cependant, avec celle que procure le droit constitutionnel de la Belgique. Sur ce sujet, voir, F. DELPÉRÉE, in *Le concept de peuple* (sous la direction de F. RIGAUX), Bruxelles, 1988).

4.  On l'a montré ailleurs («Le fédéralisme sauvera-t-il la nation belge?», in *Le déchirement des nations...*, p. 125) : «L'*État unitaire belge crée la nation belge*. Une bourgeoisie francophone et censitaire y détient le pouvoir politique. Dans sa double composante catholique et libérale, elle témoigne d'une communauté de préoccupations suffisamment nette pour asseoir les fondements d'une société politique stable. Elle construit une nation qui s'attache plus à partager un destin commun qu'à ressusciter un passé incertain. Le romantisme aidera sans doute à retrouver quelques éléments d'une histoire similaire — de la Gaule à la Bourgogne. Le réalisme, lui, plaidera pour une vision concrète des objectifs à moyen terme et de la manière de les atteindre. Autrement dit, la Constitution ne vient pas consolider une nation belge qui lui serait préexistante. Elle procure plutôt aux institutions publiques les techniques et les procédures qui permettront son avènement».

5.  «Québec : la société distincte jusqu'où?», in *Le déchirement des nations*, p. 139.

6.  J. LECA, (1992) Nation, in *Dictionnaire constitutionnel* (sous la direction d'O. Duhamel et d'Y. Mény), Paris, PUF.

7.  «Un État peut se construire sans allégorie, sans transport de sentiment, sans mythe et sans passion. Un État repose d'abord sur des règles de convivence...» (F. DELPÉRÉE), «Y a-t-il un État belge?», in *Belgitude et crise de l'État belge...*, p. 52). On me reprochera sans doute, une fois de plus, de nier l'importance des mythes fondateurs et constructeurs de la société politique. Les Constitutions, estime H. DUMONT, qui cite B. LACROIX, sont l'équivalent des anciennes mythologies dans nos sociétés modernes et de se demander, non sans acrimonie, si «cette forme de lucidité serait interdite aux juristes» (op. cit., p. 94). Pour une conception plus utile de la Constitution, voir, F. DELPÉRÉE, «La Constitution, pour quoi faire?», *Revue belge de droit constitutionnel*, 1994, p.

# The Political Economy of Canada's Cultural Policy: The 1990s

*Peter Karl Kresl*

During the past quarter century one of the most intransigent issues in the Canada-United States trading relationship has been that of Canada's policies with regard to its cultural industries. Canadians, in and out of government, have asserted Canada's right to insist that film, broadcasting, publishing and magazines must be considered to be a special case that does not fit easily into the standard model of trade in goods and services; US political leaders and negotiators have with equal consistency argued that no such special treatment can be allowed. To put the conflict in the simplest of terms, Canadians have argued that radio and television broadcasting is a means of communication whereby Canadians can communicate with other Canadians and a unique Canadian culture can be articulated and find expression:[1] a representative expression of the US position was given by a former Federal Communications Commissioner who stated: "television is just a toaster with a picture,"[2] that is, that it has no role in the transmission of cultural or political values.

This conflict over the nature of the cultural sector and the way it should be treated in trade negotiations was raised to the level of "high politics" during the negotiations for the Canada-United States Free Trade Agreement (FTA), and became an equally prominent feature of the negotiations between the United States and the European Union in the latest GATT (General Agreement on Tariffs and Trade) round. This is an issue over which individuals of good will may disagree, but it is exacerbated by the fact that it is difficult for the participants in the negotiations to find a common language in which to speak. When we discuss tariffs or subsidies or dumping, all participants have an extensive literature going back to Adam Smith on which to base their arguments. We all know the basic arguments for the benefits of free trade, for the costs of a tariff, for the desirability of freer movements of capital and for the consequences of formation of a customs union. But regarding trade in culture goods, individuals on opposite sides of the issue do not refer to the same body of economic theory as the basis for their argumentation. The supporter of an activist cultural policy designed to promote the local or national cultural industries finds the other side speaking only of efforts to divert a stream of revenues from one (foreign) vendor to another (domestic) vendor. The free trader is confronted by the claim that he or she is a tool of those who would destroy another national culture. Hence the dispute quickly turns to a shouting match between "protectionists" and "imperialists," to use the language of the issue, and to intransigence on both sides.

In a paper written six years ago, I presented a model of analyzing the cultural policy question that was based on mainstream economic theory.[3] If this model has any value it will be that of enabling both sides of the policy debate to speak a language that is understandable to both, using theoretical argumentation that is uncontroversial. The practical value of elaboration of that model for Canada was two fold:

- An argument was derived that suggests a rationale, based in standard economic theory, for an activist cultural policy, especially for a smaller state.

- An approach was developed to analyze the consequences of implementation of specific policies aimed at the cultural industries, and to determine which of those possible policies are least defensible, in a GATT environment, and are most likely to evoke a retaliatory response by the country's trading partner.

The policy debate and the implementation of new policies have continued since that paper was published in 1989 and it is most appropriate for this conference that an update be undertaken. The first step in this update will be a recapitulation of the basic argument to be used. Then the results of application of the model to the events of the 1970s and 1980s will be reviewed. Only then will we be in a position to examine the current situation for Canada in its relationship with the United States.

Before beginning the argument of the paper we must take a moment to make clear what is meant here by the term culture industries. At first glance the term seems to be an oxymoron. The word culture brings to mind works of creation and inspiration, while industry conjures up visions of factories and mind-numbing labor, although R. H. Tawney differentiated between profession and industry, with the former indicating craftsmanship and pride in work and the latter pecuniary motivation and purely financial gain. However in both activities, culture and industry or profession and industry, goods and services are produced for sale and individuals must gain enough income to pay the rent and survive. There is a second, and perhaps more fundamental conceptualization of culture industries that must be specified for this paper — what activities can legitimately be referred to by that term? In a recent paper Edward Comer defined culture industries as "those activities directly involved in the production and distribution of entertainment and information products and services."[4] In this paper the guide to terminology will be the definition of the Oxford English Dictionary; that is, that culture must refer to "improvement or refinement by education and training" or "the intellectual side of civilization."[5] Yes, there is popular or mass culture but as will be argued below it is difficult to argue that this is an area of activity the government ought to consider in formulating its culture policy. Comer's definition leads one into the morass in which culture goods cannot be distinguished from any others; that of the OED takes one out if it.

## The Argument in Economic Theory

The crucial point of disagreement between the United States and Canada[6] regarding culture goods is whether they can be treated as any other goods, or whether they must be considered a distinct category that requires special treatment. If they cannot be considered distinct, then they must be treated exactly as one would shoes, bicycles or toasters. But if it can be demonstrated that cultural goods do have special characteristics, then they must be treated as a special category of international trade. While trade theory has made no concession for cultural goods, the theory of public finance does, and it is to this area of economics that we must turn.

In his classic text on public finance, Richard Musgrave differentiated among three types of goods: private, social and merit.[7] *Private goods* are those for which the market can be relied upon to provide for the optimal allocation of resources; consumer preferences are a sufficient guide as to what and how much of it should be produced. This is because the individual consumer captures all of the benefits from consumption and should therefore pay the entire cost of production of, say, apparel or consumer appliances. *Social goods* are goods for which there are positive externalities and thus the consumer does not capture all of the benefits from consumption of that good. An example would be chest X-rays for tuberculosis; I benefit from the fact that you have had the X-ray in that the likelihood that I will be afflicted with tuberculosis is reduced. In this case the market will under-allocate resources to the good and another agent must intervene in the decision of how much of that good will be provided. With social goods the most efficient mechanism for optimal resource allocation is intervention by the state. A different sort of market failure is found with *merit goods*. In this instance some entity determines that the good is far more meritorious and worthy of being provided than individual consumers are capable of judging. Opera is a good example of this sort of good. For an opera company to cover all of its costs, the price of a seat would have to be several hundreds of dollars. At this price demand would plummet, the company would fail and the quantity of the good provided would be zero. For merit goods, the appropriate mechanism for allotment of resources has always been a patron or an élite of society who contribute from their wealth so that these goods can be provided in what they consider to be the optimal quantity.

Paraphrasing Musgrave, with social and merit goods "the very purpose may be one of interference by some,...into the want patterns of others."[8] If this approach can be applied to cultural goods then there is an opening for the argument that a special case in international trade and trade relations must be made for them.

With Musgrave's taxonomy in mind it is possible to differentiate among three types of culture goods, for each of which there will be an appropriate mechanism for resource allocation. Most of the goods produced by what we have been referring to as the cultural industries (the Comer definition of the term), film, publishing, magazines and television programming, would have to be considered popular consumption products that would best be placed in the category of "private goods." Individuals who purchase them are able to capture all of the benefits from their consumption and therefore should rightly pay their entire cost of purchase. Other culture goods, such as the New York Philharmonic playing a Beethoven symphony in London, are of a different order, that of so-called high culture, which is seen to be an expression of values that are common to mankind and which must be supported beyond that level which can be sustained by sales at prices that cover all the costs of their production. These goods are examples of "merit goods," goods that have always been supported though funding by a political or social élite.

In discussions of cultural goods policy the analysis never goes beyond the case of merit goods, an application known as the "Baumol-Bowen thesis."[9] It is certainly useful to distinguish between private and merit goods in cultural policy because it leads one to the understanding that the market cannot be relied upon for the optimal allocation of resources and it justifies an intervention in the marketplace. This approach was central to the Applebaum-Hébert Report,[10] the Canadian government's 1982 review of federal cultural policy. The Baumol-Bowen approach has applicability to the situation of the United States but, I argue, is inappropriate for that of Canada owing to differing size, market, linguistic and other characteristics and will lead to inappropriate policy recommendations for Canada.

In fact I would argue that for smaller countries such as Canada, and one could add France, there is a component of the cultural output of the economy that cannot be classified as either a private good or a merit good. These are the cultural goods that involve articulation and expression of the national culture; they are properly considered to be examples of the remaining classification, "social goods."

The social good that is at risk here is the continued understanding Canadians have of their unique historical, cultural, social and economic identity and their willingness to support whatever costs there may be in maintaining their continued existence as an independent nation. The sort of threat posed can best be clarified if we consider the different values Canadians and Americans have regarding the role of government, how government functions and how individuals relate to social institutions. It is universally accepted that, in comparison with Canadians, Americans as a people are relatively individualistic, they tend to have a fundamental mistrust of government, they are less tolerant of others exhibiting different political beliefs and behavioral characteristics, they are more willing to resort to coercion and violence to resolve dispute — from personal to foreign policy conflicts, and they believe business and the private sector can be trusted to act in a socially beneficial manner. It is only to be expected that American culture goods would convey messages that would be in conformity with this set of values. It can be observed so uniformly in western and detective films, in television "sit coms" and dramatic series, in popular music and even in broadcast and print news reportage that we need not give examples here.

The Canadian West was not settled by individuals with guns, but rather through the extension to areas of settlement, of eastern economic and political institutions, such as the railroads, the Mounted Police and the Hudson's Bay stores. The Canadian parliamentary system functions with less reliance on committees, lobbyists, and the operational freedom of the individual elected member, than is the case with the American presidential-congressional system. Canadian health care, education, and the social safety net all operate according to fundamental principles that are quite distinct from those of their American counterparts, as are level of taxation, foreign policy and trade-off between personal freedom and social cohesion. That is to say, Canadian values and institutions are distinctive, and are different from those of their American neighbors.

I will assert that any people ought to have the choice of maintaining or altering the unique functioning of their national institutions.[11] If Canadians chose to give up theirs, in favor of American institutions because they see them as more effective in meeting their expectations, so be it. But if the cultural goods that elaborate and express those distinct Canadian national values are "crowded out" by imports of cultural goods expressing foreign national values, because foreign market conditions allow those goods to be sold in Canada at prices Canadian creators and producers are incapable of meeting without subsidies, or because foreign firms are able to capture revenues from the sale of their products worldwide so that they can establish monopoly control of distribution, exhibition and display in Canada, thereby reducing Canadians' access to domestically created and produced culture goods — then a negative externality exists that results in a market failure.

Thus, we are left with the third and last category of culture goods, the "social goods" — the category of goods that involve externalities. For social goods, society cannot rely upon ticket sales for the determination of the degree to which resources will be allocated to them, nor do these goods express universal human values, enabling their funding by an élite. The culture goods that express and articulate a national culture have the property of positive externality in that the consumption by one individual generates a benefit that is enjoyed by an other individual. Just as one citizen is X-rayed for tuberculosis assures others that they will have a reduced likelihood of infection, so will each citizen be assured of the continued existence of the nation as a separate entity if other citizens have access to national culture goods and are thereby able to make an informed judgment as to the value of their distinctive national political and social institutions and processes. If other citizens in a society are deprived of access to the goods that express the national culture, they may well undervalue their national values and institutions and accept changes in them that make assimilation into another society more likely; this is a negative externality for those remaining citizens who are able to gain a true understanding of these values and institutions and attach a higher value to them.

If it is agreed that national culture goods ought to be treated as social goods then we must accept that the allocation of resources to this industry will not be optimal if either the market or an élite are used as the allocative mechanism. For social goods decision by government is the only effective mechanism for resource allocation, as is readily admitted when it comes to other social goods such as defence, public health and education. Brian Mulroney said as much in his Chicago speech of 1987 when he stated that while the United States often defends policies under the guise of national security, Canada defends its policies of intervention on grounds of cultural sovereignty. The seeming conflict between the two approaches is resolved if one accepts that both national defence and national culture are vital to the continued existence of the nation and that both must be treated as social goods — completely under the sole purview of the national government.

Perhaps one way to reduce the heat of the debate between the two governments regarding culture policy is for the Government of Canada to press the argument that national cultural goods are social goods, that they are not to be treated as goods *comme les autres,* and that no foreign government can intervene in culture policy any more than it can in public health policy or in decisions about purchases of national defence goods.

## Application of the Model to Events up to the Canada-US Free Trade Agreement

The Free trade agreement was in many ways the defining moment for Canadian culture policy. The measures adopted prior to that event are important not only for their impact on the viability of Canada's culture industries but also for the context they set for the trade negotiations. These policy measures were concentrated in three areas of the industry: film, broadcasting and publishing. The policies chosen have been different in each area because of the distinctive nature of creation, production, distribution and consumption of each. For example, a book is the work of an individual that can be produced by a small press (one of hundreds in that sector of the industry), distributed in a highly competitive market of book sellers and consumed by an individual wherever he or she chose to read it, while a film is the creation of a team, produced by a small army of specialized workers, distributed in many cases by nation-wide theater chains and consumed by a large number of viewers concentrated in a single place. Thus with market structures and the processes of creation and of consumption so dramatically different no single set of policies will be suitable for much of the culture goods industry.

Here we will examine the policies implemented by the Canadian government for these three sectors of the industry prior to the Canada-United States Free Trade Agreement. Furthermore, for broadcasting we will be able to differentiate between two distinct periods: Phase I – before 1982, and Phase II – after 1982.

### Film

Production of this cultural good involves an enormous number of individual workers but is less complex in its overall structure than are the other areas of the culture industry, in that much of the creation, production and distribution is done by large companies that internalize these activities. So the policy response is accordingly less complex. The problem with film is the small percentage of film showings in Canada that are Canadian films; about 94 per cent of all films shown are US films and 2 per cent are "other foreign."[12] The lack of Canadian films or of Canadian film-makers' access to screens, it is argued, deprives Canadian audiences of films that "tell Canadian stories." Production and distribution are taken to be the crucial areas in which effective policy is needed.

Film distribution was dominated by Odeon Theaters and Famous Players Theaters, the former was British-owned and the latter American-owned. It was argued that these owners were not sensitive to the desire of Canadian audiences to view Canadian films and that owing to economic factors internal to the companies they were biased against local films. If only, the argument went, film distribution were to come under Canadian ownership the problem would be solved. This argument was shown to be erroneous when the Odeon group was purchased by Canadian interests and film distribution policy showed no improvement for Canadian film-makers. The Applebaum-Hébert report suggested this was perhaps because it is Canadian-owned and feel protected as such from the need to be more responsive to Canadian films.[13] This supports the classic argument from the political left, during the foreign investment policy debate, that one should not expect a Canadian capitalist to behave differently from any other capitalist — they all maximize profit and act in precisely the same way. The only intervention here that can be expected to have a positive impact is specific performance requirements that legislate behavior. While France and the European Union have set quotas for local and foreign films, Canada has not taken this step, partly owing to the certain retaliatory response from the US government and partly owing to the existing extraordinary domination of the industry by US vendors and the lack of Canadian films that could fill the quota.

Production of films has always been supported by the government through its funding of the highly acclaimed National Film Board (established in 1939) and, since 1967, the Canadian Film Development Board. In June 1988, then Minister of Communication Flora Macdonald announced that the latter would be renamed Telefilm Canada and that an additional $115 million would be allocated to it and the National Film Board for film production. Support of the creation of more Canadian films was a policy in the right direction, but distribution continued to be perceived as a problem, and other attempts to improve the situation failed to impress the culture industry. Perhaps the best comment on this is Steven Globerman's:

> Improving the competitiveness of Canada's feature film industry quite simply requires making more films that a greater number of people want to see. Commercially promising Canadian films will be distributed by the majors, since it is in the majors' self-interest to do so. Commercially unpromising Canadian films will require government subsidy regardless of who owns the distribution sector. In short, simply reducing foreign ownership in Canada's distribution sector will not promote the production of more Canadian films.[14]

American films are popular not only in Canada but in other world markets as well. While Canadian nationalists are offended by the omnipresence of US films, others are more sanguine; Ithiel de Sola Pool has argued "The Americanization of world culture so often commented on and deplored might be better described as the discovery of what world cultural tastes actually are."[15] From this it becomes clear once again that we must be precise as to the definition of cultural goods we are using, and to differentiate between the various types of cultural goods — this being possible if the Musgrave terminology is adapted to this set of goods. American goods may dominate entertainment, the private good, but they certainly do not dominate high culture (merit goods) or national culture goods (social goods).

Even if one nation does dominate the entertainment sector of culture, some research suggests that this is not something that needs generate much concern by nationalists, from Canada, France or anywhere else. The question hinges on how peoples of different cultures "de-code" the content of a film or television program. The text of the film or video can be viewed as a cultural imperialist device for weakening the attachment of viewers to cultures other than that of the maker, by showing the other culture as superior, in the sense of being more modern or progressive or as an element in the successful global domination of the imperial center. But cultural goods may also make it clear to the viewers that their own culture and institutions are: 1) different, 2) worthy in their own right, and 3) profoundly more satisfying to the viewer than are those of the culturally imperialist nation. Two researchers examined the interpretations of three distinct groups in Israel, (originally Americans, Russians and Moroccans) viewing an episode of the US television series "Dallas."

> The Americans and the kibbutz members discuss the relationship between the programs and the more intimate spheres of self, family, good friends. The Russian's statements are about "general social categories" — such as women, businessmen, parents, etc., protecting their privacy and aesthetic superiority by resisting potential allusion to self, primary group or ethnic status. The Moroccans, like the Arabs, also contrast themselves with the Ewings — more as Israelis or Jews than as Moroccans...Some say it reminds them of Russian propaganda...Other, related messages that viewers identify include "the rich are immoral" and "Americans are immoral." A favorite Russian observation: judging from "Dallas" and its characters, "Americans are uncultured"! Many of these messages evoke the response "And we are better off."[16]

Canadian viewers may react quite differently to this programming than do Israelis, owing to the Canadians' similarities in income and life-style to Americans and to their close proximity and extensive cross border contact. Whether this is true or is not, what is obvious is the necessity for a Canadian policy to be clear in its focus on national cultural goods, rather than on any broader conceptualization of concern about culture, in the on-going dispute with the United States.

### Broadcasting

Broadcasting presents some rather unique problems for Canada. The spatial location of the population, with 80 per cent living within 75 miles of the US border, has meant that US radio and television signals could be picked up by the vast majority of Canadians, thus making it virtually impossible for Canadian authorities to regulate access to foreign products.[17] The problem has been exacerbated by the impressive advances that have been made in micro-wave, and, especially, in cable-transmission. Canada is today one of the world's most completely "cabled" television markets, and consumers are given a full array of US networks and independent stations that carry American films and reruns of American television programs. These features are responsible for the difficulties to comply with Canadian nationalist objectives.

Canadian broadcast policy was implemented at first by Liberal governments during the 1960s and 1970s, and then after 1982 by the Conservatives. The two adopted different approaches owing to party ideologies as well as error learning process.

Phase I

The approach of the Liberals was to place faith in Canadian broadcasters with the hope that they would respond as desired by increasing the production and scheduling of Canadian programming; five specific policies were implemented with this in mind.

1) *Canadian content* regulations for broadcasters were imposed by the Canadian Radio Television and Telecommunications Commission (CRTC) in 1970. The initial limit was set at 40 per cent foreign and 60 per cent Canadian content of total broadcasting, with no more that three-fourths of the foreign quota being provided by any one country. If the CBC has made a sincere effort to offer dramatic programming and has now reduced foreign programming to less than 20 per cent, however the private networks have always attempted to meet the Canadian content requirements with news, sports events, game shows and imitations of US programs.

2) *Cable priorities* were introduced in 1970 by which local broadcasters were required to give the top priority to CBC stations (French and English language), in order of decreasing priority to seven other categories from Canadian (private) to US networks. If strictly applied, in those early days of a limited number of channels, this policy could have had a significant effect, but the following year the priorities were watered down to give greater accessibility to popular US programming. Television analyst Robert Babe concluded that "one would suspect that the CRTC realized that such a regulation was politically impossible; however, the threat did exist in the announcement."[18] The policy was mooted by technological developments, however, when the cable brought scores of channels into the viewers home, a tiny minority of which could transmit signals of Canadian origin.

3) *Commercials deletion* was implemented for one year, in 1971. Commercial messages on US stations carried by Canadian cable systems were randomly deleted, with public service announcements shown in their place, thus rendering access to Canadian consumers very uncertain for Canadian advertisers; the only safe approach being to advertise on a Canadian station. This policy was replaced by tax incentives.

4) *Tax incentives*, (Bill C-58), denied Canadians a business expense deduction for advertising placed on US stations. Thus a Toronto firm would have an incentive to advertise on a Toronto station, rather than on one say in Buffalo, if it wanted to reach Canadian consumers.

5) *Ownership regulations* introduced in 1972 mandated that all Canadian cable broadcasting systems must be at least 80 per cent Canadian-owned.

The intent of all these policies, except the Canadian content regulations, was to give the Canadian television industry increased revenues, on the assumption that this would increase the production of Canadian programming.

Phase II

After 1982, with the election of Brian Mulroney's Conservative government, policy toward broadcasting became less directly interventionist. Funding was reduced for public sector production of programming and shifted to elicit a response from the private sector. Telefilm Canada was given additional funding for participation in projects of Canadian producers in recognition of the "limited licence fees earned in Canada;"[19] the same comment could have been made regarding inadequate advertising revenues that were available to broadcasters in the small Canadian market. The policy was not without effect in that Canadian programs production doubled between 1985 and 1986, but with such a low initial level of activity, the networks remained dominated by imports of US programs. Indeed during the 1987 review of its licence, CTV (one of the private networks) received notice that more would be expected in the future. However the CRTC issued this warning often but did little in the way of enforcement.

What is significant about this period is that whereas the earlier policies, as will be discussed more fully below, were almost designed to maximize the reaction of broadcasters from across the border, there was little US interests could object to, with a policy that only sought to increase the quantity of Canadian programming without any obligation imposed upon Canadian broadcasters that it be shown instead of US programs. Given the enormous advantage US program producers had in terms of available revenues, they could be fairly certain that in any arm's length program decision based on audience acceptance or popularity there would always be a readily available market for them in Canada.

6) *Publishing*. The book and periodical publishing industries share some of the same economic disadvantages that were shown to be present in film and broadcasting: a market that is too small to generate sufficient revenues for a healthy domestic production sector, especially if shared with US suppliers, and foreign ownership. Policies for books and periodicals were, however, not quite identical. Profit figures for book publishing in the early 1980s show clearly the advantages of some connection with the external market: profits for foreign owned subsidiaries ranged between 5 to 10 per cent, those for Canadian owned firms that also acted as distributors between 3 to 6 per cent, while publishing Canadian firms were not profitable.[20] Book publishing in a relatively small country such as Canada is simply not profitable per se, it must have some additional sources of funding. That source may be a foreign parent company, a non-publishing parent company or activity, or subsidies from the state. The Applebaum-Hébert Report stated the role of government in this area very nicely: "the Department of Communications' Canadian Book Publishing Development Program attempts to build companies, while the various Canada Council programs for publishing attempt to build books and authors." The two

programs could be taken to represent the book publishing counterpart of the Phase I and Phase II policy division in broadcasting policy.

Take-over of Canadian publishing houses by US companies received a lot of negative comments from the press and from nationalist culture policy critics: Ryerson Press was purchased by McGraw-Hill as was Gage Educational by Scott Foresman in 1970, in 1976 McClelland and Stewart was merged with Bantam Books, and in 1985 Gulf and Western took over Prentice-Hall and its Canadian subsidiaries. But the criticism was muted by the facts that Ryerson was about to fail, McClelland and Stewart had been propped up with a million dollars bail-out by the Ontario government, Seal Books (owned jointly by McClelland and Stewart and Bantam) soon became a major publisher of Canadian fiction, and Prentice-Hall was considered by many to be "an exemplary foreign-owned firm, with more than one-third of its sales coming from Canadian-authored titles."[21]

For magazine publishers the issues were pretty much what they are today: "Canadian" or, to use contemporary terminology, "split" editions of US magazines. The US edition of the magazine is fully profitable from advertising and sales in the home market and the marginal cost of running off a few more copies, even those with an insert of Canadian content, is so low that the advertising rates that can be charged to Canadian advertisers can undercut dramatically those that must be charged by a magazine, the circulation of which is limited to the Canadian market, one tenth the size of that of the US. The above-mentioned Bill C-58, disallowing tax deductions for Canadian advertisers in US magazines, has had significantly more effect for periodicals than it has had for broadcasting. A measure that supports this tax code policy is the denial of entry into Canada of a periodical that has more than 5 per cent of its total advertising added specially for the Canadian market and not included in foreign issues. Casual empirical observation by any frequent visitor to Canada during the past twenty years will attest to the substantial increase in the number of Canadian magazines on sale, from the weekly *Maclean's* to rather specialized titles. Both of these magazine policies are considered central to this successful increase. They are felt to be indispensable and non negotiable by the industry.

### Cultural Policy in the Canadian-American Relationship in the Free Trade Agreement Era

The Canada-US Free Trade Agreement was seen by cultural nationalists as a pivotal event that could "lock into place" practices that would leave Canada's culture industries in a condition of permanent weakness and marginality. In the words of Edward Comor: "the Free Trade Agreement, as a reflection of the political and intellectual environment, has itself institutionalized the conditions of Canada's cultural and information dependency on US-based producers."[22] Liberal MP, and culture critic, the Honourable Sheila Finestone declared: "This is not a culturally sovereign country. I would say that it is a culturally occupied land."[23] Most free traders, however, would agree with Charles McMillan's position that the agreement "will not lead...to a cultural imperialism or a domination of peoples, institutions, public policies, or cultures by one of the parties."[24]

The specific concerns of the cultural nationalists are focused primarily on Article 2005 of the FTA which states in its first paragraph that: "Cultural industries are exempt from the provision of this agreement..," and in its second that: "Notwithstanding any other provision of this Agreement, a Party may take measures of equivalent commercial effect in response to actions that would have been inconsistent with this Agreement but for paragraph 1."[25] To Susan Crean this means that: "The US recognizes the importance to Canada of maintaining its cultural identity. At the same time, however, the US wants to ensure that Canadian cultural policies do not constitute an unnecessary barrier to US trade."[26] Toronto attorney Graham Scott essentially agrees: "While the possibility of retaliation exists without the Agreement, the opportunity for the US to override the Agreement to realize a measure of 'equivalent commercial effect' provides an incentive for the Canadian policy-maker to exercise sober second thought."[27] As to how the option of retaliation will be utilized, nothing is certain at this moment in time; however, the comments of US Ambassador Blanchard in January 1995 are instructive. In responding to a question, Scott Haggett of *The Financial Post* reported that "Blanchard warned that although cultural industries weren't subject to free trade agreements, the US will not tolerate protectionism in this area."[28] The FTA is a document written by lawyers and must be considered to be a document whose application to actual situations will require interpretation by politicians and public policy officials years after its adoption.

Another concern is the definition of "cultural industry" in the Agreement. The term is used to refer to "an enterprise engaged in any of the following activities:" essentially the publication, distribution, sale or exhibition of "books, magazines, periodicals, or newspapers...but not including the sole activity of printing or typesetting", "film or video recordings," "audio or video music recordings" and "music in print or machine readable form," and "radio communication in which the transmissions are intended for direct reception by the general public, and all radio, television and cable television broadcasting undertakings and all satellite programming and broadcast network services."[29] In the Investment Canada Act "cultural industry" had previously specified activities "related to Canada's cultural heritage or national identity."[30] Colleen Fuller has noted that: "Canada now has established a commercial definition of culture, something that had never been done before, and is done nowhere else in the world (except in the United States)."[31] No distinction is made between culture goods that are intended to meet the demands of the mass entertainment (private goods) or the high culture (merit goods) markets, and those that are intended to articulate and express Canada's unique national culture (social goods). If Canada seeks to continue to argue that the latter must be treated differently than the former, that case has yet to be made in a compelling fashion, and until it is, one should anticipate a continuing series of challenges and retaliatory measures, in response to any significant Canadian initiative in this area.

The sum impact of these two aspects of the FTA is to make it more explicitly costly than before for Canada, to adopt measures designed to protect the creation, production and distribution of culture goods that are essential to its long term survival as a nation, (as developed in an earlier section of this paper). The US is now authorized by the Agreement to limit access to its market for some Canadian producers in activities that are totally unrelated to culture as retaliation for implementing a policy that, in the Musgrave-inspired model, may be the equivalent to a policy in the area of education, public health or national defence.

An additional consequence of this is the explicit policy linkage it implies, linkage that has always been avoided in the past by both governments. Graham Carr states emphatically that: "the Canadian government has leashed the treatment of culture to other areas of the agreement by consenting to the retaliation clause in Article 2005(2). In this respect, the cultural provisions of the FTA establish a precedent which goes far beyond the limits of the agreement and has immense implications for the conduct of bilateral negotiations as a whole."[32] In the earlier cited interview, Ambassador Blanchard specifically linked recent culture policies to possible retaliation against "Canadian fur and fur coats, newspapers, magazines, movies, live pigs and maple sugar exports – worth $1.6 billion."[33]

It is of course impossible to know what transpired behind closed doors in conversations among the Canadian negotiators or between them and their American counterparts. But the account given by three members of Simon Reisman's team, Michael Hart, Bill Dymond and Colin Robertson,[34] should confirm many of the worst suspicions of cultural nationalists. The three negotiators refer to those presenting the cultural nationalist argument as "intellectual apologists"[35] and "the culture Mafia,"[36] and to their arguments as "rooted in fear of the unknown," marked by "shrillness"[37] and "betraying an underlying anti-Americanism."[38] Fair comments in the rough and tumble arena of public policy debate, but hardly inspiring confidence for members of the cultural community in Canada who were relying on their trade negotiators to give as fair a hearing to their concerns as would be given to those of grain growers in Saskatchewan or the financial services industry in Toronto. Nowhere in their account is the argument of the culture industry given any credibility whatsoever.

Perhaps it would be best to close a discussion on the consequences of the FTA on culture policy with the conclusion of a legal specialist who is mildly sympathetic to the culture industry's view point: "The impact of the FTA on cultural matters in Canada is, at least on paper, marginal. Only time will tell if the nature of the Agreement will bring about unexpected changes in the impact of our cultural trade."[39] This may not only be a compromise view; it may also be the most accurate.

No one thought that once the FTA was signed, all controversy linked to culture goods would cease. It should bring no surprise given the history of this issue that the US industry continues to have a long list of grievances, but fortunately only a few have been taken up by the US government and have been presented to Canadian authorities as being worthy of discussion. Colleen Fuller presents a useful listing of the industry's perceptions of barriers erected by Canada in 1984. In addition to what the government brought to Canada's attention, (issues such as Bill C-58, cable substitution and content regulations), the US entertainment industry objected to public funding of the CBC, Telefilm Canada and the NFB[40] — policies that are defensible both in economic theory and according to the practice of every government with sufficient revenues to engage in them.

The Liberals gave a hint of their approach to culture policy in the "red book," containing the party's platform, which was issued prior to the 1994 election. "Enhancing Canadian Cultural Identity" was only one page out of a document of over 100 pages, but it did attack the Conservatives for financial cuts to such institutions as the CBC and Telefilm, and it promised to help Canadian producers of culture goods to "increase their share of the domestic market and to export their work to international markets."[41] To accomplish this they promised "investment tax credits for the production of Canadian films, sound recordings, and books", "stable multi-year financing for national cultural institutions," and "income-averaging mechanisms in the Income Tax Act for Canadian artists."[42]

While it is a bit early to comment extensively on whether this promise has been met, the Liberals got off on the wrong foot with the culture community when they allowed the sale of Ginn Publishing. Ginn was sold back to a subsidiary, (Paramount), of the company, (Gulf and Western), from which the Canadian Development Investment Corporation had purchased a majority share in 1989, with the assurance that Ginn would be sold to a Canadian company in the near future. This was just the sort of sale that was supposed to have been precluded by Conservative Communication Minister Marcel Masse when he introduced the "Baie-Comeau" policy in 1985. Baie-Comeau required that any foreign interest that purchased a Canadian publisher would have to sell at least 51 per cent control to Canadian interests at a fair market price within two years of the purchase. The Conservatives had changed the policy themselves in 1992 when Masse's replacement, Perrin Beatty, introduced the less stringent net benefit to Canada's criterion. Critics of the cultural community in Canada declared the sale of Ginn to Paramount to be a complete abandonment of that policy, as well as of the policy the Liberals had set out in the red book.[43]

The Canadian Conference of the Arts criticized the February 1995 budget of Finance Minister Paul Martin for its proposed cuts of cultural programs by 23.3 per cent over three years, including continued erosion in the funding for the three primary producers of Canadian film and television programming — the National Film Board, the CBC and Telefilm. Other subsidies to culture goods production and distribution, such as an 8 per cent reduction in the postal subsidy for Canadian magazines, were to be cut "to reflect tighter fiscal circumstances."[44]

On the Liberals' side, however, was the emphasis placed on Canadian culture in the recent foreign policy review. In its response to the report of the Joint Parliamentary Committee, the government essentially agreed to undertake a variety of "cultural foreign policy" measures designed to: "make Canada a leader in the new world economy by projecting the image of a country that is unique, creative, innovative and hence competitive," "protect our cultural sovereignty," "undergird the Canadian identity by exhibiting its most creative aspects on the international scene," and "promote the growth and vitality of the culture and education sectors, and thereby help create jobs."[45] However, when discussing the government's position on the exemption of culture industries in the Canada-US FTA and NAFTA and the possibility for US retaliation with measures of "equivalent commercial effect," it was noted that it would be necessary to "balance all these considerations in choosing the appropriate policy instruments for protecting and promoting Canadian culture"[46] — a somewhat less ringing commitment than the cultural community would have liked.

Currently, the US government is focusing its attention on two highly publicized issues in the culture policy of the Chrétien Liberals: Country Music Television and *Sports Illustrated.* The CRTC forced Nashville-based Country Music Television off Canadian cable systems, after being carried for ten years, and ordered that it be replaced by a Canadian imitation, New Country Network. On February 6, 1995, the Office of the US Trade Representative initiated a Section 301 ("Unfair trading practices") investigation. To an impartial observer, this action by Canada does seem to be a blatant grab for revenues of the sort that could only lead to retaliation by the US and to some sensible solution such as joint production or allowing both channels to be viewed, even if only after a start-up period for New Country Network.

The *Sports Illustrated* case, however, is just the latest example of an issue of long duration, and the validity of the US complaint is far less certain. Two decades ago, two US periodicals, *Time* and *Reader's Digest* had very substantial circulation in Canada and it was argued that since they were able to print "Canadian editions" at a very small marginal cost, their advertising rates were so low that it was impossible for a Canadian competing magazine to be viable. As noted earlier, the Canadian government passed Bill C-58 in 1975, which disallowed advertising expenditures as an income tax business deduction for companies that advertised in foreign publications and television. In 1994 the issue was raised again as *Sports Illustrated* attempted to print a "split edition" in Canada, that is a magazine with contents virtually identical to the US version that would be printed in Canada rather than trucked across the border. The new twist is that the contents of each issue of the magazine is transmitted electronically directly to the Canadian printer, so there is no physical good on which to impose a constraint at the border. The government responded with a tax of 80 per cent on advertising placed in such split editions. While it may be true that technology has vaulted ahead of a specific policy, the precedent offered by Canada's earlier response to essentially the same initiative by a US magazine should suggest that she will not back down on this, and further, that she should not be expected to do so.

It is a bit of a stretch to make the argument that either New Country Network or *Sports Illustrated* are direct threats to the production and distribution of culture goods that would be considered social goods and thus worthy of protection. But in an indirect way both can be viewed as precedents that could, if left unanswered by the Canadian government, lead to the erosion of the industrial base that supports production and distribution of those goods that do in fact articulate and express Canada's unique national culture.

## What Can We Conclude About Canada's Cultural Policies?

If we are to evaluate the wisdom and effectiveness of Canada's culture policies, we must have at our disposal an explicit set of criteria or a model. The criteria to be used will emerge from the objectives that the policies were implemented to meet. The model presented will be developed with the impact of sole policies on Canada's largest trading partner, the United States.

### The criteria

The primary objective of Canada's culture policy, ought to be that of making goods available to Canadians that articulate and express Canada's unique national culture, its values, and how its social and political processes and institutions operate and relate to the lives of Canadians. Unless it always is the first consideration for culture policy, anything Canada does will be open to claims by her US counterpart that the policy is nothing more than grabbing jobs and revenues. Crucial for this objective is a clear statement as to why culture goods should be considered differently than all other goods traded by nations. It was demonstrated above that the identification of national culture goods as a social good, in the Musgrave taxonomy, provides such a definition.

The unavoidable reality for Canada is its proximity to the US, the easy access Canadians have to culture goods produced there, and the fact that about 80 per cent of Canada's trade is with the US. Any culture policy adopted by Canada is bound to have an impact on US vendors and to have the potential of a high-level response from the US government.

The second objective of Canadian policy ought to be that of choosing, from among policies that will have the desired result, that policy that will create the least antagonism in the US. The Culture Policy Matrix presented below will assist us in making that sort of evaluation.

The third objective of a culture policy is related to employment but, again, this objective must be justified in a way that distinguishes it from employment in other industries; otherwise the policy will be perceived by outsiders as purely protectionist. An analogy can be made with the court cases currently being heard in the United States regarding the Endangered Species Act and the spotted owl. Market-oriented industry spokespersons argue that while one cannot kill a spotted owl, one can cut down all of the trees except the one in which the owls are nesting. But when the owls leave the nest to seek food, that nest may then be considered to be "empty" and that tree can be cut. Conservationists argue that the law must be interpreted to preclude cutting of trees within a radius of two miles of the nest, so that the environment which sustains the endangered owl will continue to support that population.

Similarly, one can argue either that support is warranted for the individual creative artist producing national culture goods or that the industrial base which supports that artist is equally worthy of protection. For national culture goods to be created and made available to consumers, the creative artist needs a small army of, e.g., printers, film and television technicians, editors, directors, graphic designers, and, of course, gaffers and best boys (whoever they are!). Thus an argument can be made that for the desired goods (those that articulate and express the nation's unique culture) to be made available, production and distribution of a broader array of culture and entertainment goods must be supported to a certain minimal degree. If this is not done the creative works will remain in the mind or the imagination of the artist, as the production and distribution infrastructure necessary for their realization will be lacking. Differentiating between this minimal necessary level of protection and pure revenue and jobs protection has to be done carefully, but it must be done if the reaction and retaliation of affected trading partners, in this instance the powerful entertainment and media industries of the US, are to be controlled.

*The model*

The approach of the evaluative model to be used is to analyze the specific forms of interventions that may be adopted by a government. Intervention in the market may be conducted by direct or indirect means and on the side of supply or that of demand. Direct intervention on supply would involve the government actually producing the cultural goods, while that on the demand side would involve the government purchasing cultural goods produced by others. Indirect intervention refers to inducements the government could offer to private sector entities either to purchase or to produce culture goods. This can be put in the form of a Culture Policy Matrix, as given in Table 1. The policies actually adopted by the Canadian government during the past two decades are placed in the appropriate position in that table. Explanation of the entries will make clear the Matrix rationale. A film produced by the National Film Board is a direct intervention in supply, in that a cultural good is made available to the distributors, cinemas and television broadcasters that was not previously there. But the same film could have been produced by an independent producer through the indirect intervention of a Capital Cost Allowance (CCA). Similarly, that film could be shown by the CBC, a direct intervention on demand, or, indirectly, Canadian ownership of a television station could be mandated in hopes that the Canadian owner would be more likely to show Canadian programming than would an American owner.

**Table 1.**     Culture Policy Matrix

|  | Direct | Indirect |
|---|---|---|
| Supply | Government Production | Subsidies to Production (Capital Cost Allowance) |
|  | National Film Board |  |
|  | Canadian Film Development Board/Telefilm | Canadian Film Development Board/Telefilm |
| Demand | Canadian Broadcasting Corporation | Tax Incentives (Bill C-58) |
|  |  | Commercial Deletion |
|  | Content Rules | Ownership Rules |
|  | Country Music Television Cable Priorities | |

Reprinted from: Peter Karl Kresl, "Your Soul for a Case of Coors?: Canada-US Free Trade and Canadian Culture Policy, in Peter Karl Kresl (ed.), *Seen from the South*, Provo: Brigham Young University Press, 1989, p. 177.

*Comments on the policies*

Since the objectives of a culture policy have been specified and a model for evaluation of some aspects of that policy has been developed, we are now in a position to comment on the cultural policies actually implemented by the government of Canada. The CBC and the National Film Board are initiatives which were introduced in the 1930s and have received support from all governments and are likely to continue, in varying degrees, in the future, so they will be excluded from the analysis that follows.

*The First Objective: increased access to Canadian culture goods.* Here the focus must be on access to goods which express and articulate Canada's unique national culture — the social goods of the culture industry. The conflict here is shown clearly by Acheson and Maule in their study of the Capital Cost Allowance (CCA) program introduced in 1974 to stimulate Canadian film production.[47] The CCA initially granted a 100 per cent tax write off for any film "produced in Canada," with eligibility determined by a point system based on Canadian employment content. The problem with this policy in the context of this first objective lay in the fact that there was no discrimination among the films produced according to the degree to which they expressed and articulated unique Canadian values — any film meeting the certification criteria could get the CCA. Thus, the effect of the policy was a blanket subsidization of culture *and* entertainment films with not attempt to limit its benefits to social goods. No attention was paid to the quality of the films produced, either.

The alternative policy was that of supporting a discretionary funding scheme, such as the one through Telefilm Canada, in which a board of specialists selected specific projects for funding according to criteria that gave priority to quality, and to the "Canadian values" content of the proposed films. Acheson and Maule report the results of a survey of Canadian viewers in which the films supported by this discretionary procedure were rated higher on both quality and "Canadian values" criteria. In terms of the Matrix, direct intervention on supply is to be preferred to indirect intervention, from the standpoint of the first objective of a culture policy.

*The Second Objective: minimizing trade irritation.* Using the Matrix we can discern a shift in the basic approach taken by Canada with the change from the Liberal government of Pierre Trudeau to that of Brian Mulroney's Conservatives. During the 1970s the primary policy initiatives were Canadian content rules, cable priorities, Bill C-58, commercial deletion and Canadian ownership rules. These policy initiatives were concentrated on demand and were primarily indirect in nature. The Conservatives changed the approach to concentrate on indirect action on supply, mainly subsidies to production of one sort or another. Demand-indirect intervention has the effect of restricting access to the home market for foreign goods; it can easily be perceived as an approach that is designed to maximize the negative impact on foreign suppliers and thereby to maximize the likelihood of retaliation from the foreign government. The response of the US government to the Trudeau initiatives was indeed very quick and very sharp, including a limitation on the number of professional conferences Americans could attend in Canada and a Congressional threat of measures which were never adopted by the government. These Canadian initiatives and American retaliation brought the bilateral relationship to one of its most acrimonious moments.

The Mulroney measures, on the other hand, had as their aim the increase of the availability of Canadian culture goods. There was little insistence, if any, that distributors were under an obligation to show Canadian goods rather than those imported from the United States, hence the lack of legitimate objections raised by US interests. Stimulating the production of more culture goods is not only of direct benefit to consumers in Canada, but also in the US as more Canadian culture goods are being shown on US television, with an increasing number of cable networks, both pay and free, looking for distinctive and attractive programming.[48] One could object that governments have accepted constraints, (both in the GATT negotiations and also in most regional trade pacts such as the FTA and NAFTA), on their ability to use subsidies as a means of achieving an economic objective. However, culture goods have generally and for a long period of time been exempt from this stricture.[49] Furthermore, Canadians take great pleasure in making the entirely legitimate point, usually overlooked or ignored by their American counterparts, that the US have always provided, and still do, substantial protection and subsidization of its entertainment and culture sectors.[50]

The FTA stabilized the trade and trade irritants by reducing uncertainty, although what was in fact accomplished will be subject to interpretation and evaluation for years to come. Canada could have created a more favorable condition for herself and for her culture goods industries by being clearer and more aggressive in defining and stating the objectives of her cultural policy and the principles upon which it is based. As it stands, the justification for a culture policy is clear neither to Canadians nor to their major trading partner, and future initiatives may continue to have the character of *ad hoc* protectionism and of a blatant diversion of a stream of revenues from foreign vendors to Canadians. The most recent initiatives of the Chrétien government, especially the Country Music Television issue but to a lesser degree *Sports Illustrated* as well, are graphic illustrations of this.

*The Third Objective: increased employment.* Analogous to the situation in Objective One, attention must be concentrated on employment for culture industry workers required for the production of the social goods in Canada's culture goods industry. Note is often taken of the fact that there are 585,000 jobs in the "cultural activities" sector of the Canadian economy and $14.7 billion in revenues, accounting for 3.8 per cent of the Canadian Gross Domestic Product.[51] However, 52 per cent of federal government expenditure on cultural activities is devoted to all aspects of broadcasting and, as defined by Statistics Canada, cultural activities include support to libraries and to Heritage Resources (including parks and museums), almost a quarter of all funding.[52] Some would explicitly include tourism in the definition of culture, adding $26 billion to total "culture" revenues, "more than what Canada receives from sales of wheat, natural gas, pulp and paper, metal and minerals." The argument then becomes converted from support for the expression and articulation of Canada's unique culture to: "you have to remember above all that culture is essential to the growth of Canada's economy."[53] Steven Globerman also suggests that while culture policy should be expected to increase the payments to factors of production in the industry, an inordinate share of these increased incomes are diverted from writers, actors and other creative individuals to those in the corporate structure end of the business — accountants, lawyers, agents, and so forth.[54]

Here again, as mentioned several times, it must be stressed that there are arguments that justify a rather broad support of employment in the culture industry. Infrastructure, creative individuals, trained technical and production specialists are required for a viable production of the social component of cultural goods. Canadians have failed to make that argument and as a consequence their culture policy is generally viewed in the US as an employment scheme that has little justification in a global economy in which such barriers to trade are under continuous pressure to be lowered and to stay low.

As a final comment, I would note the assertion of two analysts of Canadian culture policy that Canada's approach may well become the model for the coming century, although the reasoning does not take precisely the same approach. During his appearance before the foreign policy review joint committee, John Ralston Saul stated that the "standard Twentieth Century approach towards nationhood" is "centralized, monocultural and advances beneath the sails of triumphant mythology," and argued that the "originality of both our experiment and our experience in this massive, cooperative, decentralized country with its strong Aboriginal presence and bicultural population...resembles what may well be the nation of the next century."[55] Richard Collins, finding inspiration in Pierre Trudeau's argument that "a divorce, between the paired concepts and practices of culture and politics that nationalism has wedded, is necessary in order to create stable and decent contemporary societies," concludes that "Canada in the twentieth century demonstrates that culture and politics can be similarly decoupled without political institutions crumbling."[56] While not going that far, Graham Carr agrees that "Canadians must break away from the nationalist paradigm which has traditionally determined their thinking on culture and examine the political economy of culture in an international context."[57]

In this paper it has been argued that Canada must indeed reconsider her approach to culture policy. In a world of increasing: 1) interdependence, 2) institution building in trade relations, 3) expenditure on cultural goods and 4) technological capacity for access to those goods, Canada must be far more explicit on the fundamental principles on which her policy is based. If those principles are expressed in terms of generally recognized economic theory Canada will be able to respond to retaliation by her major trading partner with compelling argumentation to an impartial observer. If this is accomplished then Canada may indeed have something to show to the rest of the world.

## Notes

1.  This terminology was used in the original Broadcast Act in 1933.
2.  Richard Fowler, as quoted in: *The New York Times.* 19 January 1987, p. C5.
3.  Peter Karl Kresl, "Your Soul for a Case of Coors?: Canada-US Free Trade and Canadian Culture Policy," in Peter Karl Kresl (ed.), *Seen from the South.* Provo: Brigham Young University Press, 1989, Chapter Six.
4.  Edward Comor, "The Department of Communications Under the Free Trade Regime," *Canadian Journal of Communication.* Vol. 16 no. 2, 1991, p. 259.
5.  *The Compact Edition of the Oxford English Dictionary.* Oxford: Oxford University Press, 1971, p. 622.
6.  Although no further reference will be made in this paper to the cultural policy initiatives of France and the European Union, it should be understood that the argumentation presented here has direct application to those policies as well.
7.  Richard Musgrave, *The Theory of Public Finance.* New York: MacGraw-Hill, 1959.
8.  Ibid., p. 13.
9.  William J. Baumol and William B. Bowen, *Performing Arts — The Economic Dilemma.* New York: The Twentieth Century Fund, 1966, esp. ch. XVI.
10. *Report of the Federal Cultural Policy Review Committee.* Ottawa: Department of Communications, 1982, chapter 3.
11. This is, of course, in conformity with the United Nations resolution regarding the right of national self-determination.
12. As reported by the Hon. Sheila Finestone, *Commons Debates.* Ottawa: House of Commons, June 13, 1991, p. 1669.
13. *Report of the Federal Cultural Policy Review Committee.* p. 251
14. Steven Globerman, "Foreign Ownership of Feature Film Distribution and the Canadian Film Industry," *Canadian Journal of Communication.* Vol. 16 no. 2, 1991, p. 204.
15. Ithiel de Sola Pool, "Direct broadcast satellites and cultural integrity," *Society.* September-October, 1975, p. 12, as quoted in Richard Collins, "National Culture: A Contradiction in Terms?," *Canadian Journal of Communication.* Vol. 16 no. 2, 1991, p. 232.
16. Elihu Katz and Tamar Liebes, "Interacting with 'Dallas': Cross Cultural Readings of American TV," *Canadian Journal of Communication.* Vol. 15 no. 1, 1990, pp. 54-55 and 57.
17. It must however be noted that in the 1950s when Canada was establishing its system, if the European system (better definition) had been chosen rather than that of the US greater control could have been exercised.
18. Robert Babe, *Cable Television and Telecommunications in Canada.* East Lansing: Michigan State University, 1975, p. 235.

19. *Report of the Task Force on Broadcasting Policy.* (Ottawa: Minister of Supply and Services, 1986, p. 363.

20. Hamish Cameron, "Books and Sovereignty," *Publishers Weekly.* vol. 229 no. 9, 28 February 1986, p. 39.

21. Ibid., p. 44.

22. Edward Comor, "The Department...," p. 259.

23. *Commons Debates.* Ottawa: House of Commons, March 31, 1993, p. 178-79.

24. Charles J. McMillan, "Riding on Emotion: Cultural Industries and a NAFTA Accord," in Joseph A. McKinney and M. Rebecca Sharpless, (eds.), *Implications of a North American Free Trade Region: Multidisciplinary Perspectives.* Waco: Program for Regional Studies of Baylor University, 1992, p. 203.

25. *The Canada-US Free Trade Agreement.* (Copy 10-12-87), Ottawa: The Department of External Affairs, 1987, pp. 296-297.

26. Susan Crean, "Reading Between the Lies: Culture and the Free-Trade Agreement," in Duncan Cameron (ed.), *The Free Trade Deal.* Toronto: James Lorimer & Co., 1988, p. 233.

27. Graham W. S. Scott, "Canadian Cultural Issues," in *United States/Canada Free Trade Agreement: The Economic and Legal Implications.* Washington: American Bar Association, 1988, p. 203.

28. Scott Haggett, "US draws up hit list on culture," *The Financial Post.* January 13, 1995.

29. *The Canada-US Free Trade Agreement.* p. 301.

30. This point in made by Edward Comor, "The Department...," p. 255.

31. Colleen Fuller, "Fade to Black: Culture Under Free Trade," *Canadian Forum.* August 1991, p. 6.

32. Graham Carr, *Trade Liberalization and the Political Economy of Culture: An International Perspective on FTA.* "Canadian- American Public Policy," No. 6, Orono: The Canadian-American Center of The University of Maine, June 1991, p. 8.

33. Scott Haggett, "US draws up hit list..."

34. Michael Hart, Bill Dymond and Colin Robertson, *Decision at Midnight: Inside the Canada-US. Free-Trade Negotiations.* Vancouver: UBC Press, 1994.

35. Ibid., p. 67.

36. Ibid., p. 264.

37. Ibid., p. 67.

38. Ibid., p. 364.

39. Graham W. S. Scott, "Canadian Culture...," p. 201.

40. Colleen Fuller, "Fade to Black...," p. 6.

41. *Creating Opportunity: The Liberal Plan for Canada.* Ottawa: The Liberal Party of Canada, 1993, p. 88.

42. Ibid., p. 89.

43. For a collection of commentary on this issue, see: "Gin & Tonic: A symposium on the sale of Ginn Publishing," *The Canadian Forum.* May 1994, pp. 12-19.

44. "News release," Canadian Conference of the Arts, February 27, 1995, electronic mail. The budget figures for the Department of Canadian Heritage are given in: House of Commons, *Budget Plan.* Ottawa: Finance Canada Distribution Centre, February 27, 1995, p. 104.

45. *Government Response to the Recommendation of the Special Joint Parliamentary Committee Reviewing Canadian Foreign Policy.* Ottawa: Government of Canada, February 7, 1995, Chapter 6, "Projecting Canadian Culture and Learning Abroad," pp. 76-77.

46. Ibid., p. 27.

47. Keith Acheson And Christopher Maule, "It Seemed Like a Good Idea at the Time," *Canadian Journal of Communication.* Vol. 16 no. 2, 1991, pp. 263-276.

48. This point is made by Serge Joyal, in *Proceedings and Evidence of the Special Joint Committee of the Senate and of the House of Commons on "Reviewing Canadian Foreign Policy."* Ottawa: Special Joint Committee of the Senate and House of Commons, July 27, 1994, pp. 49, 57-58, John Ralston Saul, "Culture and...," p. 114, and, with regard to international co-productions, in Colin Hoskins and Stuart McFadyen, "Canadian Participation in International Co-Productions and Co-Ventures in Television Programming," *Canadian Journal of Communication,.*Vol. 18 no. 2, 1993, p. 228.

49. For one of many references to this see the comments of former Conservative Minister of Communication: Marcel Masse, "A World beyond Borders," *Canadian Forum*. December 1994, p. 13.
50. Paul Audley, "Communicating Culture: The Place of the Cultural Industries in Cultural Policy," a paper prepared for the Fifth Conference of Commonwealth Arts Administrators, Wellington, New Zealand, February 1990, pp. 4-7, Graham Carr, "Trade Liberalization...," pp. 11-15.
51. Serge Joyal, *Proceedings and Evidence....* p. 49-54.
52. *Government Expenditures on Culture, 1992-1993.* Ottawa: Statistics Canada, 1994, p. 40.
53. Serge Joyal, *Proceedings and Evidence....* p. 49-55.
54. Steven Globerman, "Foreign Ownership...," p. 205.
55. John Ralston Saul, "Culture and Foreign Policy," *Canada's Foreign Policy: Position Papers, Report of the Special Joint Committee of the Senate and of the House of Commons Reviewing Canadian Foreign Policy.* Ottawa: Canada Communication Group, November 1994, p. 118.
56. Richard Collins, "National Culture...," p. 235.
57. Graham Carr, *Trade Liberalization....*p. 38.

## Chapter IV

# Cultural Change

# and The Emergence of New Values

# Mutations culturelles et émergence de

# valeurs nouvelles

# Gillian Whitlock

Moderator

Before travelling here from Australia to chair this session I spent some time trying to work out the architecture of this symposium, to "second guess" the organizing committee — Professors Pat Smart, Pierre Savard and André Lapierre — and have some sense of where we would have traveled by the time I introduced this session, the penultimate discussion of the Symposium.

As I return to these notes, I find I had anticipated the first day as focussing on *fin de siècle,* crisis in ideas about Canadian national identity and the nation state. This began with the theme of biculturalism and the suturing of language and identity, looking at the language of citizenship as potentially a way forward, out of the binary opposition of two political cultures. It was fitting that the final session yesterday paid attention to the nation state, for the crisis in conventional notions of national identity are everywhere apparent in Canada — by "everywhere" here I mean above and beyond the clash of the two colonizing cultures.

If this diagnosis for the first day holds, then the second day, these final sessions, seem to take up the issue of "where to"? What happens if we look for some new generative possibilities? For example if Herderian ideas of nation and identity are replaced by the more syncretic or federated idea of national identities which critics such as Homi Bhaba advocate? Professor Simon referred to this yesterday in her discussion of "negotiated borders"; so too did Professor Sioui when commenting that citizenship defined in conventional terms, in relation to national identity, is not relevant to First Nations peoples. The implication is that the problems of biculturalism, of the various identifications within Canada and the pressures of globalization from without may not be managed in terms of a language of national identity at all.

This session is about *change,* and how this might be conceived. Its participants are diverse in origins — both in place and in disciplinary orientation. At one level the issues raised in this session are also diverse: the emergence of new institutional arrangements for the management of social welfare in Canada, the negotiation of conflicts of values around individual rights and the state, the tension between central and provincial governments, and the very notions of historical periodization which we use to conceptualize continuity and the horizons of change.

However, across these papers there is a common thread not only of change but also of how change and conflict can be managed through ongoing processes of negotiation. Canadians emerge from these papers not as victims of circumstances and forces beyond their control, but as citizens facing critical choices at this *fin de siècle,* as a collective with agency and choice.

# From Caring and Sharing to Greedy and Mean?

*Patricia Armstrong*

This paper could be titled "From Caring and Sharing to Greedy and Mean". But such a title would fail to capture the complex, contradictory and tension-filled value transformations that are underway in Canada today.

For many years, Canada has been characterized by a value system that stressed collective responsibility. Especially in the period following the Second World War, government reports, academic research and social commentaries emphasized the Canadian commitment to social responsibility and to sharing the risks of ill health, disability, poverty, age and unemployment. These values were clearly evident in the introduction of federal schemes for health care, social security, pensions and unemployment insurance. These programmes were designed to share risks and responsibilities among both people and provinces. They both reflected and reinforced the notions of caring and sharing, in the process becoming central to our Canadian identity. And the caring and sharing idea was not limited to social programmes. Although there have always been opposing voices and variations among classes, races, cultural groups, regions and sexes, there was a widespread consensus on collective responsibility and shared risk.

Recently, however, there is emerging a new emphasis on individual rights and responsibilities. Social programmes reflecting the old values are being downsized and transformed. A wide variety of programs, based on a range of criteria, are being collapsed and "rationalized" into an integrated project which determines access on the basis of individually demonstrated need. Increasingly, social security and social services are being "targeted" or privatized. Privatization in this sense refers not only to the transfer of responsibility from the public to the private sector but also from the collectivity to the individual and from the state to the home.

At the same time, however, Canadian policy makers are very conscious of how critical these programmes are to Canadian identity and Canadian values. Most change has been introduced with a commitment to ensuring equity and accessibility, while stressing the need to lower the deficit by reducing social spending. This seemingly contradictory purpose is to be achieved by shifting from access based on rights to programs targeted at those who are most deserving and most in need. In this way, the values embedded in the institutions are being profoundly altered, although the new developments are still often justified in terms of the old ones of collective responsibility and shared risk.

This paper explores these developments. It begins by examining the range of federal government programs, services and regulations introduced in the post-war period and the rationale on which they were based. It then moves on to outline the kinds of changes that are underway. The purpose is to demonstrate that it is not only programs, services and regulations that are being transformed but also our view of ourselves as Canadians.

## Collective Responsibility and Shared Risk

In the 1943 "Report on Social Security for Canada" , Leonard Marsh made it clear that the social safety net was about "the collective pooling of risks". As he put it,

> In modern economic life there are certain hazards and contingencies, which have to be met, some of them completely unpredictable, some of them uncertain as to time but in other ways reasonably to be anticipated. They may be met in hit-or-miss fashion by individual families or they may never strike any individuals or families; but we know from experience that, collectively speaking, these problems or needs are always present at some place in the community or among the population (Marsh, 1975, 9-10).

Marsh, and the rest of the generation that survived the Depression and fought a War, knew that everyone was at risk, even though not everyone would suffer. They also knew that very few had the kinds of incomes that could provide the financial protection necessary if ill health or unemployment hit, the market could not provide. As Marsh explained, "it is impossible to establish a wage that will allow every worker and his family to meet the heavy disabilities of serious illness, prolonged unemployment, accident and premature death. These are budget-shattering contingencies that strike most unevenly" (Marsh, 1975, 9-10). Therefore, Marsh went on to argue, it is necessary to establish a social safety net that recognizes our shared vulnerability to forces beyond our control.

Marsh was certainly not alone in holding these values. The federal government's position was made clear at the 1945 Dominion-Provincial Conference.

> In familiar terms, our objectives are high and stable employment and income, and a greater sense of public responsibility for individual economic security and welfare. Realization of these objectives for all Canadians, as Canadians, is a cause in which we would hope for national enthusiasm and unity (Quoted in Taylor, 1987, 50).

The objectives would be attained by federal programs to protect Canadians from "large and uncertain individual risks, for such hazards, and disabilities as unemployment, sickness and old age" (Quoted in Taylor, 1987, 50). As Armine Yalnizyan (1994, 31) so eloquently puts it in "Securing Society: Creating Canadian Social Policy", the "shiver of universal risk had swept over everyone, and people started demanding protections by pooling that risk across society".

With these kinds of values as a guide, a variety of programs, services and regulations were established or expanded in the years following the Second World War. Some were based on rights as citizens, some on rights as workers and some were specifically designed to support and protect the most vulnerable. Certainly the programmes had flaws and many failed to fulfil the stated objectives. Some even perpetuated inequality while others ignored the such objectives entirely. But all of the initiatives discussed here were based on the notion that Canadians had shared rights and shared responsibilities.

*Citizens' Rights*

The programs, services and regulations that best exemplified this notion of shared responsibility and risk were those which applied either to all citizens, or to all citizens who fell into particular demographic groups. These were ours by right of citizenship and required only a demonstration that we were Canadians who belonged to that group.

The most obvious of what we think of as a universal program is health care. Gallup polls in both 1944 and 1949 indicated that 80 per cent of Canadians supported the notion of a federal National Health Plan (Naylor, 1986, 158). A sickness survey demonstrated "an inverse relationship between income and sickness and a direct relation between income and volume of care received" (Taylor, 1987, 176-177). And research revealed significant variations in health care services from province to province. Clearly, there was inequality in access to care and Canadians shared the view that the collective risk should be recognized and dealt with by the government.

The federal programs designed to use federal financial resources to create a national health care system required that all necessary care be provided under uniform terms and conditions to all Canadian citizens. All citizens were eligible and means-testing was unacceptable.

> Also eliminated were the commercial insurance concepts of deductibles, non-insurable conditions, limitations with respect to age, employment, or membership in groups, and experience rating — all the devices that protect insurance funds but frequently at the expense of individual hardship (Taylor, 1987, 328).

The national consensus on shared risk was translated into a universal program with eligibility based on health needs and publicly provided services rather than on individual economic resources or characteristics. The distribution of health care services among provinces and among individuals became more equal (Enterline et al., 1973) while the system ensured that no Canadian risked economic hardship or personal bankruptcy in order to receive care. No means test was required. Health care also became much cheaper than it is in the individually based, private system in the United States.[1] Although inequalities in access to health care and to health remained, research demonstrated significant improvements in the care provided to the poorest groups. Not surprisingly, health care remains Canada's most popular social program, and its existence has helped reinforce the notion of Canada as a caring and sharing nation. Indeed, many Canadians see our health care system as what primarily distinguishes us from the United States.

Although we may seldom think of them in these terms, services such as parks, airports and roads are also universally available to citizens without regard to ability to pay. Similarly, some cultural events and recreational services are open to the entire population. And there is additional evidence of our commitment to collective responsibilities and universal rights. For example, regulations such as those requiring seat belts for those riding in cars, safety inspection for trucks and no smoking in airlines reflect our notion of shared responsibility. Other regulations, like those forbidding discrimination or pollution and protecting human rights, are also both universally applicable and reflective of the value placed on collective responsibility. Here, too, the programmes were seldom completely successful in achieving their stated goals, but they did indicate at least a willingness to recognize collective rights and responsibilities.

In addition to those services or regulations that apply to all citizens, there are ones that give collective rights to all those who fall into particular demographic groups. Old Age Security is an obvious example. The evidence of widespread poverty among Canada's seniors clearly demonstrated that the elderly collectively shared risks that could not be attributed primarily to individual inadequacy, especially given compulsory retirement. Moreover, it was equally clear that the elderly have made important contributions to our society, contributions that should not be repaid by poverty in old age. The Old Age Security, paid to every Canadian over a specific age who had lived in Canada for a specified period, was a recognition of both the shared risk and the shared responsibility (Collins, 1978 and Delude, 1978). As the National Council of Welfare put it, "It was a universal program, free of stigma for recipients and subject only to minimal residence requirements. The administration of the program was a model of simplicity and low cost" (National Council of Welfare, 1990, 16). Moreover, it unquestionably contributed to the decline in poverty rates among the elderly and especially among the female elderly (National Council of Welfare, 1995, 10). Additional funds were made available under the needs tested Guaranteed Income Supplement and Spouses' Allowance. More expensive to administer than a universal plan, it still went to the majority of elderly. In 1972, nearly two-thirds of women over 65 and half the men qualified for the supplement (Collins, 1978, 102). Those in higher income brackets were not excluded from supplemental, targeted programs, given that tax benefits such as deductions for investment in RRSPs helped them. Like other programs, these did not eliminate inequality or even poverty but they certainly reinforced the idea of collective rights and reduced the enormous gaps in income that had existed among the elderly.

Family Allowance was also a universal program paid to all mothers of children under a certain age. Although it was partly designed to put money in the hands of women who had become accustomed to having their own earnings during the War, it was also a clear expression of a collective responsibility for children (Canada, Advisory Committee on Reconstruction, 1944). The Family Allowance meant that motherhood brought rights as well as responsibilities. As was the case with Old Age Security, the government offered supplements to this support based on means tested need. It also offered some benefits to higher income groups through tax deductions related to children (Ecumenical Coalition for Economic Justice, 1993, 24-27).

Like motherhood, post-secondary education too was defined as something that brought benefits for all Canadians and that therefore deserved support from all Canadians. Through a program similar to that developed for medicare, the federal government heavily subsidized post-secondary education across the country. The contribution was based on the assumption that the national government "possesses a specially recognized jurisdiction over such matters as research and manpower training" (Cole, 1972, 527), that the costs of education restricted access (Porter, Porter and Blishen, 1973) and that countries needed educated workforces. The assumptions were evident in the "Fifth Annual Review" of the Economic Council of Canada, published in 1968, which took as given "the large economic, social and cultural values of education" (Economic Council of Canada, 1968, 59). The transfer of federal funds to the provinces contributed to the enormous expansion in colleges and universities across Canada. "Only 6 percent of the 18-24 age group participated in post-secondary education in 1951. By the early 1970s almost 20 percent of this age group were enabled to participate in one or another form of the post-secondary education process" (Martin and Macdonnell, 1982, 23). Students were charged user fees, but the overwhelming majority of costs were covered by the government for any student admitted to a post-secondary educational institution. In addition to paying for a significant part of operating costs in order to provide public education services, the federal government also offered needs based support for living expenses through the *Canada Student Loans Act*. And governments introduced regulations that not only forbid institutions to restrict access for women, the disabled, Aboriginals and Visible Minorities but that also required them to take positive steps to encourage participation from members in these groups. Inequalities were certainly not eliminated by these developments in education but they nonetheless were based on and perpetuated the idea that anyone in such groups was at risk and required protection.

The programs, regulations and services provided to Canadians by right of citizenship both reflected and reinforced the notion of shared responsibility. Together, they helped distinguish Canada from the United States in terms of both values and life styles and helped make Canada a more egalitarian society. So did the programs and regulations based on the rights of workers.

*Workers' Rights*

In addition to the rights available on the basis of citizenship, the post-war period established rights based on employment. The Great Depression had clearly demonstrated that unemployment was not primarily the result of personal failure. The War effort had left Canadians convinced that they deserved better conditions of work. The combination of Keynesian economic theories, a new emphasis on working together for a better life and collective action by unions and various popular organizations led to a series of government actions designed to ensure workers' rights.

Perhaps the most obvious of these is Unemployment Insurance. Bryce Mackasey, then Minister of Manpower and Immigration, made the purpose of the plan clear when, in 1970, he introduced revisions intended to expand the scheme to cover most workers, not only those employed in what had been thought of as precarious industries. It was designed to ensure that "workers who became unemployed could claim benefits with dignity and self-respect, because they had contributed a substantial share to the unemployment insurance while working" (Quoted in Armstrong, 1980, 32). Mackasey made it clear that "everyone, to a greater extent than ever before, is vulnerable to a temporary disruption of earnings" and that we must rely "upon the goodwill and responsibility of more fortunate, better-placed Canadians toward those who through lack of education and opportunity are in less secure occupations" (Quoted in Armstrong, 1980, 32). Unemployment Insurance, then, acknowledged both that all workers were at risk of becoming unemployed through no fault of their own, and that the federal government had a responsibility to intervene to remove the fear of unemployment. It did so by pooling the costs and sharing the risks among both employers and employees. Workers had a right to income when their job disappeared. Not everyone benefitted equally from the plan, and this was especially the case for women, but it did significantly improve the position of a working majority.

Like Unemployment Insurance, the Canada/Québec Pension Plan requires contributions from employers and employees and covers most employees. It gave workers the right to retirement pensions and supplementary benefits, including "surviving spouses' pensions, disability pensions and supplementary benefits for orphans and children of the disabled contributor" (Collins, 1978, 112). In "Better Pensions for Canadians", the federal government claimed that their pensions schemes were designed to provide Canadians with "security, dignity, and fulfilment in retirement" (see MacLean and Shragge, 1983, 26). The amount of pension given by right was based on a formula related to earnings and work history, not on need. While such formulas help perpetuate existing inequalities in pay, they do nevertheless support the notion that we need collective protection and that employers have responsibilities beyond the workplace.

In addition to the schemes that provided cash income to workers, the federal government introduced a series of regulations that also reflected the belief that workers had certain rights. Labour Standards legislation was designed to ensure minimum conditions of work, just as minimum wage legislation was designed to ensure minimum levels of pay. Health and safety regulations were also introduced and enforced by government agencies. Workers' right to strike and to bargain collectively were protected by legislation and the government bargained in good faith with its workers. Similarly, the right to maternity leave was guaranteed to women, as were some other protections that recognized women's shared and particular needs as workers. A significant number of workers, such as female domestics, were excluded from this kind of legislation, but the need for some collective protection was recognized for the majority of employed.

Although workers' rights depended on being an employee or former employee, they also reflected and reinforced a notion of shared risk and responsibility. Payments under UI and the pension plan were not based primarily on how much workers contributed. They were based on the idea that everyone should contribute in order that those who needed assistance would get it by right. These plans and the regulations of work assumed that employers too had a responsibility to their employees, a responsibility that the market did not enforce.

*Individual Rights*

In addition to the universal rights and workers' rights, there were programs, services and regulations that were based on the assumption that Canada had the responsibility to ensure that no individual went without a minimal level of food, shelter and clothing and that their other basic human rights were protected. For the most part, what we often call welfare programs are distributed on the basis of means or needs tests. As we have already seen, means tested plans supplemented the universal pensions, family allowance and post-secondary education support.

Most of the federal support for needs tested programs, however, has been funded under the Canada Assistance Plan. This federal cost sharing program covers social assistance payments and some services such as childcare and homecare. A major goal of the program was "the prevention and removal of the causes of poverty and dependence on public assistance" and "the provision of adequate assistance to persons in need" (Ontario, Social Assistance Review Committee, 1988, 9). As is the case with medicare, the program requires that the provinces meet certain conditions in order to get funding. The conditions for funding under CAP "ban residency requirements, require that assistance be paid to persons in need without any conditions attached (for example, workfare or liens), and mandate an appeals procedure" (Ontario, Social Assistance Review Committee, 1988, 498). The federal government also establishes limits on earnings exemptions. Even though the program requires that assistance be determined on a case-by-case basis through a needs tests (Ontario, Social Assistance Review, 1988, 495), the federal guidelines reflect the assumption that those in need have a right to support from the collective funds, without punishment or loss of dignity. Certainly the programs were not always administered in this fashion but there was at least an official acknowledgement of rights to basic support.

In the quarter century following the Second World War, then, Canada developed a series of programs, services and regulations that established rights to social security based on a notion of collective responsibility. They demonstrated the recognition that many Canadians faced risks over which they had little control and for which they could not individually provide. None of the programs, services and regulations were free of flaws. And all were limited in the extent to which they fulfilled the promise, especially in terms of what are often called the equity-seeking groups. But these developments did provide a variety of supports and a range of services to Canadians by right. Moreover, some of them at least served to encourage values based on sharing and caring for others, even if they were introduced after considerable resistance and were never fully accepted by some. But by the 1970s, there were signs that opposition to these values was growing. In the 1990s, there has been a consolidation of efforts to change both the programs and the values on which they are based.

## Private Responsibility and Individual Risk

In a recent *Toronto Star* column, long time Tory Dalton Camp characterized the changes underway as an argument over "affordable Canadians".

> Canada's social security system has long represented confirmation of a social contract between Canadians and their federal government. Most of the contract has been proposed, endorsed and enacted in my lifetime and it has created a society until now determined to meet its responsibilities to its children, the aged and those who are ill.

> I believe these measures have defined the country. And not only because of what they provided, but the kind of society that flourished as a result...But we have enjoyed an activist political agenda, a progressive political tradition, and a social culture of tolerance and compassion.

Camp goes on to say that "What Canada's critics seek is a new commercial contract to replace the social contract that has shaped us as a people" (Camp, 1995, A19).

But it is not only the critics outside Canada identified by Camp who are pushing us in this direction. The arguments within Canada for changing the social contract, however, have been framed as a way of reducing the debt while saving our social programs. In the name of necessary debt fighting, federal governments have been transforming Canada's social safety net along with the values of Canadians. As the relatively conservative John Ralston Saul explained in a recent review, "Received wisdom blamed the growing deficit on spending and set about slashing programs" (1995, C25). The approach, as Saul points out, is not based on evidence that either spending on social programs caused the debt or that slashing spending can solve the debt problem. Indeed, there is considerable evidence to the contrary (Mimoto and Cross, 1991). Rather, he says, the attack has taken the form of a religious crusade and calls for a debate without the "standard religious fear sermons about inflation and debt or the hysterical denunciation by columnists and lobby groups (often posing as think tanks) to which we have grown accustomed" (Saul, 1995, C25).

It is precisely because Canadians are committed to the values of the social contract that cutbacks have been justified as necessary in order to save them; that politicians have declared social programs a "sacred trust" and vowed to defend them while practising "social policy by stealth"(Gray, 1990). Nowhere is this more evident than in the federal discussion paper on "Improving Social Security in Canada". The paper begins with the following description of Canadian values:

> Canada's social security is the hallmark of our nation. Through it, we have defined ourselves as a country that aspires to give our children the best possible start in life, to enable all Canadians to meet their basic needs, and their families to live with dignity. It is a system dedicated to supporting the most vulnerable in our society, while creating opportunity for all Canadians to improve their lives. Social security embodies the values of justice, tolerance and compassion that mark our country (Human Resources Development Canada, 1994, 7).

It is important to note that this description, while recognizing a collective responsibility, does not recognize a shared risk. Although there is talk of allowing all Canadians to meet their needs, the stress is on "the most vulnerable" rather than on the "public responsibility for individual economic security" which had been the concern of the Dominion-Provincial Conference. It speaks of compassion, rather than of rights or a "pooling of risks". It thus represents a significant shift away from the values embodied in the programs, services and regulations that formed the basis of the Canadian social contract. This fundamental change is evident when we look at what has happened to the components of the welfare state described above.

*Citizens' Responsibilities*

This value transformation is particularly evident in the move away from the universal programs given to people as a matter of citizenship rights. Journalist Linda McQuaig has captured the essences of this value shift in the titles of her books. "The Wealthy Banker's Wife" (McQuaig, 1993) refers to then Prime Minister Brian Mulroney's justification for abandoning the universal programs such as family allowance. He asked: "Are we making proper use of taxpayer's money by giving a bank president who makes five hundred thousand to six hundred thousand dollars a year a baby bonus?" (Quoted in Ecumenical Coalition, 1993, 11). The abandonment of universal rights in the case of family allowance was based on the idea that, in debt-ridden times, money should not go to the un-needy rich but rather should be targeted at the deserving poor. Combining both the notion of a debt crisis and a social contract, the family allowance was discarded in favour of a means-tested program. Not incidently, this strategy did little to re-distribute income to the poorest children[2] but did have a impact on our ways of seeing social security. No mention was made of additional taxes for the wealthy banker and his wife as a way of pooling the risks and solving the debt crisis, however.

In her book "Shooting the Hippo", McQuaig (1995) describes how the argument has now been taken a step further. Here the reference is to the killing of a baby hippo because there are no more resources to provide for its needs. According to the new values, we not only have to abandon universality in favour of selectivity based on need but also sacrifice some programs altogether and make others more efficient by either privatizing them, applying private sector techniques to their delivery or charging user fees. This move away from universality has profound implications for our shared values. As the Ecumenical Coalition for Economic Justice (1993, 13) makes clear,

> While universality reinforces social solidarity, selectivity undermines majority public support for a program. It becomes difficult to maintain political will among the majority of the population for programs that benefit a small sector of society.

At this point in time, only the universal family allowance has been officially abandoned but erosion in other areas is already well underway and the ideological stage has been set for further cutbacks.

While "Improving Social Security in Canada" avoided a discussion of Canada's very popular universal pension and health care schemes, this does not mean that these programmes have been excluded from the ideological shift. The government does not yet seem prepared to go as far as the wealthy banker who has recently called for a "massive decentralization and further dismantling of Canada's welfare and health-care systems", but the erosion is clearly evident in a number of areas.

In the case of health care, the federal government has been slowly reducing the cash transfers to the provinces and with it the opportunity to use its spending power to enforce national standards of access. When the federal government made the cash transfers conditional on meeting the five principles of health care, they were ensuring a universally accessible, publicly controlled program based on uniform standards and conditions. Without this cash transfer, the federal government has few means of enforcing these standards, as is already evident in the emergence of for-profit eye clinics in Alberta. Moreover, it seems to be the case that the principles will now be enforced only through cabinet review, making the process of enforcement inaccessible to Canadians. With evaluation hidden away, the opportunity to reinforce values related to shared responsibilities is reduced.

In addition, the reduction in cash transfers has led to cutbacks in provincial health care provision. This in turn has contributed to a privatization of services. In fact, the proportion of health care spending paid for by governments has been steadily declining in recent years. In 1993, only 72 per cent of total health care spending in Canada was accounted for by government expenditures (Health Canada, 1994, 3). This privatization took a number of forms. More services, such as rehabilitation, were provided on a for-profit basis. More care was transferred to institutions such as homes for the aged where user fees are permitted. More services and drugs were delisted and thus became available only to those who could pay. And more of the caring work was transferred to the private home where much of it was done without pay by female relatives (Armstrong, 1994). This privatization means that access is increasingly dependent on ability to pay rather than on rights. Indeed, those who are in need of care are increasingly called consumers in the government literature. And when those who can pay face deteriorating services in the public system, they demand access to privately provided ones.

Meanwhile cutbacks continue and there is every indication that the federal government intends to further transform the values on which health care is based. Prime Minister Chrétien has claimed that our spending is out of line with other countries and that health care was never meant to cover anything but major surgery (The Toronto Star, 1995, A3). Both assumptions can be challenged but the point is that the ground is being prepared for a major value shift in terms of the right to care and an increasing actual shift to the private sector.

Both the value shift and the pressure on values is evident in a poll conducted by Environics Research Group and published by the *Toronto Star*. It maintains that, while nearly a third of Canadians polled thought the promotion of economic growth was the number one government priority, only 17 per cent of Canadians polled felt that maintaining social and health programs should be the number one priority of the government (Walker, 1995, A15). The poll pressures people to choose one priority, suggesting with the questions that these are mutually exclusive alternatives and suggesting with the publication of the answers that Canadians do not strongly support social programs. Moreover, the poll lumps together all social programs, including health, thus eliminating the possibility that people strongly support public health care. Yet another poll conducted during the same period reported that 81 per cent of Canadians outside Québec support health care run by governments and this was the case for more than three-quarters of the entire population (Vector Opinion, 1995). This poll received less attention in the media. The combining of all social programs in the more publicized study camouflages the wide support for public health at the same time as it helps undermine that support.

In the case of pensions, the federal government tried once to attack the pension plan directly and faced strong opposition. Instead, it has introduced the clawback scheme and has slowly eroded the value of the pensions that remain through de-indexation (National Council of Welfare, 1990). Media coverage has regularly claimed that the pension plan cannot stand the pressure of an ageing population and the government is currently reviewing universal pensions once again. There is increasing discussion of the equivalent of the wealthy banker's wife, with suggestions that pensions should only be provided on the basis of demonstrated need, not on the basis of right. Discussing her recent report on pensions which concluded that many women will face poverty in old age unless they receive more assistance, Monica Townson said "Unfortunately, government policy is moving in the opposite direction... Benefits are being cut back and more emphasis is being placed on individuals providing for their own retirement" (Quoted in Vienneau, 1995, A1).

"Improving Social Security for Canada" (1995, 63) did address the question of education. And here the combination of espousing old notions related to universally accessible services while fundamentally challenging the values on which they are based is particularly evident. The report acknowledges that "it is true that replacing federal cash transfers would put upward pressure on tuition fees". However, it goes on to say that "This may be a necessary price to pay to put in place a permanent system for ensuring accessibility to post-secondary education". The shift to both the private sector and to individual responsibility is clearly evident in the solutions offered.

> Federal funds would be used to lever private money which would sustain and expand access to higher learning. The new forms of assistance to individual learners would be used both by young people going to college or university, and by mid-career boot-strappers keen to upgrade their skills. This approach would also reinforce the idea of encouraging mutual responsibility among Canadians for managing a greater share of their own social security (Human Resources Development Canada, 1994, 63).

There is no explanation or evidence provided for how private money will expand and sustain access, even though the reliance on private money could mean that only money talks. Meanwhile the promotion of income contingent repayment loans makes it clear that individuals rather than services will be targeted for support that must be repaid directly in financial terms, not indirectly through other contributions to Canadian society. This is stated even more explicitly in "A New Framework for Economic Policy". According to this government document, "while society gains collectively from the skills of its citizens, the greatest beneficiaries of investment in human capital are individuals themselves, in terms of both a lifetime financial return and potential for human development" (Canada, Department of Finance, 1994, 41). According to this perspective, individuals rather than the society in general, must take the responsibility for education, given that individuals are defined as the major beneficiaries. This contrasts sharply with the notion that the country gains socially, economically and culturally from investment in higher education.

Universal rights of citizens are also being undermined in other areas through fees and deregulation. There is increasing talk of building roads and airports with private resources and introducing tolls or special fees. Here, too, the debt is used as the explanation, and the justification is better access. Fees for parks are being raised on the grounds that users should pay, and regulations on the environment are being loosened in the name of promoting the shared economy. Cutbacks in regional offices enforcing human rights legislation leave citizens with less protection, and the money for the support of public cultural events at such places as Harbourfront in Toronto has been severely reduced or eliminated. Access to such services is increasingly dependent upon money rather than citizenship, and choices are increasingly based on ownership rather than citizenship. In the process, what it means to be a Canadian is being fundamentally altered.

Universal programs gave everyone a stake, and shared the risk. They promoted a notion of collective citizenship and of Canadian distinctiveness at the same time as they reflected this notion. The dismantling of universal programs places both the risk and blame on the individual and transforms universal programs claimed by right and with dignity into privileges granted on the basis of needs tests. We are to become responsible for ourselves, not for each other. More and more universal rights have become programs targeted to those defined as deserving poors, and fewer citizens are defined as deserving. Universal rights are increasingly becoming welfare claims. "Canadian" is being redefined.

*Workers' Responsibilities*

It is not only citizenship rights that are disappearing but also those of the workers. The restructuring and downsizing in the economy is making employment more precarious and more risky (see Canada, Advisory Group on Working Time and the Distribution of Work, 1995). At the same time, the federal government is contributing to that risk by significantly altering or eliminating workers' rights and by challenging the values on which they were based.

While work is becoming more precarious, so is the insurance scheme that was designed to protect workers from the fear of unemployment. The federal government's Advisory Group on Working Time and the Distribution of Work (1995, 24) made it clear that the "configuration of working hours and the availability of work in general is largely determined by employers and their assessment of the demand for their products or services". In other words, the risk of unemployment is not mainly in the hands of the worker. Yet, in spite of the recognition that unemployment is not primarily the fault of individuals, governments have been increasingly cutting back on unemployment insurance by reducing the amount that can be collected, by changing the eligibility rules and by shortening the time period for collection. Indeed, these cutbacks are now being justified both in terms of the restructuring and in terms of individual fault.

"A New Framework for Economic Policy" claims that Unemployment Insurance was "originally intended to cushion the income loss for short jobless spells, and thus give people reasonable time for search for a new job that would be a good fit" (Canada, Department of Finance, 1995, 51). This claim is made in spite of the fact that, according to Mackenzie King, unemployment insurance was intended to "prevent much of the...industrial dislocation which might otherwise be the aftermath of war" (Quoted In Armstrong, 1980, 32). The framework document goes on to say that because unemployment is now the product of restructuring and creates long term unemployment, Unemployment Insurance must be transformed. But it also says that the program must be transformed because the rules have "encouraged chronic, repeat use" (Department of Finance, 1995, 52), mainly by those unemployed for short terms. The solution, according to the report, is to remove the incentives that lead to chronic, repeat use by individuals and business (Canada, Department of Finance, 1995, 53). Similarly, "Improving Social Security for Canada" recommends that Unemployment Insurance support be "conditional on their willingness to participate in programs that make them more employable" (Human Resources Development Canada, 1994, 44), suggesting that unemployment is the fault of the individual's failure to develop their skills. This report also supports an income test that would virtually eliminate any notion of rights based on contributions through work (Human Resources Development Canada, 1994, 46-47).

So, in spite of the recognition that unemployment is structural, indeed because it is structural, more of the responsibility should be shifted to the individual and should be more conditional on participation in retraining and on either individual or household income rather than on rights. Again, the effect is to reduce collective responsibility for unemployment and to make Unemployment Insurance payments more contingent, based on need rather than on rights. The effect is also to reduce access for women, because women who experience unemployment are more likely than men to have spouses with enough income to make the household ineligible for Unemployment Insurance.

Employment related pensions, like the universal scheme, are also under threat. While there are not yet specific recommendations, there has been considerable talk about employer taxes such as pensions discouraging employment. Moreover, there are no provisions made for the increasing numbers of people with non-standard employment who are not eligible for employment related pension schemes, or unemployment insurance. Women, the disabled, immigrants, visible minorities and Aboriginal people are more likely than White men to have such employment. With fewer people eligible for pensions, there is less sharing of risk and less sharing of responsibility. There are also fewer people with a stake in the plan.

At the same time, regulations protecting workers' rights are being undermined. Many of the labour standard regulations do not apply to the increasing number of people with precarious employment and the same is true of such rights as maternity leave. Other measures designed to recognize the need for special protections, such as pay equity legislation, are also under attack. Minimum wages have not kept up with prices. And there is an increasing polarization of work hours, with some people employed for very short work weeks while others work very long work weeks. Although they recognized this problem, the Advisory Group on Working Time and the Distribution of Work (1995, 25) recommended only voluntary strategies to address the problem. The number of people employed to ensure the enforcement of health and safety standards has not kept up with need and there are increasing attacks on benefits assigned under Workers' Compensation, another support workers claimed by right. Meanwhile, workers' right to bargain collectively and in good faith has been eroded by government wage freezes. The International Labour Organization (In Panitch and Swartz, 1995, A19) has ruled that this government action "in no sense corresponds to the fair and reasonable compromise required" in collective bargaining. But no action has been taken by the government to restore these rights.

"A New Framework for Economic Policy" (1994, 57) makes it clear that there is to be less collective, national provision and less sharing of risks among workers. More will be done by the provinces, the individual and the private sector.

> All other government activities are being assessed to determine if they still serve a public interest and, if so, if there continues to be a necessary and appropriate role for the federal government. If not, the activities must be devolved to the provinces or transferred, all or in part, to the private/voluntary sector.

The shift in ideas is obvious. Private provision is the new norm.

*Individual Risk*

Although the entire report is supposed to be about social security, it is in a chapter titled "Security: Building Opportunity for People in Need" that "Improving Social Security in Canada" (1994, 69) discusses those programs aimed at individual support. All of the hard-won rights designed to recognize shared risk, collective responsibility and rights are collapsed into a chapter that is focused on the few in need. "Social security is society's commitment to take care of its most vulnerable citizens" sums up the new approach to all collective provision. And vulnerability is to be more and more narrowly defined.

The transfers under the Canada Assistance Plan have been significantly reduced and, as is the case with health care, there is no guarantee that national conditions will be maintained. This process opens the way for workfare programs that require people to take any job at any price and leaves few rights for those who are defined as employable. The shift is to be towards "better-targeted programs" and the idea of a guaranteed annual income that was supported by many of those who appeared before the Human Resources Committee reviewing social security is rejected as unaffordable in these times (Human Resources Development Canada, 1994, 75).

## Conclusion

There can be no question that there is room for reform of Canada's social security. Many aspects of the programs have been poorly or meanly administered. Some have failed in their purpose while others need considerable expansion. Some are out of date in terms of the current population and the current economic conditions. But the issue here is not whether or not there should be reform but rather the ideas on which the reform is based and the role social security programs play in creating or perpetuating values at the heart of being Canadian.

In the name of efficiency, effectiveness and ending the debt, the variety of programs that reflected notions of shared risks, shared rights and shared responsibility are being transformed or eliminated. The reform is reducing both the variety and the access, collapsing all programs on the basis of a single notion that restricts support to the few who can demonstrate they are truly in need. Increasingly, the values, and the language, are those of a commercial, rather than of a social contract. Patients become customers and parents become stakeholders. Education and health evaluated in value-added terms, and productivity rather than people are the focus of concern.

The justification for reforms in recent government documents begins with a recognition of "those public endeavours — including health care, education, cultural development and assistance for the needy, among others — that have made Canada one of the world's most civil societies" (Canada, Department of Finance, 1994, v). Such justifications clearly acknowledge the values on which Canada is based and their relationship to social programs. But the next step in current reform is to maintain both that Canada can no longer afford such programs and that the programs can only be saved through privatization and targeting. Indeed, it is suggested that the new versions will be more flexible, democratic and closer to home, even though fewer people will have access and access will increasingly depend on financial resources. Of course, both processes serve to fundamentally alter the programs and services along with the ideas on which they are based.

Alternative ways of fighting the debt have become unthinkable and the idea that we have overspent on the luxury of shared rights and responsibilities become part of our common sense. More and more Canadians, especially women, visible minorities, the disabled, immigrants and Aboriginal people are targeted as abusers rather than as people at particular risk who have a right to support or protection. What it means to be Canadian is being redefined and, increasingly, the only debt we worry about leaving our children is a financial one. But the transformation is still being done in the name of saving our social programs and keeping our caring and sharing society. And may be we will.

## Notes

1. This is the case whatever measures are used. Just about the same proportion of government spending goes to health care in both the U.S and Canada but the U.S covers only the military, the very old and the very young while we cover everyone. OECD Health Systems Facts and Figures, **1960-1991**, Volume 1, Paris: OECD, 1993, Table 7.1.5. Francis Woolley, Judith Marshall and Arnt Vermaeten, "Ending Universality: The Case of Child Benefits". Forthcoming in Meg Luxton (ed.), Gerstein Family Research, Toronto: Garamond.
2. Francis Voolley, Judith Marshall and Arnt Vermaeten, "Ending Universality: The Case of Child Benefits". Forthcoming in Meg Luxton (ed.), Gerstein Familily Research, Toronto: Garamond

## Bibliography

Armstrong, Pat. (1980). "UIC: Reform or Revolution?" in *Perception*. 3 (March/April, 4): 31-33.

Armstrong, Pat. (1994). "Closer to Home: More Work for Women" in *Take Care: Warning Signals for Canadian Health Systems*, Pat Armstrong et. al. Toronto; Garamond.

Camp, Dalton. (1995). "Canada's Social Critics Want to Drop Social Contract for a Commercial One" in *The Toronto Star*. February 1, 1995.

Canada, Advisory Committee on Reconstruction. (1944). *Post-War Problems of Women, Final Report of the Subcommittee*. Ottawa: King's Printer.

Canada, Advisory Group on Working Time and the Distribution of Work. (1994). *Working Time and the Distribution of Work*. Ottawa: Minister of Supply and Services Canada.

Canada, Department of Finance, Agenda: Jobs and Growth. (1994). *A New Framework for Economic Policy. Ottawa: Minister of Supply and Services Canada.*

Cole, R. Taylor. (1972). "The Universities and Governments Under Canadian Federalism" in *The Journal of Politics*, 34 (May 2): 527.

Collins, Kevin. (1978). *Women and Pensions*. Ottawa: The Canadian Council on Social Development.

Delude, Louise. (1978). *Women and Aging*. Ottawa: The Canadian Advisory Council on the Status of Women.

Economic Council of Canada. (1968). *Fifth Annual Review, The Challenge of Growth and Change*. Ottawa: Queen's Printer.

Ecumenical Coalition for Economic Justice, The. (1993). *Reweaving Canada's Social Programs*. Toronto: Our Times.

Enterline, Philip E. and Vera Salter, Alison D. McDonald and J. Corbett McDonald (1973). "The Distribution of Medical Services Before and After 'Free' Medical Care — The Québec Experience" in *New England Journal of Medicine*. 289: 1174-8.

Gray, Gratton. (1990). "Social Policy By Stealth" in *Policy Options*. (March):17-29.

Health Canada. (1994). *National Health Expenditures in Canada, 1975-1993*. Ottawa: Health Canada.

Human Resources Development Canada. (1994). *Agenda Jobs and Growth. Improving Social Security in Canada*. Ottawa: Minister of Supply and Services Canada.

MacLean, Michael and Eric Shragge. (1983). "Groping for Pension Reform" *in Perception*. 6 (5, Summer): 26.

Marsh, Leonard (1975). *Report on Social Security for Canada 1943*. Toronto: University of Toronto Press.

McQuaig, Linda. (1993). *The Wealthy Banker's Wife*. Toronto: Penguin.

McQuaig, Linda. (1995). *Shooting the Hippo*. Toronto: Viking.

Martin, Wilfred and Allan Macdonnell. (1982). *Canadian Education*. Second Edition. Scarborough: Prentice-Hall.

Mimoto, Hideo and Philip Cross. *The Canadian Economic Observer*. June 1991.

National Council of Welfare. (1990). *Pension Reform*. Ottawa: National Council of Welfare.

National Council of Welfare. (1993). *Poverty Profiles, 1993*. Ottawa: National Council of Welfare.

Naylor, David. (1986). *Private Practice, Public Payment*. Montréal: McGill-Queen's University Press.

OECD. (1993). *OECD Health Systems Facts and Figures, 1960-1991*. Volume 1, Paris.

Ontario, Social Assistance Review Committee. (1988). *Transitions*. Toronto: Queen's Printer for Ontario.

Panich, Leo and Donald Swartz. "What Happened to Freedom of Association?" in *The Globe and Mail*. April 7, 1995: A19.

Porter, Marion R., John Porter and Bernard Blishen. (1973). *Does Money Matter?* Toronto: York University Institute for Behavioral Research.

Saul, John Ralston. "McQuaig Throws Doubt on Economic Policies" in *The Globe and Mail*. April 22, 1995. C25.

Taylor, Malcolm. (1987). *Health Insurance and Canadian Public Policy*. Montréal: McGill-Queen's University Press.

Toronto Star, The. "Devote Less of Economy to Medicare, PM Urges". March 6, 1995: A3.

Vienneau, David. "Women's Pensions Lagging: Report" in *The Toronto Star*. April 18, 1995: A1.

Walker, William. "Deficit Still Big Concern Survey Finds" in *The Toronto Star*. April 20, 1995: A15.

Woolley, Francis, Judith Marshall and Arnt Vermaeten. "Ending Universality: The Case of Child Benefits". Forthcoming in Meg Luxton, editor. Gerstein Family Research, Toronto: Garamond.

Yalnizyan, Armine. (1994). "Securing Society: Creating Canadian Social Policy" in *Shifting Time*, Armine Yalnizyan, T. Ran Ide and Arthur J. Cordell, editors. Toronto: Between the Lines. 17-72.

# Multiculturalism and the Limits to Toleration*

*Jeremy Webber*

In Canada — as elsewhere — there has been considerable controversy over the lengths to which society should go to accommodate minority customs (see, for example, Bissoondath 1994). In the last couple of years, that discussion has tended to focus on customs identified with Moslem immigrant communities. This was true of the recent debate in Québec (as in France and other western European countries) over the wearing, in public schools, of the *hijab* — the scarf used in some Moslem traditions to cover the heads of women and girls. But there has also been concern in Canada (as in western Europe, the United States, Australia, and indeed the African countries of origin) with the African, predominantly Moslem, practice of female genital mutilation under various forms and names.

These issues have forced us to grapple with whether, and to what extent, we should intervene to suppress customs that a majority finds repugnant, but that a minority claims are integral to its culture. I will not explore the complexities of those specific issues here. I will rather use them to clarify some of the considerations involved in cultural accommodation. My concern in this paper is not to provide particular solutions to concrete problems (although, so as not to seem disingenuous, I admit that I am for permitting the *hijab* in schools and against female genital mutilation), but rather to explore the spirit in which we should seek solutions. And in that effort, my main targets are views following at either of two extremes: those that argue for a very high degree of deference based on a strong sense of cultures as cohesive, unified entities; and those that resist all accommodations, insisting that newcomers quickly adapt to the practices and mores of the majority.

The recent controversies over the *hijab* and female genital mutilation reveal well the dilemmas, ambiguities, and complexities of cultural accommodation.

After years of relatively muted discussion, the controversy over the *hijab* came to prominence in Québec in September 1994, when a 12 year-old girl was excluded from l'École secondaire Louis-Riel (a high school under the jurisdiction of the Commission des Écoles Catholiques de Montréal [CÉCM], a public school board) because she insisted on wearing the *hijab* in contravention of the school's dress code. The exclusion generated a prolonged debate over the place of the *hijab* in public schools. The prohibition received some support from parents at the school and from the teachers' union, although the union central, the Centrale de l'Enseignement du Québec, ultimately rejected it. Many commentators in Québec opposed the ban, and in February 1995, in an advisory opinion, the Québec human rights commission denounced it. For its part, the Québec government adopted a hands-off approach, refusing to intervene on the grounds that no clear social consensus existed. Within the CÉCM, individual schools were permitted to develop their own policies. Many had long permitted the *hijab*, and indeed the excluded student was admitted to another CÉCM school.[1]

The issue generated considerable commentary throughout Canada. In the English media, expressions of opinion ran strongly in favour of permitting the *hijab*. There was some opposition, the principal reason being a suspicion that the *hijab* was a sign of women's inferiority — a symbolic exclusion from the public sphere often, it was suspected, forced upon young girls. This opposition was undermined, however, by numerous articulate interventions by Moslem women, who explained that they wore the *hijab* by choice, embracing it as a mark of piety and as a defence against an all-too-prevalent emphasis in Canadian popular culture on women as objects of sexual gratification. No doubt some English-speaking Canadians were uncomfortable with the *hijab* for other, less worthy reasons, opposing what they saw as an aggressive assertion of difference, but these opinions rarely surfaced in the media. Generally, that commentary approached the issue as one of religious freedom — the freedom of the individual to manifest her own religious belief

Within Québec, however, the debate took a materially different tack, one frequently misunderstood in the rest of Canada. The attitudes prevalent outside Québec were present in the province, including those concerned with freedom of religious expression, sexual equality and, for a few Quebeckers, the blunt resistance to displays of difference characteristic of ethnocentrism. But these were combined with others that were not present, at least not to the same extent, outside Québec. This gave a unique cast to Québec's debate, one strongly influenced by Quebeckers' familiarity with and participation in French intellectual life.

The influence operated at two levels. First, some francophone Quebeckers subscribed to a conception of religious liberty that is current in France, but that differs significantly from the views common in Canada. According to this conception, religious liberty is not merely about the unconstrained exercise of personal choice in religious matters. It is not limited, in other words, to restrictions imposed on the state. It also involves the conscious attempt to construct a public sphere free from religious (or ethnic or racial) division, in which all can participate freely as citizens, not as members of particular groups. It involves a measure of exclusion, then, of religious attachments from the public sphere, in the hope that all citizens will thus be encouraged to participate fully, as members of a common community. In this French vision, the schools play a crucial role, for they are not designed merely to teach skills, but also to nurture this common citizenship. Thus, a strict *laïcité* is prescribed for schools, where overt signs of religious affiliation — along with other emblems of potential division — are excluded. This is not grounded on the ethnocentrist's abhorence of difference (although ethnocentrism can masquerade as support for *laïcité*), for in theory individuals remain perfectly free to practice their religious beliefs in the private sphere. Moreover, no citizen is excluded from public life; on the contrary, the very purpose of *laïcité* is to ensure that all individuals, of whatever background, can participate fully. But it insists on the preservation of a strict neutrality in the public forum, so that all relate to one another as citizens, leaving behind their membership in particular groups.

There are echoes of similar notions in anglophone Canada. The resistance of many English-speaking Canadians to the recognition of Québec as a distinct society, misgivings about Aboriginal self-government, or much of the current opposition to multiculturalism is founded on a similar insistence on a common citizenship against what are believed to be forces of division and inequality. But outside Québec, those notions have not focused as strongly on the schools or on the supposed divisiveness of religious belief, perhaps because of the relative absence of religious strife in 20th-century Canada. Quite a few Quebeckers, on the other hand, continue to follow the French in their embrace of a thoroughly republican conception of citizenship and their particular concern with *laïcité* in the schools. That attitude is by no means universal. In the controversy over the *hijab*, only a very few schools opted for prohibition. Many commentators condemned the ban, arguing that even if one did share a "republican" vision of citizenship, prohibiting the *hijab* was overkill (see, for example, McAndrew and Pagé 1995). But the adherence to a "republican" notion of citizenship had its effect on the debate.

Quebeckers' participation in French culture was also evident in the adoption of a typically French concern with Islamic fundamentalism. The Québec controversy erupted at a time when France was very apprehensive about a perceived fundamentalist threat. Algeria was being torn apart by vicious warfare between the military government, committed to a secular Algeria, and Islamic militants. Wearing of the *hijab* had become a crucial symbol in that conflict; with cases where young girls had been killed for refusing to wear it. There was great concern in France, not only with the effects of the war on Algeria itself, but also with the prospect of similar conflict among France's large Algerian immigrant population. In those circumstances, banning the *hijab* could be seen as one way of keeping French schools free from sectarian conflict. Some Quebeckers imported those arguments into the Canadian debate, without much sensitivity to the profound differences of context.

In retrospect, then, the controversy over the *hijab* highlighted the tensions that often exist between conceptions of citizenship and the recognition of difference. It reminded us that practices claimed to be fundamental can often be hotly contested even within the cultural groups concerned (as is especially evident in the conflict over the *hijab* in Algeria or France). And it demonstrates how our understandings of other cultures' practices are refracted and distorted through our own cultural or ideological preoccupations. This was true of the early feminist critique of the *hijab*, which understood the head covering to be a sign of women's subordination (as, to be fair, many Moslem men undoubtedly did), until the arguments of Moslem women turned the critique upside down by suggesting that the scarf could serve as a means of emancipation. It was also true of the divergence between public commentary in Québec and the rest of Canada, a divergence due in no small measure to Québec's participation in distinctively French intellectual debates.

Female genital mutilation has, in contrast, been almost unanimously condemned, vehemently, throughout the industrialized democracies. In this practice — widespread in north-eastern Africa — portions of the genitals of young girls are cut away. The excisions can range from relatively minor reduction of the prepuce of the clitoris to, more frequently, much more extensive surgery, in which virtually all the external parts of the genitals are removed and the opening to the vagina is stitched up (Gunning 1991-92, 194-195). The interference with bodily integrity, the likelihood of adverse health consequences, and the age of the girls affected are such that few in Canada would attempt to justify the practice. The debate rather concerns how the practice might best be eradicated, both in Canada and abroad.[2]

Those issues of means, however, have proven more contentious than one might have expected. They call into question the characterization of the practice: Is it a pure instance of sexual oppression, in which women's sexuality is sacrificed to a male desire for control and domination? If so, then its outright repression is easily justified. But to establish that proposition, one has to grapple with the uncomfortable fact that genital mutilation is usually performed by women on girls, and justified by those women on broadly cultural or religious grounds. Is the practice, then, a genuine cultural expression? If so, what measure of deference should it command? Feminist theory has, in recent years, tended to embrace a strong awareness of and respect for the integrity of different perspectives on moral issues, resisting the blunt imposition of one culture's views on another. Female genital mutilation tests that commitment, and indeed has forced some feminists back towards a tempered universalism, others towards more careful probing of the basis for cross-cultural dialogue.

In that search for a response, some feminists have opted for outright repression of the practice, often through special criminal legislation.[3] But many have shied away from a simple reliance on prohibitions. Instead, they have focused on opposition to the practice among women affected, asking what kind of assistance those opponents would like (Brennan 1989; Gunning 1991-92; Lewis 1995). Frequently, the assistance involves something other than outright criminalization, such as more sensitive and targeted education campaigns. It can also lead to a search for less intrusive alternatives, perhaps the promotion of symbolic incisions approaching the male circumcision practised equally widely in the west.[4]

Female genital mutilation, then, presents an example of a cultural practice lying beyond most Canadians' bounds of toleration. But despite the repugnance it provokes, the range of possible responses is broader, the nature of the practice more complex, than might at first appear. Even if toleration is not in question — at least for the severe forms of the practice — prohibition alone may be inadequate.

How then should we approach the issue of toleration of minority cultural practices?

We often discuss such questions in extremely simple, arid terms, terms that fit poorly within the complexity of actual situations. We sort the choices into blunt dichotomies: relativism versus universalism; tolerance versus imposition; respect for culture versus respect for the individual. These pairings are unfortunate. They distort the debate, pushing us towards all-or-nothing solutions, towards presumptive and often hasty judgements. Moreover, they pose a series of false antinomies, for they present as irreconcilable opposites things that are often closely intertwined.

It is helpful to start by asking why we should defer to minority cultures at all. This is a more complicated question than at first appears. It may be self-evident that we want our own conceptions of justice respected. It is far less self-evident that we should respect those of others when we find ourselves in the majority.

It is insufficient merely to say, "They belong to that culture; therefore they should be governed by that culture's practices," because after all, we do not say that about our own practices. There are plenty of practices, entrenched within our own societies, that we vigorously contest. Few Canadians would object to the fact that paedophilia is punished severely, for example, even though there are some who claim, with apparent conviction, that there is nothing wrong with it. Why should another's culture confer special immunity?

Nor is it sufficient to say, "They belong to that culture; therefore that culture should decide." As I suggest below, cultures/communities/societies are never just given. Their boundaries can be drawn in many different ways. By the very fact of recognizing them in order to defer to them, we help to define them. We recognize certain characteristics rather than others as important. If, for example, we permit Roman Catholics to maintain separate schools, we, in effect, affirm that Catholicism is the salient element of the pupils' identities for the purposes of their education and lay aside such competing elements as mother tongue, language used, ethnic origin, or Canadian citizenship. Moreover, when we defer to a group, we recognize certain individuals as qualified to speak for the community. Recognition always presupposes judgements about what are often contested issues of identity and authority.

In this process, choices are made about the relative salience, the relative roles of different identifications. Communities are not just blocks, lined up in a row. There are communities within communities, so that a person is invariably a member of local, minority groups — a Somali immigrant community, for example — and, at the same time, a member of a plurality of broader groups — a Canadian citizen, for example. In deciding to privilege certain affiliations, we are implicitly assuming that they are predominant, at least for the purposes in question. That conclusion is rarely self-evident. If we are to achieve sensible accommodations, we need to inquire into the nature of our multiple, overlapping, and concentric groups, of their significance, and of their roles, before we can defer to them. And in that inquiry, we have to consider what significance should be ascribed to their members' Canadianness.

What, then, is the basis for deference to communities that embrace conceptions of justice quite different from our own? Two possibilities occur to me.

The first is the real value to individuals of retaining connection to the particular debates over public issues, like justice, that have been crucial to their own public engagement, as well as that of their parents, families, and friends. Our notions of justice never spring fully formed from a universalist's nirvana; they take shape in particular intellectual contexts. We too, as individuals, are historical beings; we enter into social life — we define our individual identities

— in specific contexts. We can find it extremely valuable to retain links to those formative traditions. It can be a great benefit to be able to discuss issues of right and wrong using terms with which we are familiar, rather than to have to make our case exclusively in someone else's terms. Losing our connection with the moral debates of our past can involve a disorienting and debilitating rupture from traditions that have been important to our families and ourselves (Webber 1993, 139). The personal cost of that rupture is especially recognizable when religious belief is suppressed, and is one of the reasons we place such a high value on freedom of religion.

The value of continuity is not absolute. By emphasizing its importance, I do not mean to suggest that members of a culture should be locked within a particular set of beliefs, protected from all challenges — that they should never be exposed to, that they can never embrace, something else. Cultures have a real openness to them. If alive, they are dynamic, continually evolving, often under external stimulus. But their dynamism starts from somewhere, and the starting-point matters. Gerald Postema has explored with considerable eloquence how all our moral reasoning is necessarily grounded in an intense engagement with a very particular past (Postema 1991; see also MacIntyre 1988, especially 349-69; Slattery 1991; Webber 1995a; Webber 1995b). That past furnishes the initial premises and body of experience that every exercise of evaluation requires. Thus, there is reason to treat with some respect, some deference, normative foundations other than our own. This respect does not require that all cultures should be protected from all change; it is limited to the value of continuity, to preserving a space for the exploration of alternative normative visions, so that they are not casually obliterated by the decisions of the majority.

The foregoing argument is especially attentive to the concerns of members of minority communities — members who fear that, if a simple majority across the whole society rules, their distinctive heritage will be drowned out. But there is a more general reason for deference, one accessible to members of majority communities. This second, general reason suggests that there is real value, to majorities, in the survival of minority communities even if those communities have profoundly different conceptions of justice, indeed even if they actively resist the majority's conception of the just.

The reason does not lie in some simple-minded relativism, denying all possibility of dialogue across cultures. Rather, it springs from the recognition that our conceptions of justice, whatever they are, are always and inevitably partial. Even if there is — in some realm of metaphysical truth — a justice that transcends culture, our attempts to formulate it are necessarily inadequate. Our best conceptions of justice therefore have to be taken as provisional, subject to reconsideration and revision. They are emphatically human conceptions, not the soul of justice itself.

This should induce a measure of humility in us. Minority communities may follow practices we find incomprehensible, perhaps even objectionable. We may reject any general conversion to their ways. But we can nevertheless acknowledge that from their different perspectives, they may have grasped something about the world that we have missed. They may have something to teach us, or they may at least compel us to reflect on the justification for our own practices. Our very commitment to justice, then, can require the active toleration of competing visions, not because we are caught within some irreducible relativism, but on the contrary because we recognize the value of competing visions to our own moral reflection. The obstinacy of social fact can be a powerful stimulus to reconsideration and reform.

To see the truth in this, we need only look back to Canadian attitudes to previous waves of immigration. During the first years of this century, many mainstream commentators expressed anxiety over the arrival of immigrants from southern and eastern Europe and from Asia. Those populations were thought to be unassimilable, ignorant of principles of right religion and morality, dangerously undemocratic, if not inherently inferior. Many commentators argued that members of those groups should be excluded or admitted in lesser numbers (Woodsworth 1909; Ward 1990). But there is no doubt that our national life has been immensely enriched by the very groups that were reviled. This is true not only of the individual contributions of the immigrants and their offspring, but also of the encounter of previous residents with the religious and cultural traditions of the newcomers. One clear example would be the Jews' heritage of ethical and legal reflection, which has made rich contributions, especially to the law. Indeed, in the recent debate over the *hijab*, we might have seen in microcosm how ostensibly strange practices can prompt a measure of self-criticism, when Moslem women asserted that the a-sexual nature of the *hijab* actually augmented their freedom of action, by protecting them from a popular culture that too often treats women as sexual objects.

But of course, this raises the critical problem. We may well acknowledge that our conceptions of justice are partial. We may admit that we always have more to learn — that justice is an aspiration, never an accomplishment. Yet we still do aspire to something. Justice is about making moral judgements, and we do that precisely in order to bring life into accord with those judgements — to suppress the bad and affirm the good. But if this is true, then complete deference is problematic. Our very reasons for valuing others' conceptions of justice mean that we cannot be utterly deferential, utterly unconcerned. Otherwise, the beliefs' normative character is subverted; they remain sterile, on the shelf, never employed to shape human conduct. To adapt an argument that Charles Taylor has made in another context, a merely casual acceptance of others' normative beliefs is as disrespectful as casual disregard; to respect them, we have to respect their normative character (Taylor 1994, 68-71).

Thus we come to the paradoxical need to make moral judgements, even across cultures, as an integral part of our respect for cultural difference.

This is true even in the act of deference itself — in determining to what community, defined in what manner, we will defer. I am constantly struck by the problematic definition of communities, especially communities transplanted through immigration. Within any group, there are always disagreements and tensions. Within Islam, for example, there are different national groups, each with unique customs, customs that are often justified as religious requirements even if they are not shared by other Moslems. Within the broad stream of Islamic legal thought, there are profoundly different traditions of interpretation, contending among themselves (An-Na'im 1990, 17-21). Even within a relatively specific community, there are tensions regarding the social implications of religious belief, such as concern with the social position of women. When the communities are transplanted, additional tensions are introduced. Should members seek to preserve their separateness or should they seek inclusion in the broader society? What blend should they establish between autonomy and integration? These questions often give rise to inter-generational tensions, the young leaning more towards integration, their parents towards autonomy. Thus, when deciding to defer, we are forced to decide to what community. Nor does the problem resolve itself when we leave behind broad categories like "Moslem" or "North African" to focus on more specific entities. To what Algerian community would we defer, that of cultural traditionalists, or of secular, westernized professionals? How do we cope with the authority of an older, conservative generation, given the likelihood of greater desire for integration among their children?

I don't think these questions can ever be resolved in the abstract, divorced from the precise nature of the proposed accommodation. There is a big difference between forms of accommodation that individuals opt into (such as most kinds of religious observance), forms that constrain members (such as special provisions in family law adapted to minority religious beliefs), and forms that involve a measure of choice but in support of which the state is necessarily implicated (such as state assistance to separate schools). In those that involve choice, the state may allow people largely to define their own membership, although even there, the evaluation has to be alive to the existence of private power within communities, paying close attention to how real the choice will be and who will exercise it. But if more than state abstention is required — certainly if special laws are adopted, although also if special options are provided in public services — self-identification can never be sufficient. If, for example, the state provides for separate schools, it has to stipulate how access to the schools will be determined and how the schools will be governed — which itself requires that the state recognize certain individuals as spokespersons for the community. Recognition is an active, never a passive process. The sphere of autonomy is always defined through interaction. It may be broadly acceptable to most parties concerned, but it is never a matter of pure deference. One chooses to recognize some things, ignoring or rejecting others.

There is therefore no substitute for reflection at the level of the society as a whole regarding the reasons for deference, the appropriate form of accommodation, and the extent of autonomy. In that process, there will be some practices to which we may refuse to defer, even if they are generally accepted in the community concerned. Some of these will be founded in the preconditions of pluralism itself. At a minimum, minority groups cannot expect to be completely insulated from contact with the broader society. Their very presence within a broader multicultural society requires some toleration of other groups' existence, some minimal concessions necessary to elementary forms of co-operation. It certainly involves, for example, refraining from violence against those outside the community. It also requires a measure of toleration for incidental contact. Most importantly, it probably requires some limitation on coercion exercised by community leaders against their own members so that, for example, members are able to leave the confines of the community should they see fit. In short, living within a pluralistic society implies some acceptance of the permeability of the community's boundaries.

Some argue that the concessions must go further than that, to include the members' acceptance of a common set of public values required for the healthy operation of public institutions. This sets the minimum requirements too high, I believe. It may well be valuable to foster good citizenship. Certainly the continued vitality of any democratic society requires a sufficient body of engaged citizenry. But this critical mass can be achieved without requiring that every citizen embrace a set of public values. Certainly Canada has been able to accommodate groups that have shunned public engagement — like the Doukhobors, the old-order Mennonites, and the Hasidic Jews — without our public life being undermined.

But beyond the conditions required by the very fact of pluralism, there may be other standards that are imposed merely because the majority cannot agree to collaborate with people who do not respect those standards. An analogy might be drawn to international human rights law. In the immediate post-war period, that body of law was often justified as a contribution to world peace, but this, it seems to me, distorts their foundation. Human rights are valued internationally not because they are essential to peaceful collaboration in any strict sense, but because they form the basis for a *willingness* to collaborate. The standards were imposed not because repression could destabilize the international order, but because states insisted that minimal standards of conduct were a precondition to full exchange within an international community. Participating in a community can require concessions going beyond those strictly necessary to avert conflict. A community, even one as thin as that existing internationally, involves some measure of living together, and that may be impossible if some parties engage in conduct profoundly repugnant to others.

And that, I believe, is the basis for the reaction against female genital mutilation. That practice is not rejected because it undermines peaceful collaboration between groups in a multicultural society. Rather, it is rejected because, as well as being members of their particular groups, members of minority communities also share in the broader Canadian society. They are not only of north-eastern Africa origin or Moslem faith, they are also Canadians, and participation in that broader society, like any community, requires adherence to standards of conduct that its members consider to be irreducible.

Now, expressing the conditions in that way — focusing on the willingness of the majority to tolerate minority practices and requiring minority adherence to certain of the broader society's standards of conduct — may seem to undermine any hope of deference to minority cultural practices. Doesn't it come down to the power of the majority, imposing the standards it likes? To a certain extent it does. I don't think we can avoid the fact that sheer imposition may sometimes be involved. There are no universally accepted standards nor any impartial umpire to which to appeal in these controversies. All of us start within particular traditions, and may face issues that others approach with radically different premises. Nor, as I have argued above, does deference get us off the hook. Deference is never simple. We have to choose to defer; we have to decide what community is most relevant to the issue concerned; we have to weigh the reasons for accommodation. We cannot wash our hands of that fact that members of minority cultures are also members of our society. In those circumstances, the only response we have is to recognize that we may be driven to impose standards, and to take responsibility for weighing the reasons for imposition, all the time adhering to an ethic of respect, of humility, one that does recognize the value of cultural pluralism. That ethic will undoubtedly include a willingness to listen, to keep judgement in abeyance in an effort at comprehension, to avoid rushing to conclusions based on imported fears or superficial reactions, to limit imposition to cases of substantial, not trivial, concern. But it cannot postpone judgement indefinitely without losing the very character of judgement.

That, it seems to me, is the direction in which we must work in our grappling with cultural pluralism — not a simplistic relativism that assigns every individual to his or her own cultural group, abdicating all moral judgement to that group; nor an approach that simply glosses over the existence of normative pluralism, taking our own conclusions, erecting them into "universal" principles, and then applying them insensibly to all. A more nuanced approach may not provide easy or universally agreeable answers to difficult problems of cultural accommodation, but it offers the only worthwhile means we have for reconciling our desire to live together, with our need to maintain some relationship to our own diverse pasts.

## Acknowledgment

* My thanks to Andrée Blais for her able research assistance.

## Notes

1.  François Berger, "Élève expulsée de son école parce qu'elle portait le foulard islamique" *La Presse* (September 9 1994) A1; François Berger, "L'élève au voile islamique ira dans une autre école" *La Presse* (September 10 1994) A3; Caroline Montpetit, "La CEQ souhaite l'adoption d'une politique d'éducation interculturelle" *Le Devoir* (September 20 1994) A3; François Berger, "Les Québécois sont divisés sur le port du voile islamique" *La Presse* (September 23 1994) B12; Isabelle Paré, "Landry veut un débat sur les symboles religieux à l'école" *Le Devoir* (October 26 1994) A1; Irwin Block, "Québec won't support hijabs in public schools, Landry says" *The Gazette* (October 26 1994); Konrad Yakabuski, "Le foulard devant les juges" *Le Devoir* (December 20 1994) A1; François Berger, "La Commission des droits justifie le port du hijab dans les écoles" *La Presse* (February 15 1995) A1; Monique Ouimet, "La CECM joue les Ponce Pilate" *La Presse* (February 16 1995) A1; François Berger, "Le débat sur le hijab devient incontournable" *La Presse* (February 16 1995) A4; Pierre Bellemare, "La CEQ dit oui aux 'accommodements raisonnables' mais invite les groupes religieux à la 'réciprocité'" *La Presse* (February 16 1994) A4; James Mennie, "Hijab issue debated on first day of hearings into future of education" *The Gazette* (May 30 1995) A6. For an earlier manifestation of the controversy, see Richard Hétu, "Malaise dans plusieurs écoles de Montréal" *La Presse* (February 3 1992) A1.

2. See, for example, "The fight against female genital mutilation" *The Toronto Star* (September 27 1994) B1; Gwynne Dyer, "Medical war on women" *The Gazette* (September 30 1994) B3; Lisa Priest, "Our MDs 'involved' in genital mutilation" *The Toronto Star* (October 31994) A9; Siona Jenkins, "Egypt's secret" *The Gazette* (November 26 1994) B3. In the discussion of female genital mutilation that follows I have benefited from discussions with and two term papers by Kristen Savell, LL.M. candidate at McGill University.

3. "Ottawa to study law against genital mutilation" *The Gazette* (March 9 1994) B7; Fraser 1994; James 1994. The practice may well already be illegal in Canada under existing provisions of the Criminal Code.

4. For a thoughtful and provocative discussion of this, see Christine Hodge, "Throwing away the circumcision knife" *The Globe and Mail* (January 15 1994) D2.

# References

An-Na'im, A.A. (1990). "Human Rights and the Moslem World: Socio-Political Conditions and Scriptural Imperatives." *Harvard Human Rights Journal* 3. 13-52.

Bissoondath, N. (1994). *Selling Illusions: The Cult of Multiculturalism in Canada.* Toronto: Penguin.

Brennan, K. (1989). "The Influence of Cultural Relativism on International Human Rights Law: Female Circumcision as a Case Study." *Law and Inequality* 7. 367-398.

Fraser, D. (1994). "Heart of Darkness: The Criminalisation of Female Genital Mutilation." *Current Issues in Criminal Justice* 6. 1:148-151.

Gunning, I.R. (1991-92). "Arrogant Perception, World-Travelling and Multicultural Feminism: The Case of Female Genital Surgeries." *Columbia Human Rights Law Review* 23. 189-248.

James, M.A. (1994). "Federal Prohibition of Female Genital Mutilation: The Female Genital Mutilation Act of 1993, H.R. 3247." *Berkeley Women's Law Journal* 9. 206-208.

Lewis, H. (1995). "Between *Irua* and 'Female Genital Mutilation': Feminist Human Rights Discourse and the Cultural Divide." *Harvard Human Rights Journal* 8. 1-55.

MacIntyre, A. (1988). *Whose Justice? Which Rationality?* Notre Dame: University of Notre Dame Press.

McAndrew, M. and M. Pagé (1995). "Entre démagogie et démocratie: le débat sur le hijab au Québec." Mimeo.

Postema, G. (1991). "On the Moral Presence of Our Past." *McGill Law Journal* 36. 4:1153-1180.

Seddon, J.S. (1993). "Possible or Impossible?: A Tale of Two Worlds in One Country." *Yale Journal of Law and Feminism* 5. 265-287.

Slattery, B. (1991). "Rights, Communities and Tradition." *University of Toronto Law Journal* 41. 447-467.

Smith, R.C. (1992). "Female Circumcision: Bringing Women's Perspectives into the International Debate." *Southern California Law Review* 65. 2449-2504.

Steele, R.D. (1995). "Silencing the Deadly Ritual: Efforts to End Female Genital Mutilation." *Georgetown Immigration Law Journal* 9. 105-135.

Taylor, C. (1994). "The Politics of Recognition." In A. Gutman, ed. *Multiculturalism: Examining the Politics of Recognition.* Princeton, NJ: Princeton University Press, 25-73.

Ward, P.W. (1990). *White Canada Forever: Popular Attitudes and Public Policy toward Orientals in British Columbia* (2d edition). Montréal: McGill-Queen's University Press.

Webber, J. (1993). "Individuality, Equality and Difference: Justifications for a Parallel System of Aboriginal Justice." In Royal Commission on Aboriginal Peoples, ed. *Aboriginal Peoples and the Justice System: Report of the National Round Table on Aboriginal Justice Issues.* Ottawa: Minister of Supply and Services, 133-160.

Webber, J. (1995a). "The Jurisprudence of Regret: The Search for Standards of Justice in *Mabo*." *Sydney Law Review* 17. 1:5-28.

Webber, J. (1995b). "Relations of Force and Relations of Justice: The Emergence of Normative Community Between Colonists and Aboriginal Peoples." Forthcoming in *Osgoode Hall Law Journal.*

Woodsworth, J.S. (1909). *Strangers Within Our Gates, or Coming Canadians.* Toronto: Missionary Society of the Methodist Church of Canada.

# Canadian Western Regionalism: Tradition and Change at the End of the 20th Century*

*Valeria Gennaro Lerda*

The title of the 1995 International Conference of ICCS seems to be particularly challenging to European observers as Europe, in recent years, has been the scenario of the awakening of old and new regionalisms and of ethnic conflicts that we believed were settled for ever. Languages, values, religious and political traditions, along with economic grievances, have ignited a widespread, and in some cases tragic, uprising of populations and the separation of geo-political regions from the previously unified and centralized states.

My interest in the Canadian West may therefore be explained, at least in part, by the awareness that historical cleavages between regions may become the shaping forces in a nation's historical development. I discovered, for example, in my studies on the United States South that indeed "the region is a tool for analysis" (Driedger 1984), and that the region is "a *gestalt* in which all factors are sought out and interpreted in their proper perspective, and is a framework for social planning" (Odum 1936, 8).

Since the beginnings of my research in Canadian culture and history, I was puzzled by the paradox of a "promised land", or by the "promise of Eden", as the newly settled prairies were defined, which was caught up in an endless struggle to reach economic equality with the rest of the nation.

My own country, Italy, is living through a process of re-thinking her own political institutions and trying to find new solutions for old and new economic problems due in some cases to the still unsettled dichotomy of North/South relationship.

Moreover we are faced with the new phenomenon of waves of immigration from Third World countries and we feel unprepared to accept the inevitable change toward a multi-ethnic and multicultural future. We will also be moving toward a "new culture of differences" and we will be asked to find solutions for the "new identity in the making" in which unity and diversity are becoming issues of burning interest.

Thus in this "global village" of ours it is of the utmost importance to comprehend the problems and to understand the solutions tried by other countries, especially Canada.

Despite the profound historical, economic and social differences between our two countries, Canada, which is now in the process of rethinking her constitutional and political structures, as a response to decentralizing forces, and to the needs of a pluralistic society, constitutes an ideal stage to learn from.

In this paper I will briefly touch on recurring Western tensions between provincial and federal governments. I will also briefly quote Italian situations when they present some similarities between the two systems.

## Regionalism and the West

The word regionalism invites some pondering because of the inherent ambiguity of the concept.

The literature on this issue is far too rich and important in the historiography and sociological studies of Canada for me to attempt to analyze today, but allow me to outline some interesting clues in the recent Canadian cultural debate. John Porter in 1965 discussing a peculiar trait of Canadian political culture, argued that "Canada must be one of the few major industrial societies in which the right and left polarization has become deflected into disputes over regionalism and national unity" (Porter 1965, 9).

Indeed the challenge of regional diversity seems to belong both to the sphere of myth and to the reality of contemporary federalism.

One of the metaphors, the so called "pendulum myth", refers in fact more to a pendulum swinging from centralization to decentralization (except during the John A.McDonald leadership and in periods of economic depression or war). David M. Cameron, while dissecting the features of Canadian federalism, states that regionalism has been as important as nationalism in sustaining a viable Federation (Cameron 1977).

Definitions and interpretations of regionalism have been elaborated over time by historians and politicians and there is some agreement on considering regions as "self-conscious political communities", while the task of federal constitutions is to define an acceptable balance between nationalism and regionalism and to bear "the burden of unity", to quote David Bercuson (1980).

Richard Simeon lists some of the most widely accepted causes of Canadian regionalism as follows: the regional character of Canadian life and politics; the highly regionalized economic structure; the differences in national and ethnic origins of the population of the various provinces; the strong correlation of region with voting preferences; the regional character of party strength; the visibility of conflict between regions (such as Central Canada versus the extremes, or East versus West, etc.).

As Simeon argues, Canada is a highly regionalized society, but it is necessary to make distinctions between: 1) regionalism in the sense that regions or provinces differ among themselves along such dimensions as demography, economic and social structures and party systems or 2) regionalism in the sense that national politics concern the interplay between the interests of different provincial governments or between their interests and those of the Federal Government.

Simeon also clearly underlines the ambiguity of the terminology and goes on dissecting the different dimensions of the regional phenomenon. "Regions are containers" Simeon maintains, and therefore we can have regions within provinces, or regions made up of groups of provinces, or even regions cutting across provincial lines (Simeon 1977).

If we also take into account George Melnyck's 1981 analysis, regionalism gains still an additional meaning because, "the history of the West shows that regionalism is a progressive force when it is in the hands of people and not of the ruling élite and it will in the future return to its radicalism when the people take up regionalism as a route to fundamental change", in a word, regionalism must spring up from the real soil of local needs (Melnyck 1981, 6; and Melnyck 1993).

No doubt, regionalism is a concept that must constantly be re-thought. But past regionalisms do not have to be abandoned, because they must nevertheless be adapted to a changing world.

The West has persevered in the tradition of social protest and political innovation and through that channel it seems to have continued the struggle that farmers began at the end of 19th century, until today, during the recurring periods of economic boom and economic crisis.

## The Theme of Western Alienation

Since the symbolic beginning of the "modern West" with the discovery of oil in Alberta in 1947, the so-called West cannot be considered a homogeneous monolithic geo-political area. Therefore it is often the re-grouping of four provinces that has to be taken into account in historical or political analysis.

Historians, politicians and observers of Canadian multifaceted reality when using the metaphor "the West" are aware of the generalization they are making. Recently Jean Barman, (1991) for instance, has written of "A West Beyond the West", and Donald Blake (1984) has insightfully examined the British Columbia perspective on the concept of western alienation.

This concept seems to apply at certain times to the Western tradition of protest and politically autonomous organizations especially in the prairie region. (Elton 1984).

Political scientist Roger Gibbins has examined this concept in depth and has come to the conclusion that "when the prairies are looked at in terms of political organization and electoral behaviour, there appears to be little that knits the three into a regional entity". "However", Gibbins maintains, "if we shift the analysis to political beliefs, values and perceptions, a regional perspective comes more readily into focus". Consequently the definition of Western alienation is enriched by the meaning of "political culture". And further: "Western alienation provides the distinguishing core of a prairie political culture within which the key elements are regional rather than provincial, and it engenders a Western regional identification that transcends the narrower provincial arenas within which political behavior takes place". Moreover, Gibbins is convinced that "the rapidity of change should not obscure the patterns of continuity in the kind of opposition of the West toward the Central government, an opposition directed to 'political authorities', 'political regime', and 'political community'." (Gibbins 1984; 1985; 1992).

Two historians tend to endorse the existence of real reasons for the persistence of the phenomenon of alienation, and they stress the fact that some federal measures have inhibited economic diversification (Westmacott 1977; Dore 1977).

Saskatchewan NDP Premier Allan Blakeney in one of his speeches on the economic disadvantages of the West, adds to the grievances: first the two-price system applied to both wheat and to uranium, secondly the higher costs of electric power paid by the prairie people up to the 1950s, and thirdly the artificial low price for oil and natural gas, two important resources of Western provinces. The resource controversy, in Blakeney's opinion, lists three main issues: the right of resource ownership, the power to regulate production and the power to levy royalties of whatever magnitude, in short the right to control and receive the benefits from the resources they own (Blakeney 1977).

In some cases the protest or the feeling of alienation is caused by a more general dissatisfaction with a modern market economy rather than with discriminatory policies of the federal government. This is the opinion of economist Kenneth H. Norrie, who also points out how oftentimes the Western economy is hit by foreign tariff structures or foreign interest groups more than by eastern based Canadian companies or by the federal government directly (Norrie 1977; and 1992).

At any rate there are contradictory forces now, as in the past, on the Western stage: the growing sense of power and the determination to use provincial powers to maximize provincial benefits from resource development mainly because the old agitations, largely agrarian, had won the West significant concessions, but had not overcome the basic structural problems (Conway 1994). Indeed temporary booms depending on high prices of Western resources never did cure the vulnerability of western economy as one lacking diversification. Agriculture and oil remain the main sectors of real wealth production with very few examples of diversification, and even in the 1980s and 1990s, the Western economy remains a resource economy (Conway 1994, 207-8).

In the 1980s, the Trudeau government in its budget included the NEP (National Energy Program), which unilaterally taxed energy resources "for the public interest". It established a new price and revenue sharing regime in the absence of consent from the West, consequently generating a deep anger in the Western provinces against the federal government, since the NEP was perceived as yet another federal effort to take control of energy resources and to appropriate an unjust federal share of the revenue.

This was a time of growing separatist organizations such as West-Fed, Unionist Party, Western Canada Concept and also a moment of economic retaliations of the West toward central Canada. Fortunately the wave of separatism was held in check by a conciliatory speech of Trudeau at Fredericton, New Brunswick (June 1, 1981) where a compromise with Premier Lougheed on energy pricing allowed the Prime Minister to proceed toward the negotiations of the patriation of the Constitution and to give the West a victory in the constitutional re-dressing of some of its political grievances — for instance the

West won an effective veto with the amending formula, plus equalizing payments and a jurisdiction on resources, including exploration, development, production and interprovincial trade (Conway 1994, 218).

The victories of the West obtained in 1981 through the compromise between Prime Minister Trudeau and Premier Lougheed where temporary because in 1982 the so-called "Western boom" began to collapse for reasons which depended on foreign factors.

Once again the West experienced the condition of being a resource producer under rules dictated by external forces, and it was compelled to seek development on any terms, accepting foreign mega-projects or uncontrolled development even on non-renewable sources. This is the reason why J.E. Conway defines the deal of Western provinces with Trudeau in 1981 as "uncertain victories" (Conway 1994, 215).

Then the region began to turn around in 1984 with Mulroney's election, financial relief for western farmers, and the Western Accord (1985), that dismantled the NEP and continental marketing restrictions. The last ten years have witnessed the mixed western reactions to the Constitutional Accords. R. Gibbins stresses the fact that the initial favourable attitude changed into criticism beyond traditional regional issues to discuss a larger spectrum of questions (such as women's rights, aboriginal rights and Senate reform).

## Italian Northern League and the North/South Dichotomy

When George Melnyck describes his perception of the regional dimension he stresses the need for any regionalism to spring up from the local needs more than from ideologies or political theories.

Regionalism widely defined is a phenomenon that can be a shaping or innovative force in other countries and which has emerged in Italy as well, based on the political re-alignments organized by the Northern League. The Leagues, and especially the Northern League (Lega Nord), has elaborated a message of "Federalism based on leagues" versus the historic idea of "nation". The main traits of the new structure should be: 1) the enhancement of the values of the local dimension; 2) the option for an anti-ideological program; 3) the intense use of the media; 4) a popular language; and 5) the identification with one's own territory and the critique of the state's centralizing strategies. Since its first uncertain electoral appearance in 1979, the Northern League has been growing from a rather spontaneous origin to a more structured organization.

The Northern League has also defined a program of rescuing local languages, dialects and cultures, and in some cases has also stressed some kind of anti-southern attitudes, bringing again to the fore the so-called "questione meridionale" (Southern question).

Along with its principles the League stresses the categories of economic development, market economy and productivity in the North, because the lack of confidence toward the political parties and an emphasis of self-sufficiency leads to criticizing the South as a parasite of Italian economy. Agriculture is considered an immense reservoir of human, cultural and environmental values, and decentralization the only safety valve against the State's exploitation. As a natural consequence of this local vision the League asks for local taxation (on a regional basis), an industrial development according to the real possibilities of using local workers, a renewed attention toward the family size enterprises, both in manufacturing and in agriculture. All these measures do not aim at a backward view of society and of economy but at a defence of the community values (De Luna 1993).

A political program of local autonomies in the 1970s-1980s has strengthened in the center and North of Italy the social state and a positive image of the state that offers services, whereas in the South it helped to give more power to public relief and assistance, not to invigorating entrepreneurial and industrial areas. Therefore in Italy the North/South or the center/periphery dichotomy has engendered a dualism in which both regions exploit themselves: the South receiving Northern capital, the North compelling the South to the persistent function of being a consuming market.

What emerges from this simplified description of Italian regional conflicts is that regionalism in our country can be a successful force only if it becomes a usable tool of radical change in the national policies toward the South. In other words, what we need is "responsible regionalism" that will take into account the need for innovation of the institutions along with a strong project of reforming economy and society — like a third industrialization phase in the South) (Sales 1993.

## Western Provinces and the Resource Control Issue

J.F. Conway (1994) traces the history of the sequence of prosperity and depressions, to the boom years of the 1960s, which I will briefly summarize.

The reaction of the West to the federal economic policies appears to be linked in Conway's view to the reality of progress (or collapse) in the producing sectors. For instance Conway points out how an aggressive agrarian agitation emerged in the Prairies when in the late 1960s the per capita income fell to the lowest level since 1959 in Saskatchewan and, to a certain extent, in Alberta. The National Farmers' Union opposed the federal deliberate policy of land concentration as marginal farmers were forced to leave agriculture. The Federal LIFT Program (Lower Inventory for Tomorrow) was indeed designed to discourage wheat production to overcome a world over-supply and low prices. Those were the years of the NDP success in Manitoba (with Ed Schreyer), in Saskatchewan (with Allan Blakeney), in British Columbia (with Dave Barrett), who were able to gain consensus against the central government's irresponsible approach to resource management, by promising a more important role for provincial governments in planning resources development.

Even during the new prosperity of the 1970s the provincial governments, including the Alberta Tory Peter Lougheed and Manitoba new Premier (1977) Sterling Lyon (right-wing Tory), were in agreement in considering the resources control question as the only route toward the safety valve of diversification. During the 1979 short mandate of Prime Minister Joe Clark (a

Tory of Western origins), the West enjoyed some advantages such as an immediate increase of oil prices. But after Clark's defeat the West faced a new confrontation with Ottawa because Trudeau was elected on the promise to keep low the prices of energy sources. The Western complaints at this time were directed toward NEP and toward the unilateral decision of Patriation of the Constitution, perceived as a new strategy to hold control of Western riches.

The opposition to governmental control measures, Conway argues, was also due to the fact that the so called "boom" of the 1970s did not affect all the Western provinces, but mainly Saskatchewan and Alberta. Indeed British Columbia faced a collapse in the lumber industry and a very high unemployment rate, while Manitoba had not shared the boom at all and instead suffered from a recession.

In the era of Brian Mulroney the West witnessed a growing support to neo-conservatism even when the Prime Minister restructured the Canadian society, opposing the social measures enacted by the Social Credit and CCF in the West.

The Mulroney elections were focussed on free trade that Liberals and NDP feared but which the Tories supported as a means of future prosperity for Canada.

A series of events that affected negatively the West undermined its support to Mulroney: disastrous droughts, low and instable world prices for almost all the West's exports caused anxiety, and also because the farm debt grew in Alberta and in Saskatchewan. The economic discontent was accompanied, as a consequence, by constitutional opposition. At the beginning the Western provinces liked the idea of weakening federal power to the advantage of provincial powers, but the Reform Party expressed criticism over the Québec requests and over the risks of weakening the federal government's mandate to develop national social and economic programs.

Indeed Western reaction has been mixed: the Meech Lake Accord was at first ratified in Saskatchewan, with little public debate or legislative criticism, and in Alberta. In Manitoba the April 1988 election of a minority Progressive-Conservative Party called the Accord into question, while British Columbia was, in principle, committed to Meech Lake (Conway 1994).

As mentioned earlier a larger spectrum of questions fueled criticisms of the Accord, in particular the Senate reform, definitely the focus of the Western interest in the Constitutional amending process, and which may become the unifying issue of the entire region (Gibbins 1988).

The case of Manitoba in particular, is analyzed by Gerald Friesen who maintains that "Many times in Canadian history Manitoba has been in a position to clarify a national issue and even to determine its outcome" (Friesen 1988). In the case of Meech Friesen finds the reasons of the opposition to the Accord in the composition of the population, the relative ease of debate in a small, centralized province, where 70% of the population lives in Winnipeg and surroundings, and a well organized party network allowing people to be involved quickly, as had been the case in a tradition of political and party debate. In 1988 NDP Premier Howard Pawley's party members had started a movement of dissent against the Accord.

Other political leaders continued to ask for amendments, and Manitobans became more and more suspicious especially of the lack of public debate. Farmers also believed that several crucial principles for which they had fought in the 20th century (such as freight rates control) were endangered by what they perceived as part of a broader view of Canada they did not agree with. Moreover small town and rural Manitoba believed in Senate reform based on equal regional or provincial representation and Friesen ponders that these arguments threatened to divide the rural electorate and to renew some sort of Western separatism, as expressed in the new Western Canadian Party (Alberta), organized by Preston Manning (Friesen 1988).

Howard Palmer analyzed Alberta's reactions to the Meech Lake Accord and discussed the consequences of the "unanimity formula" introduced by Premier Don Getty. The formula in Palmer's opinion may freeze Canada's Constitution and prevent future evolution whereas Canada needs a flexible Constitution because since Confederation Canada's history has been marked by a back and forth shifting of power between Ottawa and the provinces, in response to changing economic and social conditions (Palmer 1988). This dynamism, if I understand well Palmer's view, is the strength of the Canadian peculiar political structure, now and in the future.

## Some Final Remarks and Open Questions

The Canadian West, while not a homogeneous geo-political area, has been since its settlement, a hotbed of dissent toward central control: a hardly surprising position for a region where natural resources, unlike those of the older provinces, were reserved by the Federal Government until 1930.

In David Smith's analysis of the political culture in the West, its main characteristics are: 1) a cultural cleavage between the West and central Canada that began with the rejection of English-French dualism on the prairies in the last century, a rejection reinforced by immigrants for whom the original dichotomy is meaningless; 2) the central control either public (governmental), or private (corporate) that has repeatedly threatened the West; 3) the creation of Western cooperative movements and Western parties that have sought to protect regional resources and to assert regional autonomy. For Smith the continuity of these attitudes are a striking phenomenon considering their persistence during a time of great changes, in spite of the fact that the prairies have ceased to be the integrated region they were until forty years ago.

Now, Smith continues, there are competing centers for dominance within the provinces, each pursuing their own model of economic and social development. Each center nonetheless articulates a set of values which derives from a common heritage of western political culture (Smith 1981).

To summarize: the four Western provinces are no longer a monolithic bloc and are very different in many ways, yet most historians tend to regard them as a distinct region with shared perceptions, mutual concerns and in many respects with common objectives.

The West is rich and produces a high percentage of mineral resources, yet in 1990 the average personal per capita income in all four provinces lagged behind that of Ontario. The West has often been unhappy with its lot in Confederation yet Canada needs the West, now as at the very beginning of the National Policy. What, then, can be done for the West to have "a place in the sun" in Confederation?

Surely, as Claude Rocan argues, the provisions of the new Constitutional Accords will, if approved, first: increase the role of the provinces in the selection of members of two important central institutions, the Supreme Court and the Senate; second: will allow provincial governments to participate in setting immigration policies as if they affect their specific province. The spending power provision will allow provinces to opt out, with compensation, from new shared costs programs in areas of exclusive provincial jurisdiction. Finally the creation of two central institutions such as the Annual First Ministers Conference on Economy and the Annual First Ministers Conference on Constitution will give the provinces a voice at the national level. Federal-provincial relations will be made easier and more fruitful for all in a more decentralized federation (Rocan 1988).

The main question that is left open after the debates generated by both the Meech Lake and the Charlottetown Accords, I think, is how to re-structure the position of the West in a nation that is transforming its dualism in a new phenomenon of multi-nationalism in which the West is included in a way that was unthinkable until few years ago. I refer to the Rest of Canada, a form of incipient nationalism born as a consequence of Québec nationalism, of aboriginal nationalism, and of the inherited pan-canadian nationalism. How will the West maintain its regional identity in a multifaceted geo-political reality of old and new nationalisms?

Is Canadian Federalism going to adapt to the multinational projects? (Cook 1994). Will "the spirit of diversity" of which speaks James Tully become a means of reciprocal comprehension in the way that "national and provincial governing institutions comprehend the holders of the several visions, and the holders of the differing visions interact with each other in political and economic life"? (Tully 1994).

### Conclusion

I cannot but conclude with some questions:

Does Canada on the threshold of the 21th century offer suggestions and solutions not experienced before and perhaps usable in other part of the world? can the so-called "asymmetric federalism" (Cameron 1992) work out a possible co-existence of the relationship between Québec and the Rest of Canada and between the Rest of Canada's "defensive nationalism" and the Aboriginal nationalism?

Alan Cairns underlines the ambiguity of the situation especially because the Rest of Canada cannot act officially as a nation and when the Rest of Canada responds to Canada it does so through Federalism (a constitutional reality) that is to say through the Canadian Government that represents Québec (Cairns 1994; and Olivetti Rason 1993).

In the future what will be the interplay of old regions, of provinces, of new re-grouping of provinces (ROC) and the two nations of Québec and of Aboriginal people?

The complexity of this new Canadian political and social landscape seems to challenge not only Canadian citizens and politicians, but Europeans and the rest of the world as well.

## Acknowledgment

*       It is my pleasure to acknowledge here the support of the Canadian Embassy in Rome and to thank my PhD students in Canadian history, Tiziana Gaggino and Piero Treu, for the useful material mailed to me from Canada. I also want to thank Professor Paul Siraco and Mrs. Renée Siraco for the invaluable support and generous hospitality in Ottawa.

## References

Barman, J. (1991). *The West Beyond the West. A History of British Columbia.* Toronto: University of Toronto Press.

Behiels, M.D. (1991). *Québec and the Question of Immigration: From Ethnocentrism to Ethnic Pluralism, 1900-1985.* Ottawa: Canadian Historical Association.

Bercuson, D. (1980). *Canada and the Burden of Unity.* Toronto: GAGE.

Blake, D.E. (1984). "Western Alienation: A British Columbia Perspective." In A.W. Rasporich, ed. *The Making of the Modern West: Western Canada Since 1945.* Calgary: The University of Calgary Press, 55-62.

Blakeney, A. (1977). "Resources, the Constitution and Canadian Federalism." Notes from Remarks by Premier Blakeney, The Canadian Club (Toronto), January 4, 1977. In J.P. Meekison, ed. *Canadian Federalism: Myth or Reality.* Toronto, New York, London, Sidney: Methuen, 179-188.

Cairns, A. (1994). "The Charlottetown Accord: Multinational Canada Vs. Federalism." In C. Cook, ed. *Constitutional Predicament. Canada after the Referendum of 1992.* Montréal: McGill University Press, 25-64.

Cameron, D. (1992). "The Asymmetric Alternative." In D. Cameron and M. Smith, eds. *Constitutional Politics. The Canadian Forum Book on the Federal Constitutional Proposals, 1991-1992.* Toronto: University of Toronto Press.

Cameron, D.M. (1977). "Whither Canadian Federalism? The Challenge of Diversity and Maturity." In J.P. Meekison, ed. *Canadian Federalism: Myth or Reality.* Toronto, New York, London, Sidney: Methuen, 304-324.

Conway, J.F. (1994). *The West. A History of Region in Confederation.* Second edition. Toronto: James Lorimer.

Cook, C. (1994). "Introduction." In C. Cook, ed. *Constitutional Predicament. Canada after the Referendum of 1992.* Montréal: McGill University Press, 3-25.

De Luna, G. (1993). *Figli di un benessere minore. Storia della Lega.* Firenze: La Nuova Italia.

Driedger, L. (1984). "Multicultural Regionalism: Toward Understanding the Canadian West." In A.W. Rasporich, ed. *The Making of the Modern West: Western Canada Since 1945.* Calgary: The University of Calgary Press, 167-183.

Elton, D.K. (1984). "Contemporary Western Alienation: An Opinion Profile." In A.W. Rasporich, ed. *The Making of the Modern West: Western Canada Since 1945.* Calgary: The University of Calgary Press, 45-54.

Friesen, G. (1988). "Manitoba and the Meech Lake Accord." In R. Gibbins, et al., eds. *Meech Lake and Canada. Perspectives from the West.* Edmonton: Academic Printing and Publishing, 51-57.

Gibbins, R. (1992). "The Modern West: Politics and Economics." In R.D. Francis and H. Palmer, eds. *The Prairie West. Historical Readings.* Second edition, revised and expanded. Edmonton: Pica Pica Press, 680-696.

Gibbins, R. (1988). "Introduction to chapter II." In R. Gibbins, ed. with H. Palmer, B. Rusted and D. Taras, *Meech Lake and Canada. Perspectives from the West*. Edmonton: Academic Printing and Publishing, 14-15.

Gibbins, R. (1985). "Western Alienation." In R.D. Francis and H. Palmer, eds. *The Prairie West. Historical Readings*. Edmonton: Pica Pica Press, 585-610.

Gibbins, R. (1984). "Political Change in the New West'." In A.W. Rasporich, ed. *The Making of the Modern West: Western Canada Since 1945*. Calgary: The University of Calgary Press, 37-46.

Melnyck, G. (1993). *Beyond Alienation. Political Essays on the West*. Calgary: Detseling.

Melnyck, G. (1981). *Radical Regionalism*. Edmonton: NeWest Press.

Odum, H.W. (1936). *Southern Regions of the United States*. Chapel Hill: University of North Carolina Press.

Olivetti Rason, N. (1993). "Canada 1982-1992: come *non* si modifica la Costituzione." *Quaderni Costituzionali*, 12: 325-334.

Palmer, H. (1988). "The Flaws of Meech Lake." In R. Gibbins, et al., eds. *Meech Lake and Canada. Perspectives from the West*. Edmonton: Academic Printing and Publishing, 37-45.

Porter, J. (1965). *The Vertical Mosaic: An Analysis of Social Class Power in Canada*. Toronto: University of Toronto Press.

Rocan, C. (1988). "The 1987 Constitutional Accord and the Federal Provincial Relations." In R. Gibbins, et al., eds. *Meech Lake and Canada. Perspectives from the West*. Edmonton: Academic Printing and Publishing, 137-143.

Sales, I. (1993). *Leghisti e Sudisti*. Bari: Laterza.

Simeon, R. (1977). "Regionalism and Canadian Political Institutions." In J.P. Meekison, ed. *Canadian Federalism: Myth or Reality*. Toronto, New York, London, Sidney: Methuen, 292-304.

Smith, D. (1981). "Political Culture in the West." In D.J. Bercuson and F.A. Buckner, eds. *Eastern and Western Perspectives*. Toronto: University of Toronto Press, 169-183.

Tully, J. (1994). "Diversity's Gambit Decline." In C. Cook, ed. *Constitutional Predicament. Canada after the Referendum of 1992*. Montréal: McGill University Press, 149-199.

Westmacott, M. and Dore, P. (1977). "Intergovernmental Cooperation in Western Canada: The Western Economic Opportunities Conference." In J.P. Meekison, ed. *Canadian Federalism: Myth or Reality*. Toronto, New York, London, Sidney: Methuen, 340-353.

# Time Past and Time Future: Periodization and Prediction in the Canadian Experience

*Ged Martin*

In 1857, an anonymous author in Britain published a whimsical pamphlet entitled *An Imaginary History of the Next Thirty Years*. It attracted the attention of the influential weekly, *The Spectator*, which commented that one of the great faults of the history of the past is "that its moral comes too late to serve those who should be guided. Now if we could only have history beforehand, it would be much more instructive". The task was really very easy. "You have only got 'to produce' the lines already laid down, and you have the unexecuted part of the line; the prophecy being quite as near to the truth as the retrospect."[1]

Of course, the process was by no means so simple. The Imaginary Historian engaged in some sarcasm, for instance in predicting that the Chinese would establish a missionary society in order to convert Europe to their own religion, a cameo which reflected widespread distaste for hypocritical moralizing of the second Opium War. A more serious weakness lay in the sizeable measure of wish-fulfilment projected into the future. In the United States, for instance, there was indeed a massive slave revolt, but the murder of Southern pro-slavery leaders cleared the way for a unanimous vote in Congress in favour of emancipation. "Two-thirds of the negroes emigrated, and those who remained were of the most inoffensive class."

It was the Imaginary Historian's predictions for Canada which will be of most interest in this conference, as indeed they were for *The Spectator* when they were first published. Following the great slave revolt, there was a campaign in the United States to annex Canada in order to balance the political strength of the South. The Presidency was promised to a Canadian politician and an active movement for annexation sprang up, fanning disaffection among Canadians which the British had managed to foster "by habitually overlooking and forgetting them except when they were likely to give some serious trouble". Britain considered a range of responses, from sending troops to hold Canada by military force through to inviting the province to elect its own representatives to sit in parliament at Westminster.

Canadians, however, had other ideas, and insisted on the establishment of "a viceregal court, at the head of which should be a Prince of the royal blood, supported by a number of the sons of the English aristocracy, to whom should be added, as the foundation of a Canadian Peerage, a like number of the ablest, most esteemed, and most influential colonists," some of whom would sit in the House of Lords, alongside the representative peers of Scotland and Ireland. The choice of Viceroy fell upon Queen Victoria's second son, Prince Alfred, whose "frank, dashing, mirthful, boisterous bearing" so impressed the people of Canada that they voted him "a munificent civil list for the expenses of his Court", along with royal palaces at Québec, Montréal and Toronto. So successful was the experiment that several of the northern States sought — unsuccessfully — to annex themselves to the Canadian principality.[2] It is tempting to dismiss the Imaginary History as mere fantasy. Yet there were ideas in the air in the 1850s and 1860s that Canada would form a kingdom and perhaps even develop its own peerage, sending a delegation to sit in the British House of Lords. They were sufficiently influential to induce a nervous British foreign secretary in 1867 to veto the proposal to raise the new Confederation to the rank of the Kingdom of Canada.[3]

Another exercise into Canadian futurology was offered by Punch in 1891. In common with most of the British élite, the humorous weekly (its wit, alas, no longer amuses) supported Macdonald in his electoral fight against Commercial Union with the United States. Punch offered a gloomy ten-year calendar of Canada's future, which it hoped would not prove prophetic. Within two years, the establishment of free trade with the United States had put an end to British emigration and trade. By 1894, the "families of best blood" were returning to England and France. 1895 saw an increase in "the savage Indian Tribes in the country, and the Improvident Irish Population in the towns". In 1896, "having now attained the desired object of shutting out goods of British manufacture from the American market", the Americans revealed their true aim by blockading Canada. Within a year, England was refusing "to assist Canada in resenting Yankee encroachment in the seal fisheries" and by 1900 Canada had become "a tenth-rate Yankee State".[4] In this case, the first link in the chain was never forged, for Macdonald duly won his election.

*The Spectator*, it seems, was wrong in assuming that "the unexecuted part of the line" of recent trends could be simply projected forward to give us an insight into the future. Yet the assumption does not seem unreasonable. It is, after all, precisely the kind of calculation which people make in taking a job, buying a house, entering into a relationship or — a particularly Canadian example — deciding to migrate. Why, then, should it prove so unreliable a technique for predicting the future? Two explanations may be suggested. First, recent trends can never be reduced to a single diagrammatic line: the present is always more like a particularly complicated railway junction — or freeway interchange, to use a more 1990s simile — in which we can never be sure which will prove to be the main routes and which the slip roads. Secondly, there will always be discontinuities or — as historians love to call them — "turning points".

The Imaginary Historian of 1857 evidently did not foresee the American Civil War. Nor should our essentially secular age overlook the intellectual shocks that lay just two years into the future with the publication of Darwin's theory of evolution. One scholar claims that "the philosophical implications of the *Origin of Species* were both wider and deeper than anything since Copernicus."[5] The disturbing year 1859 also saw the appearance of John Stuart Mill's study *On Liberty*, which went some way to undermining the links which the Imaginary Historian assumed existed between monarchy and national identity. A year later came the greater shock of *Essays and Reviews*, and the arrival in the English-speaking world of modern Biblical criticism. By comparison, Goldwin Smith's challenge in his letters on *The Empire* in 1862-63 to the British connection with Canada was little more than a minor intellectual irritant. The ten-year calendar offered by Punch in 1891 is similarly revealing in its inability to foresee major developments: the taming of the tariff issue through the election of Laurier, the development of the prairies and the Yukon gold-rush, with its implications for Canadian-American relations. As Disraeli put it at the close of a life which offered proof of his own dictum, "What we anticipate seldom occurs; what we least expect generally happens."[6]

How, then, can we organize time both to make sense of what has happened and to be able to respond to what may await us just around the corner? We need first to take account of continuity, to grasp the point that the present is simply a moving line between past and future. In 1979, the Zulu politician, Chief Buthelezi, defined as an "important difference" in attitudes to South African history was that "a white perspective looks at yesterday as it leads to today" while "we see yesterday and today leading to tomorrow."[7] In some respects, Buthelezi has proved to be little more successful in conjuring a future than Punch or the Imaginary Historian: in the new South Africa of the 1990s he seems marginalized. The circumstances in which apartheid ended might seem to justify Gladstone's defiant words in 1866. "You cannot fight against the future", he said as the House of Commons rejected electoral reform. "Time is on our side."[8] In this case, the future arrived within a year. Yet those who claim that time is on their side must sometimes recognize that the future can also be a receding mirage.

Let me, then, pose two questions which may help us to locate ourselves in time preparatory to probing, if not the issues, then at least the circumstances of a Canadian future.[9] The first question is massively subjective: what is a "long time" in history? The second may seem more analytical. We know that we are in the present, but how can we locate the present between past and future? The two questions are interrelated. They challenge us to determine whether we have arrived at a logical terminal point in our journey through time, and they help us to assess whether the institutions and values which we have inherited possess a legitimacy based on tried utility, or should be discarded as irrelevances that complicate our response to the challenges of tomorrow.

The subjective pace of time seems to have speeded up in recent centuries. Golo Mann characterized the century and a half of German history between 1648 and 1789 as "a long time". Sydney Smith, in 1831, thought thirty years "an eternity in politics". By 1964, Harold Wilson could coin the aphorism that "a week is a long time in politics". Andy Warhol looked forward to a time when everyone would be "famous for fifteen minutes".[10] Fernand Braudel argued for a threefold definition of time. In geographical time, change is imperceptibly slow, measured in continental drift or the folding of mountain ranges. In social time, there are "deep-running currents" in which change occurs over generations. Lastly there are the "short, sharp, nervous vibrations" of personal time, the changes which we experience through our own life-cycles or the disasters and dramas of the world around us.[11] These three categories of time have in practice become compacted. Geographical time has been effectively imploded by the communications revolution. What Braudel called the "gentle rhythms" of social time have been shattered by technological change: for instance, control of fertility means that we no longer assume that mating will be followed by child-rearing, with the result that one of the most durable of human institutions, marriage itself, is in retreat in the Western world.

To speculate on the definition of long spans of time might seem barely relevant to Canada, for Canada is (in terms of Braudel's social and personal time) usually regarded as a "new" country. This is in some senses misleading. Much of the claim for recognition of the distinctiveness of Québec rests on an implicit assertion that francophones have been in Canada for "a long time", even if claims based on a little under four centuries are received with some derision by Aboriginal Canadians. In its outward form — the text of the British North America Act of 1867 — Canada's constitution is actually one of the oldest in the world. It outranks by some distance those of China and Germany, both of which date from 1949, not to mention France, whose Fifth Republic began in 1958, while it not only antedates that of the Soviet Union but has also outlived it. Perhaps this is a reminder that our Western assumption that liberal democracy not only constitutes normalcy in government but possesses some form of moral superiority is not based on any very remarkable degree of antiquity.

Subjective assessment of length of time, then, is one way of helping us assess our inheritance from the past. The other is to attempt to situate our present by asking whether we have arrived at any particular destination on our voyage through history, or whether we are still travelling. The Imaginary Historian was not the only commentator of the late 1850s who was unable to foresee the American Civil War. "If we could first judge where we are and whither we are tending," Abraham Lincoln announced at the opening of his "House Divided" speech in 1858, "we could better judge what to do, and how to do it."[12] Like Buthelezi, Lincoln saw past, present and future as a seamless web. For Canada, I would venture to argue, the present is perennially the weak thread in that weave of time. To a surprising extent, some of the most resonant statements from Canadian history have been about the country's future. There was Macdonald in 1891: "A British subject I was born; a British subject I will die."[13] There was Laurier, twelve years later, laying claim to the prediction that the twentieth century would belong to Canada.[14]

The depth of the future envisaged was of course a factor in assessing such proclamations. Macdonald was dead within months of his ringing declaration of Britishness. Laurier's has placed a heavy load on the Canadian psyche these ninety years. For much of the nineteenth century, the destiny of British North America was worked out between two opposing conceptions of the Canadian future. There was the pessimistic, the "event... which we all know must happen", as T.C. Haliburton called it in 1824, the absorption of the provinces by the United States, which would mark "the moment of our manhood".[15] At the other extreme, the insignificant provinces were seen by W.H. Russell in 1865 as guardians of a heritage "held in trust for the great nation that must yet sit enthroned on the Lakes and the St. Lawrence, and rule from Labrador to [British] Columbia".[16] Even the optimistic future has been a crushing burden to bear. The tendency of each successive Canadian present to be anticlimactic is largely to be explained by the sense that "Tomorrow's Giant"[17] has not yet measured up to the wonders which past visionaries located in a future which is obstinate in revealing itself through a glass darkly.

The present, then, is always provisional, and historians deceive if they purport to explain too much. Take the example of Québec in the 1950s. The province was familiarly seen as conservative, clericalist, mildly corrupt. Even Maurice Duplessis joked that Quebeckers fitted rear-view mirrors to their cars so that they could see where they were going. Québec under Duplessis reflected what W.L. Morton called "the essential passivity of the French Canadian in the history of Canada since the Conquest."[18] The Québec of the 1950s was very much the product of its history, precisely the Québec we might have predicted would emerge from its past.

Yet by 1970, it had become startlingly clear that Québec in the 1950s had not arrived at an end-point in its own journey. If the Québec of, say, 1955 had been the logical product of its history, then by definition the Québec of 1970 must have been even more so, since it had the stronger foundation of fifteen years more of its past on which to draw. What had happened, of course, was that various lines not only unexecuted, but also largely unnoticed, had managed to project themselves forward at a time when a ferment of change swept not simply the Western secular world but — in an intersection not always sufficiently stressed — the Roman Catholic Church as well. The celebrated statistic of attendance at mass falling by half in the Montréal archdiocese within a decade, did not mean that Quebeckers ceased to be Catholic but rather that Catholicism could be defined and experienced in a looser and more private way.[19] It seemed that Quebeckers had abandoned their rear-view mirrors as one of them swept into Ottawa in his sports car, although Canadians were to discover that Trudeau had some horse-and-buggy ideas about the distribution of power.

If, then, our present is provisional, a moving line between past and future which offers us no secure base as we hurtle into the unknown, are there strategies open to us to organize our interpretation of time past so that we may be able to discern which of "the lines already laid down" are capable of extensions as yet unexecuted, and which are exhausted and of no continuing significance? One such strategy is that of periodization, organizing the past into blocks of time, so that we may discern the tectonic frontiers from which can be traced the seismic stresses of today.

Canada's historians have not been especially imaginative in organizing the country's history into periods. Two devices in particular have been positively unhelpful. One is the tendency to divide Canadian history into pre-Confederation and post-Confederation. A recent two-volume textbook adopts the titles Origins for the first and Destinies for the second. In fact, many aspects of the Canadian experience originated after 1867, and the whole idea of "destiny" brings us back to that great, but unknown, future which has dwarfed successive Canadian presents into humbling recognition of their own insignificance. Treating Canadian history as a two-act play with an interval at

1867 obscures the considerable elements of continuity which give some unity to the whole period from, say, 1834 to 1887. More damagingly for the need of contemporary Canadians to situate their country in time, the 1867 divide implies that Confederation is the only possible framework for political relationships among communities to the north of the United States. Since I am not a Canadian citizen, it is no business of mine to comment on issues which only Canadians in all ten provinces and territories can resolve, although it would be pointless to deny my own emotional and intellectual preference for Canada as a bicultural and transcontinental union. Yet as a historian, I should not wish to see the case for Confederation argued by shutting off the longer, pre-1867, sweep of Canadian history. Questions can be raised (although not, I suspect, answers) from examining the experience of the Union of the Canadas which subsisted between 1841 and 1867, a prototype Ontario-Québec association, run through a triple-E (Elected - Equal - Efficient) constitution. The two sections elected an equal number of representatives to the Assembly, which assumed effective control over government — and was far less ineffectual in discharging its responsibilities, than historians of Confederation have alleged. In order to make 1867 the pivotal year in the Canadian drama, it has been necessary to paint the preceding decade as melodrama. Not only does the 1867 divide unfairly discredit the central Canadian political structure which the union of the provinces replaced, but it may also imply that Confederation has been a seamless web in the century and a quarter which has followed. On aesthetic grounds, I have never shared W.L. Morton's fondness for the adjective "Macdonaldian", but there is much to be said for his view that the original centralist conception of Confederation was massacred by the Judicial Committee of the Privy Council on the battlefield of Archibald Hodge's billiard table. There have been swings to and from centralization since then: if we accept that there was a "Macdonaldian" constitution, then there must also have been "Siroisian" and "Trudeaulian" phases of centralization. My own view, for what it is worth, is that Canada is a kind of constitutional San Andreas fault, along which the federal and provincial tectonic plates are constantly pushing against each other with gigantic tensions which are released in regular tremors and occasional earthquakes.[20] This process can also be traced back to the period prior to 1867.

The other pernicious form of periodization prevalent in the writing of Canadian history is the decade.[21] Building multi-author texts around decades is useful in bringing together specialist historians, and the approach may perhaps chime with the limited attention span of the average undergraduate, but overall as periods of time, decades are too short, except perhaps to Harold Wilson and Andy Warhol, to be of much value in measuring the gentle rhythms and deep-running currents of social time. Decades should be regarded as conveniences of arithmetic rather than as subjects for historical dissection.

There are advantages in thinking of time past as a wall of bonded bricks, enabling us to review the same historical experience through different chunks of time, in order to highlight new challenging themes. For instance, in looking at Canadian history within the unusual time span of 1840 to 1900, Peter Waite identified "Between Three Oceans" as his unifying title.[22] One of the stimulating effects of this theme was that it drew attention to the boundaries of the land itself. More often, a degree of unity in a past period may become apparent when viewed at some distance in time. Thus G.M. Young argued in 1934 that Early Victorian England terminated in the 1860s, "a decade of swift, decisive transformation. In front of them [the 1860s] lies the world in which we were born. Behind them is a world which has passed out of memory". Young did not slam the definitional door on a succeeding epoque, even though events and people in Germany were moving towards the destruction of much of his world. Interestingly, although writing of England (not even Scotland and Wales), he adduced "the British North America Act of 1867 [which] closes one phase of history and opens another of which the end is not yet in sight."[23] The dazzling danger of a type of shorter span that Young delineated between 1830 and 1865 is that it is too easily seen in terms of a single individual. This is not a serious problem when the person selected, in Young's case Queen Victoria, is clearly symbolic. It would be less helpful to view Canada 1860-1890 as the Age of Macdonald or Canada 1920-1950 as the Age of Mackenzie King. The title then determines the interpretation, overlooking the difficulty that Macdonald almost vanished from the political scene in 1864 and after 1873, and would have served Canada better had he retired in 1887, while King was as much the product as the creator of the Canada over which he presided.

For the purposes of this paper, I offer as one form of organizing time past the concept of the Late Modern Century, running from about 1840 to 1960, as a form of unity of experience in the western world of a kind which — from the standpoint of the 1990s — we can now see as discrete and from which in many respects we have departed.[24] My adoption of the term "Late Modern" owes nothing to concepts of late modernity or post-modernism, but rather stems from a very traditional form of historical periodization which labels the sixteenth and seventeenth centuries in Europe as the "Early Modern" period. If there was Early Modern, then there can be Late Modern as well. The question of what follows the Late Modern, I shall leave until later. The Late Modern Century is not the only possible time-brick that can be manufactured around the straws of the past. As I shall suggest, it is becoming possible in the 1990s to discern some form of unity for the twentieth century, derived from a tension between the apparent failure of the mass mobilization of revolutionary political movements and the development of an instantaneous global communications network, between the IWW (the International Workers of the World) and the WWW (World Wide Web). Andrew Porter prefers to think of the "Long Nineteenth Century", running from about 1780 to 1914.[25] Certainly, for a British historian, the years from around 1770 to 1795 throw up an agenda of questions about the distribution of economic and political power within, and relations with Ireland and North America which Britain is facing in very similar terms, and within the same essentially European context, two hundred years later. That late eighteenth century agenda affected the shaping of British North America, and if Canada's historians insist on seeing their country's history as a two-act drama, they might find it useful to think of "Origins" and "Origins Re-visited".

Before discussing the Late Modern Century, a caveat is needed about this type of periodization. Dividing time into phases does not imply watertight divisions, that because a historical period ended in, say, 1960, we may lock the door behind it and treat it as an irrelevant museum exhibit. Indeed, one of the intellectual shortcomings of Canada's hugely enjoyable heritage industry is that, in seeking to make the past physically accessible, it actually has the mental effect of defining it in terms of distance — either as "the good old days" or in terms of that familiar reproach: "this is the twentieth century; we are not living in the Middle Ages any more". I am actually reassured when those splendid University students in their period costumes at heritage sites urge me to "have a nice day": vacuous though the sentiment may be, it goes some way towards bringing past and present into harmony.[26]

Breaks with the past are never entirely abrupt. It used to be held in English history — although not for Scotland or Ireland — that the Middle Ages ended in 1485. This presumably meant that on learning of the battle of Bosworth, the average peasant in my native county of Essex recognized that he (or, less likely, she) had better start boning up on Protestantism and the capitalist ethic because the Reformation was just around the corner. Medieval ways of thinking did not suddenly come to a dead end. Take one example popularly associated with the European Middle Ages, the burning of witches. Witch-hunting probably reached its peak across the northern European world — from Germany to Massachusetts — in the second half of the seventeenth century. The last execution for witchcraft in Britain took place at Dornoch in Ross-shire in 1727.[27] John A. Macdonald's grandfather was born nine years later, nine miles away. The purpose of periodization is to discern when certain institutions or attitudes cease to be relevant in their original forms. This does not mean that those institutions and attitudes themselves vanish. Indeed, by thinking about time in longer blocks, we may be able to break through the glass walls that surround the pioneer villages and ask whether we are perhaps closer to the bad old days than we realize. Nor does it mean that everything inherited from a previous period must be discarded. Just as nowadays the cottages in which the Essex peasants marvelled at the news of Bosworth Field have central heating and home computers, so there is no reason why the Canadian constitution cannot be internally renovated under the thatched roof of 1867.

There are seven elements which can be traced behind the concept of the Late Modern Century, giving unity to the Western world from about 1840 to around 1960. First, the Late Modern Century saw the rise of the nation-state as the political norm, along with nationalism as its often disturbing by-product. Secondly, it saw the rise of the United States from a relatively loose collection of states to a world-dominating imperial power and ideological force. Thirdly, the Late Modern Century was the era of democracy. Even if democracy did not always function with fairness, let alone efficiency, it proved to be a remarkably effective answer to the age-old problem of how best to secure the consent of the governed. Fourthly, and closely related, was the spread of basic literacy: by the mid-twentieth century, access to secondary education was the norm in almost all western societies. Most of the growth in higher education formed part of the transition out of the Late Modern Century: between 1871 and 1971, the population of Canada increased sixfold, but the number of University students had grown two hundred times, much of the expansion of course coming in the 1960s.[28] Fifthly, the Late Modern Century was the era of steam-powered, metal-bashing industry, symbolized by railways and making possible large-scale urbanization. The decline of factory-based manufacturing in the Western world has undermined the late nineteenth-century notion of a national economy which in turn has had implications for attitudes and values. Sixthly, the Late Modern Century gradually solved the main issues of Church and State, by making religion a private matter. However, seventh, and last, the Late Modern Century operated on clear assumptions of superiority in its relations with the non-western world. Not only were Western values and Western rights regarded as inherently preferable in the moral sense, but they were routinely enforced by technical superiority.

The Late Modern Century did not end abruptly. It was not that the "unexecuted part of the line" suddenly made a right-angled turn. Many of its attitudes were indeed projected forward, often into bewilderingly different circumstances. Nonetheless, the 1960s may be seen as representing a period in which multiple changes were taking place across the Western world, which would make the succeeding period significantly different from the decades which had gone before. Some countries moved faster than others: for Ireland, for instance, change was fended off into the 1970s, but even here, *rattrapage* rather than revolution was the order of the day.

How did Canada fare in the Late Modern Century? In some respects, Canada fared very well; in others, we may detect something of a historical free ride. For instance, since other countries in the Western world were forming themselves into nations, it followed that Canada must be doing so as well. It was confusing that in the English language, the term "nation" embraced both "imagined community" and "sovereign political entity", and in many respects, Canada was slow in tackling the implications of either definition. D. G. Creighton's comment that Canada's Maple Leaf flag "bore a disturbingly close resemblance to the flag of a new 'instant' African nation"[29] reflected his own waspish rejection of change, but it is a reminder that Canadians did not get around to establishing one of the most basic symbols of the nation state until the very end of the Late Modern Century. More substantially, it was only in the 1950s that comprehensive targets for cultural and economic autonomy were laid down by the Massey Commission of 1951 and the Gordon Commission of 1957.

Canadian cultural and economic autonomy was of course aimed largely against the United States. As part of an Americanized world, Canada can perhaps claim one of the impressive records of achievement in the Late Modern Century. The closest of all western countries to the blast of the American ideology, Canada rode with the wave and managed to create its own compromises, effectively if — to an outsider — elusively internalized within the Canadian psyche. However, the achievement of maintaining, in any form at all, a Canadian Canada rested on two insecure foundations. Culturally and intellectually, we tend to look back to the Group of Seven and to the social welfare tradition of people like Underhill, T.C. Douglas and Mackenzie King, as indigenous Canadian defences against American values. Yet a large part of the Canadian mental defence against the United States lay less in forms of Canadianism, but in sentimental attachment to Britain for some Canadians and linguistic affinity with France for others. English-speaking Canadians have suffered neither the same emotional wound nor anything like the economic dislocation experienced by New Zealanders as a result of the eclipse of British and imperial ties. Indeed, the deeply embedded notion of partnership within the Canadian identity has enabled Canada to make positive use of the Commonwealth ideal. Nonetheless, we should not discount the reserves of "British"-ness or the satisfying reassurance of forming part of an imperial family which underpinned the establishment of a Canadian identity distinct from that of the United States. There were Sydneysiders who doubted whether the radical architecture of their much-heralded Opera House would remain standing once the scaffolding was removed. Canada, too, is an ambitious structure form which now stands without its original supporting framework. I am not, of course, advocating a return to a British Canada, but merely pointing out that we cannot assume that the fact that Canada has defended its separate identity for a century and a quarter past, entitles us to assume that it will necessarily do so for a century and a quarter in the future.

Secondly, the moral achievement of a Canadian distinctiveness had been purchased by World War II through a practical subordination to United States power. It became a standard complaint of Canadian nationalists that continental defence and continental economic integration effectively undermined Canadian independence. In the longer perspective, the danger may prove to be not so much that the United States are able to dominate Canada, as that the Americans can no longer protect the smaller nation-state on their northern flank. As the focus of industrial activity has passed from the bashing of metal to the printing of electronic circuitry, so much of the centre of gravity of economic power has passed from the Atlantic trading economy to the Pacific Rim. The implications of this for Canada in the next century may dwarf the tribal squabbles of the St. Lawrence valley.

If challenged to defend our belief in democracy, the fourth characteristic of the Late Modern Century, most of us would respond that it is fair because it represents the will of the people and that it works because it has been around for a long time. These innate beliefs are testimony to the mythic stature which democracy acquired during the Late Modern Century. As it happens, democracy is not an especially ancient institution in Canada. The Fathers of Confederation were firm in their wish to avoid what they saw as the errors of the United States constitution. Except in New Brunswick — where the election of 1865 rather proved the folly of consulting the people — Confederation was not submitted to popular vote. Macdonald, who used "Yankee Democracy" as a pejorative term, dismissed the notion of appealing to the electorate to endorse Confederation as an "obvious absurdity".[30] In any case, in 1865 the support of the electorate would have fallen short of a mandate of the whole people. Nova Scotia in 1867 was actually in the process of restricting its franchise.[31] Far from being hallowed by time, the right of non-Aboriginal adults to vote in national elections was not established until 1920. Québec took a further twenty years to allow women to take part in provincial elections, and Native people were not fully admitted to the franchise until the 1960s.

Nor did the system always work very effectively. In 1896, the Conservatives outpolled the Liberals in the popular vote but Laurier became prime minister because his party won more seats. The lottery of the ballot box was reversed in 1957, albeit to make way for a minority government. In any case, so many interests surfaced at election time that the process was not a very satisfactory way of reaching a national decision even on a dominant issue: in 1935, the majority of Canadians voted for parties offering activist responses to the depression, but ended with a government whose policy was mainly defensive. (Much the same happened in reverse in 1988). Sensible opposition leaders ensured that their contract with Canada was as vague as possible. Dafoe's description of the election of 1896 as "the classic example of a logical and inevitable end being reached by illogical and almost inexplicable popular processes"[32] could stand for more than one exercise in taking the national pulse through the ballot box. Still, it is worth remembering that the one parliament in Canadian history which was irrefutably mandated to act on a single issue, the Thirteenth, elected in 1917 to push through Conscription, was not very effective in tackling most other problems.

We need to ask how a system which worked so haphazardly, acquired such a towering status during the Late Modern Century — and, of course, not just in Canada. One answer, which remains valid, is that whatever its shortcomings, democracy is far preferable to any other system of government. More broadly, the enthronement of democracy was related not simply to the spread of literacy, but to the fact that mass education was intended to inculcate deference towards both society and the people who headed it. One argument for universal free schooling in Nova Scotia in the early 1860s was that "it wars with that greatest, meanest foe of all social advancement — the isolation of selfish individuality". We no longer seem to regard the function of education as "making each man feel that the welfare of the whole society is his welfare — that collective interests are first in order of importance and duty, and that separate interests are second".[33]

Democracy in the Late Modern Century gave people the assurance that they were the final arbiters of their own government. "What a simple little weapon we use to restore or overthrow the government of Canada", was the caption Len Norris used for his 1962 election day cartoon of a pencil tied to a piece of string.[34] The message carried overtones of the belief in the superiority of western liberal values, and it probably drew on the both aspects of the duality of the Canadian religious heritage. For Protestants, that moment in the voting booth brought the individual into direct contact, if not with God, then at least with Ottawa. For Catholics, voting paralleled the unburdening of the soul in the confessional. Far-fetched? We should certainly never forget how much the behaviour and rituals of the Late Modern Century in Canada — including those activities which we feel we have inherited — were imbued with religious values. However, since participation rates (voter turn-out) remain about fifty percent higher in Canadian national elections than is the case in the more aggressively religious republic to the south,[35] perhaps the parallel cannot be over-stressed.

We may capture the belief of the Late Modern Century that democracy was about obligations as well as rights in Arthur Lower's indictment of French Canadians, written in 1946. "Parochial, oversensitive, and self-centered, they have been so conscious of their rights within Canada that they have had no adequate sense of their duties towards Canada."[36] Selfish individuality, separate interests and consciousness of rights over duties are now the hallmarks of citizenship in all Western democracies. Canada has taken the process further by bolting a Charter of Rights, with its entrenchment of individual and group rights, on to the principle of majority rule. There is a great deal to be said for protecting the individual against the might of government, and we may all agree in 1995 that the principles enshrined in 1982 are liberal and benign. Whether our successors in 2032 or 2045 will feel the same way is another question. They may not be entirely happy that this generation of Canadians has not only endowed them with a structure of government but slapped on it a preservation order so that nothing can be changed.[37]

It is hardly necessary to point out that deference towards political leaders has vanished from the Canadian political scene. To talk to anyone active in public life during the Late Modern Century is to realize that politicians were usually referred to as "Mr": R. MacGregor Dawson used the prefix fifteen times in reference to Mackenzie King during five pages of preface to the first volume of his official biography, published in 1958. More surprisingly, even Harry Ferns and Bernard Ostry mistered their victim twice in the preface to their massively debunking *The Age of Mackenzie King* in 1955. When Norman Rogers and Bruce Hutchison wrote of the Incredible Canadian simply as "Mackenzie King", they sought not to belittle him but rather were attempting to place King among the legends, such as Churchill or perhaps Napoléon.[38] This kind of innate deference has long since disappeared: Robert Stanfield is probably the last leading Canadian politician to be regularly styled as "Mr". One reason for the disappearance of the handle is that it ceased to be needed as a courtesy makeweight in an age when Canadian politicians acquired knighthoods. With the death of Sir George Perley in 1938, a cabinet minister until 1935, and the retirement of Chief Justice Sir Lyman Duff in 1944, such titles disappeared from Canadian public life. Another, of course, was the emergence of a very small number of politicians who could not be called "Mr" under any circumstances. Women were not a prominent feature of Late Modern Century politics in Canada. At the general election of 1949, for instance, not one of the fifteen female candidates was elected.[39]

Nowadays Canadians routinely refer to their politicians in terms which suggest that neither the calling nor the called are held in high esteem. The motives of elected representatives are called into question, their finances subject to minute and glaring publicity, their sexual behaviour to censorious dissection. At root, the problem may lie in the ambiguity in the definition of democracy which we have inherited from the Late Modern Century, when it did not seem to matter. Throughout the western world, we expect politicians to listen and we expect politicians to lead. Parliamentary democracy has never successfully resolved the tension between the delegate and the representative, and it would be a bold politician indeed who would emulate Edmund Burke's blunt warning to the electors of Bristol — strategically delayed until after the declaration of the poll

— that while he would take due note of their "weighty and respectable opinion", he regarded himself not as the spokesman for a city but as "a member of parliament" and entitled to make up his own mind on the issues.[40] The modern politician who attempts to give a bold lead on any question has to resort to the device of claiming to speak for public opinion. The public tends to resent this imposition and may accordingly reject the policy proposed. Canadians will have their own theories for the extraordinary breadth and depth of the unpopularity incurred by Brian Mulroney in his last years as prime minister. An outsider may more dispassionately suggest that Mulroney appeared to promise consensus but ultimately offered Canadians some very firm leadership — on free trade, on consumer taxation and, with less success, on constitutional change. In some measure, his fall from favour may have resulted from the impossible requirement that Canadian politicians should both listen and lead.

The issue of political leadership is one of the most fundamental for Canadians to resolve if they are to respond to the intensity and rapidity of the unknown challenges which the future can be counted on to produce. It may be that, deep down, some of the old deference of the Late Modern Century lingers on, and that Canadians are less resistant to the smack of firm government than is usually assumed. The lingering regard for Pierre Trudeau surely offers a clue here, since Trudeau often seemed to behave as if Canadians had a duty to listen to him. It is worth remembering that the initial public response to the Meech Lake Accord was generally favourable, despite the fact that in meeting behind closed doors and refusing to publish confidential correspondence, the First Ministers conducted their business on lines remarkably similar to the Québec Conference of 1864 (where representatives of the press unsuccessfully offered their services in "preventing ill-founded and mischievous rumours".[41]) Political scientist Richard Simeon acknowledged in 1987 that "my worries about the process might be a lot greater if I were more worried about the substance of the accord".[42] Other factors turned the tide of opinion against the Accord, notably the authority which Trudeau could still undoubtedly command, and the reaction of English-Canadians to Bill 178, seen by many as another example of a self-centered Québec emphasizing rights over obligations (to adopt, though not to endorse, Lower's words of forty years earlier). Only as the Accord fell apart did the chorus of objections seem to make much of the closed doors, the élite of white males and so forth. The inverse process, the intensive trawling of public opinion which preceded the Charlottetown Accord, did not in the end secure victory in the referendum. Whether from principle or from boredom, Canadians may in fact be prepared to accept a definition of democracy which goes beyond the weighing of votes to legitimize the role of parliament in the weighing of arguments.[43]

Democracy as a practical system, we may conclude, works in Canada at least as efficiently and almost as certainly more humanely than any imaginable alternative. It is democracy as a shibboleth inherited from the Late Modern Century that may complicate the ability of most Western societies, Canada included, to tackle future problems. To a considerable extent, belief in democracy has become a form of state religion, a binding set of beliefs within which the community conducts its discourse. The problem lies partly in the ambiguity of those beliefs — listening versus leadership — but also in the eclipse of other forms of value systems, notably religion and cultural superiority. This, however, is not a prelude to a conservative plaint for the good old days. In most respects, western societies have gained both from the disappearance of Christian sectarianism and from the abandonment of a cultural arrogance which was partly racist in its nature. We do, however, need to take account of the intensity of those value systems during the Late Modern Century, since they infused the operation of structures which we have inherited. It is hard to grasp just how pervasive and divisive was religious belief until relatively recent times. To say this is not to deride those who hold such beliefs today, but rather to note the difference between the 1990s, when religion is largely a private matter, and the 1950s, when it was still a means of defining and dividing people. Newfoundland went furthest towards institutionalizing sectarianism, rotating appointments among religious groups, and arranging its twelve-member cabinet to give equal weight to Catholics, Anglicans and members of the United Church. These structures generally contained inter-denominational rivalries, but they burst into the open in the 1948 referenda on Newfoundland's future form of government. Led by the Archbishop, the Catholic vote, particularly on the Avalon peninsula, was heavily opposed to union with Canada, provoking a backlash amongst the more numerous Protestants which pro-Confederates sought to exploit. In a radio broadcast, Smallwood read out lists of outports which had voted against Confederation, and lists of outports which had voted for Confederation. He did not comment on that the former were Catholic and the latter Protestant. In the context of Newfoundland in 1948, he did not need to do so — not least because the issue was stirred less subtly by others. Recent studies of the referenda campaigns have argued that the sectarian issue was relatively minor.[44] Nonetheless, a student reading the text of Smallwood's radio address half a century later might interpret the lists of place-names merely as evidence of his fervent love of Newfoundland and his even more fervent love of oratorical verbiage, thereby missing a message which was obvious at the time.

Sectarianism was not always hidden. Studies of French-English relations in Canada naturally go back to the dangerous divisions over conscription revealed in 1917. Yet these were not merely arguments over language and identity, searing though they were in those terms alone. "Is it fair to leave the province of Québec to retain its strength in numbers ready for any political or military aggression in the future," asked the leader of Canada's Methodists, "while our Protestants go forth to slaughter and decimation?"[45] Contrast the fears of Dr Chown with the fact that since 1968, six of Canada's seven prime ministers have been Catholics — and the seventh, Kim Campbell, barely broke the succession. I doubt if one Canadian in a hundred would respond to a Smallwood-style listing of their names by identifying religious affiliation as their common thread, and there must be even fewer Canadians who are fearful that Joe Clark or Jean Chrétien will engage in Romish aggression of any kind.

We have only to imagine the potential intensity of French-English conflict in Canada had it continued to concern itself with the Word of God rather than the language of commercial signs to grasp that we have gained immeasurably from the removal of religion from the public sphere. Indeed, appreciation of the pervasiveness of sectarianism until recent times may provide historical encouragement to the contemporary challenge of the addition of newcomers in large numbers from Asia, Africa and the Caribbean to a host community which is largely white. Even half a century ago, that community did not feel itself to be homogeneous. If the grandchildren of militant Orangemen and the descendants of priest-ridden Catholics can live side-by-side in contented apathy, there must surely be good reason to be hopeful for the future of a Canadian community made up of people drawn from all over the world.

It is less clear what type of community values these future Canadians will find to share. The passing of the Late Modern Century marked the waning of confidence in both Western military hegemony and sense of ethical superiority over non-Western peoples. For Canada, the crumbling of cultural arrogance has opened the way to a more just and less enclosed society. To be Canadian, it is no longer necessary to be of European descent. Canada has ceased to claim sovereignty over her territory on the basis of the blundering travels of European sailors or the preposterous pretensions of European sovereigns. With almost half Canada's immigrants in the 1980s coming from Asia, it is evident that a new version of Canada is emerging. It goes without saying that any such new version has to be characterized by diversity, but diversity ought surely to be interpreted around some positive focus, and not as a mere ragbag of ethical accommodations. The decision of the Canadian parliament in April 1992 to pass a resolution praising Louis Riel — and unanimously at that — might be dismissed as merely a risible aberration, were it not for the fact that contemporary Western political culture too often demonstrates not simply an ambiguity but a frightening inability to contest the notion that violence is a legitimate political weapon in a free society.

In part, a flaccid response to violence is related to imprecision in the definition of democracy. It is a short step from believing that the political process must accommodate all points of view to regarding terrorism as just another form of expression of opinion, legitimate in its own terms, the injustice of the grievance being measured by the ruthlessness with which the terror group sets out to maim and kill. One reason for this dismal development is the immediacy of television, one of the technological developments which mark the divide between the Late Modern Century and our own time. Television not only gives terrorists the opportunity to seize the headlines, but also — through the need to sustain a story in a non-print form — encourages immediate speculation about motive, which thereby fuzzily acquires the status of a justification for the crime committed. In the case of the April 1995 bomb outrage in Oklahoma City, investigation of motive was important in identifying the suspected criminals. The suspicion, still to be confirmed by legal process at the time of writing, that the crime originated in home-grown paranoia has for once undercut the familiar terrorist attempt to seize the moral high ground, through a formula which claims that some perceived injustice perpetrated by the victims is responsible for the violence inflicted upon them. "Savagery is alien to Canadians", Trudeau told the people of Canada after the murder of Pierre Laporte, adding "collectively we will not tolerate it."[46] The second part of Trudeau's statement is arguably more important that the first. The Late Modern Century responded to challenge by sending in the gunboats. Merely because we have abandoned that approach and now permit ourselves the humility of doubt, does not mean that we have nothing worth defending and must abdicate any claim to our own protection.

This brings me closer to discussing the relationship of the inheritance of the Late Modern Century to the agenda of the future. First, it may be worth asking: what succeeded the Late Modern Century? I have suggested that time can be usefully organized in overlapping periods, like the bonding of bricks in a wall. The rapidity of change which will certainly characterize the future may be illustrated in a very small way indeed in the evolution of this particular concept. I first formulated my thinking about the notion of the Late Modern Century in the early months of 1992, for a presidential address to the British Association for Canadian Studies. A case could be made for a major break in the 1960s, but I was wary about postulating any integrated period in the thirty years that followed. The collapse of the Soviet Union, for instance, seemed too recent to be conclusive, and I suspected that those who were proclaiming the end of history might look foolish if the 1990s were to revive Muscovite hegemony over central Asia. Rejecting the easy label of post-modernism, I coined the phrase "the years of multiversity" to convey the thought that it was too early to be sure where we were going.

Returning to the discussion in 1995, I am no wiser about the former Soviet Union, and recognize that I may be unduly influenced by the indications of a major divide in the affairs of two countries which interest me — South Africa and Ireland — but which others may feel are side-shows on the global scale. More important are my first experiences, not of surfing, but at least of paddling around the Internet, an experience which makes life in 1995 very different from life in 1992. White supremacy in South Africa was systematized between the Union of 1910 and the Land Act of 1913, although both built on earlier foundations. Partition in Ireland emerged between 1912 and 1922. The problem of government in Russia which has fallen into the unsteady hands of Boris Yeltsin is one which was defined but not resolved between 1905 and 1917. I began to wonder whether we might be witnessing in the 1990s the same type of combination of political and technological change that marked the end of the Late Modern Century in the 1960s — a new brick in the wall of time, a century perhaps spanning the early 1900s to the present decade.

The Internet led me to ask what I knew about wires and instantaneous communication. Australian historians are keenly aware of the importance of the cable in the shaping of their history. Canadian textbooks are less forthcoming. I had to go back to the Canada volume of the *Cambridge History of the British Empire*, published in 1930, to be reminded that the Pacific cable, linking Canada and Australia and completing the round-the-world telegraph, was opened in 1902.[47] That in turn sparked the recollection that in December 1901, Marconi had sent the first wireless message from Newfoundland to Cornwall, a development followed by the outbreak of World War I of an Empire network of radio communications. Here, then, there seemed to be not simply another brick in the wall of historical, but a technological underpinning of Laurier's claim that the twentieth century would be the century of Canada, as predicted in the celebrated postage stamp of 1898, which portrayed Canada as the keystone in world-wide communications.[48] Then I remembered the tranquillity of Gander Airport, and was reminded that from the canal era onwards, Canada's experience of technological change has been one of uphill struggle against rapid and repeated obsolescence.

The possibility that we may in the 1990s be moving across another of the intersections in time's tramway highlights an important carry-over from the Late Modern Century, that of personnel and political leadership. Since 1970, both Canada and Québec have been predominantly led by politicians whose world view had been formed by the early 1960s. The exceptions represent brief interludes: Kim Campbell, whose political ideas were for obvious reasons not subject to much profound analysis, and the brothers Johnson, whose family roots were deep in *la grande noirceur*. In several cases, anecdotal landmarks associated with the politicization of subsequent leaders belong unmistakably in the Late Modern Century. For Pierre Trudeau, it was involvement in the anti-conscription campaign of 1942. For Joe Clark, it was a high school trip to watch parliament at work in Ottawa during the 1956 Pipeline debate. For Brian Mulroney, a defining moment was his arrival at university in Nova Scotia in 1956 at a time when the Catholic vote had swung against the provincial Liberals after Henry Hicks had defeated Harold Connolly for the leadership two years earlier. Jean Chrétien remembered a friend saying, "Duplessis made a skirt out of the Québec flag in order to hide his dirty parts",[49] an attitude to sexuality and gender which confirms its origins in an earlier era. For René Lévesque and Jacques Parizeau, the drive for heavy industry and the role of the nation-state were key issues in forming their attitude to the future of Québec, a nineteenth century agenda projected forward to the late twentieth.

It is self-evident that the mere fact that the intellectual origins of most of Canada's recent leaders can be located in the very different world of the Late Modern Century does not mean that they rigidly share identical attitudes. Nor have they necessarily proven to be incapable of adopting new policies: it would be at least a stimulating mental exercise to trace a purely Canadian century of fortress economics from the National Policy of 1879 to the Free Trade Agreement of 1988, and Free Trade was carried through by politicians many of whom lived their formative years in the era before 1960.[50] Of course, one of the more persuasive arguments for the Free Trade Agreement was that it was not new, since much uninterrupted cross-border trade already existed. Indeed, much of the debate was conducted within an inherited framework of ideas and issues, based on the conventional wisdom of an earlier time. As Galbraith put it in 1958, the enemy of the conventional wisdom is not ideas but the march of events...

> the conventional wisdom accommodates itself not to the world that it is meant to interpret, but to the audience's view of the world. Since the latter remains with the comfortable and the familiar, while the world moves on, the conventional wisdom is always in danger of obsolescence.

Eventually, the gap becomes too wide, and old habits of thought collide "with some contingency to which obsolescence has made them palpably inapplicable", shattering the whole framework.[51] F.M. Cornford, a frustrated reformer in the University of Cambridge, put it with some bitterness back in

1908: "nothing is ever done until every one is convinced that it ought to be done, and has been convinced for so long that it is now time to do something else".[52] Every generation finds it more comfortable to solve old problems. Unfortunately, we now face discontinuities of time which make it unlikely that old-style answers can be projected along unexecuted lines to offer even approximate solutions.

## Conclusion

"Ignorance of the future can hardly be good for any man or nation",[53] wrote Goldwin Smith in 1877. Few commentators have equalled either his confidence or his utter unreliability in predicting Canadian futures. The most that the historian can do is to suggest how discussion of time past might assist us in evaluating new challenges and predicting new values in the next century. First, few would contest the conclusion that the pace of change is becoming ever faster and more bewildering. It is striking to note that the outlines of the Internet were in place by 1914 in transoceanic cables and a global wireless network. No doubt the network needed the addition of satellite communications, which may be identified as yet another of the markers of the close of the Late Modern Century: Telstar and Canada's Alouette I both went into operation in 1962. It was of course also necessary to await the invention of the personal computer, and all of this meant that eighty years passed between the establishment of the global communications infrastructure and the arrival of individually accessible terminals in our offices and homes. In the future, the unexecuted part of the line is likely to be projected forwards much faster. One by-product of such developments is likely to be a clash of generations, with older people — say, those over forty — holding political and administrative authority, but younger people manipulating the actual power of communication. Responses to the rapidity of change will thus be formulated by a political leadership too old to grasp the full implications of innovation in consultation with a technocracy too young to appreciate the tenacity of inherited values and structures. I find this depressing.

Fast-forwarding existing trends is something that even the Imaginary Historian of 1857 might have predicted. More disturbing is the likelihood of encountering not the unexecuted part of the line but the right-angled bend or the entirely unforeseen discontinuity. To prepare ourselves to adjust to the unknowable horrors of the future, we need to rid ourselves of any notion to which our subjective perception of time past confers any kind of legitimate tenure on inherited institutions. Merely because Confederation has endured since 1867 or French has been spoken in Canada since 1604 does not entitle us to assume that either will continue into the future — a lesson which French Canadians have long grasped since their encounters with history have generally been of a more bruising nature than those of their anglophone partners.

Ours is not the first epoch which has been forced to grasp that past precedent does not convey squatters' rights to future existence. Across twelve centuries, we may hear the same theme in the desperation of one of the earliest English scholars, Alcuin of York, on hearing the news in 793 that the Vikings had destroyed the abbey of Lindisfarne off the coast of Northumberland:

> It has been nearly three hundred and fifty years that we and our fathers have lived in this most beautiful land and never before has such a terror appeared in Britain and never was such a landing from the sea thought possible.[54]

Similarly, three and half centuries of occupation of their most beautiful land might also prove insufficient to defend Canadians against the violent irruption of the unknown. It is unlikely that we have yet seen the full nihilistic potential of terrorist outrage. Just as Alcuin assumed that a monastery on an island was safe from attack, so we take for granted that the Western world has defeated epidemic disease. Given that we share the planet for increasing billions of very poor neighbours, it is possible that one of the less welcome features of the global revolution in communications might be the rampaging of a previously unknown killer virus.[55] The social and political response of the Western world to AIDS, a very specific medical challenge, suggests that inherited liberal ideologies could be put under severe pressure by a widespread health scare. Cholera was unknown in the Western world before the 1830s: its arrival in Canada was probably one of the destabilizing factors which contributed to the uprisings of 1837-1838, the only widespread incidence of insurgency in Canada's history. Nor should we forget that we keep epidemic disease in check because our cities are blessed with efficient provision of water and sewerage services. These are peculiarly vulnerable to terrorist attack. We cannot predict the nature either of the challenges or the opportunities which we are going to face. We do know that our response to them will be framed in the context of inherited attitudes and through the medium of established institutions. It would be foolish to advocate the wholesale scrapping of either. What is necessary is a constant interrogation of the utility of our inheritance. Institutions may be adapted and modified, even entirely reconstructed without losing their aura of antiquity. When Ottawa's mid-Victorian Gothic parliament buildings were destroyed by fire in 1916, the government rebuilt them on exactly the same site, changing only the style of the Gothic. The rebuilding actually coincided with the beginnings of the Dominion's retreat from invoking its power of disallowance over provincial laws, a key shift of Canada's system of government. One lesson of the failure to secure textual changes in the Canadian constitution since 1987 is that we need to direct our attention less at formal institutions and more at the ideas and attitudes which have animated them. This is a lesson that the Chrétien government seems to have taken to heart.

Most of the institutions which Canada has inherited from the Late Modern Century were constructed and operated by people (mostly male) who took national boundaries for granted, conformed to religious exercises, deferred in a democratic way to those in authority above them and regarded the physical supremacy of the Western world as evidence of the superiority of Western values. There is no reason why Canadians cannot operate in the future the public institutions they have inherited from the past. Indeed, it will almost certainly be easier to do so than to attempt to replace them with entirely new structures. What is necessary is a constant awareness that we no longer infuse the institutions we have inherited with the attitudes and values of the people who first created and operated them.

The greatest challenges surely lie in the survival of democracy and the liberal society which it is supposed to represent. We have too great and naive a faith in the all-embracing efficacy of the first, too little confidence in the values of the second. That is true of all Western countries. It is particularly true of Canada, where national identity has always been a symphony played in a minor key. It is as well to remember that neither Champlain nor John A. Macdonald were democrats. In Canada, as elsewhere in the world, the ambiguity of democracy simply cannot be glossed over by appeal to antiquity of usage. Democratic governments have a responsibility to listen, but they also have a duty to lead. Being in love may mean you never have to say sorry, but living in a democracy does not mean — as some interest groups seem to assume — that you can never be outvoted. There is a very practical reason why this message must be digested and accepted if democratic societies are to face the future. The unpredictability and rapidity of change will mean that — to some degree — whatever solutions politicians may offer to new challenges, they will always be proved wrong, since within a transient present, they will respond to confrontation with a bewildering future by drawing upon the barely relevant experience of the past.[56] Accordingly there will be a need for humility on the part of the rulers and tolerance on the part of the ruled, neither of them attitudes which are likely to spring from the value systems prevalent in these arrogant and carping years of multiversity. As Michael Burgess, a far from imaginary political scientist, put it in his review of the failure of the Meech Lake Accord, "Hindsight is a wonderful thing but it invariably comes too late."[57]

## Notes

1. *Spectator* (London), no. 1503, 18 April 1857, pp. 417-18.
2. *Imaginary History of the Next Thirty Years* (London, [1857]), pp. 31-39, 56-57.
3. Ged Martin, *Bunyip Aristocracy: The New South Wales Constitution Debate of 1853 and Hereditary Institutions in the British Colonies* (Sydney, 1986), pp. 162-177. Sir Allan MacNab's son-in-law, Lord Bury, proposed a Canadian representative peerage in a speech in Toronto in 1858, *Globe*, 15 November 1858. For the British veto on the style "Kingdom", see Ged Martin, *Britain and the Origins of Canadian Confederation, 1837-1867* (Basingstoke, 1995), p. 282.
4. *Punch* (London), 28 February 1891, p. 99.
5. P. Appleman, "Darwin, Pater, and a Crisis in Criticism" in P. Appleman, W.A. Madden and M. Wolff, eds, *1859: Entering an Age of Crisis* (Bloomington, 1959), p. 81.
6. The quotation comes from Book 2, chapter 4 of his novel, *Endymion* (1880).
7. Quoted, "Introduction", A. Duminy and C. Ballard, eds, *The Anglo-Zulu War: New Perspectives* (Pietermaritzburg, 1981), p. xix.
8. J. Morley, *The Life of William Ewart Gladstone* (3 vols, London, 1903), ii, p. 204.
9. This section draws upon Ged Martin, "What's The Time, Mr Wolf?" in *The Times Higher Education Supplement*, 5 November 1993, p. 17.
10. G. Mann (trs. M. Jackson), *The History of Germany Since 1789* (Harmondsworth, 1974 ed.), p. 30; *The Works of the Rev. Sydney Smith* (London, 1856 ed.), p. 570; A. Partington, ed., *The Oxford Dictionary of Quotations* (4th ed., Oxford, 1992), p. 780, for a discussion of the attribution to Wilson; R.I. Fitzhenry, ed., *The Fitzhenry & Whiteside Book of Quotations* (Toronto, 1981), p. 98 (Warhol).
11. F. Braudel (trs. S. Matthews), *On History* (London, 1980 ed.), p. 3.
12. The opening words of Lincoln's "House Divided" speech in 1858. Their import is rarely grasped. The problem of whether, in any successive present, we have actually arrived anywhere or are still travelling, may be illustrated by a disagreement between journalist,

Martin Vander Weyer, and the chairperson of the Campaign for Nuclear Disarmament in Britain, Janet Bloomfield:

> To the argument that 50 years without anyone pressing the red button is long enough to prove both that the nuclear deterrent works and that it is capable of being managed safely, she offers the image of a man who throws himself off the top of a 40-storey building. As he passes the 22nd floor, he can be heard shouting, "So far so good".

13. D.G. Creighton, *John A. Macdonald: The Old Chieftain* (Toronto, 1965), p. 553.
14. The provenance of this legendary saying is discussed in J.R. Colombo, ed., *Colombo's Canadian Quotations* (Edmonton, 1974), pp. 331-332.
15. R.A. Davies, ed., *The Letters of Thomas Chandler Haliburton* (Toronto, 1988), p. 16 (letter of 7 January 1824)
16. W.H. Russell, *Canada: Its Defences, Condition and Resources* (London, 1865), p. 225.
17. The title of Bruce Hutchison's book of 1957. Not surprisingly, its sequel was called *The Unfinished Country.*
18. D.C. Thomson, *Jean Lesage & the Quiet Revolution* (Toronto, 1984), p. 3; W.L. Morton, *The Kingdom of Canada: A General History from Earliest Times* (Toronto, 1969 ed.), pp. 316-317.
19. P.-A. Linteau, R. Durocher, J.-C. Robert, F. Ricard, *Histoire du Québec contemporain: Le Québec depuis 1930* (Saint-Laurent, 1986), p. 592.
20. The textbook allusion is, of course, to R.D. Francis, R. Jones, D.B. Smith, *Origins: Canadian History to Confederation* and *Destinies: Canadian History since Confederation* (2nd ed., Toronto, 1992). It is only fair to add that these two volumes constitute a very useful survey of Canadian history. I have defended the Canadian Union against its historian critics in Ged Martin, *Britain and the Origins of Canadian Confederation*, pp. 35-47. Morton's views are reproduced and discussed in W.L. Morton, "Confederation, 1870-1896: The End of the Macdonaldian Constitution and the Return to Duality" in B. Hodgins and R. Page, eds, *Canadian History since Confederation: Essays and Interpretations* (2nd ed., Georgetown, Ont., 1979), pp. 176-193. I hope I can claim that there are extended by Ged Martin, "Constitution and National Identity in Contemporary Canada: A Historian's View" in V. Hart and S.C. Stimson, eds, *Writing a National Identity: Political, Economic, and Cultural Perspectives on the Written Constitution* (Manchester, 1993), pp. 199-210.
21. Cf. Ged Martin, "Definition and Subjectivity in the Writing of Imperial History", *Historical Journal*, forthcoming.
22. P.B. Waite, "Between Three Oceans: Challenges of a Continental Destiny (1840-1900)" in C. Brown, ed., *The Illustrated History of Canada* (Toronto, 1987), pp. 279-374.
23. G.M. Young, *Early Victorian England 1830-1865* (2 vols, London, 1934), i, p. v.
24. This section draws upon Ged Martin, "The Canadian Question and the Late Modern Century", *British Journal of Canadian Studies*, vii (1992), pp. 215-247 (Presidential Address to the British Association for Canadian Studies).
25. Andrew Porter, "Religion and Empire: British Expansion in the Long Nineteenth Century, 1780-1914", *Journal of Imperial and Commonwealth History*, xx (1992), pp. 370-390.
26. My comments are influenced by S. Hornsby and G. Wynn, "Walking through the Past", *Acadiensis*, x (1981), pp. 152-159.
27. T.C. Smout, *A History of the Scottish People 1560-1830* (London, 1972 ed.), pp. 190-192. The laws against witchcraft were repealed in the year that the elder John Macdonald was born.
28. "Introduction", P. Axelrod and J.G. Reid, eds, *Youth, University and Canadian Society: Essays in the Social History of Higher Education* (Kingston, 1989), p. xiii.
29. D. Creighton, *Canada's First Century 1867-1967* (Toronto, 1970), p. 337.
30. B.W. Hodgins, "The Canadian Political Elite's Attitudes toward the Nature of the Plan of Union", in B.W. Hodgins, D. Wright and W.H. Heick, eds, *Federalism in Canada and Australia: The Early Years* (Waterloo, 1978), pp. 46-47.
31. Martin, *Britain and the Origins of Canadian Confederation*, p. 284.
32. Quoted in J.M. Beck, *Pendulum of Power: Canada's Federal Elections* (Scarborough, 1968), p. 72.

33. Alexander Forrester, c. 1860, quoted in A.L. Prentice and S.E. Houston, eds, *Family, School & Society in Nineteenth-Century Canada* (Toronto, 1975), p. 96.

34. The cartoon, from the *Vancouver Sun* of 15 June 1962, is reprinted in *Norris* (Canadian Museum of Caricature, Ottawa, 1990), p. 117.

35. R.G. Landes, *The Canadian Polity: a Comparative Introduction* (Scarborough, 1983), pp. 369-377. By 1981, Canada ranked 14 out of 19 Western democracies in voter participation in national elections. "Participation in Canadian national elections, while not low in an absolute sense, is modest by international standards." (H.D. Clarke, L. LeDuc, J. Jenson, J.H. Pummett, *Absent Mandate: Interpreting Change in Canadian Elections* (Toronto, 1991), p. 37.) It is open to debate whether this represents a relatively low level of inherited faith in the democratic process, a higher level of disenchantment with its results, or the product of a more mechanical combination of single-party provinces (Alberta, Québec) in which it may seem a waste of time to vote, and regional concentrations of party strength unrelated to any real possibility of forming a government (i.e. any riding won by the NDP).

36. A.R.M. Lower, *Colony to Nation: A History of Canada* (Don Mills, 1964 ed.), p. 563. I hope it is not necessary to add that to quote Lower is not to endorse him. His assessment of the manner in which MPs of the Bloc Québécois discharge their duties towards Canada can only be guessed. However, I note with interest that Lower also felt that a fundamental discontinuity had occurred between 1945 and 1963: "I am convinced that Canadian history had a certain dramatic unity up to the end of the Second World War and that we have been working into a new period since then which has not developed far enough for us to grasp its nature". (Ibid., p. xiv).

37. The banning of divorce in the Irish Constitution of 1937 is an example of the way in which the shibboleth of one generation can become the albatross of its successors.

38. R.M. Dawson, *William Lyon Mackenzie King: A Political Biography 1874-1923* (London, 1958), pp. vii-xi; H. Ferns and B. Ostry, *The Age of Mackenzie King* (Toronto, 1976 ed.), pp. xv-xvi. Norman Rogers alternated between "Mackenzie King" and "Mr. King"; to Bruce Hutchison, the first major posthumous biographer, he was simply "Mackenzie King" or just "King". N.McL. Rogers, *Mackenzie King* (Toronto, 1935); B. Hutchison, *The Incredible Canadian* (Toronto, 1952).

39. To the obvious dismay of suffragist Catherine Cleverdon in *The Woman Suffrage Movement in Canada* (ed. R. Cook, Toronto ed., 1974), p. 268.

40. Many editions, e.g. P. McKevitt, ed., *Edmund Burke: Speeches and Letters on American Affairs* (London, 1908 ed.), pp. 72-75.

41. S.P. Day, C. Lindsey and B. Chamberlin to Taché [11 October 1864], in J. Pope, ed., *Confederation* (Toronto, 1895), pp. 7-8. Chamberlin was proprietor of the Montréal *Gazette*, Lindsey editor of the Toronto *Leader*, Day a visiting journalist from England. The *Globe* knew better than to ask. On behalf of the Conference, Hewitt Bernard replied on 13 October that it would be "inexpedient, at the present stage of the proceedings, to furnish information which must, of necessity, be incomplete". (Ibid., pp. 10-11).

42. Quoted by Michael Burgess, "Meech Lake: The Process of Constitutional Reform in Canada", *British Journal of Canadian Studies*, v (1990), p. 285.

43. As Burke put it at Bristol in 1774: "Your representative owes you, not his industry only, but his judgement; and he betrays, instead of serving you, if he sacrifices it to your opinion." (McKevitt, ed., *Burke Speeches and Letters*, p. 73.) If this sounds élitist, consider the sheer amount of legislation passed by any Canadian legislature in a single session. It may sound democratic to argue that elected representatives should discharge the people's will each time they legislate, but the people could be forgiven for objecting that they elect MPs to consider these matters on their behalf. The responsive elected representative may simply be the lobbyists' patsy.

44. R. Gwyn, *Smallwood: The Unlikely Revolutionary* (Toronto, 1972 ed.), p. 110, and cf. R.B. Blake, *Canadians At Last: Canada Integrates Newfoundland as a Province* (Toronto, 1994), p. 19.

45. Quoted, R.C. Brown and R. Cook, *Canada 1896-1921: A Nation Transformed* (Toronto, 1974), p. 267.

46. Quoted, J. Saywell, *Québec 70* (Toronto, 1971), p. 105.

47. N.W. Rowell, "Canada and the Empire, 1884-1921" in J.H. Rose, A.P. Newton, E.A. Benians with W.P.M. Kennedy, eds, *Cambridge History of the British Empire*, vi: *Canada and Newfoundland* (Cambridge, 1930), pp. 731-732. Pressure for a Pacific cable was a factor behind one of the first Canadian diplomatic ventures independent of Britain, the Colonial Conference of 1894 in Ottawa.

48. The stamp, inscribed "We Hold A Vaster Empire Than Has Been", is reproduced in C. Brown, ed., *Illustrated History of Canada*, p. 374.

49. J. Chrétien, *Straight from the Heart* (Toronto, 1986 ed.), p. 4.

50. Equally, it should be noted that one of the first politicians to argue for free trade with the United States was John Crosbie, who had supported economic union between Newfoundland and the USA as an alternative to Confederation.

51. J.K. Galbraith, *The Affluent Society* (Harmondsworth ed., 1962), p. 22.

52. F.M. Cornford, *Microcosmographia Academica* in G. Johnson, *University Politics: F.M. Cornford's Cambridge and His Advice to the Young Academic Politician* (Cambridge, 1994), p. 94.

53. Goldwin Smith, "The Political Destiny of Canada", *Fortnightly Review* (London), cxxiv (1877), p. 431.

54. Quoted, F.D. Logan, *The Vikings in History* (London, 1983), pp. 39-40.

55. When this passage was drafted, I had not heard of the ebola virus which caused a minor epidemic in Zaire in May 1995 and a major panic there and elsewhere. Maybe the future is arriving faster than we think.

56. The "concept of transience" is one of many ideas of Alvin Toffler which intersect with and have influenced the approach of this paper. A. Toffler, *Future Shock* (London, 1971 ed.), pp. 49-51.

57. M. Burgess, "Meech Lake", *British Journal of Canadian Studies*, v (1990), 294.

## Chapter V

*Canada and the First Nations*

*Le Canada et les Premières nations*

# Cornelius H.W. Remie

Moderator

In considering languages, cultures and values in Canada at the dawn of the 21st century, Canada's First Nations deserve attention because of their special historic relationship with Canadian society in general, and with the Canadian federal and provincial Governments in particular. From the very beginnings of culture contact this relationship has been a troublesome one. Politically subjugated, economically exploited, socially disrupted, culturally deprived, and psychologically alienated, Canada's First Nations have suffered major dislocations, the root causes for which lie according to the Royal Commission on Aboriginal Peoples in the nature of the colonial relationship. This relationship which has been characterized by White ethnocentric ideas, by social Darwinist attitudes, and by a profound paternalism and tutelage, has left Canada's First Nations disempowered and poverty stricken.

In the years following World War II, when Canada underwent a process of industrialization and urbanization, federal governments have tried to improve the overall living conditions of the destitute and poverty stricken Aboriginal population through crash programs, without much results. Increased industrial expansion and welfare colonialism led to strong ethnic resurgence in the 1960s and 1970s when nation-wide Aboriginal organizations were established that articulated what were considered rightful demands for cultural recognition, social rehabilitation, and political empowerment. Initially the focus of their concerted actions was the claiming of ancestral lands. This changed in the 1980s when self-determination and self-government became the major issues. This shift in orientation is related to the broader process of constitutional renewal which went on in Canada at the time. This renewal started in 1982 with the patriation of the Canadian Constitution. In this constitution Aboriginal rights are mentioned but not defined. Their definition was the purpose of a series of Constitutional Conferences in which the Prime Minister of Canada and the First Ministers of the provinces, as well as representatives of the Aboriginal peoples participated. Under the Trudeau government First Ministers' Conferences (FMC's) were convened in 1983 and 1984. The approach to Aboriginal rights taken during these conferences was a "Top-Down" approach. This approach aimed at constitutional entrenchment first of the right to self-government, to be followed by a process of further definition and local implementation. Constitutional conferences held under the Mulroney government in 1985 and 1987 took a "Bottom-Up" approach to the problem of Aboriginal rights. This approach opted for constitutional entrenchment of the Aboriginal right to self-government after definition of this right at the local and provincial levels. The "Top-Down" approach didn't work because of the unwillingness of the western provinces to deal with the matter that way, and the "Bottom-Up" approach was rejected by the representatives of Canada's First Nations.

In 1987, when the 4th FMC failed, the Meech Lake controversy further deteriorated the relationship between native Canadians and federal and provincial governments. The proposed Meech Lake Accord traded the political aspirations of Canada's First Nations off against the political objectives of the Anglophone provinces in an attempt to bring Québec into the constitution. The Meech Lake Betrayal, however, could not halt the process set in motion by the attempts at constitutional renewal, and new initiatives were taken to redefine the relationship between the Canadian Government and the Aboriginal peoples. This was done during the Canada Round of Constitutional Renewal which led to the Charlottetown Agreement of August 28 1992. This unanimous agreement, a package deal, contained an important paragraph on self-government. It stipulated that self-government is an inherent right of Canada's Aboriginal peoples and this right would be entrenched in the Canadian Constitution. Furthermore, it also stipulated that "governments and Aboriginal peoples would be constitutionally committed to negotiating agreements that would set out how the inherent right would be implemented. The fate of the Charlottetown agreement is known. On October 26, 1992, it was rejected by a 54.2% majority of the voters. The rejection of the Charlottetown Agreement was highly consequential for most of Canada's Aboriginal peoples. With the exception of the Nunavut Final Agreement formally signed in Iqaluit (Frobisher Bay) on May 25. 1993, and committing the Canadian Federal Government to "proceed to Parliament with legislation which would create the Nunavut Territory by 1999", it put the discussions about Aboriginal self-government at least temporarily on the back burner, a situation which is unacceptable for Canada's First Nations.

As the Third Millennium dawns, the establishment of a new relationship between Canada and her First Nations is urgently needed. A prerequisite for such a new relationship is the recognition of their nationhood and respect for their cultures. George Sioui, himself an Amerindian, eloquently articulates this need for recognition and respect. His paper takes a bird's eye's view at Canadian history and the non-place that is reserved in it for Canada's First Nations. He argues that according to Canadian popular conception, First Nations have long disappeared from history, after having been declared inadequate and unreal as peoples. In 1990 Oka has de-mystified this "costly myth" and brought about the realization that a new relationship can only be established by treating the First Nations as adequate and real people.

Recognition of the nationhood of the First Nations is also at the heart of Tom Svensson's paper. Drawing on cross-cultural comparison, Svensson argues that one of the prerequisites for recognition is the affirmation of the "indigenuity", or Aboriginality of the First Nations. Indigenuity legitimizes the idea of First Nations as primordial and justifies claims stated by them. According to Svensson the indigenuity of First Nations is no longer an issue in Canada. What is an issue is the formal recognition of this indigenuity and the subsequent empowerment of First Nations as nations. Such formal recognition, in Svensson's eyes a moral right of Canada's indigenous peoples, would enable the establishment of a new partnership, one based on equality, respect, dignity and sharing.

Considering Canada's First Nations as much nations as the English and French nations are, Lilianne Krosenbrink-Gelissen argues that the Canadian political system can accommodate the national aspirations of the First Nations. According to her, the partnership of which Svensson speaks can take various forms which all make First Nationhood and Canadian Nationhood in general compatible. First Nations may enter a relationship of federacy with the Canadian state. This would permit the maintenance of separate national cultural identities while retaining social, economic, political and military ties with the larger state. Or, First Nations might continue to seek amendments to the constitution Act of 1982 with a focus on legal pluralism. Or, First Nations might seek a heterogeneous Canadian State, founded on cultural and not on economic, political and regional divisions.

Whatever form the partnership will take, it must be based upon the recognition of and respect for the cultural "otherness" of Canada's First Nations. Although there seems to be a political will to accept this otherness and to formally recognize it, the social acceptance of the First Nations as being equals, is far off and remains a major challenge at the dawn of the 21st century.

# Canadian Amerindian Nations of the 21st Century

*Georges E. Sioui*

For 503 years, we, the real Nations of this land, have been asked, forced and expected to believe in the thinking and the ways of people who have had to abandon their own lands, have come here and have only been able to destroy our Nations and our own land, which we call our Mother. 503 years, in which we, the real Nations of this land, have been, through the presence and the actions of the invaders, made to suffer every imaginable attempt to destroy us, our land and our livelihood. The quasi-totality of our Nations have been effectively obliterated, exterminated and the surviving ones have suffered the ultimate injustice of being pronounced extinct — at any rate, illegitimate —, by the ones who have forged and still forge what passes for the History of Canada, or of any other "legitimate" nation-state established by Europeans in our continent. 503 years, and we still do not believe, and I have the firm conviction that we will never believe, in the historical thinking and the ways that nurture and legitimize those nation-states.

In a recent interview with the magazine *Aboriginal Business* (December 1994), Alex Janvier, the rightly famous Dene painter from Cold Lake, Alberta, explained the depth of his claim to the land as expressed through his art. "What I'm doing right now is negotiating my land back. I'm not going to pay a penny for it, but essentially, in my mind, I'm taking back the land. If somebody has a hard time with that, they had better put in their minds that all these beautiful plains were once covered with people like myself". "When I am claiming land", he goes on explaining, "it's more like a spiritual claim. They [the dominant society] can have all the papers and deeds in the world, and they can have all the locks and so on, but they will never have the spirit of this land".

Janvier's claim of Indian ownership of the spirit of this land illustrates perfectly the traditional thinking of Amerindians on the whole issue of social and territorial justice in relation to the original American Nations, and on the history of contact itself. It also very eloquently tells the traditional Amerindian understanding of land ownership. When an Amerindian says: "This is my land", that person speaks about an emotional, spiritual relationship. That person is moved by the very same feeling that one feels when speaking about one's parents and family members: this is my mother, this is my father, grand-mother, brother, son, daughter, wife, husband, friend and so on. There is no reference to ownership; it's all about a relation of love and reciprocal belonging. "My country and my love: my mother and my land; America, my home" sings the great Buffy Sainte Marie in her beautiful song "America, my Home". On the other hand, that same phrase, "This is my land", pronounced by the average Canadian would ordinarily have the resonance of a material, physical owning of the land. (Only very exceptionally would this statement carry that feeling of spiritual love for the true, caring, eternal Mother that the land really is.) What we have instead is that feeling that the land is loved and cherished only as long as it can fulfill dreams of material wealth, power and security. When the land becomes unable to do that any longer, a so-minded society moves on, or now, more simply, invents ways of creating material wealth that will be utterly dangerous for, and destructive of the "environment", as the Earth has come to be called by people who are sensitive enough to eventually question those ways of treating Her.

As the word *"Canada"* came from my ancestral Wendat language — more precisely from a variation as spoken by our relatives and allies who inhabited a political region that had its center at Stadacona, the Québec city of today — I will explain its meaning. I will as well go into the topic of Canadian history, in order to look at the situation of Canadian Amerindian nations at the dawn of the twenty-first Century, and attempt a forecast for times beyond. The actual word is *Kanatha* and it simply means: town, or big village. In 1535 the town of Stadacona (as we just said, a capital in the geopolitics of the region) was described by its inhabitants to French explorer Jacques Cartier and his men as "Kanatha", that is, their principal town. The Frenchmen, naturally using their feudal thinking, applied the name to the imaginary country of "Canada", reigned over by Donnacona, an actual Headman of the people of Stadacona, whom Jacques Cartier enthroned in his writings as the Lord of Canada, and whom he set out to conquer, as was his sacred duty in his quality of Discoverer of new "Indian" (read: pagan) lands in the name of King François 1st, a very Christian European Monarch.

On his first voyage, the previous year, in 1534, Cartier had managed to lure on board his ship and take back to France Donnacona's two grown-up sons. On a second voyage, the year after, unmindful that he and his crew had, over the winter, been saved from imminent death through scurvy (half of his men did perish) by the Stadaconans, the same French would-be conquistador, through cheap gifts and other artifices, carried his plan through to capture and take away to France the Headman Donnacona along with nine other persons of his lineage, among them two young women and two other Headmen. We now know that none of these people survived beyond four years in France, even though Cartier, six years later, upon a third and last voyage, reported in Stadacona that being then all famous and well-to-do in France, none of them had been interested in coming back to their poor, uncivilized "Canada". A state of strict enmity set in from that time, which prevented France from carrying out any colonial projects in North America for the next sixty-five years. That was, after the removal of all the Nadouek (Iroquoian) population in the St. Lawrence Valley had been effected, through the epidemiological phenomenon and, concurrently, the geopolitical catastrophe that customarily accompanied first contacts with incoming Europeans. Such historical events, to be sure, still not contained in standard works on Canadian history, are helpful if one is to fully understand why France eventually lost out in its imperial struggle against Britain, in spite of a most strategic advantage it later acquired over that country, in eventually winning the commercial and military alliance of the vast majority of Amerindian Nations in Northeastern North America. It also can help explain and perhaps resolve, chronic problems of Canadian national unity.

The first to receive the name "Canadians" from historians and French settlers, were the Innu (Montagnais) and other Algonkians who came to frequent and inhabit the country named Canada by Jacques Cartier, when the French, under explorer Samuel de Champlain and the Récollet missionaries, came back in the first decade of the 17th century to found a French colony at Québec. Soon, when Québec did become a fledgling colony, the name "Canadiens" was transferred to the French "habitants" themselves, the very ones whose descendants, three and half centuries or so later, chose to repudiate that name, for linguistic and other cultural and historical reasons and to call themselves "Québécois", leaving the name "Canadians" for English and other non-Indian Canadians alone, even though in practice, an important number of Québécois affirm their loyalty to Canada and do call themselves Canadians first and then, Québécois.

As for Canadian Amerindians (or Canadian First Nations people, as is the term in use in the Amerindian political discourse), there is among them universally, as we have already alluded to, a very definite sense of duty to resist being assimilated to the nation-states which have been constituted by Europeans and other immigrants on their soil. As we have also already asserted, their will to stay apart is not motivated by greed for the living space and the wealth and power to be accrued from physical, material ownership of the land. In fact, Amerindian people have traditionally had a quite different agenda. Even though both societies intend to bring the other to see life and the world as it itself does, the Amerindian society does this out of a sense of spiritual duty. And what is its claim to that duty? The answer is all contained in a basic dichotomy: life, as Amerindians very frequently say, is a *sacred Circle of Relations* uniting all beings, and not *the linear process* that non-Amerindians generally conceive it to be. What has made Europeans and others (except African slaves) abandon their motherlands and seek a living here and elsewhere is their loss of that knowledge about life. Through circumstances not of their making, they have come to think that life is a linear process. Peoples of the Circle have traditionally viewed this thinking as an aberration of the human spirit, which can only breed ever increasing social and ecological impoverishment, and which they, who, through simple good planetary fortune, have been able to conserve their awareness that life is a sacred Circle of Relations, have the responsibility to correct. Traditional Amerindians believe that there is not and must not be social, political or religious differentiation between races and cultures. In fact, Amerindian spiritual spokespeople, like all true spiritual people, profess that there is only one human family, beautiful and admirable in and for its infinite diversity of forms, colors, characters and talents. "Indian is not about color of skin, origin, or even language; Indian is a state of mind and spirit", say the true thinkers of the Circle.

The reason why Canada was created was because the Old World needed one. The creation of Canada signified extreme destruction and utter chronic misery for the real Nations of this land. With the incommensurable material wealth that was appropriated by the creators of Canada, Canada has fast become a very powerful and very envied nation-state in the world. Surprisingly for many Canadians, however, their dear Canada is now showing signs of physical exhaustion. The grasping frenzy of Canadians, ever since Cartier, the first

Canadian, who so arrogantly conquered and began destroying his imaginary Canada, has taken its toll. It hasn't taken very long to bring this once so clean and healthy land to the verge of the collapse Old Europe knew then. And the people of the Circle knew this all along; even many clear-sighted Euroamericans foresaw it and wrote about it.

What is, then, in store for the Amerindians of Canada, as we are about to leave the 20th century and the second millennium behind? Popular belief, instructed by conventional linear history and the media, is that we, who call ourselves Indians, First Nations, Amerindians, mostly in Canada and in North America, have long disappeared. We are popularly thought of as false, illegitimate Nations, or merely, tribes. We are inadequate as people, we are unreal, we are a "costly myth", as one well-known US media guru said, a few years ago. The Oka crisis, in 1990, has so much shocked the public feeling, by raising the terrifying possibility that we might, in fact, be existing for real, that it has triggered a very severe backlash from the Québécois and Canadian societies. To me, the official "Indian policy", of governments, for the past five years, has been in summary: "Maybe it is true: maybe these people do exist. What the heck do we do with them? They might take back this country and bring savagery back". Then, some clever ones, approved by some of their chosen "Indian leaders" said: "Here is the solution: we will give them self-government (our idea of self-government, of course). They will then turn towards themselves. The "leaders" will grab what they will see and know are great opportunities for themselves. They can then all resume pretending they exist. Many will become civilized in the process, and we can all go back to Canadian business as usual". And so far, it seems to be going even more nicely than expected.

While all this is happening, every Amerindian person, and an ever-increasing number of "Amerindians at heart", know that time is on the truth's side and that the façade is rapidly collapsing, showing the untruth behind. The earth's eco-system is in grave danger, which impacts on Canada's economy, an economy ranked amongst the strongest world-wide, yet very threatened and rapidly declining; other no longer concealable facts are ever newer and greater threats to human health, the rise of youth violence and inter-racial strife, and many more social diseases only to be found in linear thinking contexts.

In 1492, the Old World needed a new one and began creating one. But so far, the creation has only been a physical, material one, and we all know that this creative process has reached the point of extreme danger. What now needs to be found is the spirit of the New World, the spirit of Canada. And, as Alex Janvier says, "they will never have the spirit of this land". I also say that "they", the ones who are irretrievably on the material physical quest, (and "they" can be nominally "Indian"), will never possess the spirit of my land. But, as an Amerindian, I do have that sense of responsibility for sharing with conscious, respectful brothers and sisters, my feeling about the spirit of my land. In fact, if I don't succeed in creating that strong, indispensable bond of reciprocal belonging between my land and my newly arrived brothers and sisters, what future is there for my own children and theirs? What respect do I have for my responsibility towards my ancestors, those of Stadacona, of Wendake and so many other places where nothing, or so little, is left or known of them?

In closing, I will say that I believe that we, Amerindians, will not only survive, but we will attain once more the place of spiritual and ideological leadership which is our own, as people immemorially in love with and in stewardship of this land of ours. I believe that the world is in need of possessing the spirit of Canada, and of America as a whole. I believe that as long as a person (or a people) has not found and understood the spirit of the land he/she inhabits, he/she is in a destructive stance in relation to that land. I believe many of our Amerindian languages will be revitalized, will survive, and will become world-wide subjects of study as avenues to find and understand the spirit of this Amerindian land of ours. I believe that we all come from, belong to and will come back to the sacred Circle of Life. I believe that Life will prevail! I welcome the times to come! Canada, we stand on guard for thee!

Niaweh! Thank you from the heart!

Etsagon! Be brave! Be happy!

# First Nations, Canadians and their Quest for Identity: An Anthropological Perspective on the Compatibility of Nationhood Concepts

*Lilianne E. Krosenbrink-Gelissen*

> *"Reserves are more than just places to be born and to die... If they are seen as sacred communities by Indians now, someday they may be treasured by all Canadians as part of our national heritage and regarded as special and privileged places in which to live" (Pope 1985, 259).*

> *"Aboriginal peoples are the historical foundation on which Canada was erected, and which distinguishes Canada from other Western European states... It should not be enough to preserve the people physically, for the loss of their cultures would diminish the human capital of Canada irretrievably" (Barsh 1994, 37).*

Overlooking developments since the early 1980s, we note that First Nations in particular and Canadians in general are politically preoccupied with constitutional reforms. Both parties, each in their own way, are searching for a cultural and a political identity and are striving for self-government. Self-government is the core of nationalism. Expressions of nationhood are found mostly in the political discourse, thereby constructing individuals as members of a particular nation or as "others" who do not and cannot belong to that particular nation.

Concepts of "nation" represent a multitude of ideological constructions that may co-exist or conflict with one another within a specific historical context. Hence, there is not a single understanding of what "nation" means, but usually one concept dominates the other(s). This has significant consequences for a person's and people's quest for identity. With respect to this, I will also address the question of how gender relates to nation.

In referring to the context of the Canadian state I will focus on whether contemporary perspectives of nationhood shared by First Nations on the one hand and non-Aboriginal Canadians on the other hand are compatible, and if so, how these concepts can be constitutionally entrenched and practically implemented. In order to critically address these questions I part with the eurocentric link between "nation" and "state". Concepts of "nation" can be analyzed from a legal, political, or cultural perspective. Although the three are linked, I will emphasize the cultural perspective, thereby describing the importance of recognized nationhood for a person's and people's identity, survival, and prosperity.

In the first section I describe how First Nationhood is generally conceived and expressed by First Nations people. In the second section I reflect theoretically on the term "nation" and disconnect "state" from "nation" in order to compare adequately nationhood concepts of First Nations people and those of Canadians in general. The third section relates to the role of gender in nationalism and national identity. I investigate whether gender is, or is not, involved in nationhood concepts of First Nations people and Canadians in general. The fourth section discusses Canadian national identity and the manner in which it is made possible for immigrants to become and to feel Canadian whereas this proves not to be the case for First Nations people. In the fifth section I address the question of compatibility of nationhood concepts shared by First Nations people on the one hand and by Canadians on the other hand. This will be primarily done from an anthropological perspective with emphasis on cultural identity. I will also assess whether this perspective may lead to new insights as to constitutional entrenchment and practical implementation of First Nationhood in Canada. The final section contains a summary and the conclusions.

## First Nationhood

First Nations people, previously referred to as "Indians", are those individuals and collectivities of individuals who perceive themselves and/or who are defined by others as persons of First Nations ancestry, and "who continue to identify with a cultural lifestyle at odds with that of the dominant sector" (Fleras & Elliott 1992, 1). As Tsosie argues: "It is essential to realize that maintaining one's ties to the traditional past, to the ritual and symbolic structures of one's culture, imparts a significant sense of "power". That power includes a sense of identity, connection and self-confidence" (1988, 17). Culture is of crucial significance since it is the central medium through which people give meaning to their lives.

Although First Nations are part of the Canadian state they have always been apart from Canadian society. Chartrand states that First Nations have never been, and are not yet considered of value in the shaping of Canadian society in spite of their being Aboriginal Canadians (1993, 235). There are more than 55 different First Nations in Canada. What binds them together, despite cultural and political differences, are the shared experiences with colonial oppression which became manifest in the imposition of Christian ideology and federal policies towards "Indians". First Nations persons suffer from racial discrimination and stereotypes, provided that they look "Indian" enough according to images held by non-Aboriginal Canadians. Those persons to whom the stereotypes do not apply are denied their Aboriginal identity. No matter how negatively a person's identity may be perceived that individual will insist on recognition of his/her self-identity because without identity you are a nobody (cf. Krosenbrink 1991, 13-20).[1] In this respect racism is to be conceived as the product of the colonialist discourse of "the Other" which has ongoing effects in the present (Anthias 1993, 6). Macklem adds that relations of power are always constructed and maintained by (legal) identification of racial and/or cultural difference. (1993, 12)

First Nationhood can be conceived as a Pan-Indian term. The plural form of "First Nations" expresses the communality between "Indians" while at the same time it gives credit to their cultural diversity. Since the early 1980s so-called Indians take increasingly a "nationhood" approach in both national and international political arenas to express their special status as first occupants of the territory now known as Canada, and to make their claims relevant within the context of the legal state. First Nations' claims vary to a considerable extent but they all come down to self-government. It is the core of nationalism and can be defined as a people's right to its own territory, the right to decide alliances, the right to develop its own political institutions, and the right to have its own legislative powers in accordance with the people's culture. Or, to put self-government within an anthropological frame of reference: a people's wish to ensure that a people's identity and culture can continue to grow and change in directions the people choose for themselves (Berger 1983, 370).

The drive for self-government is an attempt to seize control from the Canadian state authorities over the process by which First Nations (and other Aboriginal) identities are constructed (Macklem 1993, 12). The term "nation" tends not to be associated with "minority", "race" or "ethnicity" but with national values in order to register claims as political. Whereas terms such as ethnic minority set our minds to inequality thinking, the term "nation" drives our minds to equality thinking. Therefore, "nation" reflects First Nations' intention to have a political dialogue with Canada on the basis of equality. Furthermore, First Nations are well aware that nationalism remains a valuable instrument to gain as much self-determination and independence as possible despite the lack of an independent state to support nationalism (Boldt 1982, 503-504). Lastly, First Nations' use of the term "nation" may also be conceived in reaction to a specific reference within the Constitution to the French and English as being the founding nations of Canada. In her article on "Fur Trade History as Text and Drama" Brown (1992) argues that if the fur trade era is a cultural construction for the purpose of developing a Canadian national identity, then the Constitution must recognize that Canada was founded on three groups: French, English, and Aboriginal peoples.

According to Fleras & Elliott (1992, x-xi) it is not relevant, and perhaps inappropriate, to question First Nations' reference to themselves as nations. What is far more important is to comprehend First Nations' retrieval of nationhood within a context of political dialogue on a "nation-to-state" basis with Canada. I consider their reference of "nation-to-state" as reflecting the inherent asymmetry in political relations between First Nations and the Canadian nation(s)-state. I shall deal with it in the next section.

Debates on First Nationhood and the inherent right of First Nations to self-government have dominated the Aboriginal constitutional reform process from the early 1980s onwards. In this process the political and legal complexities with regard to First Nations' self-government as a result of Canada's unwillingness to conceive First Nations as nations were amply discussed.[2] As a matter of fact the Aboriginal constitutional reform process as such is attributed to a strengthening of nationhood feelings among First

Nations. While discussions on Aboriginal constitutional rights fostered the development of a variety of ideas on self-government to be practically implemented (Penner report of 1983), a revision of the Indian Act brought up the matter of self-identification and First Nations citizenship (Bill C-31 of 1985), and a revision of the land claims policy reinforced the notion of a territorial base for nationhood (Coolican report of 1985).

The First Nations' concept of nationhood and the accompanying quest for self-government bears several functional mechanisms:

1. It reveals that not all distinctive nations and cultures on which Canada was built are given equal status within the laws of the state, and that this inevitably results in asymmetrical relations between groups.
2. It questions the Canadian state for exercising jurisdiction over nations who were there first, who have been historically independent, and who have been left out of the process of Canadian national identity making. Therefore, a re-evaluation of the process of colonization and Canadian state formation is requested.
3. It questions the concept of Canadian national identity since First Nations make clear that not everybody living within the Canadian state boundaries can (or should necessarily) belong to one single nation.

As Chartrand summarizes:

> The nationalistic movement among Aboriginal peoples presents a challenge to the notion of two founding nations in establishing the Canadian State. Since the Aboriginal peoples had virtually no say in the establishment of Canada, the legitimacy of Canada, not only as a constitutional entity, but as a country with a legitimate vision of its own society is being challenged (1992, 24, cited in: Jhappan 1993, 237).

**What Is in a "Nation"?**

It is worthwhile to discuss nationhood concepts. Following Yuval-Davis (1993) I do not focus on how nations historically came about, for I consider it more important to comprehend nationhood as a cultural construction within the framework of a people's expectation towards the future. For the past two centuries nationalism has been the mainspring of global history, and in the political life of our time as well, nationness is conceived as the most universally legitimate value. The establishing and further developing of the United Nations are firmly founded on this general belief. Nevertheless, it is difficult to find one single concept of nation shared by members and non-members of this supra-national political organization, such as the Unrepresented Nations and People's Organizations (UNPO), and the World Council of Indigenous Peoples (WCIP). Nations are arbitrarily defined and can only be comprehended within specific cultural and historical contexts. But what is perhaps the most important aspect of nationhood is that it is an irreducible component of identity. National identity is a relational identity: everybody has a national (cultural) identity, and national identity cannot exist without its definitional "other" (cf. Anderson 1983; Parker et. al 1992).

According to the English Oxford Dictionary a "nation" is:

> ... a large community of people associated with a particular territory usually speaking a single language and usually having a political character or political aspirations (Hornby 1983, 561).

Whereas according to the Dutch van Dale Dictionary a "nation" is defined as:

> ... all people who have a common ancestry, common language, common culture, etc., a people (van Dale Groot Woordenboek der Nederlands Taal 1984, 1790; translation lk).

I have chosen these two formal and different definitions of "nation" because they provide an indication of the major divisions in nationhood concepts. The English definition refers to "nation" in terms of politics — thereby linking it to a political and legal state, and a limited territory — while the Dutch version focuses on culture and identity. Although it is virtually impossible to separate the political and cultural from one another (they presuppose each other in the concept of "nation") let me dissociate them for analytical purposes. This enables us to dis-associate "state" from "nation" in order to better comprehend and compare the nationhood concepts of First Nations people as opposed to Canadian in general.

The anthropologist Benedict Anderson (1983) has become well known for his perspective on "nation":

> ... I propose the following definition of nation: it is an imagined political community — and imagined as both inherently limited and sovereign. It is "imagined" because the members of even the smallest nation will never know most of their fellow-members, meet them, or even hear of them, yet in the minds of each lives the image of their communion (ibid, 15)... Finally, it is imagined as a "community", because, regardless of the actual inequality and exploitation that may prevail in each, the nation is always conceived as a deep, horizontal comradeship. Ultimately it is this fraternity that makes it possible, over the past two centuries, for so many millions of people, not so much to kill, as willingly to die for such limited imaginings (ibid, 16).

When conceived broadly, every community that extends beyond that of a village can be referred to as a "nation". Throughout human history there have existed social and political organizations beyond that of a village community. However, the concept of nation appears to be reserved for specific types of political organizations which developed first in Europe during the second half of the 18th century as soon as the idea of popular sovereignty became widely accepted (Levin 1993, 6). As a matter of fact we are talking here about "nation-states", implying that a people occupies a defined territory, and lives within an organized economic and political community headed by a central government. Although a state as such has nothing to do with people and culture, it can be perceived as a political instrument to promote a common (national) culture. The main characteristics of this culture can be deduced from the way important decisions are made, and by whom, and from the legal rights of citizens. In nation-states individuals are assumed to subordinate their specific cultural, gender, class and religious identifications in favour of a generalized commitment to a civil order to become a "nation". Eurocentrism in nationhood concepts is widespread all over the world. It entails an ideological construction of nation in terms of a politico-legal state: nations without a state are no nations, or at best they are nations to a lesser degree, and consequently cannot claim self-government. As Fox argues, a nationalism that has failed to achieve an independent status will continue as one "ethnic identity" (1990, 3). The difference between "ethnic" and "national" groups is not expressed so much in terms of scale, as in terms of power.

In eurocentric nationhood concepts the false premise is that there (should) exist only "one nation, one state" types of organization, representing a common culture. As a result we observe that nations universally tend to long for a legal and territorial state as a means to secure their national identity and culture.[3] One may ask what comes first, a national culture and identity or a national political organization and civic identity. Although an interesting question I do not find it relevant to the main argument of this paper and thus I shall not deal with it.[4] The option of having different groups of persons claiming "nationhood" within one single state is generally perceived as problematic. The state of Canada in constitutionally recognizing two nations is one of the exceptions to the rule. The challenge this evokes is well known through the heated debate on the Québec question.

A nation and a state are not two things of the same kind. The result of eurocentric concepts of nationhood is that the terms "nation" and "state" are confused and sometimes used as synonyms.[5] For example, in "Canada Past and Present" Saywell (1983) uses titles such as "the making of a nation" (ibid, 18) and "the growth of a nation" (ibid, 32) while actually describing how the physical framework of the state of Canada was shaped and developed. Furthermore, he appears to conceive the Canadian nation as the totality of non-Aboriginal persons. Those who do not, or cannot, comply with nationalist ideology and notions of cultural desirability are not considered members of the Canadian nation. This construction of a national identity is not unique for Canada. We find this in many states with a colonial history.

Culture and politics may be perceived as the two opposite poles of the nationalistic continuum. One can then assumed that there is a great variety of "nations". However, for analytical purposes I shall deal with two distinct nationhood concepts:

1. Eurocentric concepts of nationhood that link (civic) "nation" to "state". The state is used as a political instrument to develop a national culture. I view Canada and its ongoing constitutional reform process since the early 1980's as a clear example of a state building up its national identity.
2. In non-eurocentric concepts of nationhood the idea of an existing distinct identity is firmly embedded. The common culture argument is used as an instrument for political organization in order to survive as a people. First Nations in Canada are an example of this. However, as Jhappan states First Nationhood goes beyond culture, it is more than cultural nationalism, it has political implications although they do not extend as far as nation-statehood (1993, 230-231).

There appears to be a hierarchy in the nationhood concepts described above. With respect to my classification the first has preponderance. In the case of Canada, Chartrand argues:

> Many, and probably most, Canadians take it for granted that Canada's very existence as a country depends upon its laws covering every one who happens to live within the territory; such is the standard understanding of "citizenship" in everyday discourse. Therefore, the seemingly logical conclusion is to note that Aboriginal people live "in" Canada; therefore, they must be Canadians. An easy next step is to argue that, if they are "Canadians", they are to be treated as everyone else; that is, they have the same rights and duties as all other Canadians... At this point, the second assumption joins the first. Liberal belief in individual rights becomes a basis for dismissing Aboriginal self-government as little more than an inappropriate recognition of "racial" categories. Therefore, while these two assumptions can be distinguished, and do not necessarily always operate together in popular discourse, there is a strong tendency for the two to be mutually reinforcing — and to narrow the space for any meaningful consideration of the legitimate recognition of Aboriginal political communities as the principle upon which to found arrangements for self-government (1993, 236).

I believe that the recognition by Canadians of the First Nations nationhood is not only a political and cultural problem, it is a moral one. Recognition implies a formal account by the Canadian State of historical political incorrectness and indebtness to First Nations. I presume that many Canadians would consider it an insult to themselves to admit that what they did in colonial history — on a nation to nation basis — was wrong.

To conclude, there are no true or false nations. First Nations are nations as well as the French and English Canadians are. As Anderson states: "communities are to be distinguished not by their falsity/genuineness, but by the style in which they are imagined" (1983, 15). All nations are cultural constructions. It is a matter of inclusion and exclusion of persons, and of creating boundaries between those nations who can, and those who cannot, claim valuable resources. It is obvious that this seriously strains the relationships and the sharing of powers between nations living in one state, as is the case in Canada.

## Nation and Gender

A significant question is whether gender plays a role in nationhood concepts, and particularly in that of First Nations in general. Because of the historical asymmetrical relations of power between First Nations and the Canadian State, the latter has had considerable power to influence the identity of First Nations. As Fenger Benwell explains: "not only the political but also cultural legacy of the Canadian Indian is dependent on the definitions of who is Indian, who defines this, and how it is administered" (1993, 20).

The question of "Indian" legal status is very important but is of more fundamental concern to First Nations women than to men. Until 1985 women's (legal) national identity as First Nations persons was not relevant with respect to transmission of Aboriginal identity. The Indian Act (since 1876), in determining "Indian" legal status and identity, was inherently male dominated and sex discriminatory. First Nations lineage could only be established through the males. First Nations women who married non-Aboriginal men were not considered First Nations persons anymore, neither were their offsprings. On the other hand, non-Aboriginal women who married First Nations men obtained legal status and rights as First Nations persons, including their offsprings. If the non-Aboriginal or First Nations woman divorced her husband or became a widow, this did not affect her status obtained or lost through marriage. Only through re-marriage with a "status Indian" could a First Nations woman regain her birthrights. In conclusion, until 1985 women's birthrights as members of a particular First Nation and as persons with related legal rights were totally neglected. This also holds for non-Aboriginal women.[6]

The consequences of the Indian Act, in legally defining persons as Aboriginal or non-Aboriginal without regard for the individual's sense of national cultural belonging, were far-reaching. The Indian Act regulations had a dramatic effect on the collective sense of First Nations' identity. As a result, many First Nations persons began almost to believe that "the only real Indian is a status Indian". This resulted from the Indian Act's inherent racist and sexist notions which were gradually internalized by a rather significant proportion of First Nations people. Furthermore, as a result of other regulations in the Indian Act, pertaining to social, economic and political life in a First Nations territory, women were construed as a subordinate gender who had hardly a political voice if any, and who were economically dependent.

The Indian Act was devastating for First Nations' self-government and seriously constrained First Nations' national, cultural as well as politico-legal, identity. It has had a significant impact particularly on First Nations women's perceptions of both their national and gender identity. They felt dually discriminated against on grounds of their culture and gender, not only by Canadian society at large but also by their own communities.

Owing to First Nations women's political actions since the early 1970s the sex-discriminatory regulations in the Indian Act were abolished in 1985 (Bill C-31). Persons who had lost or who had never had Indian legal status as a result of these regulations, under certain conditions could respectively regain, or obtain legal status and rights. Gail Stacey-Moore, former president of the Native Women's Association of Canada stated:

> Aboriginal people must define what a nation is and this nation must include all people of each nation... Aboriginal women and their children, whether status Indian under the Indian Act or non-status, whether reinstated under Bill C-31 or not, whether living on or off reserve, are all Aboriginal people... The time has come to break down the mentality forced upon us as Aboriginal people by the Indian Act. The time has come to rebuild our nations with all or our people — not just those who meet criteria established not by us but by the government (cited in: First Peoples and the Constitution Conference Report of Co-Chairs 1992, 31-32).

After 1985 gender problems were not over for First Nations women. Bill C-31 did not reinstate all persons of First Nations ancestry. Because of the new Indian Act's preoccupation with "Indian" legal status acquired before 1985, and its limited retroactivity, residual sex discrimination occurred. Many reinstated First Nations women who wanted to return to the territory with their families, experienced obstacles to exercise their newly acquired rights as "status Indians". Most of these obstacles were raised by First Nations communities themselves.

From the early 1980s onwards First Nations women have been trying mainly through their political representative body, the Native Women's Association of Canada, to resolve their conflicts and dilemmas with regard to their Aboriginal rights and sexual equality rights. Considering the different experiences of First Nations men and women, it is no wonder that the Native Women's Association formulated different goals within the framework of the Aboriginal constitutional reform process. Although the Native Women's Association wanted the First Nations' inherent right to self-government entrenched, thereby establishing First Nations nationhood officially, the organization has always insisted on the principle of sexual equality between First Nations men and women to be constitutionally specified and guaranteed (cf. Krosenbrink 1991, 1993). Hence, within the context of First Nations' quest for a distinct national identity, gender relations do play a role. As a result of the sex-discriminatory regulations in the Indian Act and the consequences thereof, First Nations men and women generally have somewhat different perspectives on self-government, and many women are still facing the problem of having their First Nations status both legally established and socially recognized by the communities they come from. In terms of constitutional rights this refers to the problems of balancing individual — gender equality — and collective self-government First Nations rights — (cf. Jhappan 1993, 242-252).

Yuval-Davis argues that nationalism is a phenomenon which has usually been discussed as part of the public political sphere. The exclusion of women from that forum meant excluding them from the nationalism discourse as well (1993, 622). Ever since the constitutional reform process on Aboriginal rights started, and until the defeat of the Charlottetown Accord in 1992, Aboriginal women have been barred from the decision-making processes.[7] Both the federal government and the Assembly of First Nations, considered to be the male counterpart of the Native Women's Association, have opposed Aboriginal women's formal participation in constitutional discussions on Aboriginal rights. Although the federal government recognizes the Native Women's Association as a separate women's organization with a distinct and legitimate mandate they have upheld the opinion that the Assembly of First Nations should represent First Nations' women's griefs and goals. However, the Assembly of First Nations has never really considered the issue of gender equality relevant to Aboriginal rights and self-government. The sex-discriminatory status issue did not concern them as men. The Assembly has alway been afraid that if the Native Women's Association would be given an official seat in the constitutional conferences on Aboriginal rights reform, the discussions might drift away from self-government (Krosenbrink 1991, 148-149).

Given First Nations men's and women's different experiences with the Indian Act, and given the gender sensitivity of First Nations cultural and politico-legal identity one might assume that gender does play a role in First Nations' concept of nationhood. However, the Aboriginal constitutional reform process until now has taken place in a political arena which is inherently male dominated by Aboriginal and non-Aboriginal political leaders who are representatives of male vested interests. Therefore, First Nations' concepts of nationhood can be described as viricentric. Viricentrism is by no means unique for First Nations. There are many examples of, particularly, anti-colonialist struggles in which feminist programs have been sacrificed to the cause of national liberation, and gender inequality being concealed in concepts of "common" nationhood (cf. Parker et. al 1992)[8]. As Ng (1993, 182-183) argues nationalist struggles are not regarded as gendered phenomena. However, women do experience gender and national oppression as a totality. It appears that gender does play a paramount role from the moment when nations are (still) seeking a common cultural identity. Women are used as signifyers and symbols of differences between nations, and are perceived as transmitters of national cultural identity (cf. Agelopoulos 1993; Anthias 1993; Fiske 1992; Hassim 1993; Yuval-Davis 1993).

In conclusion, First Nations concepts of nationhood are discussed in the political arena with emphasis on political nationhood. First Nations women's issues have been subordinated to the overall issue of self-government. This may be perceived as a paradoxical situation since First Nations women's issues bring to mind the question of who is entitled to attribute membership in a First Nation, and which criteria should be decisive in establishing First Nations citizenship. As the case of the Indian Act has shown, First Nations national identity is more related to politico-legal dimensions than to cultural dimensions.

## Canadian Identity

As already mentioned, First Nations are part of the Canadian State but have never been conceived as part of the Canadian (cultural) nation. First Nations people themselves tend to have mixed feelings about having a Canadian passport. They consider themselves Aboriginal before Canadian and do not wish interference as a result of shared citizenship with other Canadians. First Nations cultures have always been considered too different (and primitive) in order to become incorporated within Canadian national identity. It is my view, that the cultural differences between First Nations on the one hand and Canadians in general on the other hand have been deliberately constructed as irreconcilable to maintain the political status quo of unequal relations of power.

The British North America Act of 1867 is by and large perceived as the birth certificate of the Canadian nation, consisting of the majority population which developed after contact with the First Nations (Asch 1993, 50). For both the

French and the English, anti-Americanism was the basis of their quest for a Canadian national identity. The special status of First Nations was provided for in section 91(24), assigning to the federal government the authority to administer the everyday lives of First Nations (McNaught 1982:143-146).[9] The British North America Act reflected two concepts of national identity:

1.  Canadian identity as a multicultural identity,
2.  Canadian identity as a mono-political identity, represented by the federal state with a strong central government to protect multicultural rights.

The concept of multicultural identity in connection with a unified political national Canadian identity has always created problems (Woodcock 1980, 47-54). Since the French and the English monopolized the Canadian State these two groups represented cultural desirability. It appears that multiculturalism implies different things for different groups in Canadian society. Whereas the French and the English (as founding peoples) are allowed to have an identity which is both culturally and politically distinct, all other non-Aboriginal Canadians are only allowed to feel affiliated with a distinct cultural identity as long as they have no national political aspirations, and do adhere to the civil order as reflected in the Canadian Constitution. The underlying assumption is that for the broad mass of immigrants, Canadian nationalism means new modes of social justice and not an avenue to promote their own cultures (cf. McNaught 1982, 219). Notwithstanding the different statuses between the English and the French on the one hand and all other non-Aboriginal immigrants on the other hand, there was commonness: all immigrants were able to become Canadians, culturally as well as politically. Canadian society may be generally divided in "we" — the newcomers — and "they" — the Aboriginal people. The latter were never seriously considered part of Canadian society.

With respect to immigrants who were defined as non-English and non-French Canadians, cultural identity seemed rather narrowly defined: a static "thing" which refers to folklore (e.g. food, clothing and dancing) and has certainly no political dimension[10]. From the 1970s onwards the majority of immigrants to Canada consists of persons of so-called non-western cultures. Although they tend not to have developed a nationhood concept (so far) and are labeled "minorities", they do challenge the hegemony of a predominantly English-oriented national culture. It should not be underestimated that the "other than English and French" immigrants represent as much Canadian national identity as the English and French do. As Howells and Lacroix state:

> Canada's image as a bilingual multicultural society represents an ideology constructed out of political, historical and cultural factors which are particular to that country, a kind of shorthand for purposes of international recognition and communication. But national identity, like individual identity, is a projection for the eyes of others, and to look behind that projection is to discover a far more complex interplay of forces (1991, 243).

Since the early 1980s, and with the beginning of the constitutional reform process, Canada is actively seeking a new self-identity. It appears that the willingness to accept the concept of several equal nations within one federal state is growing. In this respect "nations" refers to the First, French and English nations and their hope for a common destiny as distinct nations within the State of Canada. Although Canada has always accepted the construction of a nations-state, the intention is now to dramatically alter its meaning. For the first time in Canadian history serious attempts were made to integrate First Nations culturally and politically within the State of Canada on the basis of equality (cf. the provisions in the Charlottetown Accord of August 1992).[11] As far as First Nations are concerned they are searching for ways to enter Canadian confederation. Although the past fifteen years proved that making different concepts of nationhood compatible is hardly, if ever, possible I do believe that it is a task which can be accomplished.

## Compatibility of Nationhood Concepts

As we have seen, First Nations are as much nations as the English and French nations are. Within a particular framework of political and economic relations, and given a specific historical context some nations are considered more equal than others. In processes of colonization many nations had their nationhood taken away. First, French and English nations are divided by the distinctiveness of their cultures. Distinct cultures can only operate with great difficulty if they have no distinct laws of their own to support their cultures. Distinct laws call for distinct governments.

The Canadian political system has the potential to accommodate national aspirations in much the same way as it has allowed the French to become equal partners, no matter how strained the relationship (cf. Fleras & Elliott 1992, 222). Most First Nations people recognize Canada's existence and accept Canadian citizenship if a framework is provided in which their own nationhood is asserted. A question which I consider important is why First Nations' nationhood has not been established yet. From my point of view the so-called constitutional conferences on Aboriginal rights should have taken place before Constitution patriation in 1982. It is not a productive starting position when the culturally dominant nation spells out the nature of rights of other nations and determines the ways these rights can be discussed, amended, entrenched and practically implemented. The Constitution reflects a division of power imposed by the federal government, who is a representative of the dominant English culture group. A possibility for the First, French and English nations would have been to discuss beforehand what their cultures do have in common, what values they do share, and on what they can agree politically and legally as regards the nature and power of the Canadian State. The way the Aboriginal constitutional reform process has taken place until now can be characterized as primarily a "federal government action — First Nations reaction" process.

From a political point of view there are a few options to make First Nationhood and Canadian nationhood in general compatible:

1. First Nations may enter a relationship of federacy with the Canadian State. Michael Stevens states in his article on "Federacy: The Federal Principle in the Post-Colonial Era" (1977): "Federacy is an unrecognized form of federalism which joins separate distinct communities of disproportionate size and resources in a political association designed to maintain the

integrity of the smaller community" (177, cited in: Kato 1986, 333). A Federacy permits a separate national cultural identity to be maintained while retaining social, economic, political and military ties with a larger state. While citizens of the associated state, or states, have power to enter the larger state, the smaller state, or states, may reject encroachment of the larger associated state(s). Examples of federacies are Monaco/France, Andorra/Spain/France, Lesser Antilles/The Netherlands/France and Liechtenstein/Switzerland (ibid, 334-335).

2. First Nations may continue seeking amendments to the Constitution Act of 1982 with a focus on legal pluralism. According to Leonardy: "Legal pluralism... is based on the recognition of the legitimate distinctiveness of cultures that is best protected by reserving each group the power to decide about its own affairs without dominating other groups. Thus, legal pluralism within a nation state requires a division of collective powers that is nurtured by the idea of mutual respect for cultural 'otherness'. In other words: Legal pluralism means legitimate, self-determined inequality of law and before the law" (1994, 1).

3. First Nations may seek a heterogeneous Canadian state. Whereas in the case of a federation, subdivisions are along territorial boundaries, in a heterogeneous state the lines of division would follow distinction of peoples (Azzopardi 1991, 189). This would also make it possible to involve First Nations persons who either cannot, or will not, live in their own territory but who consider their distinctive national cultural identity of vital importance to survive and prosper. A heterogeneous state would really be founded on cultural divisions, and not economic, political and regional divisions.

If nations truly accept that they are founded on different cultures and if they agree that they should keep their cultures alive for the sake of their survival and well-being, then it is necessary to set up boundaries which are mutually acceptable. Canadians have always insisted on First Nations cultures being different but they have never dared accept difference on a basis of equality. The political will to change that situation is present and possible legal provisions to recognize First Nationhood were to some extent elaborated in the Charlottetown Accord. From this point of view nationhood concepts of First Nations on the one hand, and of Canadians in general on the other hand, are compatible and can both be accommodated within a dynamic political and legal constellation of Canada. However, a remaining serious obstacle is the lack of genuine social acceptance by Canadians in general of First Nations being equal, but different, partners in Canadian society. Although in a purely political perspective they did not take part in founding the Canadian State, they are the founders of Canada with respect to culture. First Nations are part of the national heritage.

**Conclusion**

The constitutional reform process from the early 1980s onwards provided opportunities for both First Nations and non-Aboriginal Canadians to develop new identities. For First Nations this was particularly important because they were formally given the opportunity to seek more equal relationships with society at large. First Nations' quest for a new identity in terms of nationhood reflected their perceptions of their own political past, of their cultural distinctiveness, and of their goals to determine their own future within the framework of the Canadian State.

First Nations' concept of nationhood is unique since it does not imply extension to statehood. But most of all, it deconstructs the eurocentric notion of "nation-state". Nations are all those groups of people who conceive themselves as culturally distinct and who were, are, or want to, be self-governing. The term "nation" reflects an ideological construction. A people who was able to dominate another people culturally, economically and politically reserved "nationhood" for itself thereby firmly establishing its hegemony within a legal state. A people needs to be recognized as a nation by "the Other" to make its political claims relevant. The Canadian State is gradually moving towards recognition of three nations: the First, French and English nations. However, the recent history of constitutional reform, and its failures, proves that it is very hard to change directions from a "nation-state" to a truly "nations-state".

With regard to First Nations' national identity and its gender component, we are confronted with a complex matter. As a result of the historical, colonial, relationship between Canada and First Nations the federal government took the power to define "Indian" identity on the basis of racist and sex-discriminatory criteria which were reflected in the Indian Act. The Indian Act has had a significant impact on First Nations conception of identity. Many First Nations women, although strongly supporting the struggle for self-government, are still in the process of having their First Nations identity recognized both legally (by the federal government) and socially (by other First Nations members). Although the case of First Nations women's identity is most relevant to self-government in questioning who is entitled to determine First Nations membership and on what criteria this should be done, women's issues have never been seriously discussed in political debates.

Although the Indian Act has had more dramatic effects on First Nations women than on men, it was sex neutral in making it impossible for First Nations persons to become and feel Canadian. Whereas in the case of other than English and French immigrants their cultural distinctiveness was not found an obstacle to become integrated in Canadian society, non-Aboriginal perceptions of First Nations' cultural distinctiveness were continually used to set First Nations communities and individuals apart, and to maintain their subordinated positions.

From the 1980s onwards, things have changed for First Nations and non-Aboriginal Canadians. Political and legal space has been created to discuss and develop a new Canadian self-identity that includes First Nations. Cultural distinctiveness of First Nations should not be an instrument of inequality anymore, but should be re-interpreted in the direction of an "equal but different" status of the First, French and English nations. I have presented three options which may allow accommodation of different nationhood concepts within the state of Canada. Constitutional entrenchment of First Nationhood is of vital importance not only for First Nations themselves, it might lead to a gradual self acceptance of Canada as being a pluri national and pluri cultural society.

## Notes

1.   A recent change of law in The Netherlands makes it impossible for persons of mixed national (civic) descendance to retain their double passports. Most of these persons tend to prefer the nationality they feel culturally affiliated with, and from which they obtain their sense of identity. As regards the (mostly Mediterranean) immigrants, it appears that persons do not oppose becoming Dutch but they have emotional problems with, according to their perceptions, giving up their former national (cultural) identity. Politicians tend not to understand the nature of the emotional problems because they perceive nationality only in legal and political terms.

2.   I will not describe in details the Aboriginal constitutional reform process because this would go beyond the scope of this paper. Chronological overviews, amongst others, are presented in: Jhappan 1993; Krosenbrink 1991; and Leonardy 1994).

3.   "One nation, one state" is rarely a true appellation since more that 90% of the world's states are ethnically heterogeneous (cf. Smith 1981, 9). Furthermore, the Kurds provide a good example of one nation divided over several different states. Nevertheless, it is a fact that states have a tendency to strive for having a common culture representing one single nation.

4.   For more details, see e.g. Zubaida's article "Nations: old and new" (1989). It reflects comments on Anthony D. Smith's "The myth of the 'Modern Nation' and the myths of nations" (1988). Zubaida argues that rather than being precondition of nation-formation, cultural homogeniety is often the product of a stable history of state and nation formation (1989, 329).

5.   In my opinion a more accurate name for the "United Nations" would be the "United States of the World" (USW).

6.   It should be interesting to investigate how non-Aboriginal women reflected on their becoming "Indians", how they experienced life in a First Nations terrritory, how they described their identity, and how they were defined by others in the community. To my knowledge no research has ever been conducted in this field.

7.   Although the Native Women's Association of Canada was unable to obtain an official seat at the First Ministers' conferences on Aboriginal constitutional rights the organization managed to have its voice heard indirectly, through delegates of other national Aboriginal organizations or of some provincial governments. However, the organization was only allowed to speak on the matter of sexual equality and not on Aboriginal self-government (cf. Krosenbrink 1991, 146-169).

8.   Ng (1993, 182-183) argues that women of colour in general face two problems. Firstly, women's issues are secondary to nationalist struggles, and secondly, women of colour are silenced from time to time by majoritarian women's movements.

9.   This is not to say that the federal government has not pursued the canadianization of First Nations persons. The various enfranchisement regulations reflected the federal government's intention of cultural assimilation. A First Nations person had to give up officially his/her legal status as an "Indian" in order to become a Canadian. Only after 1960, when all First Nations persons obtained the franchise, were they allowed to be both Canadian citizens and First Nations persons (Krosenbrink 1991, 48-60, 67-69).

10.  These views are not likely to be shared by many, especially in terms of religions other than christian, and schooling in languages other than English or French. (Ed.)

11.  In the Charlottetown Accord of August 1992 it was proposed to entrench the Aboriginal peoples' inherent right to self-government. Furthermore, Aboriginal governments were recognized as one of the three orders of government in Canada (Leonardy 1994, 10).

## References

Agelopoulos, A. (1993). Mothers of the Nation: Gender and Ethnicity in Greek Macedonia. Paper presented at the European Association of Social Anthropologists' conference on "The

Anthropology of Ethnicity: A Critical Review". Amsterdam, The Netherlands, December 15-19.

Anderson, B. (1983). *Imagined Communities: Reflections on the Origins and Spread of Nationalism*. London/New York: Verso.

Anthias, F. (1993). Conceptualising Social Categories of Identity. Paper presented at the European Association of Social Anthropologists' conference on "The Anthropology of Ethnicity: A Critical Review". Amsterdam, The Netherlands, December 15-19.

Asch, M. (1993). "Aboriginal Self-Government and Canadian Constitutional Identity: Building Reconciliation". In M. Levin, ed. *Ethnicity and Aboriginality: Case Studies in Ethnonationalism*. Toronto: Univ. of Toronto Press, 29-52.

Azzopardi, E. (1991). "Justice of Aborigines: in search of principle". In K. Maddock, ed. *Identity, Land and Liberty: Studies in the Fourth World*. Nijmegen: Nijmegen Univ. Press, 181-196.

Barsh, R. (1994). "Canada's Aboriginal Peoples: Social Integration or Disintegration". *The Canadian Journal of Native Studies* 14. 1:1-46.

Berger, Th. (1983). "Native Rights and Self Determination". *The Canadian Journal of Native Studies* 3. 2:363-375.

Boldt, M. (1982). "Intellectual Orientations and Nationalism among Leaders in an Internal Colony: A Theoretical and Comparative Perspective". *The British Journal of Sociology* 33. 4:484-510.

Brown, J. (1992). "Fur Trade History as Text and Drama". In: P. McCormack & R. Ironside, eds. *The Uncovered Past: Roots of Northern Alberta Societies*. Edmonton: Canadian Circumpolar Institute, 81-88.

Chartrand, P. (1993). "Aboriginal Self-Government: The Two Sides of Legitimacy". In: S. Philips, ed. *How Ottawa Spends: A More Democratic Canada? 1993-1994*. Ottawa: Carleton Univ. Press, 231-256.

—— (1984). *Van Dale Groot Woordenboek der Nederlandse Taal*. Utrecht/Antwerpen: Van Dale Lexicografie.

Fenger Benwell, A. (1993). *Generating Canadian Indian Identity: Bill C-31 and the Constitution*. Copenhagen: The University of Copenhagen.

—— (1992). *First Peoples and the Constitution Conference Report of Co-Chairs*. Ottawa: Privy Council.

Fiske, J. (1992). Child of the State, Mother of the Nation: Aboriginal Women and the Ideology of Motherhood. Paper presented at the Joint Meetings of The Atlantic Canada Studies and B.C. Studies Associations, Halifax, N.S., Canada, May 21-24.

Fleras, A. & J. Elliott (1992). *The "Nations Within": Aboriginal-State Relations in Canada, the United States, and New Zealand*. Toronto: Oxford Univ. Press.

Fox, R., ed. (1990). *Nationalist Ideologies and the Production of National Cultures*. Washington: American Anthropological Association.

Hassim, S. (1993). "Family, Motherhood and Zulu Nationalism: The Politics of the Inkatha Women's Brigade". *Feminist Review*, 43:1-25.

Hornby, A., ed. (1983). *Oxford Advanced Learner's Dictionary of Current English*. Oxford: Oxford Univ. Press.

Howells, C. & J. Lacroix (1991). "Introduction to Identity in the Making: Emerging Canadian Culture and Images of Canadianness". In C. Remie & J. Lacroix, eds. *Canada on the Threshold of the 21th Century*. Amsterdam/Philadelphia: John Benjamins Publishing Company, 243-244.

Jhappan, R. (1993). "Inherence, Three Nations and Collective Rights: the Evolution of Aboriginal Constitutional Discourse from 1982 to the Charlottetown Accord". *International Journal of Canadian Studies*, 7-8.:225-259.

Kato, H. (1986) *Group Rights, Democracy and the Plural Society: The Case of Canada's Aboriginal Peoples*. Ottawa: Carleton University Press.

Levin, M., ed. (1993). *Ethnicity and Aboriginality: Case Studies in Ethnonationalism*. Toronto: Univ. of Toronto Press.

Macklem, P. (1993). "Ethnonationalism, Aboriginal Identities, and the Law". In M. Levin, ed. *Ethnicity and Aboriginality: Case Studies in Ethnonationalism*. Toronto: Univ. of Toronto Press, 9-28.

Krosenbrink-Gelissen, L. (1991). *Sexual Equality as an Aboriginal Right: The Native Women's Association of Canada and the Constitutional Process on Aboriginal Matters, 1982-1987*. Saarbrucken/Fort Lauderdale: Verlag Breitenbach Publishers.

Krosenbrink-Gelissen, L. (1993). "The Canadian Constitution, The Charter, and Aboriginal Women's Rights: Conflicts and Dilemmas". *International Journal of Canadian Studies*, 7-8:207-224.

Leonardy, M. (1994). "First Nations' Self-Government in Canada: Segregation or Legal Pluralism?". *European Review of Native American Studies*, 8. 1:1-14.

McNaught, K. (1982). *The Pelican History of Canada*. Harmondsworth: Penguin Books.

Ng, R. (1993). "Sexism, Racism, Canadian Nationalism". In H. Bannerji, ed. *Returning the Gaze: Essays on Racism, Feminism and Politics*. Toronto: Sister Vision Press, 182-196.

Parker, A. et al, eds. (1992). *Nationalisms & Sexualities*. New York: Routledge.

Pope, R. (1985). "North American Indian Nationalism and the Decline of Sacred Authenticity". *The Canadian Journal of Native Studies* , 5. 2:253-259.

Saywell J. (1983). *Canada, Past and Present*. Toronto/Vancouver: Clarke, Irwin & Co. Ltd.

Smith, A. (1981). *The Ethnic Revival in the Modern World*. Cambridge: Cambridge Univ. Press.

Smith, A. (1988). "The Myth of the 'Modern Nation' and the myths of nations". *Ethnic and Racial Studies* , 11. 1:1- 26.

Tsosie, R. (1988). "Changing Women: The Cross-Currents of American Indian Feminine Identity". *American Indian Culture and Research Journal,* 12. 1:1-37.

Woodcock, G. (1980). *The Canadians*. Don Mills: Fitzhenry & Whiteside Ltd.

Yuval-Davis, N. (1993). "Gender and Nation". *Ethnic and Racial Studies,* 16. 4:621-632.

Zubaida, S. (1989). "Nations: old and new. Comments on Anthony D. Smith's The Myth of the 'Modern Nation' and the myths of nations". *Ethnic and Racial Studies,* 12. 3.:329-339.

# First Nations Discourse: Strategic and Analytical Implications of a New Conceptualization

*Tom G. Svensson*

The term **nation** as a designation of Aboriginal people in North America may be older than one initially has reasons to believe. I do not know for certain when the term first appeared in the literature. One of the oldest sources may be a narration by Thomas Campanius Holm concerning New Sweden in Pennsylvania, a short-lived colony which existed between 1638 and 1655. Holm offers a fairly extensive, ethnographically accurate account, based on diaries from the 1640s. In these the indigenous inhabitants of America are referred to as nations, the Delaware Nation being the one which established the closest relations, especially in trade, with the Swedish colony (Holm, 1702). The reason for making this rather odd reflection on history is to note that at least some of the early European colonial powers regarded the people of different cultural origin and characteristics than themselves they met in the New World as nations. As I understand it, this reflects a mode of conceptualizing to which they were accustomed in the Old World. (For a fuller account of the Delaware Nation *see* Goodard, 1978.)

The use of the term nation implies certain acknowledged strengths and a notion of equality; furthermore, nations are political units which sign treaties and have done so long before the modern nation-state was developed. The word "nation" is a core feature in the recent conceptualization of **First Nations.** Moreover in Canada "Nation" is a complex concept and as such should be viewed in legal, political and cultural perspectives. My main objective in this paper is to explore the concept of "First Nations" from an anthropological perspective. In so doing I first need to give an account of its connections to the more general concepts of **nation, nationalism** and **national identity.**

Before that, two further key concepts should be introduced: **indigenuity** and **recognition.** All First Nations people are indigenous; their ethnic distinctiveness as well as their historically unique position are based on such a criterion. Consequently, indigenuity, or Aboriginality, legitimizes both the idea of First Nations as primordial, and justifies the claims of Aboriginal people as part of their  ethnopolitical actions. To be a powerful tool in the continuous struggle for cultural survival, as well as to reaffirm cultural viability, this condition of being indigenous requires recognition from the outside, i.e. the dominant majority society. The State, must acknowledge that First Nations people are indisputably indigenous, and, following from that, that they are entitled to certain rights. In line with the general theory on ethnicity, to be enforceable, self-ascription as First Nations founded on the conception of "indigenous", must correspond to ascription by others. The interdependence between indigenuity and recognition is emphasized in many Fourth World situations; the following citations will suffice to illustrate this point:

> We must be **recognized** as full and equal participants in the Canadian political system. It is about time that the collective rights of indigenous people are **recognized.** (Ovide Mercredi, Grand Chief of the Assembly of First Nations)

> We, the Ainu, must be **recognized** as indigenous people within Japan. (Giichi Nomura, Leader of the Ainu Association of Hokkaido)

As we see in contemporary ethnopolitical articulation, recognition with respect to alleged Aboriginality, as a demand in itself, is decisive, and without it, real negotiation power would be hard to attain. Indigenous empowerment opens cross-cultural negotiations within conflicts of interests; it also offers indigenous groups enough influence regarding their own vital affairs. This empowerment is founded on legal and political rights emanating from the very precondition of being defined as indigenous in the language of international law. Indigenuity is a sociological fact which calls for recognition by the other assumed negotiating party, the nation-state.

Such recognition of cultural **uniqueness** and of legal **rights** has to be activated: recognition of such a magnitude is not a given, it has to be asked for by the party which needs it. As there is no predefined requirement, or desire, from state authorities to offer such recognition, the active party will therefore always be the politically weak people, (First Nations in Canada) and it is very much a question of political will of the dominant society whether or not First Nations people will obtain the recognition they seek. Such activation is mainly political in form, although the action is authorized by cultural distinctiveness, and could rightly be referred to as the **politics of recognition**, a most significant process of change in multicultural nation-states. (Cf. Webber, 1995)

I want to draw attention to recognition as an important factor, because there are still indigenous people who are denied such formal recognition in their own nation-state, such as, the Ainu in Japan. In contrast, their indigenuity is appropriately recognized internationally, since the Ainu meet all standard criteria adopted by UN organs for indigenous concerns. In Canada, recognition of First Nations people as indigenous is no longer an issue; what is still unresolved, however, is the final recognition of First Nations' empowerment, based on rights to land and water on the one hand and rights to self-determination on the other. This has to do with devolution of power from center to periphery, a cultural-political process implying a transition from symbolic to more real power attached to First Nations.

At this point a further qualification of the term **recognition** is required: in the international arena Canada has lately persistently kept the distinction between people and peoples, thereby refusing to recognize indigenous groups as distinct peoples following the international legal meaning of the word "peoples" (Chief Moses, 1994). Under international law all **peoples** are entitled to the right to self-determination. By not recognizing the crucial "s" in the word "peoples", indigenous categories in Canada are, or can readily be, reduced to minorities of a special kind, i.e. those founded on indigenuity. In consequence, this distinction is critical as the right to self-determination constitutes an essential part of collectively enjoyed human rights, or as Chief Ted Moses recently stated: "it is the government's responsibility to protect and defend our basic human rights and fundamental freedoms". (Op.cit., 1994) And, as I perceive it, this cannot be achieved unless the Canadian authorities acknowledge without reservation the various indigenous groups as being **peoples**.

Regarding this question of recognition, we find a striking contradiction in a recent US policy. The US government recognizes over 300 Indian nations as indigenous, and maintains that relations between the federal government and these Indian nations should be based on a "Nation-to-Nation" formula. Native Hawaiians, however, are left out; they are neither recognized as a nation based on indigenuity nor are the rights of nationhood ascribed to Indian nations extended to them (Trask, 1992). Like Indian nations in both USA and Canada, Hawaiians are undoubtedly a First Nations people.

Similar ambiguity still applies to the Sámi in Northern Fenno-Scandia. As a result of increased activities in the legal arena in both Norway and Sweden which actualized far-reaching confrontations on rights principally the Alta Case in Norway (Høycste Rett, Henceforth HR, 1982), and the Taxed Mountains Case in Sweden (Hösgsta Domstolen Henceforth HD, 1981) Parliamentary inquiries called the Sámi Rights Commissions emerged. These commissions made proposals and laid the foundations for new legislation. In Norway, which started first, the inquiry still goes on, whereas in Sweden the entire process of change ended in 1993. What are the specific results coming out of this drawn-out process? The results in Norway so far consist of a **Sámi Act**, a formal **recognition** of the Sámi as indigenous, a **Sámi Language Act**, and the institution of a representative body, the **Sámi Parliament,** Sámi Diggi. The issue of rights based on Sámi indigenuity is still unresolved and under discussion by the Commission; its final report concerning the question of rights is expected before the end of this year. This prolongation has caused both frustration and great unrest among the Sámi, as the range of political activity vested in the newly established Sámi Parliament (1989) is most unclear; this agency still lacks an adequate and more precisely defined power base. Such a power base depends predominantly on rights ascribed, as well as recognized, to the Sámi.

In Sweden, as a regional contrast, there is no explicitly formulated Sámi Act, nor is the government prepared to **recognize** the Sámi in a "Norwegian" way leading to a Constitutional amendment and finally, there is no Sámi Language Act. All the proposals by the Sámi Rights Commission, accepted in Norway, were turned down by the Swedish legislative process. The end result was therefore restricted to two noticeable improvements 1) a more precise definition corresponding to recent Supreme Court Decisions (HD, 1981) on Sámi ancient usufructuary rights, and 2) the Sámi Parliament, a representative political body, with, however, even less power than its Norwegian counterpart.

As their hunting and fishing rights based on immemorial use and occupation were eliminated in their original form, (i.e. Sámi authority over such rights being taken away), the Swedish Sámi are going on the international scene and have lodged two grievances, one in Strasbourg and one in Geneva. In both cases, the issue is the connection between hunting and fishing rights and indigenuity, not hunting or fishing rights per se. Indigenuity requires recognition, as I have stated before.

Let us leave this digression and return to the main theme: is there a connection between First Nations and the Fourth World? In a conceptual sense, the Fourth World embraces all indigenous ethnic minorities, people who never formed, or aspired to, their own nation-state. Instead they appear as culturally and historically distinct people encapsulated in modern nation-states of different scale and political arrangements. All First Nations people also belong to the Fourth World community by definition, if not in practice. On the other hand, a great number of Fourth World people cannot be considered First Nations, despite their unequivocal state of indigenuity. We may conclude that these terms are lacking in precision and, as such, are more descriptive than useful for an analysis. The two concepts lack coherence, and what they actually encompass must be determined empirically, on a case by case basis.

It is important that these two terms be neither confused, nor used interchangeably. The Fourth World is a collective term distinguishing all identifiable indigenous peoples. They usually appear as non-dominating segments within older "First and Second Worlds", or newly established nation-states from the Third World, founded on nation building resulting from diverse nationalistic movements. Compared to First Nations, the Fourth World is a much broader denomination. Only indigenous people who can prove to be first, i.e. who existed as a distinct nation before other nations came about in a modern sense, can truly be perceived as First Nations. All Aboriginal people in the so-called New World belong to that category. The Sámi and the Ainu are indigenous in the same fashion. Indeed they were occupying a specific territory and developed and sustained a distinct culture many hundred years before the formation of the present nation-states, within which, in terms of relative power they now constitute marginalized ethnic categories. On the other hand, there is no evidence that, *stricto sensu,* they were "the very first" to roam the habitats they now claim to be their homeland, **Sámi** and **Ainu Moshir** respectively. Another similarity vis-à-vis First Nations proper is that they remain stateless societies, although they certainly represent discernible nations; the Sámi and the Ainu, to restrict myself to these two cultures, can very well be considered nations. In the categorization of various indigenous people, the word "first" should be applied to the one offering a more specific distinction, but not to "nation".

In a pamphlet issued a few years ago, the James Bay Cree described themselves as a distinct people and in this connection made the following statement: "We are nation-building", which in more concrete terms means a protection of their bush economy parallel to initiating a diversified regional development based on Cree priorities. This is not only referring to the economy, but also to the creation of an appropriate infrastructure in order to make their nation more operational in modern life. (Grand Council of the Crees)

The Agreement reached in 1975 by the James Bay Cree, including the Inuit, was decisive also from a nation-building perspective. (JBNQA, 1975) It was an important event which 1) raised the issue of indigenous rights as a legitimate claim in the legal arena, and 2) reached a settlement, through negotiations in the political arena, of the conflict which, as I understand it, was founded on principles which apply to the Cree as a distinct people, a nation if you wish. This process has aptly been called "negotiating a way of life" (LaRusic, et al., 1979). For it was the Cree **way of life** and the sustenance thereof, not **land** per se, which was the primary issue on the agenda for negotiation between the Cree, the political authorities (both Provincial and Federal), and Hydro Québec. Rights to land are, of course, a crucial factor whenever indigenous people want to maintain and develop their peculiar way of life in a relevant way. In focusing on their way of life as hunters and trappers, the Cree laid more stress on the aspect of **culture** than on strict jurisprudence in a confrontation with the dominant society. Such emphasis is clearly in line with nation-building, and, if we should essentialize this event, dealing with a most consequential conflict, its impact on nation-building in general, both nationally and internationally, will stand out as an ethnopolitical effort which opened up new grounds and really marked a new era in Fourth World politics. The Cree's mobilization strength and active engagement during the years the confrontation lasted, as well as their dedicated participation in implementing the Agreement, indicate both an involvement in, and a shaping of, a nation-building process.

Actualized by the issue of Québec secession, the nation-building among the James Bay Cree is presently going through a new trying test. Here we face a confrontation between Québec's right to self-determination, expressed in terms of a newly established national sovereignty, and First Nations' right to self-determination. The latter opposes such secession; in Chief Ted Moses' words "the Crees will exercise their right of self-determination while **Eenou Astchee**, i.e. their land, is still part of Canada". (Chief Moses, 1994) The message concerning nation-building is quite clear, the Cree nation should be strengthened both politically and culturally without aiming at the founding of a separate Cree nation-state.

Nation-building as a process aims at change; either it leads to the realization of a nation-state, which thus becomes a member of the international community of states, or it is directed towards the attainment of cultural and political autonomy without ultimate nation-state formation, i.e. cultural plurality in a real sense. **Nationalism** is the ideological framework on which nation-building rests; in terms of ideology nationalism can be compared to ethnicity, at least in form if not in specific content. The same can be said about **identity**; both national identity and ethnic identity have a cultural, as well as a political component. The greatest difference between nationalism and ethnicity refers to scale, not to form, and viewing them as significant elements incorporated in cultural processes of a kind makes their analysis commensurable. The end result of each cultural process, however, is different; it varies between nation-state with its rights-oriented identity, **citizenship,** on the one hand, and nation, be it First Nation or other indigenous variants of macro-level formations, with its culturally bound identity, **nationhood** on the other hand. This differentiation is not completely clear-cut, and we may find some overlaps, especially from a cultural point of view. For most native people this distinction in the construction of identity is not an either or question; these people are citizens, claiming whatever rights they may share, while at the same time belonging to a predefined nation; ethnicalism may, in fact, be the essence of their very existence.

The ideology behind First Nations'strategy is based on ethnic criteria; in their articulation and action cultural distinctiveness is made salient and in situations of cross-cultural contact cultural dichotomization is emphasized. Nation-building for First Nations can be expressed more precisely if we use the terms **ethnonationalism** and, perhaps derived from that concept, **ethnonation** construction. (Cf. Levin, 1993) We may deduct, then, that the perspective of **culture,** not that of **politics,** is central to the ideological premise in ethnonationalism when it comes to pursuing nation-building among most indigenous peoples, including First Nations people in Canada. The distinction between the two kinds of nationalisms relates to the fact that nations, based on Aboriginality, and nation-states, as clearly defined and delineated geopolitical units, aspire to different goals: for the former **cultural survival** is the ultimate question, whereas for the latter **maintaining the state** within predefined boundaries and defending its political independence vis-à-vis neighboring nation-states, (i.e. its very existence,) are exclusively political concerns. It should be stressed, however, that the attainment of cultural survival and the sustaining of this objective over time require political measures; a devolution of power to the advantage of ethnonations is, therefore, indispensable. Thus in ethnonationalism the cultural perspective reflects the predefined goal, while the political perspective indicates the means by which the goal is to be achieved.

Let us now turn to the conception of **multiculturalism**, or **normative culturalism** in J. Webber's terms (1995), as an example of a recently adopted official policy in Canada. Multiculturalism as a policy must be constructed around the notion of relative cultural autonomy as Colin Williams phrases it (1995). In opening up such a venue, distinctions in sociological terms between different categories incorporated in such state-based pluralistic order should be clarified. Canada consists of three basic groups: the dominant, mainstream society, i.e. the Canadians made up of people of Anglophone and Francophone extraction; the native, or indigenous, people, nations; and the immigrants. The category of indigenous people is in turn divided into three main sub-categories: First Nations, Inuit and Métis respectively, their common distinguishing criterion being that of indigenuity. All the ethnic communities of migrant stock have definite minority status based on ethnicity, not ethnonationalism. The notion of multiculturalism, however, may be differentiated further. In this respect it is not inappropriate to consider Canada to be both a multicultural state and a multinational one, the latter meaning that Canada is a multinational state consisting of three so-called founding nations; the French, the English, and the First Nations (Kly, 1994). **Multiculturalism** comprises all ethnically defined categories; **multinationalism**, on the other hand, is restrained to those few categories who can refer to themselves as nations. Relative **equality** is essential in the differentiation between these two conceptions; migrant ethnies can never claim equal status recognition, whereas for First Nations inclusively this is an option founded on the idea that 1) the three founding nations are sharing equal status not only symbolically, but in reality, and 2) that recognition of equal status can be derived from principles embedded in human rights law. (Op. cit.) Consonant with the above distinction, for analytical reasons we should separate **national minorities** from **ethnic minorities**; although both undeniably have an ethnic component, only the former are in a position to demand more extensive minority rights based on human rights law. Such minority rights are founded on international law principles and covenants, and what I have in mind is especially human rights law collectively enjoyed, i.e. those underscoring the basic right to be culturally different. It is a question of claiming the right to be **different** and **equal** at the same time, and from this follows the right for Aboriginal people to equal development. (Op. cit.) We must remember, though, that what matters is relative equality to materialize the expressed right to be culturally different, as equal rights ought not to be confused with identical rights.

In a culturally pluralistic context all ethnically defined minorities ought to be prescribed certain cultural rights, language rights and rights to a distinct spiritual life, including its belief system, i.e. enjoying and cultivating essential cultural traits to maintain and reinforce cultural distinctiveness collectively expressed through ethnic group mobilization and ethnic identity construction. There is no formal difference between the two main categories of ethnic minorities in this sense, though it is worth noting that those of indigenous extraction have a comparably much stronger position. In addition many of the above mentionned criteria may also refer to **land rights**, since they are considered land-based minorities, **treaty rights**, which give, or at least ought to give, a historical right unique to any category which have signed, or are about to sign, treaties, and, finally, **right to self-determination.** A notion of **spirituality** appears as another factor reinforcing cultural distinctiveness and viability. This set of rights is instrumental in exercising a relative cultural autonomy. To be enforceable in an ethnonational sense, however, a change in the distribution of relative power between the majority society and its incorporated ethnonations is necessary. To most native peoples in Canada the political content of this set of rights remains open; a great deal of hard political work must still be done in order to establish Canadian ethnonations within the framework of a multinational society proper. Several important court cases have recently failed, although there are a few exceptions which really have broken new ground, such as, the Sparrow Case dealing with the issue of First Nations rights in B.C. (See Asch, 1991a, 1991b). Negotiations focusing on comprehensive rights have more or less been discontinued for the time being, in particular the noticeable First Ministers Conferences. Therefore the path towards Canada becoming a multicultural society with all its implications in real life, not restricted to a Constitutional phrasing, takes us, as I see it, far into the 21st century. The idea of multiculturalism represents a most commendable Canadian value, reflected in the construction of the Canadian identity. Multiculturalism as a shared value, as well as an officially asserted policy, should be viewed as a potential asset in the continuous struggle to improve the actual cultural, economical, and political conditions of native peoples in Canada, or, of the ethnonations, as I prefer to call them. Multiculturalism generates its approval primarily from the unequivocal and unrestricted recognition of the basic and exclusive needs of native peoples, as opposed to the sole acknowledgment of the more culturally limited requirements of ethnic migrant communities. Multiculturalism is a political program more than a political idea; it relates to scale, so that its size and complexity must be uncovered and specified. Solving the problem of complexity may be up to the architects of Canadian multiculturalism. I am particularly concerned with the extent to which ethnonations can make use of multiculturalism as a political program and, consequently, as an asset in their own ethnopolitical discourse, thereby converting multiculturalism into multinationalism. In contrast to the program feature of multiculturalism, multinationalism is more ideological in nature; in this respect particular attention should be paid to its close connection to nation-building with respect to First Nations people.

In contrast to an officially adopted program, multiculturalism as a societal concept may be regarded as a movement for change, whereby the cultural hegemony of the dominant category is challenged (Turner, 1993). In examining the extent to which the discipline of anthropology can contribute to a multiculturalist discourse in a generalized comparative fashion, Terence Turner (1993) has argued for such a challenging potential embedded in the concept itself. According to him the significance of multiculturalism, as a concept as well as a structural phenomenon, is both cultural and political. Its main purpose is to erode the prevailing hegemony of the dominant culture in society. A decentralization in both cultural and political terms. And is it not what happened in Canada with reference to the process leading to the nunavut Agreement?

It is the strategic implications of the conception of a multicultural state that are crucial. In what way can First Nations capitalize culturally as well as politically on multiculturalism, in addition to other available strategies? Canadian multiculturalism is there as a constitutionally recognized fact. It should be remembered that Canada was the first nation-state to acknowledge multiculturalism in this formal way. This notwithstanding it is not enough for First Nations, as multiculturalism as such does not allow for a separate, but only for an equal treatment. I believe that converting multiculturalism into multinationlism is one step towards reautonomization from a cultural as well as from a political point of view. In the end, it would imply structural improvements to facilitate the continual struggle for cultural survival. This latter comes close to what Evelyn Légaré (1995) calls, "Aboriginal people's claim to a distinct and unique peoplehood", meaning a right to exist as a people and a right to self-determination. This is far more than holding individual rights as Canadian citizens, and represents arguments derived primarily from culture. And, returning to the conceptual construction of multiculturalism, such arguments should be obvious.

At this stage it may be appropriate to insert the notion of **affirmative action**, which indeed is highly program oriented. In the discourse between multiculturalism and multinationalism, affirmative action (special measures vis-à-vis minority categories indicating preferential treatment) is applicable primarily from a multicultural perspective. Multinationalism with its strong emphasis on **culture** is, in most instances, not served by such procedures. In affirmative action **remedy** turns out to be a key word (Kly, 1994). Changes causing damage and having detrimental effects should be compensated; cultural survival per se is seldom the issue. Affirmative action, therefore, does not fit into the expressed political ambitions and goals of ethnonations. Affirmative action renders simple and rather convenient, short term solutions to problems; it is very much centered on the material well-being of people, not on more complex and ultimate matters, such as cultural survival.

As a program, affirmative action may well benefit many ethnic migrant categories, but for indigenous, or First Nations people it has little to offer. Consequently, First Nations people in Canada, as well as the Sámi in Fenno-Scandia and the Ainu in Japan, are equally reluctant to accept it. Because of its instant and more or less fragmentary solutions to fundamental problems, and also because it does not offer any guarantees for cultural survival and possible development based on their own premises in a long term perspective, affirmative action is unattractive. What these people need is sufficient protection of their own culture; anything else is secondary. The Ainu, for instance, are aware of this predicament. Assuming that they were willing to consent to certain preferential measures, which undoubtedly could be tempting in a short term perspective, they realize that they will never be recognized as indigenous. And as indicated earlier, this latter question preempts any other question. To the Ainu, affirmative action, which has been proposed recently, is not an option, and I think the same holds true for native people in Canada. If affirmative action were to be accepted to too great an extent, nation-building and the idea of ethnonationalism would definitely be weakened and possibly discontinued, and, most likely, the concept of First Nations would be considered more symbolic than real. Affirmative action may be an effective remedy; as a program, however, it seems to work more against than for the fundamental interests of indigenous people.

The policy of multiculturalism, if adequately implemented, works against assimilation; most indigenous people have experienced assimilation pressure for a very long time, Norwegianization towards the Sámi, Japanization towards the Ainu, Canadianization vis-à-vis First Nations, etc. The impact of **assimilation** is contrary to cultural survival. **Integration**, on the other hand, points to the necessary readjustment of minority categories, those of native origin as well as the ones representing ethnic migrant communities, within the framework of a dominant nation-state (Cf. Rex, 1995). Some of the most important **political processes** in nation-states today deal with the complex issue of integration (how to cope with integration in a constructive sense without being assimilationist) meaning that cultural maintenance for various minorities is assured whenever such a goal is desirable. If those responsible for the promotion and execution of a multicultural policy are not prepared to recognize the ultimate needs of cultural survival and what that really implies, multiculturalism as a program will probably fail.

Then, **First Nations** is mainly a **strategic** concept, reflecting real conditions. Their status of being first, in contrast to other nations which arrived from the Old World much later cannot be questioned. The strategic importance of this conceptualization derives its strength partly from "**the nation**", indicating a notion of equality, and in part from the word **first,** offering historical superiority at least symbolically. The question remains, though, to what extent is the concept of First Nations nothing more than a simple metaphor? The value of metaphorical articulation should not be underestimated, and in a recent paper Harvey Feit (1994) argues firmly for the use of metaphors, for instance, in land rights discourse. The inclusion of metaphors in arguing their cause makes First Nations argumentation both more comprehensible and possibly more convincing. As I see it, the term First Nations can be conceived both as a metaphor and as a reality, sociologically speaking. In the latter case, First Nations people appear in the legal and political arenas making frequent use of metaphors as part of their general strategy.

From a strategic point of view the term "First Nations" can readily be perceived as a political concept; in a sense it is loaded with political meaning. What about its analytical power? Assuming that it is defined in more precise terms, built on indigenuity on the one hand and on cultural distinctiveness and historical uniqueness on the other, I submit that it also has certain analytical qualities. But since its use so far seems to be confined exclusively to Canada, its analytical power is limited, which may raise the notion of making it useful for comparative research purposes. As long as the term is not commonly used, referring only to native people in Canada, its applicability is indeed restricted. The credibility of the term "First Nations" in practical ethnopolitical life would increase if its analytical properties and strength were more clearly specified, perhaps a task for anthropologists in close cooperation with First Nations people. As a result, the term "First Nations" would gain further respectability and recognition from the Canadian authorities. We should keep in mind that this kind of conceptualization cannot have a practical value only, its theoretical significance is far from negligible, and, moreover, the two aspects ought not to be kept separate.

The concept of nation is not only a strategic one: it has to do with morality as well. In other words, indigenous people have a **moral right** to be perceived as distinct nations, responding to their own choice of how they want to be called. The terms **tribes** and **bands** convey different meanings, the former indicating hierarchical order rather than equality. There is, furthermore, a clear distinction between the Band Council, a model of local government imposed by the Indian Act, and the First Nations' systems of decision-making, firmly based on consensus and reflecting cultural uniqueness. In recent years native people have deliberately changed their self-denomination; tribe and band are less frequently used; the inherited original names followed by the term "nation" are now in common use, as, for example, the Innu Nation, the James Bay Cree Nation, the Lubicon Lake Nation and the Mohawk Nation, just to mention a few.

In 1988, coinciding with escalating activity, large media and general public attention both nationally and internationally, the Lubicon people in Northern Alberta decided to change their name from band to nation. Since that time the **Lubicon Lake Indian Nation,** or simply **Lubicon Lake Nation**, is their official name. They have also drafted their own legal documents defining themselves as a people including the rights they were entitled to. "The Law of the Lubicon Indian Nation" states, for instance, "that members define themselves as a nation under international law, consequently declaring all lands and natural resources within traditional Lubicon territory to be under their ownership and control. This law and its authority is based on traditional law, customs and practices of the Lubicon Lake Nation". (Quoted in Goddard, 1991)

This renaming on their own initiative is in line with the general process of uniting as many as possible of "Indian" nations under the Assembly of First Nations to form a politically unified force. This conceptual transformation is in glaring contrast with the recent official registration of the Woodland Cree Band 1989 in the immediate vicinity of the Lubicon Nation. One may ask, why still use the term Band? Is the concept of "nation" still not accepted in government circles, or is it inappropriate to refer to the Woodland Cree Band as a nation? These are timely questions which I think deserve answers.

Bureaucratically determined constructions of new band units under the jurisdiction of the Department of Indian and Northern Affairs and retaining the term "band" are definitely contrary to the ultimate goal of gaining full recognition regarding cultural distinctiveness, at a time when they are recognized as equals. Because, as Ovide Mercredi says, "a people who are a **nation** define themselves. We know who we are." (Mercredi, 1993) And, I submit that it is only those people that are recognized and accepted as belonging to distinct nations, who can establish a **partnership** between themselves and the authorities of the dominant majority society. A new partnership is a key factor both in establishing mutual respect and in opening negotiations between parties, as a nation to nation relationship. The idea of such partnership is not unique for First Nations people in Canada. It is a common objective among many indigenous people in the world: the Ainu as well as the Sámi have recently developed a notion of partnership and incorporated it into their political agenda. This leads to pertinent questions: how can such partnership be shaped? is there **one** common model which is applicable in all instances? will each case of this new form of partnership be structured differently? Regardless of the form it takes, **recognition,** once again, is a crucial factor. Full and equal participation in negotiations must be based on mutuality; **equality, respect, dignity** and **sharing** are key features of this recognition, if there is to be a real partnership, not just a token one. (Cf. Mercredi, 1993)

Let me end this very tentative exploration of concepts referring to topical Fourth World discourse the same way I started, by going back to history. In Canada the Royal Proclamation of 1763 still remains a key document in a morally protective sense. It states "the several nations of Indians with whom we are connected were not to be molested, their lands were not to be taken". Here we have a formal recognition that the First Nations were rightful occupants of the territory; in addition, this proclamation did not create any rights; it only acknowledged them as pre-existing rights. And, as vindicated by several, this proclamation is still law in Canada. In comparison I can mention a similar document referring to the Sámi, the Sámi Codicill of 1751, a border treaty between Sweden and Denmark-Norway: "the Sámi inherent rights to use land and water as before is recognized based on the legal conception of preserving the Sámi Nation". In other words, both these legally essential documents, actually unsurpassed by any, use the term **nation** as a clear designation of the people they are dealing with at the top political level. This is indeed thought-provoking, not only for our time, not especially when looking ahead into the 21st century. The Sámi Codicill is also correctly referred to as the **Magna Carta of the Sámi**, a point frequently used in contemporary ethnopolitical confrontations and articulations.

Behind the word nation ordinarily used without much precision lies a **concept** that encompasses the notion of **strategy** for the people concerned, and the acute ethical responsibility of the authorities dealing with indigenous people. In terms of **theory**, this concept can be a powerful analytical tool.

## References

Asch, M. and Macklean P.,(1991 a) *Aboriginal Rights and Canadian Sovereignty: An Essay on R.V. Sparrow.* Alberta Law Review, Vol. XXIX : 2

Asch, M., (1991 b) *Errors in The Delgamukuw, Judgement: An Anthropological Perspective,* paper prepared for the "Delgamukuw and the Aboriginal Land Question" Conference, Victoria, B.C.

Feit, H., (1994) *Land Rights as Metaphors of Being Civilized: James Bay Cree Hunters, Sacred Gardens and the State,* A.A.A. Annual Meeting, Atlanta

Goddard, I., (1978) *Delaware* in Bruce Trigger, ed., Handbook of North American Indians, Vol. 15, Smithsonian Institution, Washington

Goddard, J., (1991) *Last Stand of the Lubicon Cree,* Douglas & McIntyre, Vancouver

(1981) *Högsta Domstolen,* Supreme Court Decision No. DT 2 No. 324/76 January 29, 1981, reproduced in B. Jahreskog, ed., The Sami National Minority in Sweden, Almquist & Wiksell International, Stockholm 1983

Holm, T.C., (1702) *Kort beskrivning om provinsen Nya Sverige uti Amerika,* Facsimilie Reprints, Rediviva 112, Stockholm, 1988

(1982) *Høyeste Rett,* Supreme Court Decision in the Alta Case, Oslo

Kly, Y., (1994) *Dances with Affirmative Action: Aboriginal Canadians and Affirmative Action,* The Canadian Journal of Native Studies, Vol. 14:1

La Rusic, I., et al., (1979) *Negotiating A Way of Life,* Montreal

Légaré, E., (1995) *Canadian Multiculturalism and Aboriginal People: Negotiating a Place in the Nation.* Identities Vol. 1:4

Levin, M. ed., (1993) *Ethnicity and Aboriginality,* Case Studies in Ethnonationalism, University of Toronto Press, Toronto

Mercredi, O. and Turpel, M., (1993) *In the Rapids, Navigating the Future of First Nations.* Penguin Books, Toronto

Moses, T., (1992) *The Cree: Secession and the Territorial Integrity of Québec,* in IWGIA Newsletter: Indigenous Affairs, No. 4 1994

Rex, J., (1995) *Ethnic Identity and the Nation State: the Political Sociology of Multi-Cultural Societies,* Social Identities Vol. 1:1

Trask, H-K., (1992) *Kupa'a 'Aina: Native Hawaiian Nationalism in Hawaii,* reprinted in IWGIAN Document No. 75 1994

Turner, T., (1993) *Anthropology and Multiculturalism: What is Anthropology that Multiculturalists should be mindful of it?* Cultural Anthropology Vol. 8:4